大唐开国录

唐高祖与唐太宗

杜文玉 ◎ 著

陕西师范大学出版总社·西安

图书代号　SK24N2286

图书在版编目（CIP）数据

大唐开国录：唐高祖与唐太宗 / 杜文玉著.
西安：陕西师范大学出版总社有限公司，2025. 1.
ISBN 978-7-5695-4853-2

Ⅰ．K242.07

中国国家版本馆CIP数据核字第20242F0H88号

大唐开国录——唐高祖与唐太宗

DATANG KAIGUOLU——TANGGAOZU YU TANGTAIZONG

杜文玉　著

出 版 人 / 刘东风
出版统筹 / 侯海英　曹联养
责任编辑 / 王　森
责任校对 / 远　阳　王　冰
封面设计 / 东合社·安宁
版式设计 / 锦　册
出版发行 / 陕西师范大学出版总社
　　　　　　（西安市长安南路199号　邮编710062）
网　　址 / http://www.snupg.com
印　　刷 / 陕西龙山海天艺术印务有限公司
开　　本 / 710 mm×1000 mm　1/16
印　　张 / 28.75
字　　数 / 420千
版　　次 / 2025年1月第1版
印　　次 / 2025年1月第1次印刷
书　　号 / ISBN 978-7-5695-4853-2
定　　价 / 98.00元

读者购书、书店添货或发现印装质量问题，请与本公司营销部联系、调换。
电话：（029）85307864　85303629　　传真：（029）85303879

序 言

在中华民族悠久的历史中曾涌现出无数的英雄人物，他们在中国这片古老的土地上创造的光辉业绩，为我国历史增添了一道道夺目的光彩，唐高祖李渊和唐太宗李世民就是其中的杰出代表。他们创建的大唐帝国国力强盛，经济繁荣，文化发达，是当时世界上最为强大、最具影响力的伟大国家之一，从而揭开了我国古代历史长卷中最辉煌灿烂的一页。

唐高祖李渊从太原起兵到削平割据、统一全国，仅仅用了四五年时间，就结束了隋末社会动荡的局面，制止了战乱对社会经济的继续破坏。晋末以来，中国分裂割据的局面持续了二百七八十年，虽然隋文帝统一了全国，但好景不长，又很快重新陷入分裂割据，长期的战乱极大地破坏了社会生产，使广大人民生活在水深火热之中。真正意义的稳定的统一局面，应该是在唐朝建立之后，从这个角度看，唐高祖的历史功绩是不可低估的。他制定和推行了均田制与租庸调制，为迅速恢复残破的社会经济创造了有利的条件；他废除残酷的隋律，制定和颁布了《武德律》，使唐朝社会能够沿着法制的轨道发展；他改定官制，健全各种制度，奠定了唐朝近300年制度的基本框架，为唐朝后来的繁荣和发展铺平了基石，做出了很大的贡献。

唐太宗李世民继承了唐高祖开创的事业，推行轻徭薄赋，发展生产，善于纳谏，任用贤能，重视教育的政策，使唐朝出现了政治稳定、经济与文化初步繁荣昌盛的大好局面，旧史称之为"贞观之治"。唐太宗还制定了开明的民族政策，消除了东突厥对唐朝的威胁，平定了薛延陀、吐谷浑、高昌，与吐蕃建立了"和亲"关系，稳定了边疆地区的社会秩序，

I

有利于各族人民休养生息，因而被各少数民族共同尊为"天可汗"。太宗时期在西域设置安西四镇，保证了丝绸之路的畅通，有利于中西经济、文化的交流。此外，唐太宗在政治思想、法制思想、经济发展、民族政策、文化政策、宗教政策等方面都有自己独到的见解和成功的实践，值得学习和借鉴，是一笔珍贵的历史遗产。然而，由于种种原因，旧史在记载唐初这一段历史时，或歪曲史实，或回护隐讳，从而留下了不少扑朔迷离的历史之谜。如太原起兵的决策者到底是李渊还是李世民？唐高祖李渊为什么要处死功臣刘文静？玄武门之变的性质与内幕是什么？李渊与李世民之间的父子关系如何？李世民为什么要确定李治为皇位继承人？如何看待李世民纳其弟李元吉之妻为妃？李世民的死因为何？李渊与李世民的家庭生活内幕如何？如何正确评价唐太宗的历史功绩？……为了解答这些问题，就需要拨开历史的重重迷雾，努力探索，以恢复历史的本来面貌。

如何全面地评价历史人物，尤其是那些在历史上有突出贡献的杰出人物，也是本书努力探索要解决的一个重要问题。对于本书的主人公唐高祖与唐太宗来说，他们既是具有至高无上地位的皇帝，又是有妻有子有喜怒哀乐、具有与常人一样感情的社会中人；他们既建立过不朽的功勋，也犯过不少的错误。为了更全面地反映这两位历史人物的真实情况，本书撰写他们在政治上、军事上、经济上的许多建树的同时，对其家族背景、家庭生活、生活作风、个人爱好、性格特点、君臣关系、子女关系、亲属关系等方面，都做了较详细的叙述，力图从各个侧面全方位地反映这两位历史人物的真实情况。不夸张，不虚美，不回护，采取实事求是的科学态度去评价他们的是非功过。因为唐高祖和唐太宗都是重要的政治人物，所以对他们所处时代的社会背景以及他们所制定的制度、政策与方针，也做了简明扼要的介绍。唯其如此，才能更全面、更准确地确立他们这类政治人物的历史地位，避免陷入一味追求生活琐事和佚闻趣事的误区中去。出于以上这些认知，笔者在本书中于这些方面也做了一些尝试，希望能勾勒出这两位历史人物比较真实的面貌来。

本书自从 1999 年出版以来，至今已过去了 20 多年。这一期间国内外历史研究进步很快，取得了丰硕的成果，有关唐高祖与唐太宗的研究也有不少新成果问世，因此参考这些成果对本书进行修订，取名为《大唐开国录——唐高祖与唐太宗》，至于成功与否，读者是最好的评论者，如果能得到批评指正，将是笔者最大的荣幸。

杜文玉

2023年6月于古都西安

目　录

第一章　李渊的家庭与世系 ················· 001

一、李氏家世之谜 ························· 002

二、李渊的家庭关系 ······················· 006

三、艰难的岁月 ·························· 010

第二章　太原起兵与唐朝的创建 ··············· 015

一、太原起兵内幕 ························· 016

二、顺利攻占长安 ························· 023

三、老谋深算的政治家 ······················ 031

四、从唐王到皇帝 ························· 034

第三章　扫平群雄统一全国 ················· 037

一、西平薛举 ··························· 038

二、扫灭李轨 ··························· 042

三、巩固河东 ··························· 044

四、败夏灭郑 ··························· 049

五、剪灭萧铣 ··························· 061

六、平定河北 ··························· 066

七、统一江淮 ··························· 072

八、设置行台 ··························· 078

I

第四章　武德时期的李渊 ……………………………… 081

　　一、排除异己与李密之死 ……………………………… 082

　　二、裴寂之宠与刘文静之死 ………………………… 085

　　三、纳谏与拒谏 ……………………………………… 091

　　四、生活奢华的皇帝 ………………………………… 095

　　五、与突厥的关系 …………………………………… 097

　　六、抑制佛教发展 …………………………………… 099

　　七、颁布法律　健全制度 …………………………… 101

第五章　玄武门之变与李渊退位 ……………………… 107

　　一、相互忌恨的兄弟 ………………………………… 108

　　二、关系紧张的父子 ………………………………… 122

　　三、政变之前的准备 ………………………………… 129

　　四、宫门喋血的惨剧 ………………………………… 135

　　五、秦王成功的原因 ………………………………… 140

　　六、退位之后的李渊 ………………………………… 146

第六章　即位初期的唐太宗 …………………………… 149

　　一、宽赦政敌 ………………………………………… 150

　　二、礼葬建成 ………………………………………… 151

　　三、安抚山东 ………………………………………… 152

　　四、改级政府 ………………………………………… 155

　　五、发展生产 ………………………………………… 162

　　六、封建之争 ………………………………………… 170

第七章　宽容大度的帝王风范 ………………………… 173

　　一、宽松的君臣关系 ………………………………… 174

　　二、唐太宗与子女 …………………………………… 181

　　三、唐太宗与亲属 …………………………………… 188

四、恤刑慎罚的贞观法制 …………………………………… 191

五、不好祥瑞 …………………………………………………… 198

六、修《氏族志》 ……………………………………………… 201

第八章　任贤与纳谏 …………………………………………… 207

一、知人善任　取长舍短 ………………………………………… 208

二、广开才路　任贤致治 ………………………………………… 218

三、兼听则明　偏信则暗 ………………………………………… 226

四、广开言路　勇于纠错 ………………………………………… 235

五、以古为镜可知兴替 …………………………………………… 243

第九章　统一边疆的赫赫武功 ………………………………… 251

一、东突厥的覆灭 ………………………………………………… 252

二、吐谷浑的平定 ………………………………………………… 259

三、薛延陀的兴亡 ………………………………………………… 263

四、讨伐高昌之役 ………………………………………………… 271

五、统一焉耆、龟兹 ……………………………………………… 275

第十章　天可汗与开明的民族政策 …………………………… 281

一、从被尊为天可汗说起 ………………………………………… 282

二、文成公主与唐蕃和亲 ………………………………………… 287

三、民族内迁与胡汉融合 ………………………………………… 293

四、羁縻府州的设置 ……………………………………………… 300

五、贞观时期的蕃将 ……………………………………………… 305

第十一章　废立太子的风波 …………………………………… 313

一、失宠太子李承乾 ……………………………………………… 314

二、恩宠逾制的李泰 ……………………………………………… 318

三、一次流产的政变 ……………………………………………… 322

3

四、渔翁得利的李治 …………………………………… 326

五、苦心积虑的父皇 …………………………………… 331

第十二章　宫闱生活与晚年的蜕变 …………………… 335

一、贤德的长孙皇后 …………………………………… 336

二、所谓"乱伦"之讥 ………………………………… 339

三、喜爱书法与诗文 …………………………………… 344

四、嗜好良弓与骏马 …………………………………… 350

五、晚年的蜕变与内耗 ………………………………… 353

六、征伐高丽的失败 …………………………………… 362

七、服食丹药的恶果 …………………………………… 370

八、巍巍昭陵　长眠英主 ……………………………… 373

第十三章　开放的社会风气 …………………………… 379

一、对外开放与外来文明 ……………………………… 380

二、与西域、天竺等国的关系 ………………………… 386

三、玄奘印度取经 ……………………………………… 390

四、与高丽、日本等国的关系 ………………………… 395

第十四章　辉煌的文化成就 …………………………… 399

一、发展教育　大兴科举 ……………………………… 400

二、统一经学的盛举 …………………………………… 406

三、官修史书的成就 …………………………………… 413

四、礼乐制度的健全 …………………………………… 421

五、崇道抑佛的渐变 …………………………………… 430

六、文学艺术的发展 …………………………………… 435

参考文献 ………………………………………………… 443

后记 …………………………………………………… 449

第一章

李渊的家庭与世系

一、李氏家世之谜

（一）李氏家族的族属

在李渊已经当上皇帝的第三年，即武德三年（620）五月，晋州（今山西临汾西南）人吉善在羊角山遇到一位骑白马的老人，其仪容威严，对吉善说："吾语唐天子，吾汝祖也。今年平贼后，子孙享国千岁。"[1]吉善将此事上奏后，李渊感到十分惊异，于是在当地建庙祭祀。据说这个老人就是老子李耳。到李渊的孙子李治当皇帝时，遂于乾封元年（666）正月，追尊老子为太上玄元皇帝。唐玄宗天宝二年（743）正月，又改尊为大圣祖玄元皇帝。以后还多次地给老子加上各种尊号，以表示对祖先的尊崇。上面这个故事完全是人为编造出来的。李渊当上皇帝之后，因为自己姓李，老子也姓李，所以为了抬高自家的门第，就编造了这个故事，附会为老子的后代，其实并不可信。

关于李唐自认为老子后裔之事，并非源自李渊，很可能早在东晋十六国时期，最迟在南北朝初期，陇西李氏就已经承认老子为其先祖，包括著名的赵郡李氏也是如此，李渊上述举动的历史依据即在于此，具有源远流长的谱牒学传统。南北朝初期在河西、敦煌一带就流传着这种说法，在敦煌文书与北朝墓志中多有记载。[2]

据载，李姓出自嬴姓，五帝之一的颛顼为其始祖。颛顼的重孙皋陶在尧统治时期担任大理（主管刑法）之官，他的子孙历舜、夏、商，世代充任大理，以官命族，遂称理氏。在商纣统治时，理征因得罪了纣王，被杀，他的妻子契和氏和儿子利贞在逃亡途中，饥饿无食，靠吃木

① 〔宋〕王溥：《唐会要》卷五〇《尊崇道教》，上海：上海古籍出版社，2006年，第1013页。

② 吴羽：《李唐皇室尊老子为始祖探源》，《敦煌学辑刊》2019年第1期，第203—209页。

子（树上结的果实）而得以生存，遂改"理"为"李"。据说李姓因此而来。

李渊自称是西凉武昭王李暠后裔。李暠生十子，次子李歆为西凉后主，李歆生八子，其第三子李重耳在亡国后投奔南朝宋，任汝南太守。北魏进攻宋，李重耳以城归降，遂入魏为官。李重耳生子李熙，任金门镇将，后改镇武川（今内蒙古武川西南），其家也随着迁居于此。关于李氏家族兴起于武川的说法，就来源于此。李熙生李天赐，天赐生三子，即李起头、李虎、李乞豆。李虎生李昞，李渊即李昞之子。

以上所述的这个家族世系情况，是出于唐代官修史书的记载，并不完全可靠。通常认为：其家为西凉武昭王李暠之后裔是伪托，李重耳在亡国后并未南投刘宋。李熙以来的世系情况，基本真实，但其镇守武川的说法却不大可靠。[①]由于李唐自称是西凉李暠后裔，通常都视其郡望为陇西李氏。据近人考证，其家可能是赵郡李氏徙居柏仁（今河北隆尧西南尧山镇）之"破落户"的后裔，或为广阿（今河北隆尧东）庶姓李氏之"假冒牌"。[②]也有学者认为李氏确系赵郡李氏之分支，因为李熙之孙李遗元参与了魏宣武帝永平元年（508）知京兆王愉的叛乱，失败后逃窜于北镇，为了躲避祸患，遂改籍为陇西。李遗元之子因其父参与叛乱之事而被处以宫刑，李遗元死后葬于广阿，遂成为李唐为赵郡李氏之后裔的一则证据。[③]李唐后来承认其为陇西李氏，而否认为赵郡李氏，原因有二：一是回避其祖上曾受过宫刑之辱，二是在北镇与当地胡族融为一体，加之关陇集团在政治上的崛起，李氏地位显达之故。这样看来李唐为陇西李氏的说法也不可靠。西魏宇文泰兴起于关中后，曾令诸功臣自撰其家谱牒，当时许多人都以关内诸州为其籍贯，大约李氏在这种风潮

---

① 陈寅恪：《唐代政治史述论稿》上篇《统治阶级之氏族及其升降》，上海：上海古籍出版社，1982年，第1—10页。关于其家族是否出自武川镇的问题，学术界有争议，也有学者仍然坚持其出自武川的观点。

② 陈寅恪：《唐代政治史述论稿》上篇《统治阶级之氏族及其升降》，第11页。

③ 张金龙：《李唐出于赵郡李氏说》，《历史研究》1993年第5期，第183—186页。据陈寅恪先生研究，李熙亦葬于广阿。

下遂承认其郡望为陇西李氏。[1]甘肃清水县出土的《李虎墓志》亦载其为"陇西成纪人也"[2]，这当是此种风潮下李氏家族改变籍贯的真实写照。

关于李唐先世是汉族还是胡族，也是一个历史之谜。

认为李氏出自鲜卑之拓跋部者，主要根据是：僧人法琳曾当着唐太宗李世民的面，驳斥说他家并非西凉李暠之后裔，而是拓跋达阇之后人。当时李世民是至高无上的皇帝，手握生杀大权，法琳如无确凿根据，绝不敢出此言语。

李氏先世中有人的名字非汉名，如前面提到的李渊祖父李虎的兄长名起头，弟名乞豆，起头之子名达摩。这些都属于胡人的名字。

李氏家族中有人容貌像胡人，如单雄信曾呼李渊之子李元吉为"胡儿"，唐朝宗室滕王李涉的容貌也和胡人相似。这说明李唐皇室有胡族血统成分。

李氏家族多与胡人通婚，如李渊的父亲李昞的妻子独孤氏，李渊的皇后窦氏（由鲜卑族纥豆陵氏所改），李世民的皇后长孙氏，均为胡姓。这说明李氏先世绝非汉族。

李唐皇族中多次出现乱伦之事，如李世民杀其弟李元吉，纳其妃杨氏为己妃。李世民之子李治即位后，又以其父的才人武氏为昭仪，后又立为皇后，即著名的武则天。这些事与鲜卑、乌桓、突厥等族的"妻后母"，"兄亡，妻其诸嫂"的习俗完全一致。这说明李唐本出于胡族，故保持着原有的旧俗，不以此等事为异。[3]

认为李唐为汉族者的主要论点是：其先世以男系论，为纯粹汉人，

① 陈寅恪：《金明馆丛稿二编·李唐氏族之推测后记》，上海：上海古籍出版社，1980年，第295—303页。

② 杨希义、李向阳：《从〈李虎墓志〉看李唐皇室对其氏族与先世事迹的杜撰》，见樊英峰主编：《乾陵文化研究（一）》，西安：三秦出版社，2005年，第155—162页。

③ 刘盼遂：《李唐为蕃姓考》，《女师大学术季刊》1930年第1卷第4期，第195—198页；《李唐为蕃姓考》（续），《女师大学术季刊》1931年第2卷第1期，第223—228页；《李唐为蕃姓三考》，《燕京学报》1934年第15期，第238—245页；王桐龄：《杨隋李唐先世系统考》，《女师大学术季刊》1931年第2卷第2期，第1—12页。

无论是柏仁李氏还是广阿李姓，均为汉族。李熙妻张氏、李天赐妻贾氏、李虎妻梁氏，无一不是汉人。李氏家族中有人"状貌类胡"，可能受母系方面的影响，并不能以此断定李氏祖先就一定是胡族。且独孤氏、窦氏、长孙氏早已汉化，到隋唐时没有理由仍把她们看作胡族。李唐从来都认为自己家族是汉族，没有也不愿承认出自胡姓，在南北朝民族迁徙频繁、胡汉交错杂居的历史时期，李氏家族受胡族影响，保留一些胡族的习俗和遗风，也不足为怪，不能因此就一定认为其出自胡族。①

全面地看，后一种观点理由似乎更充分一些，但是李渊及其子孙具有胡族血统的成分却是不争之事实。其实，在民族大融合时期，这类情况非常普遍，很难说哪一个家族是纯粹的汉族血统。隋唐时期的汉族实际上也是历史上许多民族不断融合、同化，从而繁衍壮大形成的，这个过程在此后仍在不断地进行着。

（二）关陇高门

李氏家族在北魏时地位不是很高，即使按李唐自撰的帝系，李熙不过是一镇将，李天赐则为幢主，地位有所下降，为中级领兵军官。其家族在李虎时才飞黄腾达起来，地位迅速提高，成为当时的显贵家族之一。李虎追随宇文泰开拓关内局面，立有大功，在西魏官至太尉，为八柱国之一。所谓八柱国大将军，实际统兵者为六柱国大将军，宇文泰与西魏宗室元欣虽也为柱国大将军，但并不直接统率军队。六柱国大将军分统诸军，由"功参佐命，望实俱重者"充任，是当时重要的军事基石。李虎被封为赵郡公，后又改为陇西公，赐姓大野氏。北周取代西魏统治后，因李虎有佐命之功，追封为唐国公，唐朝国号即源于此。在杨坚为北周丞相时，又恢复了李姓。李虎之子李昞在北周时，官拜御中正大夫，历任郿州（今陕西黄陵西南）刺史、安州（今湖北安陆）总管等

---

① 陈寅恪：《唐代政治史述论稿》上篇《统治阶级之氏族及其升降》，第12—15页；胡如雷：《李世民传》，北京：中华书局，1984年，第4页。

职，"为政简静"，①声誉甚好，后任柱国大将军，袭爵唐国公。李昞虽不如其父战功显赫、地位尊贵，但作为勋臣之后，仍保持着贵族官僚的地位。

西魏、北周是以关陇贵族集团为骨干而支撑的政权，李氏虽不是陇西李氏，但却是关陇集团的重要成员，这一点是毋庸置疑的。其家族在关陇集团中地位比较特殊，李渊的祖父李虎与隋炀帝杨广的祖父杨忠在西魏时同为柱国大将军。李渊父李昞的妻子独孤氏与隋文帝杨坚的皇后为同胞姊妹。独孤氏为西魏八柱国之一独孤信的女儿，也出身于权贵之家。独孤信的长女是北周明帝的皇后，因此李昞和周明帝是连襟关系。李渊和隋炀帝杨广是表兄弟关系。李渊的妻子窦氏为北周武帝宇文邕的姐姐襄阳长公主所生，换句话说，窦氏是周武帝的外甥女。周武帝钟爱窦氏，从小养于宫中。因此李氏无论在北周还是在隋朝都是皇亲国戚，在关陇贵族集团里可算得上是地位尊贵的高门显族。

二、李渊的家庭关系

（一）见识不凡的窦氏

北周天和元年（566），李渊出生于长安。建德元年（572），李昞去世，年仅7岁的李渊就袭封了唐国公的爵位，这既是无上的荣耀，又意味着家族兴旺发达的重担落在了他的肩上。关陇集团是一个崇尚武功的政治军事集团，李渊既为其成员，当然也不能在武功方面逊色于他人。经过勤学苦练，他武功出众，弓马娴熟。

李渊的妻子窦氏为北周贵族窦毅之女。窦毅入隋后任定州（今河北定州）总管，封神武公。窦氏出生时，据说头发就垂过颈部，3岁时发如体长。周武帝十分喜欢她，就把她接入宫中抚养。周武帝曾娶突厥女为

---

① 〔宋〕王钦若等编纂，周勋初等校订：《册府元龟》卷一《帝王部·帝系》，南京：凤凰出版社，2006年，第12页。

皇后，但并不喜欢，突厥女一度受到冷落。窦氏虽然年纪不大，但见识非凡。有一次，她私下对周武帝说："四边未静，突厥尚强，愿舅抑情抚慰，以苍生为念。但须突厥之助，则江南、关东不能为患矣。"意思是说天下尚未太平，突厥势力强大，希望周武帝能以民众为重，控制自己的感情，对突厥女多加爱抚，只要能得到突厥的支持与帮助，北齐、南陈就不能对北周构成威胁。"武帝深纳之"。[1]可见窦氏不仅容貌出众，而且见识非凡。杨坚篡夺北周帝位后，窦氏痛哭流涕地说："恨我不为男，以救舅氏之难。"[2]窦毅听到后，吓出了一身冷汗，急忙用手堵住女儿的嘴，唯恐别人听到，招来灭门之祸。尽管如此，对女儿的胆识，窦毅还是非常赞赏的。正因为如此，窦毅对其女珍爱异常，不肯轻易嫁人。他在其家门屏上画了两只孔雀，凡上门求婚的贵族公子，只有两箭射中孔雀的两只眼睛者，才允其请求。前后求婚的人达数十位，都没有射中，只有李渊射两箭各中一目，遂得以与窦氏成婚。

隋炀帝即位后，性猜忌，好声色犬马。大业中，李渊任扶风（今陕西宝鸡市凤翔区）太守，有骏马数匹，窦氏深知炀帝喜爱犬马，劝李渊献给皇帝，以免有人报告后招来祸患。李渊靳惜难舍，犹豫不决，后来果然因此事遭到贬责。李渊在吃了苦头后，方才醒悟，认为妻子的意见是正确的，于是广求鹰犬，数次进献，才得以升任为将军。这时窦氏已亡，李渊流着眼泪对他的儿子们说："我早从汝母之言，居此官久矣。"[3]因而更加思念亡故的妻子。窦氏于大业九年（613），死于涿郡（今北京西南），终年45岁，唐朝建立后被追尊为太穆顺圣皇后。

李渊共有22个儿子，其中多数为其称帝以后所生。为窦氏所生的共4男1女，即建成、世民、玄霸、元吉，女儿嫁给临汾人柴绍，唐朝建立后封为平阳公主。在诸兄弟中，李玄霸死得较早，在大业十年（614）16岁

---

① 〔后晋〕刘昫等：《旧唐书》卷五一《太穆皇后窦氏传》，北京：中华书局，1975年，第2163页。

② 《旧唐书》卷五一《太穆皇后窦氏传》，第2163页。

③ 《旧唐书》卷五一《太穆皇后窦氏传》，第2164页。

时就夭折了。[①]李世民排行第二，与兄建成、弟元吉在后来太原起兵、创建唐朝的过程中都发挥了重要作用。

（二）少年李世民

李世民出生于开皇十七年（597）十二月，[②]据说出生时有二龙盘旋于其家住所门外，3日后方去。这当然是无稽之谈。李世民4岁时，有一个看相先生说他是"龙凤之姿，天日之表，年将二十，必能济世安民矣"[③]。遂取"济世安民"之义，命名为世民。当时李渊怕这位先生泄露此言，招来祸害，打算将他杀死，却"忽失所在"。这些离奇的故事，固不可信，大约是李世民后来当了皇帝，为了证明其不同凡响，才编造了这些故事。尽管如此，"世民"这个名字，的确含有"济世安民"的寓意，这一点是毋庸置疑的。

李世民在孩提时深受其母的影响。据说窦氏善于书法，仿李渊的笔迹，别人竟不能辨别，文章也写得不错。李世民喜爱书法，大概也与他母亲的影响、教诲有关。在武德时期，李世民每次侍宴宫中，面对众妃嫔，都会勾起他对亲生母亲的思念，流涕不止，说其母早亡，没有看到李氏拥有天下。

李氏家族从李虎起定居于西北，到李世民时已经四世，世代为武将。受关陇地区尚武习俗和家庭的影响，李世民从小习练弓马。后来他回忆说："朕少好弓矢，自谓能尽其妙。"[④]又说："朕少尚威武，不精学业，先王之道，茫若涉海。"[⑤]通过这些话可以看出，李世民在少年

---

① 〔宋〕欧阳修、宋祁：《新唐书》卷七九《李玄霸传》，北京：中华书局，1975年，第3545页。

② 胡如雷：《李世民传》，第12页。

③ 《旧唐书》卷一《太宗纪上》，第21页。

④ 〔唐〕吴兢撰，谢保成集校：《贞观政要集校》卷一《政体》，北京：中华书局，2009年，第26页。

⑤ 〔唐〕刘肃撰，许德楠、李鼎霞点校：《大唐新语》卷九《著述》，北京：中华书局，1984年，第133页。

时代就是一个强悍骁勇的贵族子弟，读书少，善骑马，好弓矢，性格豪放，剽悍善战。武德时的重臣陈叔达也说过秦王性情刚烈的话。这一切都是李世民性格特点的真实反映。

大约是在大业九年16岁时，李世民与长孙氏结婚。长孙氏，河南洛阳人，她的祖父长孙兕，为北周左将军；父亲长孙晟，为隋右骁卫将军。长孙晟病故后，长孙氏与兄长长孙无忌被其舅父高士廉收留抚养。高氏为渤海著名的高门右姓，其父祖从北魏到北齐、隋朝，历代都充任显职。高士廉本人颇涉文史，素有才望，在这样的家庭教育下，长孙氏从小知书达礼，与李氏家族尚武的风气迥然不同。长孙氏在13岁时嫁给李世民，这种婚姻关系，将渤海高氏这样的大士族拉入关陇集团之中。

大业十一年（615）八月，隋炀帝巡视边境，在雁门（今山西代县）突遭突厥始毕可汗数10万骑兵的袭击，雁门一带41城大部被突厥攻占。炀帝困守雁门城内，十几万军民粮食仅能支持二旬，形势十分危急。炀帝下诏各地募兵援救。18岁的李世民应募入伍，投在屯卫将军云定兴部下。他分析了当时双方的军事实力后，向云定兴建议：广设旌旗数十里，虚张声势，夜晚则钲鼓相闻，使突厥人以为隋朝救兵将至，他们必然望风遁去。如果贸然出战，众寡悬殊，隋军必不能支。云定兴采纳了此计，如法部署。突厥本以为隋军仓促不能及时赴援，才敢围困天子，突然看到如此形势，以为隋朝大军齐集，遂解围遁去。①

这些记载显然是旧史官的溢美之词。事实是云定兴当时仅能自保，并未赴援，突厥内部的原因，再加上东都洛阳与诸郡援军到达忻口（今山西忻州北忻口镇），始毕可汗遂于九月退去。

尽管此役李世民没有立下大功，但对这位贵族子弟来说，也算是初涉战阵，经受了实战的锻炼。此后，李渊任太原留守时，就把李世民带在身边，而把李建成、李元吉和家眷留在河东（今山西永济西南蒲州镇），大约是出于李世民好谈兵事、善于骑射的缘故吧。在李渊镇压山

---

① 〔宋〕司马光编著：《资治通鉴》卷一八二，隋炀帝大业十一年八月，北京：中华书局，1956年，第5699页。

西一带的农民起义军时，李世民也参与了这些军事行动，并多次立有战功，使他进一步地经受了战争的磨炼，这一切对李世民日后参与或指挥更大规模的战争，都不无益处。

三、艰难的岁月

（一）曲折的任官经历

隋朝建立后，李渊充任千牛备身，为皇帝的侍卫，此职多由贵族子弟充任，虽为品秩不高的侍从武官，但由于有机会接触皇帝，升迁机会较多，被世人视为一种美差。由于李渊能尽职尽责，加上姨母独孤皇后的关照，故李渊在隋文帝统治时期仕途顺利，很快地被提拔为谯州（今安徽亳州）刺史。在谯州任上不久，又先后调任陇州（今陕西陇县）、岐州（今陕西宝鸡凤翔区）等州刺史。这一时期天下太平，百姓安居乐业，李渊也官运亨通，一帆风顺。

在这期间，有一件事使他心情激荡，担惊受怕。一天，有一位精通相术的人登门拜访，他仔细地观察了李渊的容貌身材后，对他说："公骨法非常，必为人主，愿自爱，勿忘鄙言。"[1]李渊听罢，颇为自负，但他深知如果此事泄露，那么后果不堪设想，只能将喜悦深藏心中。

隋炀帝即位后，李渊先后充任过荥阳（今河南荥阳东北）、楼烦（今山西静乐）二郡太守，后又入京任殿内少监。大业九年，炀帝发动大规模的征伐高丽战争，升任卫尉少卿的李渊负责督运粮草。隋朝贵族杨玄感在洛阳起兵反隋，许多贵族子弟都投奔这里，参与起兵。炀帝命李渊镇守弘化郡（今甘肃庆阳），令陇右诸郡兵皆受他的节制，实际上炀帝把稳定关内的重任交给了李渊。这一时期，李渊见炀帝统治残暴，人心离散，便利用担任内外之职的机会，广交豪杰，遍施私恩，颇得舆论的好评。

---

① 《旧唐书》卷一《高祖纪》，第2页。

隋炀帝在镇压了杨玄感的起兵后，对贵族、官僚也不放心了，加之隋末农民起义这时已经爆发，统治阶级内部人心不稳，炀帝在内外交困的形势下，对勋臣国戚子弟尤为猜忌。不久有诏征李渊入京晋见炀帝，他因生病未能成行。李渊的外甥女王氏在后宫为宫嫔，炀帝问曰："汝舅何迟？"王氏回答说因病未能及时入京，帝曰："可得死否？"[①]此话传到李渊那里后，使他更加忧惧。李渊遂一面收集金宝珍玩，频频向炀帝贡献；一面纵情于声色，混迹于赌博与酒宴之间，竭力装出一副酒色之徒的样子，以迷惑炀帝，希图免祸。

李渊的这种策略一时缓解了炀帝对他的猜忌，使炀帝一度放松了对他的警惕。这一时期有一种李姓将得天下的谶语流传，方士安伽陀劝隋炀帝尽杀海内李姓之人。炀帝首先怀疑的是郕国公李浑，便指使人诬告李浑谋反，杀其宗族数十人。同时将作监李敏也被杀。李渊却躲过了这场杀身之祸。

大业十一年，隋炀帝驾幸晋阳宫，任命李渊为山西、河东抚慰大使，镇压当地农民起义军。李渊率军抵达龙门（今山西河津西北黄河岸）时，毋端儿率数千农民军来攻，被李渊击败。因此功，次年被任为右骁卫将军。大业十三年（617），李渊被任命为太原留守。这时炀帝已移居于江都（今江苏扬州），农民起义的烈火已经燃遍全国，李密、翟让领导的瓦岗军击败了名将张须陀，使其全军覆没，并且逼近东都洛阳。豫章（今江西南昌）的林士弘连败隋军，南方豪杰纷纷争杀隋朝官吏以响应起义，北至九江（今江西九江），南达番禺（今广东广州），皆是其势力范围。江淮有杜伏威，河北有窦建德，无不获得了重大的胜利。面对这样的局面，隋炀帝束手无策。李渊感到起兵的时机逐渐成熟，但因为自己的力量尚不强大，长安、洛阳都驻有隋军主力，所以他只好暂时忍耐，坐观风云变化，等待最有利的时机。

---

① 《旧唐书》卷一《高祖纪》，第2页。

（二）镇压农民起义

李渊担任太原留守初期，受他直接控制的军事力量还是比较少的，且受到副留守王威、高君雅的监视，他不敢也不可能有所举动，于是便把主要精力用于对付境内农民起义军，以便站稳脚跟，扩充实力。

这一时期的山西形势是：北有突厥，南有历山飞起义军，李渊镇守的太原夹在这两股力量的中间，使他感到很大威胁，必须尽快改变这种局面。李渊认为："匈奴为害，自古患之。周秦及汉魏，历代所不能攘，相为勍敌者也。……我当用长策以驭之，和亲而使之，令其畏威怀惠，在兹一举。"[1]这就是说，由于突厥势力强大，李渊认为以自己之力不能抗拒，打算采取和亲的办法，使突厥不至于与自己直接对抗。李渊的这一政策在以后太原起兵及武德时期都得到贯彻。基于这种分析，李渊在这一时期对付突厥的办法就是：当突厥军队进攻时，就不得不派军队防御；当对方不以武力进攻时，则卑辞厚礼以安抚之。对于农民军，李渊则认为必须予以镇压，否则就无法打开局面，用李渊自己的话说就是："然历山飞不破，突厥不和，无以经邦济时也。"[2]

历山飞是这支农民起义军首领魏刀儿的别号，这支部队的人数共10余万人，主要活动在太原以南，上党（今山西长治）、西河（今山西汾阳）一带。李渊率太原、河东兵马五六千人前往讨伐，与历山飞部2万余人大战于河西雀鼠谷口（今山西介休与霍州之间）。农民军结阵10余里，首尾相接，向官军发动进攻。李渊将所率军队分成两部分，以老弱之兵居中，多张旌旗，辎重继其后；又把麾下精锐骑兵分成左右两个小阵，由他亲自率领。农民军见中阵旌旗飘动，以为是李渊亲率的部队，遂集中兵力向官军中阵发动进攻。官军不支，纷纷丢弃辎重后退，农民军争相抢夺辎重，阵容大乱。李渊见时机成熟，亲率左右阵骑兵从两翼向农民军冲击，斩获不计其数，获得大胜。此战之后，农民军余部无力

---

[1] 〔唐〕温大雅撰，李季平、李锡厚点校：《大唐创业起居注》卷一，上海：上海古籍出版社，1983年，第1页。

[2] 《大唐创业起居注》卷一，第3页。

再战，李渊乘机收编残余义军数万，壮大了自己的力量，同时也使他摆脱了两面作战的被动局面。

（三）与隋室矛盾的加剧

突厥仍然是来自北方的最大威胁，李渊根据突厥军队长于骑射、居无定所的特点，选拔了部分善于骑射的骑兵，像突厥兵一样居无定所，在边境一带游弋，每逢突厥的侦察骑兵，便表现出若无其事的样子，左右射猎，驰骋奔跃。李渊尤善骑射，与突厥相遇，每发辄中，突厥骑兵甚是畏惧，以为是另一突厥部落，不敢交战，纷纷退去。李渊的这些作为，对于安定军心、解除将士对突厥的惧怕心理，都产生了良好的作用。一次，他率军与突厥骑兵相遇，主动发起进攻，将士奋勇争先，大破突厥兵，斩首千余级，缴获了一批战马。突厥自此不敢再以小股军队骚扰隋军。

大业十三年四月，突厥围攻马邑（今山西朔州），李渊、高君雅率军与马邑太守王仁恭共同抵御。高、王二人违背了李渊所授的作战方案，被突厥击败。炀帝得知战败的消息，大怒，派使者入太原逮捕了李渊和王仁恭。这一事件是促使李渊下定决心起兵的导火线。

这时李世民暗中劝李渊起兵，认为炀帝无道，百姓困苦，太原城外皆为战场，李渊若守小节，下有盗贼，上有严刑，盗贼讨捕不尽，严刑必然难逃，不如大兴义兵，讨伐无道，可以转祸为福。李渊对李世民说："隋历将尽，吾家继膺符命，不早起兵者，顾尔兄弟未集耳。今遭羑里之厄，尔昆季须会盟津之师，不得同受孥戮，家破身亡，为英雄所笑。"[1]其实这时李渊还没有做好起兵的准备，他不让李世民会同其兄弟起兵，是怕全家同遭杀戮。

过了数日，炀帝又派使者到太原赦免了李渊和王仁恭，并让他们官复原职。大约是炀帝认为如果杀了李渊，将会使山西的局势更加混乱，

---

[1] 《大唐创业起居注》卷一，第4页。

从维护统治的大局出发，只好释放了李渊，让他依旧主持太原军政，并不是真正信任李渊。说来也奇怪，自从隋炀帝避居于江都之后，南北往来十分不便，使者在途中时常遭到抢掠或杀戮，"惟有使自江都至于太原，不逢劫掠，依程而至，众咸异焉"。当携带释放李渊诏令的使者到达太原时恰是夜晚，李渊已经就寝，闻听这个消息后，惊跳而起，说："此后余年，实为天假。"又对李世民说："吾闻惟神也，不行而至，不疾而速，此使之行，可谓神也。天其以此使促吾，吾当见机而作。"①说明李渊此时已决心出狱后要起兵反隋。

---

① 《大唐创业起居注》卷一，第4页。

第二章

太原起兵与唐朝的创建

一、太原起兵内幕

（一）起兵决策出自李渊

有一种观点长期以来影响颇为广泛，即认为太原起兵，夺取关中，主要依靠李世民的谋略和战功，李渊本人并无创业的才干。[①]

实际情况并非如此。早在大业七年（611），隋末农民起义刚刚揭开序幕，李渊看到天下分崩离析，就已产生了反隋的想法。大业九年正月，李渊督运粮草往怀远镇，途经涿郡，与隋朝贵族宇文士及曾密谈过天下时事，即起兵反隋之事。后来在武德二年（619），李渊对裴寂说："此人（指宇文士及）与我言天下事，至今已六七年矣，公辈皆在其后。"[②]向前推算6年，正在大业九年他督运粮草途经涿郡之时，也可证明李渊早有反隋之心。李渊在弘化郡留守任上时，陇右诸郡兵皆受节制，这时其妻堂兄窦抗劝他乘机起兵，当时李渊认为时机尚不成熟，叫窦抗谨言不要泄密。[③]因为杨玄感起兵的教训历历在目，从起兵到失败被杀仅两个月的时间，说明隋室此时实力尚强，李渊深谋远虑，当然不会在此时贸然行动。

大业十一年，李渊受命为山西、河东抚慰大使时，他推荐好友夏侯端为副使。夏侯端也劝李渊起兵，他说："天下方乱，能安之者，其在明公。但主上晓察，情多猜忍，切忌诸李，强者先诛，金才既死，明公岂非其次？若早为计，则应天福，不然者，则诛矣。"[④]夏侯端所说的金才，即李浑，字金才。当时民间到处传诵《桃李歌》的歌谣，歌词说：

---

① 范文澜：《中国通史简编》第3册，北京：人民出版社，1965年，第115页。

② 《旧唐书》卷六三《宇文士及传》，第2410页。

③ 《旧唐书》卷六一《窦威传附窦抗传》，第2368页。

④ 《旧唐书》卷一八七上《夏侯端传》，第4864页。

"桃李子，莫浪语，黄鹄绕山飞，宛转花园里。"炀帝"疑李氏有受命之符"①，遂先处死了李浑等一行人。李渊的名望、才干远胜于李浑，必然深受炀帝的猜疑，死神随时有光顾其家的可能，这也是促成李渊起兵反隋的一个因素。因此，对于夏侯端的劝告，李渊"深然其言"，即完全赞同。

从武士彟与李渊的交往中，也可以看出李渊的深谋远虑。武士彟，并州文水（今山西文水）人，是武则天的父亲，木材商人，家富于财。李渊早年在汾、晋行军时，曾在他家居住过，因此颇有交情。李渊任太原留守后，用武士彟为行军司铠。武士彟遂向李渊进献兵书和符瑞，并劝他尽快起兵反隋。李渊告诉他不要多言，以免泄露，如果将来起事成功，"当同富贵耳"②。

李渊的反隋倾向，尽管隐藏得很深，但仍为一些有识之士所觉察，如刘文静，"察高祖有四方之志，深自结托"③。李靖，时为马邑郡丞，"会高祖击突厥于塞外，靖察高祖，知有四方之志"④。后来，当李渊准备起兵之时，李靖还向隋室告过密。所有这些史实都说明在太原起兵前，李渊是早有思想准备的。

宋代著名史学家司马光在其所编撰的《资治通鉴》一书中，把李渊写成一个优柔寡断、毫无主见的人，认为太原起兵的主谋者是李世民。在决定起兵大计时，李渊叹息地对李世民说："吾一夕思汝言，亦大有理。今日破家亡躯亦由汝，化家为国亦由汝矣！"⑤这种说法显然与史实不符。李世民后来在玄武门之变时，杀兄戮弟，逼父让位，这种行径当然与封建伦理格格不入，而李世民在旧史家看来又是所谓明君，为了掩盖其夺取帝位的违礼行为，就采取了颂扬其功绩的手法，夸大李世民在太原起兵中的决策作用。既然连起兵反隋这样的大事都是由李世民决定

---

① 《大唐创业起居注》卷一，第11页；《旧唐书》卷三七《五行志》，第1375页。

② 《旧唐书》卷五八《武士彟传》，第2317页。

③ 《旧唐书》卷五七《刘文静传》，第2290页。

④ 《旧唐书》卷六七《李靖传》，第2475页。

⑤ 《资治通鉴》卷一八三，隋恭帝义宁元年三月，第5731页。

的，而唐朝的江山又是实施了这个决策才获得的，那么李世民获取帝位也就顺理成章、无可指摘了。

当然，李世民在太原起兵时也发挥过一些作用，他交结豪杰，收罗人才，"群盗大侠，莫不愿效死力"①。最重要的是结交了晋阳（今山西太原西南）令刘文静，此人胸怀大志，足智多谋，在太原起兵及建唐过程中发挥了不小的作用。刘文静与瓦岗军首领李密是姻亲，也因此曾被炀帝下令收捕入狱。李世民了解此人可以谋大事，于是到狱中看望他，两人相见如故，对天下之事大发议论。刘文静认为炀帝远在淮南，洛阳又被李密的瓦岗军围困，天下义军大者连州跨郡，小者聚于山泽，只要能顺天应人，必然一呼百应。太原一带豪杰众多，百姓为避动乱也多聚于城中，一旦举事，可得10万之众，加上李渊所统之军亦有数万，以此之众，乘虚入关，号令天下，"不盈半岁，帝业可成"②。李世民对这些见解深表赞同。此外，长孙顺德、刘弘基这时也亡命在太原，李世民优礼待之。在策划起兵中，这二人协助世民募兵，也发挥了重要作用。

总之，在太原起兵过程中，李世民年轻果敢，无所畏惧，积极募兵，结交了一些英雄豪杰，在这个事件中发挥了一定的作用。而李渊则老成持重，深谋远虑，善于分析形势，是一位富有政治经验、老谋深算的宿将。他虽然早有叛隋之心，但是始终迁延不发，未尝有所举动，这主要是和国内形势的发展有密切关系。大业九年，李渊任弘化郡留守，统领陇右诸郡兵马，他不敢有所举动，原因是这时农民军尚未取得决定性的战果，隋朝在军事上还占据优势地位。弘化靠近长安，在那里起事，势必要把隋朝大军吸引过来，就不免要步杨玄感起兵失败的后尘。大业十一年，农民起义军虽然取得了很大的进展，但还没有获得决定性的胜利。这年炀帝被突厥围困于雁门，从太原或河东起兵倒是个有利的时机，但这样无异成了突厥的内应，将得不到人们的支持，政治上陷于不利的地位，更不便于号令天下。大业十二年，隋炀帝调整军事部署，

① 《旧唐书》卷二《太宗纪上》，第22页。
② 《旧唐书》卷五七《刘文静传》，第2290页。

调回进攻高丽的军队镇压农民军，使山东、河北一带的起义军接连受挫。在这种形势下，李渊当然不敢有所举动。大业十二年冬到十三年春，国内形势发生了重大变化，各地起义军经过长期斗争，逐渐由分散趋于联合，形成了几支大的起义队伍。中原的瓦岗军攻破金堤关（今河南荥阳东北古黄河南岸），攻下荥阳诸县，歼灭了张须陀统率的精锐隋军，直接对东都洛阳形成威胁。同时，各地贵族、官僚、豪强也纷纷起兵反隋。在这种形势下，李渊当然不愿落于人后，以免胜利果实被别人夺去，于是加快了起兵的步伐。

至于李建成和李元吉，则没有来得及参加首义壮举。他俩接到父亲的书信后，急忙奔赴太原，却把其五弟李智云（非窦氏所生）丢在河东，后被隋朝官吏所杀，年仅14岁。他俩在北上途中碰到柴绍，遂一同行动，于六月初到达太原，因此，首义之功自然是无法和李世民相比。

（二）扩充实力

李渊决定起兵后，没有立即行动，一则苦于太原尚有不少隋炀帝的亲信，二则苦于忠于自己的军队兵力不足。

这年春天，马邑军刘武周杀太守王仁恭，占据郡城，自称天子，国号定杨。不久，刘武周又攻下楼烦郡，占据了隋炀帝的离宫——汾阳宫。李渊认为这是集中军队的好时机，于是故意对副留守王威、高君雅说："刘武周占据汾阳宫，我们如果不能尽快剿灭，当犯灭族之罪。"王、高二人惧怕被治罪，又计无所出，只好再三请求李渊拿主意。李渊又提出太原离江都路途遥远，如果事事请旨后再行动，势必延误时机，剿灭刘武周之事仍然难以成功。王、高二人只好同意一切事务由李渊专决，他们二人表示绝对服从安排。于是，李渊命王威兼任太原郡丞，令他与晋阳监裴寂共同掌管粮廪、赈给、户口等事；命高君雅防守高阳（今河北高阳东），谋图调开高君雅，但未成功。尽管如此，李渊通过这次行动取得了兵马铠仗、战守事机、招募赏罚、军队征调等重大事务的专决权，这样就为后来的正式举兵创造了必要条件。

李渊以讨伐刘武周为名，下令招募军队，10日之内，招募到壮士数千人，屯驻于太原兴国寺。李渊为了避免引起王、高二人的猜疑，没有去视察检阅这支军队，私下对李世民说："纪纲三千，足成霸业。处之兴国，可谓嘉名。"①可见李渊把这支军队看成是自己创业的基本部队。他命令刘弘基、长孙顺德统领这支军队。刘弘基因逃避辽东之役而亡命太原，长孙顺德是李世民岳父长孙晟之弟，也是因逃避辽东之役而藏匿在太原。李渊把兵权交给这两个没有合法身份的人，引起了高君雅的怀疑，他对武士彟说："逃避征役，罪当处死，如何能领兵呢？"打算把他们扣押起来审查。武士彟劝解说："这二人是唐公之客，如果扣押势必引起纠纷。"高君雅遂隐忍不发。此事也引起了王威的怀疑，只是此人比较沉稳，不公开质询而已。李渊知道纸终究包不住火，于是密派使者前往河东，催促李建成兄弟尽快赶往太原，准备起事。

（三）先发制人

在起事的准备基本就绪后，李渊先让刘文静伪造了一道隋炀帝的敕令，扬言要征发太原、西河、雁门、马邑等郡年20岁以上、50岁以下的全部男子为兵，年底时集中于涿郡，要再一次征伐高丽。这样就使山西的民众更加激愤，"思乱者益众"②。李渊此举的目的就是要造成人心不稳、思想混乱，以便为其起兵寻找更有利的借口，在政治上先发制人。

由于王威、高君雅是炀帝的心腹，不除此二人，便难于顺利起兵。五月癸亥夜，李渊命长孙顺德等率兴国寺之兵500人，埋伏于晋阳宫东门左边，听从李世民的指挥。然后让刘文静、刘政会出面告发王威、高君雅勾结突厥。一切安排妥当后，次日清早，李渊派人请王、高及文武官员到留守厅议事。等众人到齐后，刘文静、刘政会二人手持密状进厅称

① 《大唐创业起居注》卷一，第6页。
② 《旧唐书》卷五七《刘文静传》，第2291页。

有人谋反，李渊假意请王威先阅密状，刘政会不让看，说所告的就是副留守之事，只有唐公才得阅看。高君雅发现已经陷入对方圈套，大声呼叫而起，被刘文静、长孙顺德、刘弘基等人擒获，随即将王、高二人处死。在这次事变中，李世民事先"列兵马布于街巷"[1]，保证了事变顺利进行。这次事变标志着李渊与隋朝的决裂，太原起兵正式开始了。

正当李渊积极准备进兵之际，突厥数万骑突然逼近太原，并进入外郭城北门。李渊面对强敌，沉着冷静，他一面将城门大开，城上不设旗帜，不许城上一人向外张望；一面令裴寂、刘文静等人率军分守诸门。突厥不知底细，不敢轻易进城，但也没有退兵而去。李渊遂于夜间派兵出城，占据险要之处，天亮之后又大张旗鼓地开进城内，使突厥误以为援军已到，更不敢轻举妄动。李渊还命令守城将士，突厥来攻只需据险而守，不要出战，若其退去，也不必穷追，只需尾随将其送出境而还，"使之莫测"[2]。李渊的这种策略，使突厥手足无措，不敢轻易攻城，加之其入境过深，怕遭不测，不久便主动撤兵退去。这一次行动再次彰显了李渊足智多谋的军事家风范。

太原解围后，李渊认为突厥问题如不解决，将始终有后顾之忧，无法向关中进军。六月，李渊主动向突厥始毕可汗写信，卑辞厚礼，与之通和。信件的大意说：天下丧乱，百姓困苦，我举义兵，为救百姓，迎回主上。愿与可汗和亲，征伐所得，子女玉帛，皆归可汗。信写好后，"仍命封题，署云某启"。有人认为突厥不识汉文字，请改"启"为"书"。李渊认为乱离以来，内地读书之人投奔突厥避难者不少，如果有人进行挑唆，将不利于创业大事，并说："且'启'之一字，未值千金。千金尚欲与之，一字何容有吝。"[3]坚持用了"启"字，这并不表明

---

[1] 《旧唐书》卷五八《刘政会传》，第1313页。

[2] 《大唐创业起居注》卷一，第8页。

[3] 《大唐创业起居注》卷一，第9页。

李渊此时已称臣于突厥。^①另据《旧唐书》卷六七《李靖传》载：太宗闻李靖等大破突厥的消息后，对侍臣说："朕闻主忧臣辱，主辱臣死。往者国家草创，太上皇以百姓之故，称臣于突厥，朕未尝不痛心疾首，志灭匈奴，坐不安席，食不甘味。今者暂动偏师，无往不捷，单于款塞，耻其雪乎！"^②陈寅恪先生据此认为唐高祖李渊确实向突厥称过臣，^③旧史家为其隐讳，有意不予书其称臣之事而已。关于这一问题陈寅恪先生还有过进一步的论述，但是在学术界也有争议，从目前的研究情况看，其称臣于突厥之事应无疑义。^④尽管如此，李渊这种不拘一格的做法，充分显示了一位政治家的远见卓识。突厥始毕可汗得信后，喜出望外，但他主张不要迎回炀帝，劝李渊取而代之，自为皇帝。李渊推辞了一番后，决定尊隋炀帝为太上皇，另立代王杨侑为皇帝。

李渊与突厥讲和后，免除了后顾之忧，但苦于军中缺马，于是突厥派送来良马千匹，到太原交易，并答应遣兵助李渊攻取关中，需要多少军队由李渊决定。李渊在即将南下之时，派刘文静入突厥请兵。临行时李渊交代他兵多恐骚扰百姓，太少无甚大用，"公宜体之，不须多

---

① 〔宋〕司马光《资治通鉴》卷一八三，隋恭帝义宁元年六月《考异》称："按太宗云：'太上皇称臣于突厥，'盖谓此时，但温大雅讳之耳。"这其实只是以下对上的书信一种格式，表明此时的李渊自甘居于突厥可汗之下，并不能作为李渊称臣的证据，李树桐已有辨正，其说甚是。

② 《旧唐书》卷六七《李靖传》，第2480页。

③ 陈寅恪：《唐代政治史述论稿》下篇《外族盛衰之连环性及外患与内政之关系》，第129—130页。

④ 关于李渊称臣于突厥事，陈寅恪在其《论唐高祖称臣于突厥事》一文又有进一步的论述，收入《寒柳堂集》，生活、读书、新知三联书店，2001年，第108—121页。然李树桐先生连续发表了《唐高祖称臣于突厥考辨》《再辨唐高祖称臣于突厥事》《三辨唐高祖称臣于突厥事》等三篇文章，分别刊于台湾《大陆杂志》第26卷1、2期，37卷8期，61卷4期，1963年至1980年，否定了陈寅恪的观点。此后，大陆多名学者发表文章支持陈先生的观点，如王荣全：《有关唐高祖称臣于突厥的几个问题》，见史念海主编《唐史论丛》第7辑，陕西师范大学出版社，1998年；曹印双：《唐高祖时期唐突关系史事新解》，《黑龙江民族丛刊》2007年第5期；张耕华：《陈寅恪、吕思勉治史风格的异同：以唐高祖称臣突厥之考辨为例》，《学术月刊》2013年第2期，等等，支持了陈寅恪的观点。

也"①。李渊请突厥派兵的主要目的在于壮大声势，同时可以制约刘武周，防止他向太原进攻。换句话说，李渊向突厥请兵主要是出于政治需要，大量突厥兵进入国内，反倒对自己碍手碍脚，他当然不乐意。

二、顺利攻占长安

（一）西河之捷

起兵之后，在关于旗帜用什么颜色问题上发生了争执。突厥的旗帜为白色，隋朝的旗帜为红色，李渊军队的旗帜用什么颜色，实质上是遵从隋朝还是遵从突厥的问题。军司以起兵在甲子之日，请"执白旗，以示突厥"。李渊主张"宜兼以绛，杂半续之"②。即旗帜赤白相间，表示既不从属于隋朝，也不依附于突厥。李渊还令汾、晋百姓传唱《桃李子歌》："桃李子，莫浪语，黄鹄绕山飞，宛转花园里。"李为国姓，桃作陶，即陶唐，配之以李，故此歌谣又称《桃花园》。李渊目睹绛白旗幡，耳听《桃花园》之歌，不禁豪情万丈，说："花园可尔，不知黄鹄如何。吾当一举千里，以符冥谶。"③李氏父子革代易姓的企图于此已昭然若揭了。

隋朝在荒年闭仓拒赈，大失民心。瓦岗军李密反其道而行之，数次大规模开仓济民，壮大了力量。李渊深知其中奥妙，也在太原打开官仓救济贫民，应募之人越来越多，20日内得兵数万，并传檄诸郡，自称"义兵"。辽山（今山西左权东北）县令高斌廉拒不从命，派人疾速前往江都，报告李渊起兵之事。炀帝得奏后，非常恐惧，急令洛阳、长安严加备御。李渊认为辽山小城，不足为虑，唯西河郡丞高德儒不肯听命，挡住了李渊南下的道路，必须扫清此障碍。

---

① 《大唐创业起居注》卷一，第14页。
② 《大唐创业起居注》卷一，第11页。
③ 《大唐创业起居注》卷一，第11页。

李渊命李建成、李世民兄弟率军前去进攻西河郡（今山西汾阳）。临行时李渊再三勉励他们要奋勇作战，争取首战胜利，并命太原县令温大雅为参谋军事，协助指挥。当时军士集中起来没有多久，大都不熟悉战阵，建成、世民兄弟都是青年将领，未曾单独指挥过一支军队，但"义兵"军纪严明，上下一心，士气非常高昂。建成、世民能与士卒同甘共苦，作战时身先士卒，百姓菜果，非买不食，因而民心大悦。兄弟二人一路顺利，很快攻下西河，斩杀高德儒，此外不戮一人，秋毫无犯，慰抚百姓，使之复业。从出兵到返回太原，仅用了9天时间，李渊对此战非常满意，认为有这样的军队，可以横行于天下了。

此战之后，李渊建置了大将军府，建立三军，分为左右，军士称"义士"。命李建成为左领军大都督，统率左三统军，封陇西公；李世民为右领军大都督，统率右三统军，封敦煌公。以李元吉为太原郡守，留守太原。以裴寂为大将军府长史，刘文静为司马，武士彟、温大雅、殷开山、唐俭等人为大将军府掾属，以刘弘基、长孙顺德、王长阶等人为统军、副统军。其余文武职员，随才选用。至此，李渊借以争夺天下的军事、政治机构基本组成，同时把改朝换代的愿望变成了实际行动。

（二）霍邑之战

七月，李渊在太原誓师后，亲率大军3万经西河向霍邑（今山西霍州）进兵，行至距霍邑50余里的贾胡堡，逢连日大雨，只好驻扎在这里，待机进兵。在长安的代王杨侑得知李渊起兵，遂派虎牙郎将宋老生率精兵2万屯守霍邑，又命左武侯大将军屈突通屯守河东，阻挡李渊的进兵。

这时在贾胡堡的李渊不仅碰到连日大雨、无法进兵的问题，而且粮食也因雨而接济不上，同时又传说刘武周联合突厥进攻太原。在这种情况下，是向前攻取霍邑，还是后撤解救太原，李渊必须做出决断。他召集李建成、李世民及部下众官商议对策，有人认为太原是义兵的根据地，家眷、给养皆在此城，突厥见利忘义，不可相信，一旦太原有失，后果不堪设想。这种主张明显是倾向还救太原。李建成、李世民坚决反对这种意见，他们分析道：刘武周与突厥外虽相结，内实相猜，突厥欲想取利，马邑近在咫尺，何必远到太原？刘武周深知突厥习性，未必会离开马邑进攻太原。如果退军还师，必然人心涣散，宋老生、屈突通势必追击，则军队将会一朝瓦解。现今庄稼已经成熟，军粮问题不足为虑。宋老生为人轻躁，破之不难，功业成败，在此一战。请雨停后进军，如果不能攻下霍邑，斩杀宋老生，儿等愿意以死相谢。两个儿子坚决主战的决心，增强了李渊攻占霍邑的信心。不久，太原的军粮运到，八月，天气转晴，全军士气高昂，李渊开始部署进攻霍邑的战役。

李渊最担心的就是宋老生闭门坚守，以致战斗旷日持久，贻误战机。建成、世民认为宋老生勇而无谋，可以轻骑挑战，宋老生一定会出城迎战；如果他固守不出，则可采用反间之计，散布宋老生畏惧不战、想要投降的消息，宋老生恐其左右上奏给炀帝，必定出城来战。李渊说："你们的分析很有道理，宋老生没有乘我军缺粮时进攻贾胡堡，我就知他无所作为。"于是，李渊亲率数百骑兵到霍邑城东五六里处布阵以待，命建成、世民各带数十骑直至城下视察地形，以示攻城之意，并命军士辱诟宋老生。宋老生大怒，以其军主力从南门、东门两路出城迎战。李渊恐宋老生背城而阵，不肯远去，命令军队向后佯退，诱使宋老生来追。这时殷开山等所率步兵已经赶到，李渊命他正面迎敌，命建成、世民从左右两面直冲城下，堵死宋老生的退路，然后两面夹击，双方在城外展开了殊死决战。为了瓦解隋军斗志，李渊令军士大声传呼："宋老生已被斩首！"隋军听后大乱，抛弃甲仗，争相溃逃。宋老生见大势已去，遂向城门退去，由于各城门已由建成、世民所率之军堵截，宋老生不得入，城上人抛绳引之，宋老生攀绳欲上，被追兵赶到斩杀。这时，天色已晚，日将西落，李渊见军士斗志正盛，遂命乘锐攻城，在没有攻城器具的情况下，一鼓作气攻克了霍邑。

接着，李渊经临汾（今山西临汾），下绛郡（今山西新绛），到达龙门。这一路只在绛郡稍遇抵抗，其他诸城闻风而下。这时，刘文静引突厥兵500人、马2000匹也到达这里。李渊十分高兴，对刘文静大加赞扬。因为刘文静完全是按李渊的嘱咐办事，马多可以增加战斗力，兵少则不必担心闹出什么乱子来，达到了李渊原先设想的借突厥之力以扩张声势的目的。

（三）佯攻河东

在李渊兵临龙门之时，河东仍为屈突通所据守，这样就有一个问题，究竟是西渡黄河，占据关中，还是攻取河东，歼灭屈突通军。有人主张首先攻取河东，也有人主张先从龙门渡过黄河，夺取永丰仓（在今陕西华阴东北渭河岸），再逐步攻取关中诸城，进而夺取长安。李渊分析了两种意见，决定兵分两路，主力渡河攻取关中，同时留相当的兵力对付屈突通。这种部署充分地反映了李渊作为一个军事统帅用兵稳重的特点。后来，唐军攻下长安后，屈突通见大势已去，被迫投降。如果当时不采取分兵攻略的部署，倾全力进攻长安，屈突通必然出兵援救，唐军便会有两面受敌之患；如果唐军重点攻取河东，使长安有时间收缩各地兵力，则长安便不可能唾手而得。

这一时期关中的形势是农民军遍地皆是，隋军只占据着一些重要的城市。在这许多支起义军中，以冯翊（今陕西大荔）人孙华这股势力最为强大。李渊派人与他联系，孙华表示愿意归附，并亲自从郃阳（今陕西合阳）率轻骑渡河去见李渊。李渊与其握手言欢，大加奖慰，任命孙华为左光禄大夫、武乡县公、冯翊太守。令其先行过河，准备迎接大军渡河。沿河百姓见李渊军纪严明，争献舟船，每日百余艘之多，于是李渊就将这些水手改编为水军。在渡河条件成熟后，李渊派王长谐、刘弘基、陈演寿、史大奈等，率步骑6000人渡河，驻扎于河西，掩护大军渡河。这支部队渡河后，很快就占据了韩城（今陕西韩城）。

在王长谐、刘弘基渡河之际，李渊嘱咐他们要见机行事，如果屈突通派兵阻击他们，李渊就率大军直取河东；如果屈突通坚守不出，他们必须断绝蒲津桥（在今山西永济西黄河上），使屈突通不能渡河，处在李渊军与王长谐、刘弘基军的夹击之势下。果然不出李渊所料，屈突通派桑显和率军数千夜袭王长谐军。在孙华等的配合下，王长谐等大败桑显和，桑显和逃回河东，自断蒲津桥。李渊见隋军新败，士气低落，遂亲率大军直攻河东，在部分兵士已经登上城墙的情况下，李渊命令其退下。他这样做，目的不是要真正攻取河东，而是要屈突通不敢出城再战，以便使自己顺利渡河，用李渊自己的话说，只是"示威而已"。然后留军围城而不攻，自己率大军渡过黄河。

在李渊一行将渡河之时，隋朝的冯翊太守萧造、华阴县令李孝常等相继归降，永丰仓也为李渊军所占据。此外，京兆万年（今陕西西安）、醴泉（今陕西礼泉）等地官员也派人和李渊联系。李渊渡过黄河后，驻于朝邑（今陕西大荔东朝邑镇）的长春宫。这时，三秦士庶、郡县长吏、豪强子弟，扶老携幼相继来投者甚多。可见关中人民及官僚地主都迫切希望李渊能改朝换代，这也是对隋炀帝暴政不满的一种反映。李渊命李建成、刘文静、王长谐等率军数万屯于永丰仓，扼守潼关；命李世民、刘弘基、长孙顺德等率军数万西进，经高陵（今陕西西安市高陵区）、泾阳（今陕西泾阳）、武功（今陕西武功西北）、盩厔（今陕西周至）、鄠县（今陕西西安市鄠邑区），迂回进攻长安。李世民西进途中，吏民及小股起义军归附者甚众，到达泾阳时队伍就已经扩大到9万人。接着，又会合了李神通和李渊之女平阳公主所率的军队，声势更加壮大。

（四）娘子军的神威

李神通为李渊的堂弟，李渊太原起兵时，他正在长安，因隋朝官吏追捕，遂逃入鄠县山中，与史万宝等人聚兵响应李渊。李渊军入关中时，他已攻下鄠县，有兵万余人，自称关中道行军总管。

平阳公主与丈夫柴绍也在长安，李渊准备起兵时，密召他们赴太原，柴绍认为夫妻偕行容易暴露，遂与妻子分手，要她暂时躲藏起来，自己单独奔赴太原。柴绍离去后，平阳公主潜回鄠县自己的别墅，散家资，聚徒众，起兵响应李渊。当时，在盩厔司竹园一带有一西域胡商何潘仁，拥有一支数万人的起义队伍，平阳公主派家奴马三宝游说何潘仁，使他帮助李神通攻下鄠县。平阳公主又派马三宝联络附近的农民起义军首领李仲文、向善志、丘师利等，动员他们参加了平阳公主的队伍。隋西京（长安）留守屡次派军讨伐，都被何潘仁等击败。平阳公主乘胜攻下了盩厔、武功、始平（今陕西兴平东南）等地，组成了7万余人的大军。由于马三宝在这些活动中立有大功，李渊把他与西汉家奴出身的大将军卫青相提并论，称之为英雄。

平阳公主的军队纪律十分严明，禁绝军士抢掠骚扰百姓，远近归附者甚众，使其队伍不断壮大，战斗力也不断地增强。李渊渡过黄河后，听到这些消息十分兴奋，派柴绍率数百骑兵从华阴沿南山以迎公主。后来这支军队在渭北与李世民的军队会合，号"娘子军"，参加了攻占长安的战斗。

平阳公主死于武德六年（623）二月，李渊破例下诏，规定葬礼用前后部鼓吹、武贲甲士40人持剑成列，夹道而行的礼仪。主管礼乐的太常寺官员上奏说，按照礼制，妇人不能有鼓吹。李渊说："鼓吹，军乐也。公主亲执金鼓，兴义兵以辅成大业，岂与常妇人比乎！"[1]平阳公主在建唐过程中的这种英勇斗争的精神，虽说是为了自己家族改朝换代，但她表现出的胆识和谋略却是值得钦佩的，不愧是我国古代妇女中的杰出代表。

（五）攻克长安

李渊还有一个女婿段纶，在隋朝任左亲卫。这时也在蓝田（今陕西蓝田）一带聚集了万余人，起兵响应李渊。李渊渡河后，他遣使拜见李

---

[1] 《资治通鉴》卷一九〇，唐高祖武德六年二月，第5965页。

渊。李渊授其为金紫光禄大夫，并令归李世民统一指挥。李世民的队伍由于有这些新生力量的充实，总人数增加到13万人。

李渊又命刘弘基、殷开山分兵向西攻下扶风，然后南渡渭水，屯驻于长安故城（今陕西西安西北），兵力达到6万人。李世民率13万大军，从盩厔向长安推进，也驻于长安故城。李渊见屈突通已无力西援长安，遂命刘文静继续监视屈突通，命李建成率领驻永丰仓的军队向长安推进，李渊本人也随军行动。十月，李渊到达长安城外，驻扎于长安春明门（东门）外。连同李世民所率之军，李渊大军共20多万人，将长安城团团围住。

辅佐代王杨侑留守长安的是隋刑部尚书卫玄、左翊卫将军阴世师、京兆丞骨仪等人。卫玄曾积极地参与过镇压杨玄感起兵，深受隋炀帝器重。大业十一年，他看到农民起义军遍地蜂起，预感到形势不妙，曾向炀帝辞官，没有得到批准。这时他看到李渊军队包围长安，唯恐祸及自身，称病不理事，在城破前夕忧惧成疾，死于家中。只有阴世师、骨仪督军据守。

李渊命令李建成负责进攻长安城东、南面的军事，李世民负责进攻西、北面的军事，同时令诸军修造攻城器具。由于新收编的关中各支义军首领自以为非太原元从部队，耻于无功，故攻城的积极性很高，不待命令便各率所部逼城而上，李渊恐其轻敌失利，严令不得擅自攻城。十一月，攻城的各项准备全部就绪，李渊下令不得侵犯隋皇室七庙及代王等隋宗室，违者诛灭三族，然后令诸军四面攻城。军头雷永吉率先登上城头，大军继进，守城隋军四散奔逃，很快便攻下长安城。

唐军入城后，封府库，收图籍，禁掳掠，吏民安堵如常。由于阴世师、骨仪等人奉炀帝之命，捣毁了李氏家族五庙，挖掘了李氏祖坟，李渊对此极为痛恨。俘获阴、骨二人及崔毗伽、李仁政后，下令将他们全部斩杀，其余隋朝官吏一无所问。李渊此举不仅获得了京师百姓的拥戴，也争取到不少隋朝官吏，使他们投入义军一方。马邑郡丞李靖曾向炀帝密报李渊谋反，这时也在长安，被李渊军队抓获，遂令斩首。李靖大呼曰："公兴义兵，欲平暴乱，乃以私怨杀壮士乎！"[1]李世民出面请求宽宥，于是李靖得到了赦免。李世民遂将他召入自己幕府，后来李靖成为唐初著名的军事家。

屈突通与刘文静相持多时，不能取胜，听到长安被攻占的消息后，知道关中大势已去，无法挽回，遂率军向洛阳退去。刘文静派骑兵追赶。屈突通部下军士多为关中人，不愿东去，在刘文静军追来时，皆解甲投降，屈突通被俘，送入长安，李渊任其为兵部尚书。

十二月，李渊派人招抚巴蜀，不费一兵一卒，便使巴蜀之地归于李氏。自此，李渊以长安为基地，逐步稳定关中，并开始了他统一全国的大业。

① 《资治通鉴》卷一八四，隋恭帝义宁元年十一月，第5762—5763页。

三、老谋深算的政治家

李渊从太原起兵仅半年时间就占据了长安，管辖区域扩展到今山西、关中、巴蜀等广大地区，奠定了其帝业的基础。其迅速成功的原因，不仅与他杰出的军事指挥才能以及关中相对空虚、有机可乘有关，也和他实施的正确政治方针及善于权变的政治家谋略有密切关系。他在政治上的正确措施，使他免于树敌过多，可以最大限度地集中兵力，攻取长安；也使他能够激励士气，扩充队伍，加强军力；同时还使他争取到了广大民众与官僚、士人的支持和拥戴。

（一）卑辞以骄李密

李密是瓦岗军的首领。这个人也是一个贵族子弟，他的祖父为北周太保、魏国公，父亲李宽为隋朝上柱国、蒲山公。李密少年时就得到隋朝权臣杨素的赏识，并介绍给他的儿子杨玄感。大业九年，杨玄感起兵时，李密也参加了。当时他给杨玄感献了上中下三策，认为炀帝远在辽东，距离幽蓟（今北京西南）千里之遥，应该出其不意，长驱入蓟，扼其咽喉。炀帝前有高丽，后无退路，不过十天半月，所带粮草必尽，其军必散，可以不战而擒，此是上策；关中天府之国，地势险要，可以乘其不备，直入长安，炀帝虽返，据险临之，进可以攻，退可以守，为万全之势，此为中策；如就近攻略，先向东都，屯兵于坚城之下，胜负将难以预料，此为下策。杨玄感实际上采用了下策，果然导致起兵失败，可见李密确有超过常人的见识。

后来，李密为了躲避隋朝的追捕，投入瓦岗军。他英勇善战，有指挥才能和政治远见，使瓦岗军得以迅速发展。瓦岗军首领翟让认为自己的才干不如李密，遂主动推让李密为首领，但是李密不相信翟让主动让贤的诚意，反而处处防范，最终设计杀死了翟让。翟让死后，李密认为炀帝远在江都，自己势力强大，无人可以相比，遂有"自矜之志"，产生了骄傲情绪，目空一切，毫无顾忌。李渊写信给他，他要求李渊率步骑数千前往河内（今河南沁阳），与他会盟，"欲为盟主"[①]。

这时李渊刚刚起兵不久，正在向关中进兵，对李密问题处理得如何，直接关系到能否顺利占据关中。李渊让人给李密写了一封措辞诚恳、谦恭异常的回信，大意是说：我此次大兴义兵，目的在于匡扶危难，尊崇隋室。老夫虽然庸劣，也知天命之所在，天下兆民，必有司牧，除弟之外，谁能担此大任！希望我弟"早膺图箓"，我当衷心拥戴。所邀会盟之事，因为汾、晋一带尚须安辑，故不能前去赴会，希望见谅。[②]在这封书信中，李渊对李密的吹捧，达到了无以复加的地步，既表示了自己无意取隋而代之，又暗示李密可以顺应图谶当皇帝。李密接到信后，喜出望外，"以示将佐曰：'唐公见推，天下不足定矣！'"[③]"遂注意东都，无心外略"。[④]从此，双方信使往来不断，李密对李渊也不再有所忌讳和防范了。

李渊对李密的这种谦恭态度背后，隐藏着自己的政治打算。因为当时李密领导的瓦岗军兵力雄厚，势力强大，李渊刚刚起兵不久，羽翼未丰，自然不能得罪李密，又树立一个强大的敌手。此外，李渊要夺取长安，建立帝业，对瓦岗军尚有借重之处。他认为李密妄自尊大，不知天命，"不如卑辞推奖以骄其志，使为我塞成皋之道，缀东都之兵，我得专意西征。俟关中平定，据险养威，徐观鹬蚌之势以收渔人之功，未为晚也"。[⑤]就是说李渊要利用瓦岗军为他牵制东都洛阳的隋军，使他可以放心地西征，等夺取长安后，再占据险要，待东都的王世充与李密打得

---

① 《资治通鉴》卷一八四，隋恭帝义宁元年七月，第5742页。
② 《资治通鉴》卷一八四，隋恭帝义宁元年七月，第5743页。
③ 《资治通鉴》卷一八四，隋恭帝义宁元年七月，第5743页。
④ 《大唐创业起居注》卷二，第26页。
⑤ 《资治通鉴》卷一八四，隋恭帝义宁元年七月，第5743页。

两败俱伤时，他就可以坐收渔人之利，消灭他们，统一全国。李密本不是寻常之辈，从他给杨玄感所献的上中下三策看，也是一位雄才大略之人，但他毕竟不如李渊政治经验丰富，在机谋权变方面还不是老谋深算的李渊的对手，以至于在客观上给李渊夺取关中帮了大忙。用李渊自己的话说："更觅韩、彭，莫如用密。"[①]韩指韩信，彭指彭越，他们都是西汉刘邦的大将，在刘邦与项羽对垒时，他们在项羽后方活动，牵制了对方大量的兵力。李渊在这里把李密比作自己的韩、彭，使他不自觉地发挥了牵制东都隋军，减轻自己夺取关中阻力的作用。这种高明的政治手段，可抵10万大军之用。

（二）奖功不拘一格

攻下霍邑之后，李渊论功行赏，军吏主张赏功时把奴隶出身的应募者和良人出身的军士区别对待。李渊认为"矢石之间，不辨贵贱，论勋之际，何有等差，宜并从本勋授"[②]。李渊的这种做法并不是他平等思想的反映，在他的思想深处，等级、身份的观念是根深蒂固的。他之所以这样做，是因为战争时期只能激励军士杀敌立功，如果赏功不当，造成军队人心不稳，影响战斗力，那就得不偿失了。

对于俘获的隋军中的关中籍军士，如果他们想要返回故乡，李渊一律授予五品散官，然后遣归。有人向他进谏，认为授官太滥，李渊却认为隋朝吝惜勋赏，丧失了人心，自己怎么能够继续这种做法呢？而且以授官收拢人心，岂不胜于用兵吗？按照当时的制度，散官没有治事之权，五品以下的散官连俸禄也没有，对于百姓和军士来说，只不过是一种身份的象征。李渊用这种空头支票，达到收买人心的目的，这正是他的高明之处。

李渊还特地新增了宣惠尉、绥德尉两种散官，按照投奔他的先后顺

---

① 《大唐创业起居注》卷二，第25页。
② 《资治通鉴》卷一八四，隋恭帝义宁元年八月，第5748—5749页。

序，授给随他攻伐的义士们。他解释说：我特置此官，是为了"示宣行惠"，"知绥抚以德"，使广大百姓知我为仁义之师。[1]可见李渊非常注重政治宣传的作用。他还给70岁以上的老人，授以通议、朝请、朝散大夫3种散官。授官时，官之大小，都由他亲手注授，"笔不停辍，所司惟给告身（任官状）而已"。据说李渊的书法很好，"真草不拘常体"，写得既快又好，曾经一日之内注授千余人之官。[2]得官之人，对这种李渊亲笔书写的告身非常珍惜。进入关中以后，对于大大小小的农民起义军，李渊都能做到不吝官爵，这不仅减少了夺取长安的阻力，而且壮大了自己的军队规模。

四、从唐王到皇帝

（一）拥立傀儡

李渊刚刚进入长安，就宣布"约法"12条，除杀人、抢劫、逃兵、叛逆者仍要处以死刑外，其余隋朝酷法苛政全部废除。此举对于饱受隋朝苛政压榨的关中百姓来说，无疑是一种善政，使人心更加倾向于李氏。同时，他又正式拥立代王杨侑为皇帝，遥尊隋炀帝为太上皇，并改大业十三年为义宁元年（617）。隋帝封李渊为大丞相、唐王，改武德殿为丞相府，改"教"为"令"。按照隋朝制度，藩王的命令只能称为"教"，李渊的命令此时改称"令"，形式上已经和皇帝没有多大区别了。当时还规定军国大事、礼乐征伐、兵马粮仗、文武百官，全归大丞相掌握，这是李渊自己给自己封官授权，只不过形式上仍经隋帝封授，走走过场而已。几天后，又以李建成为唐王世子，李世民改封秦国公，李元吉改封齐国公，仍然留守太原。

李渊既已攻下长安，为什么不马上改朝换代，却要拥立杨侑为帝

---

① 《大唐创业起居注》卷二，第20页。

② 《大唐创业起居注》卷二，第22页。

呢？从当时国内政治局势看，许多大的割据者并没有放下尊隋的旗号，如李密、窦建德、王世充等，各地还有不少隋朝官吏仍有相当大的势力，关中的州县还没有完全降服，如果此时称帝，势必引起许多义军和隋朝官吏、地主武装的敌视，将使自己陷于孤立地位。另外，他是打着尊隋的旗号进入长安的，这时隋炀帝还没有死，时机尚未成熟，如果马上撕破假面具，就暴露了自己政治上的虚伪性，因此只能奉杨侑为帝，把他作为一个过渡性的傀儡。既然以尊隋为旗号，为什么李渊不尊炀帝呢？因为尊炀帝就无法实现他改朝换代的目的，此时谁也不知道炀帝什么时候能死，且隋炀帝已是天怒人怨，成为众矢之的，既为广大人民所反对，又不为地方官僚所拥护，已经没有多大号召力了。

义宁二年（618）二月，隋帝杨侑晋升李渊为相国，"加九锡，赐殊物，加殊礼焉"①。所谓"九锡"，是古代天子尊礼诸侯而赐给的九种器物，即衣服、朱户（朱漆之门）、纳陛（上殿的器具）、车马、乐器、虎贲（武士）、斧钺、弓矢、秬鬯（黑黍和香草酿的酒）。魏晋以来凡禅代者多以加九锡为登极的前奏曲。李渊虽急欲改朝换代，但此时炀帝尚在，他不愿过早暴露自己的野心，所以只将丞相府改为相国府，却未接受九锡。在这里李渊又一次显示了他稳慎的政治风格。

（二）隋帝禅位

义宁二年三月，宇文化及等人在江都缢杀隋炀帝，另立秦王杨浩为帝。不久，王世充在东都拥立越王杨侗为帝。这样就同时存在几个隋帝，各地的割据势力自称帝王的亦为数不少，在这种情况下，李渊改朝换代就不存在所谓篡夺权位的问题了。李渊一面加快了登极的准备工作，一面又假惺惺地对炀帝之死表示悲痛，并率文武百官举哀于大兴殿后殿，在这个仪式上李渊哭得最为悲痛，极尽为臣之道。这一切当然都是做做样子而已。

---

① 《大唐创业起居注》卷三，第46页。

本来已经是水到渠成之事，李渊还嫌戏演得不够，还令其部下开动脑筋再做些戏文。这年四月，隋帝杨侑下诏禅位，裴寂等率文武官吏2000余人上书劝进，李渊退回上书，不肯接受禅位。裴寂等人又当面劝进，说什么"臣等为大唐将佐，陛下不为唐帝，我们只好辞官回家了，请陛下深思，给我们一个继续做官的余地"。李渊说："裴公何必相逼太急，容我再慎重想想。"既不把话说绝，又不马上应承，可见李渊还觉得文章没有做完。于是，裴寂等人又编造了许多歌谣，伪称是太原慧化尼、蜀郡（今四川成都）卫元嵩等人所作，并说天下之人都在传唱，可见谣谶天降，"违天不祥"。[①]所谓谣谶无非是说李氏当做皇帝，如慧化尼歌词云："东海十八子，八井唤三军。手持双白雀，头上戴紫云。"[②]十八子是"李"字，紫云是绛色，白雀代表白色，当时唐王旗帜杂用绛白之色。这一套并不新鲜，自古以来，每逢改朝换代都要搞一些诸如此类的东西，表示新帝上膺天命，下顺民心。经过再三劝进，又再三推让，李渊终于要登上皇帝宝座了。

这年五月二十日，李渊即皇帝位于长安太极殿，史称唐高祖。改元武德，以长安为都城，立李建成为皇太子，封李世民为秦王、尚书令，封李元吉为齐王。这年李世民21岁。

---

① 《大唐创业起居注》卷三，第57页。
② 《大唐创业起居注》卷三，第56页。

第三章

扫平群雄统一全国

一、西平薛举

薛举原是隋金城郡（今甘肃兰州）校尉。隋朝末年，陇右一带也爆发了农民起义，金城令郝瑗命薛举率军前去镇压，薛举与其子薛仁杲乘机夺权，并陆续攻下枹罕（今甘肃临夏东）、鄯州（今青海海东市乐都区）、廓州（今青海贵德）等地，兵力达到13万人。大业十三年（617）七月，薛举在金城称帝，国号西秦。此后，其子薛仁杲又陆续攻下秦州（今甘肃秦安西）、汧源（今陕西陇县）等地，拥兵30万，直接威胁到长安。唐王朝建立后，要想统一全国，必须首先巩固关中，要巩固关中则必须先稳定西北。薛举父子的势力已进入关中西部，不消除这种威胁，新生的唐政权将无法巩固，更谈不上东向争夺中原，因此李渊父子自然把打击的第一个目标锁定在薛举建立的西秦。

（一）高墌之战

薛举势力到达扶风时，本来要乘胜进攻长安。恰好这时李渊已捷足先登，占据了长安，薛举遂转而围攻扶风。义宁元年十二月，李渊认为薛举军队对长安威胁巨大，命李世民率军西进退敌。双方在这一带展开了激烈的争夺战，结果李世民大败薛仁杲统率的西秦军队，斩首数千级，追至陇坻（今陕西陇县以西）而还。薛举自起兵以来从未吃过如此大的败仗，又恐李世民继续向西进攻，问左右说："古来天子有降事否？"[1]可见此战对其震动之大。初战的胜利极大地鼓舞了唐军的士气。

薛举不甘于失败，遂勾结突厥谋图再次夺取长安。武德元年（618）六月，薛举进攻泾州（今甘肃泾川西北），纵兵掳掠，直至豳州（今陕

---

[1] 《旧唐书》卷五五《薛举传》，第2246页。

西彬州）、岐州（今陕西宝鸡市凤翔区）一带。刚被封为秦王的李世民被李渊任命为西讨元帅，率兵前往抗击。七月，双方对垒于高墌（今陕西长武西北）。李世民估计对方军粮不足，意在速战，于是下令军中深沟高垒，坚壁不出，"以老其师"①。据说这时李世民正患病卧床，把指挥权交给刘文静、殷峤二人，并告诫说："敌人远来，必求速战，应当持久坚守，待敌粮尽，可战而胜之。"司马殷峤对刘文静说："秦王有病，不能理事，担心你不能担此重任，故作此言。"并认为如不出战，反被敌方所轻视。刘文静受殷峤煽动，自作主张，于是陈兵于高墌西南，耀武扬威，"恃众不设备"②，薛举以精锐骑兵从背后包抄唐军，唐军大败，死者过半，大将慕容罗睺、李安远、刘弘基等被俘，高墌城也陷落了。李世民只得扫兴地撤兵而归，返回长安，"京师骚动"，惶惶不安。此战的失败，主要责任在于刘、殷二人，他们不分析敌情，违背了李世民的军事部署。但是，李世民恐怕也要承担一定的责任，当时他仍在军营，刘、殷率众出战，这么大的军队调动，他不会不知道，作为统帅，没有一点责任怕是说不过去的。

　　李世民自太原起兵以来，屡战屡胜，尚未遭受过如此惨败。此战的失利，对于一位年轻的统帅来说，也不是没有一点益处，至少从中可以汲取一些教训，使其能在以后的战争中保持比较冷静的头脑。

　　高墌之战获胜后，西秦军又于八月包围了宁州（今甘肃宁县）。有人还向薛举建议，乘唐军新败，将帅被擒，长安震动之机，直取长安。但由于薛举很快死去，才使这次行动未及实施。由此可见，薛氏的西秦是唐高祖巩固关中的最大威胁。

（二）浅水原决战

　　薛举死后，薛仁杲继位，住在折墌城（今甘肃泾川东北）。薛仁杲

---

① 《旧唐书》卷五五《薛举传》，第2247页。
② 《旧唐书》卷五五《薛举传》，第2247页。

阴险毒辣，异常残酷，所到之处杀人放火，抢掠妇女。对于俘虏凡不投降者，置于烈火之上，用利刃割肉烤熟后让军士嚼吃。他攻下秦州后，把城中的富人倒悬起来，以醋灌鼻，逼其交出金宝。这样一个残暴的统治者上台后，引起了其将帅的猜疑和惶恐。这种矛盾重重的状况，当然对唐朝非常有利。

薛仁杲继位后不久，就兵围泾州，数攻陇州，对长安虎视眈眈，形成进逼之势。唐高祖一面暗地遣使于凉州（今甘肃武威），与割据于此的李轨联系，共图西秦；一面再以秦王李世民为元帅，率兵讨伐。十一月，唐朝大军到达高墌，薛仁杲派大将宗罗睺率军来战，宗罗睺数次挑战，李世民坚壁不出。将士再三请求出战，李世民认为唐军新败，士气低落，敌军恃胜而骄，轻视唐军，"宜闭垒以待之，彼骄我奋，可一战而克也"①。双方相持60多天，西秦军粮尽，其将梁胡郎率所部军士投降唐军。李世民知敌军军心动摇，决战时机成熟，命行军总管梁实率部驻扎于浅水原，引诱敌军来攻。西秦大将宗罗睺自恃骁勇，长期求战不得，积愤已久，遂率其精锐猛攻唐军。梁实据险防守，并不出战，营中无水，人马数日不饮。西秦军急攻数日，李世民估计其军已疲劳，决定出战。他命右武候大将军庞玉率军列阵于浅水原，宗罗睺回军力战，李世民却自领大军从浅水原北面出其不意攻击敌军侧后。李世民身先士卒，率精锐骑兵数十冲入敌军，唐军前后夹击，呼声动地，西秦军不能支持，士卒溃散，被斩首者数千，投涧谷死者不可胜数。李世民不肯罢休，率骑兵2000人乘胜追击，直至折墌城下，扼守住泾水南岸。薛仁杲率军列阵于城下，还未交战，其骁将浑干等人临阵投降唐军，薛仁杲心中恐惧，遂退兵入城防守。唐朝大军分数路赶到，四面将折墌城围住。半夜时分，守城的士卒争先恐后地下城投降，薛仁杲计穷，只好于次日清晨率众出城向唐军投降。此战唐朝得其精兵万余人，男女5万口，取得了巨大的胜利。李世民率得胜之师回到长安，唐高祖下令将薛仁杲斩首。

① 《资治通鉴》卷一八六，唐高祖武德元年十一月，第5821页。

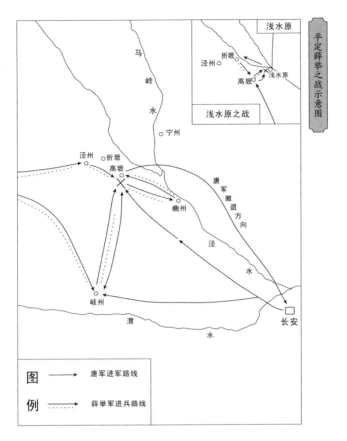

对薛举、薛仁杲的战争，持续近一年，终于取得了胜利。这次战争的胜利，解除了来自西北面的威胁，巩固了关中的形势。从当时的军事局势看，薛氏父子拥兵30万，且居于陇右，拥有大量的良马，将卒骁悍，利于速战。李氏父子占据长安，有兵20万，但缺少马匹，好在关中物产丰富，仓库充足，在财力、物力方面超过了西秦，因此利于持久战。秦王李世民正确地把握双方的特点，扬长避短，以卓越的指挥艺术赢得了战争的最后胜利。在庆祝胜利之时，诸将问李世民："大王以野战破敌，然薛仁杲尚保有坚城，大王轻骑追击，又无攻城器具，不等步兵到齐，直逼城下，大家都认为不可能攻下此城，然而却很快克城，是什么原因？"李世民回答说："宗罗睺所率之军，皆陇右之人，将骁卒悍，我军虽然野战获胜，但斩获不多，如果迟缓不追，他们都将退入城中，薛仁杲抚而用之，此城将不易攻克；我军紧追不舍，敌军四散溃逃，来不及收编入城，折墌城兵力虚弱，薛仁杲胆气尽丧，无暇认真谋划，必然出城投降，这就是我急追不舍的道理。"诸将都说："此非凡人所能及也。"①此战充分地展示了李世民的军事天赋，是其一生戎马生涯中光辉的一页。

二、扫灭李轨

李轨，武威姑臧（今甘肃武威）人，原是隋朝鹰扬府司马，为人机敏，颇知诗书，由于家富于财，故时常赈济周围穷人，得到人们的赞许。薛举在金城割据称雄后，李轨担心他会来武威骚扰，当地官员昏庸怯懦，将难以抵御；而薛举残暴，人所共知，武威一带将永无宁日了。于是，李轨与同郡人曹珍、关谨、梁硕、李赟、安修仁等密谋，打算割据武威，建立政权。他们发动当地群众及胡人，里应外合，夺取郡城，活捉隋朝官员与守将。义宁元年七月，李轨自称河西大凉王，建元安乐，设置官吏。不久，居住在会宁川（今甘肃永登东南）一带的突厥部落归附了李轨，使其拥有了一支剽悍的骑兵部队，李轨从此成为一股不可忽视的势力。

武德元年（618）冬，李轨自称皇帝，以其长子李伯玉为太子。这时李轨已攻陷了张掖（今甘肃张掖）、敦煌（今甘肃敦煌西南）、西平（今青海海东市乐都区）、枹罕（今甘肃临夏东北）等郡，尽占河西之地。薛举遣军来攻，被李轨击败。唐高祖为了进攻薛举，曾派人到武威联络，李轨非常高兴，遣其弟李懋到长安入贡。唐高祖拜其为凉州总管、凉王，并称其为堂弟。当唐朝的册封使节到达武威时，李轨已自称皇帝。尽管如此，李轨仍打算去帝号，接受唐朝封爵。但他的部下曹珍反对，认为唐称帝于关中，凉称帝于河西，两不相妨，已为天子，不便自行贬

黜。李轨听信此语，派使到长安上书，自称皇从（堂）弟大凉皇帝臣李轨，拒绝了唐朝的封爵。由于李轨不去帝号，遂成为唐朝以后讨伐他的借口。

李轨此人不像薛举那样残暴无道，河西地区在他统治下社会稳定，人民免受战火摧残之苦。而且李轨不喜滥杀，他称帝之初，有人主张把所俘的隋朝官吏全部处死，以分其家产。李轨认为自己兴起义兵的目的在于救民于水火，防止社会混乱，而今却要杀人取物，与盗贼有何区别，便拒绝了这一建议。他在战胜薛举来犯后，俘获了不少对方士卒，又有人主张将其全部坑杀，以免放还"资敌"。李轨再次拒绝了这种主张，将所俘士卒全部释放。李轨虽然缺乏政治远见，毫无统一全国的志向，只想在河西一隅称孤道寡，但他的这些举措却使这一地区避免了战火的破坏，在隋末社会大动荡时期，河西百姓总算有一方乐土得以休养生息。

尽管李轨向唐朝称臣，在当时也未对关中构成任何威胁，然而唐高祖李渊要做的是全国至高无上的皇帝，并不像李轨那样只想安居一隅，因此不管李轨对唐朝的态度与否，唐朝扫平割据、统一全国的举措都一样要实施。而李轨不善于处理其统治集团的内部矛盾，缺乏政治家的谋略和远见，使其国内诸多矛盾激化，给唐朝以可乘之机，终于导致其统治的垮台。李轨的吏部尚书梁硕，甚有智略，是李轨的主要谋士，他见境内诸胡部落繁盛，劝李轨要加以防范，此举引起了户部尚书、胡人安修仁的不满，两人嫌隙颇深。安修仁联合李轨之子李仲琰共同促使李轨杀了梁硕。梁硕的死是李轨的一大损失，同时造成统治集团内部人心不稳，使一些人开始与李轨离心离德。这一年，河西发生饥荒，人相食，李轨出其家全部资财以赈济，但由于是大范围的灾荒，根本无济于事，于是他打算开官仓以救灾。在与群臣商议此事时，原隋朝旧官吏极力反对开仓，他们与境内胡人相勾结，在统治阶层内部结成朋党，排挤与李轨起事的旧部，欲想借此机会造成境内民众对李轨的不满。李轨不察这些人的险恶用心，竟然同意了他们的主张，"由是士庶怨愤，多欲叛之"[1]。这些错综复杂的矛盾，是李轨政权不能久存的内在因素。

---

[1] 《旧唐书》卷五五《李轨传》，第2250—2251页。

武德二年（619），唐高祖决定对李轨用兵。安修仁之兄安兴贵当时在长安做官，自告奋勇愿前往河西，他对唐高祖说："我家久在凉州，熟悉当地情况，我弟安修仁为李轨所信任，子弟在那里做官的共计十几人。我去游说李轨，他如听从归朝固然很好；如不从，我将联络众人推翻其统治，这也是易如反掌的。"唐高祖认为如此甚好，就派安兴贵前往河西。安兴贵到河西后，李轨任其为左右卫大将军，安兴贵乘机劝说李轨归顺唐朝，李轨不从，并怀疑安兴贵来归另有谋图。安兴贵未达到目的，心中恐惧，怕遭不测，就与其弟安修仁密谋，发动当地诸胡部落起兵进攻李轨。先时，薛举部将奚道宜率兵投降了李轨，因未受到重用对李轨心怀不满，这时也领兵配合安修仁等共同进攻李轨。李轨出战不胜，遂退入城中防守，希望有外郡之兵来救。安兴贵在城外百般招诱，城中百姓本来就对李轨不满，于是争相出城投降，李轨计穷，与妻子一同被俘，押送到长安后被杀。唐朝没费多少气力就平定了河西，从此，向东进军便没有什么后顾之忧了。

三、巩固河东

（一）太原失陷

唐高祖在出兵关中时，曾留第四子李元吉镇守太原（今山西太原西南）。以太原为中心的河东地区是李渊父子的发迹之地，也是关中东北面的屏障，这一地区对于新生的唐王朝具有非常重要的战略意义。武德二年，在突厥的支持下，刘武周、宋金刚攻陷太原，河东地区大部沦丧，关中震动。唐王朝继平定薛举之后的又一次大战役，便在河东地区展开了。

刘武周，河间景城（今河北沧州西）人，到其父时迁到马邑，骁勇善射，喜欢结交豪侠。他早年离家到洛阳投军，成了隋朝大将杨义臣的部下，跟随他参加过征伐高丽的战争，以军功授建节校尉。后来回到马邑，任鹰扬府校尉，得到太守王仁恭的赏识，他利用可以经常出入太守府之便，与王仁恭侍儿私通。后害怕事泄惹祸，又见天下大乱，遂先发制人，以王仁恭拒不开仓赈济百姓为由，煽动百姓，与同郡人张万岁等10余人密谋，乘王仁恭议事不备之际，张万岁自其身后突然袭击，将王仁恭杀死。然后开仓赈济百姓，招募士卒，很快就组建起了万余人的军队。

刘武周自称太守，遣使入突厥，请求归附，得到突厥的支持。隋雁门郡守将得知刘武周叛乱，率兵讨伐，被刘武周与突厥联军击败，并乘机夺取了雁门。义宁元年三月，刘武周接连攻下楼烦郡、定襄郡（今内蒙古和林格尔西北）。他又将攻取楼烦时获得的隋汾阳宫宫女献给突厥始毕可汗，突厥以马匹还赠，使其军力更加强盛。突厥还立刘武周为定杨可汗，于是他就自称皇帝，以妻为皇后，建元天兴。上谷（今河北易县）人宋金刚有兵万余，在河北被窦建德击败，遂率残部4000人投奔刘武周。刘武周早就闻知宋金刚善于用兵，故对其非常器重，分其家资一半相赠，将其妹嫁给宋金刚为妻，并封其为宋王掌管军事。宋金刚劝刘武周谋图太原，南下以争夺天下。

李元吉在太原，远离长安，无人制约，遂骄奢淫逸，无恶不作。他有奴客、婢妾数百人，经常让他（她）们披甲执仗，互相攻战，以为游戏，前后死伤者甚多，李元吉本人也曾因参加这种游戏而受伤。他的乳母陈氏善意劝解，李元吉非但不听，反而迁怒于乳母，一次，他酒醉后，便命人将陈氏活活打死。李元吉还非常喜欢打猎，曾说："我宁三日不食，不能一日不猎。"①在狩猎时，其往往践踏百姓庄稼，还纵容部下抢夺民财。李元吉甚至荒唐到当街射人，以观人避箭为乐。他还喜欢夜晚外出，奸人妻女，太原百姓对此极为愤恨。协助他镇守太原的右卫将军宇文歆多次劝谏，李元吉不听。宇文歆无奈，只好将这些情况反映给唐高祖，于是李元吉在武德二年二月被免官。李元吉丢官后，仍不甘心，又暗中令其亲信以太原父老的名义向唐高祖上书，请求留李元吉在太原继续为官。唐高祖罢免李元吉是迫于舆论的压力，这时正好顺水推

---

① 《资治通鉴》卷一八七，唐高祖武德二年闰二月，第5846页。

舟，于次月又恢复了李元吉的官职，仍留镇太原。但李元吉并无任何收敛的表现，这就为日后太原的失陷埋下了隐患。

武德二年四月，刘武周勾结突厥，进军至黄蛇岭（今山西晋中市榆次区北），距离太原只有咫尺之遥。李元吉遂派张达率军抵御，结果全军覆没，宋金刚乘势攻破榆次（今山西晋中市榆次区），包围了太原，又相继攻下石州（今山西吕梁市离石区）、平遥（今山西平遥）、介州（今山西介休），对太原形成战略包围之势，切断了太原唐军的退路。六月，唐高祖派左武卫大将军姜宝谊、行军总管李仲文率军迎击，被宋金刚军击败，姜宝谊、李仲文被俘，后又逃回。唐高祖又遣左仆射裴寂为行军总管，率大军前往河东迎敌作战。裴寂军进至介州，宋金刚据城坚守不战，首先切断唐军水源，待唐军移营就水时，突然出击，唐军不敌，狼狈逃散，溃不成军。裴寂日夜奔驰，逃到晋州。此役之后，晋州以北几乎全为刘武周占据了。在太原的李元吉见形势不妙，不敢再守太原，乘夜间带妻妾逃出太原，奔还长安。太原遂为刘武周所占。

刘武周乘胜南下，派宋金刚围攻晋州，仅6天的时间，就攻下了城池坚固的晋州。接着又攻取浍州（今山西翼城）、绛县（今山西绛县），裴寂退守虞州（今山西运城一带）、泰州（今山西万荣西南）一隅之地。由于裴寂退却时，采取焚烧毁物政策，引起百姓愤怨，"皆思为盗"①。夏县（今山西夏县）民吕崇茂率众起义，原隋将王行本在蒲坂起兵，以响应刘武周。这样就对唐朝构成了极大的威胁，关中大震，"人情崩骇，莫有固志"②。这时，唐高祖提出了错误的主张，认为刘武周势力过大，难以与之争锋，打算放弃河东，保守关中。在这个问题上，李世民却颇具远见卓识，他认为太原是国家的根本所在，河东是京师财赋的供给地，"若举而弃之，臣窃愤恨"③，表示愿意亲率数万军队，收复太原，扫平刘武周。于是，年轻的李世民又一次统率大军，踏上征途，唐高祖亲到长春宫（位于今陕西大荔朝邑镇西北）送行。

① 《资治通鉴》卷一八七，唐高祖武德二年十月，第5867页。
② 《旧唐书》卷五八《刘弘基传》，第2310页。
③ 《旧唐书》卷二《太宗纪上》，第25页。

（二）柏壁对垒

武德二年十一月，正值隆冬季节，秦王李世民率军从龙门踏冰渡河，屯驻于柏壁（今山西新绛西南），与宋金刚军相持。李世民到河东后，当地州县因战争破坏，仓廪空虚，人心惶恐。他改变了裴寂那套扰民的做法，下令严肃军纪，竭力安抚人心，"民闻世民为帅而来，莫不归附，自近及远，至者日多，然后渐收其粮食，军食以充"①。在军事上，李世民采取了坚壁不战的策略，休兵养锐，只令偏将乘敌松懈之时抄掠敌兵，以等待有利时机，与敌决战。

有一次李世民亲率轻骑出营观察敌情。他令骑兵四散收集情报，自己与一甲士登上小丘休息，不一会儿竟然睡着了。这时敌军从四面八方包围上来，他们毫无觉察，正好有一条蛇追逐野鼠，触及甲士之面，甲士惊醒，发觉敌军已经包围上来，遂叫醒李世民上马退走。刚奔出百余步被敌军追上，李世民以强弓大羽箭射死领兵敌将，敌军不敢再追，李世民才得以脱险回营。又有一次李世民与其堂弟李道宗出营观察敌情，李世民问："敌众我寡，如何退敌？"李道宗回答说："敌军人多，新胜之后锐气正盛，难以力敌，只能以计取胜。应当深壁高垒以挫其锐气，等敌军粮食用尽，然后可一战而擒。"李世民认为这与自己的想法不谋而合，更加坚定了坚壁以挫其锐气的决心。

十二月，刘武周部下大将尉迟敬德、寻相等率兵欲赴浍州。李世民派大将殷开山、秦叔宝等领兵在美良川（今山西夏县北）伏击，大败敌军，斩首2000余级。尉迟敬德、寻相二人又引军增援蒲坂的王行本，李世民亲率3000人，抄小路连夜赶往安邑（今山西运城东北）截击，大破敌军，尉迟敬德、寻相只身逃走，全军覆没。李世民率得胜之兵又返回柏壁。唐高祖非常关注河东之战，因为河东之战关系到唐朝的生死存亡，其亲自到蒲津关（今陕西大荔朝邑镇东北）了解战况，李世民遂从柏壁轻骑赴行在谒见高祖，汇报战况后又返回柏壁。这时，诸将纷纷请战，李世民认为时机还不成熟，不许出战。由于李世民的沉着谨慎，在

---

① 《资治通鉴》卷一八八，唐高祖武德二年十一月，第5872页。

其正确的指挥下，唐军一步一步地走向胜利。

（三）刘武周的覆灭

武德三年（620）正月，在蒲坂的王行本由于增援的尉迟敬德、寻相等被击败，外援断绝，只好向唐朝投降了。在浩州（今山西汾阳）的唐将李仲文屡次击败来犯的敌军，切断了其运粮通道。宋金刚军因粮食匮乏，不得不率军后撤，李世民率军尾随追击。宋金刚在城西列阵，与唐军决战，被击败逃走。四月，李世民在吕州（今山西霍州）大败宋金刚部将寻相，并乘胜追击，一昼夜行军200余里，大战数十回合，尽管将士疲惫不堪，唐军仍穷追不舍，终于在雀鼠谷追上宋金刚。一天之内，八战八捷，斩俘敌军数万之众。此战李世民两天没有吃饭，三天没有解甲休息，在他的鼓舞下，将士们英勇战斗，取得了决定性的胜利。接着尉迟敬德、寻相先后在介休、永安投降了唐军，刘武周势力更加衰弱，已是灭亡有日了。尉迟敬德勇武善战，是难得的一员勇将。李世民慧眼识英雄，设盛宴款待，委任其为右一府统军。从此，尉迟敬德便成为秦王府的心腹骁将，为李世民日后夺取帝位立下了汗马功劳。

刘武周在太原听到宋金刚大败的消息，惊恐万状，放弃太原，北走突厥，后被突厥所杀。宋金刚无法收拾残局，也遁入突厥，后又想离开，逃亡途中被突厥骑兵追上斩杀。刘武周、宋金刚北逃后，李世民遂收复了太原，并占据原刘武周所控制的州县。

刘武周失败后，其部将苑君璋还驻守在朔州（今山西朔州），突厥以其为大行台，统率刘武周余部。苑君璋部将高满政劝其投降唐朝，苑君璋不听，高满政遂率众赶走苑君璋，以城归降了唐朝。苑君璋逃入突厥后，多次引导突厥进攻马邑、太原一带，一度攻陷马邑，大掠而去。后见突厥颉利可汗政事混乱，内部矛盾激化，遂率部投降了唐朝。

唐朝扫平刘武周，使河东诸州全部为唐所有，不仅稳固了关中形势，而且为以后攻取洛阳，统一中原、河北扫清了道路，创造了条件，其积极意义不可估量。

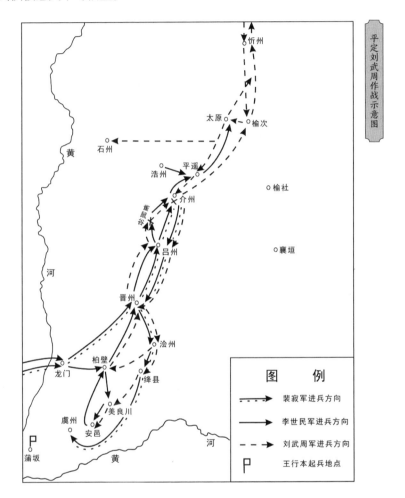

四、败夏灭郑

在李渊父子全力攻取长安之时，中原一带正进行着王世充率领的隋军与以李密为首的瓦岗军之间的激烈战争。武德元年（618）九月，李密战败，瓦岗军溃散瓦解，王世充取得了胜利，占据了以洛阳为中心的周围州县，成为中原的最大割据势力。次年，王世充废去越王杨侗，自立为帝，国号郑。在河北一带，以窦建德领导的起义军势力最大，武德元年他去掉长乐王的称号，改国号为夏，以洺州（今河北邯郸市永年区东南）为都城。割据于兖州（今山东兖州）的徐圆朗见窦建德势大，归附了夏。武德四年（621），割据于周桥城（今山东曹县东北）的孟海公被窦建德击败，本人被俘，其地盘被兼并，士卒被收编。唐朝统一全国，在北方最大的障碍就是王世充建立的郑国和窦建德建立的夏国了。由于唐与夏之间有太行山的阻隔，唐军从河东进攻夏是不可能的，除了军队行动比较困难外，最大的困难是粮草军需的运输问题。王世充占据的洛阳一带，在隋炀帝统治时期是全国的政治中心，政治上有较大的影响，唐朝要东进统一全国，洛阳首当其冲。因此，唐朝在解决了薛举、李轨、刘武周等割据势力以后，便把打击的矛头对准了洛阳的王世充。

（一）兵伐洛阳

王世充，本姓支，西域胡人。他的祖父早死，祖母携带他的父亲改嫁王氏，所以改姓王。王世充在隋炀帝大业中，任江都丞，兼江都宫监，他善于向炀帝献媚，得到炀帝的恩宠，大业十二年（616），升任江都通守。李密在河南大败隋军，进逼东都洛阳，炀帝遂命王世充为将军，率军讨伐瓦岗军。宇文化及缢死炀帝后，领兵北上。这时，在东都洛阳的隋朝官员奉越王杨侗为帝，并遣使招安李密，封李密为太尉、尚书令，要他领兵讨伐宇文化及。李密贪图官爵，遂移军转攻宇文化及，双方在黎阳（今河南浚县东北）展开了激烈的战斗，虽然击败了宇文化及，然"其劲兵良马多战死，士卒疲倦"[1]。王世充乘此机会，向李密发动进攻，击败了瓦岗军。从此，王世充独霸中原。王世充自立为帝后，由于刚愎自用，独断专行，在其统治集团内部日益孤立，连其亲信也嫌他说话啰唆，言无要领。许多官员见其如此，知道早晚要被人所灭，遂

---

[1] 《旧唐书》卷五四《王世充传》，第2230页。

相继离他而去，如罗士信、席辩、杨虔安、李君义等投降了唐朝，刘黑闼投降了窦建德。王世充集团实际上已面临着崩溃的危机。

早在武德元年正月，李渊父子占据关中不久，就曾命李建成、李世民为左右元帅，率军10余万人，向东进攻，谋划攻占洛阳。四月，唐军进军至洛阳芳华苑受阻，无法入城。李世民认为关中新定，根本未固，不宜向东发展，即使勉强占据洛阳，也不能固守，因此引军而还。在撤军之时，在新安（今河南新安）、宜阳（今河南宜阳西）一线留下驻军，准备随时再向东发展。

武德三年（620）七月，唐朝在消灭了薛举、刘武周，解除了后顾之忧后，李渊遂派李世民为统帅，向王世充的郑国发动了大规模攻势。王世充得到唐军东进的消息后，积极准备，他首先将骁勇之士集中到洛阳，然后又在襄城（今河南襄城）、虎牢（今河南荥阳汜水镇）、怀州（今河南沁阳）一带部署兵力，本人亲率3万大军作为机动力量，随时增援各地。唐军进入河南后，在慈涧（今河南洛阳西）与郑军遭遇，并没有全力进攻。稍事接触后，王世充率军退回洛阳城。李世民调整军事部署，命行军总管史万宝自宜阳向东攻占龙门（今河南洛阳南），将军刘德威自太行东围河内（今河南沁阳），大将王君廓自洛口（今河南巩义东北）切断郑军粮道，怀州总管黄君汉自河阳（今河南孟州东南）攻回洛城（今河南洛阳市偃师区北），李世民亲自率大军屯驻于邙山（今洛阳北），对洛阳形成四面进逼之势。由于唐、郑强弱之势已经十分明显，加之王世充平日不得人心，这时其所属州县纷纷归降于唐朝，王世充形势危急。

尽管王世充困守孤城，但其军队精锐尚存，仍具有相当的战斗力，故李世民要取得此战的最后胜利，还有相当长的一段历程。有一次，李世民率数百骑兵巡行战地，登上北山的魏宣武陵，突然被郑军万余步骑包围。王世充部下骁将单雄信跃马挺槊直趋李世民，唐将尉迟敬德见状，驱马大呼，横刺单雄信使其落马，保护李世民冲破重围而返。王世充当然不甘心失败，多次与唐军在北邙山大战，均遭失败，大将陈智略也被唐军俘获。武德四年二月，王世充率军出洛阳北面诸门，与唐军大战，又一次大败，唐军乘胜追击，占据其城门口，郑军大部不能回城，惊散溃逃，被斩杀数千人，俘虏5000余人，王世充逃回城中，从此不敢再出城作战。王世充之子率兵数千，从虎牢运粮入洛阳，遭到唐军伏击，全军覆灭。从此郑军粮道断绝，供给更加困难。李世民率军四面攻打，日夜不停，由于城中防守甚严，始终不能得手。唐军将士日久疲惫，人心思归，总管刘弘基出面请求班师。李世民认为当前形势来之不易，王世充困守孤城不能持久，关键时刻不能弃之而去，只有攻下洛阳才能一劳永逸。他鼓励将士们认清目前的大好形势，努力作战，就一定能够取得胜利。

王世充困守孤城，唯一的希望就是等待河北窦建德的救兵，这也是他拒不投降的根本原因。

（二）虎牢之战

窦建德，贝州漳南（今河北故城东南）人。其家世代为农，大业七年（611），隋炀帝征伐高丽，他应募从军，因为作战勇敢而被选为二百人长。他的同乡孙安祖家遭水灾，妻子饿死，但官府仍要强征他从军，孙安祖一怒之下，杀死县令，投奔到窦建德处。当时，河北一带发生大饥荒，百姓困苦，炀帝不加赈济，还要强征民夫征讨高丽，窦建德见炀帝无道，遂动员孙安祖起义。他为孙安祖招诱逃兵及破产农民数百人，让其率众到高鸡泊（今河北故城西南）举行起义。在这一时期河北到处都是农民起义队伍，其中主要有张金称、高士达等。这些起义队伍到处打击隋朝官吏，他们知道窦建德所作所为后，非常钦佩，故不到窦建德的家乡活动，这一现象引起了隋朝官吏对他的怀疑，认为窦建德一定与起义军相通，就把他全家逮捕并杀害了。窦建德得知全家被屠后，带领麾下200人参加了高士达的起义军。

在农民起义军中，窦建德屡立战功，并且能与士卒同甘共苦，深得大家的拥戴，威望快速提高。大业十二年，涿郡（今北京西南）通守郭绚率军万余人讨伐高士达。高士达感到自己的才略不如窦建德，遂将窦建德提升为行军司马，并把军事指挥权交付给他。窦建德采用诈降之计，使郭绚放松了对他的戒备，然后出兵袭击，大败隋军，斩杀郭绚，获得空前的胜利。不久，隋朝名将杨义臣率军到河北镇压农民起义军，击破张金称，斩杀高士达。窦建德遂收拾溃卒，重整旗鼓，挑起了领导这支农民起义军的重担。在他的领导下，这支队伍发展很快，人数共计10余万人，占据了河北一带许多州县。大业十三年，他自称长乐王，并设置官属。不久，他又击败了隋右翊卫将军薛世雄的进攻，歼灭了宇文化及率领的军队，事业发展到顶峰。

窦建德生活俭朴，平日只吃蔬菜，不吃蛋肉，其妻曹氏"不衣纨绮"，他不好女色，消灭宇文化及时，获得的千余名宫女被其全部释放；对于所俘士卒也不加杀戮，往往释放回家。攻城破寨，所得资财，窦建德一无所取，全都赏给将士，故在河北一带声望很高。不少州县闻风而降。窦建德在其发展事业的过程中，与王世充虽有一些摩擦，但总的来说还是维持着比较好的关系，曾经遣使到洛阳朝见过隋帝杨侗。王世充废除杨侗，自立为帝后，遂与其断绝关系。在唐军与王世充激烈战斗期间，窦建德正与幽州的罗艺互相攻伐。当唐军屡败郑军，包围洛阳之后，引起了窦建德的关注。对于窦建德来说，唐军灭郑后的下一步行动，肯定是北上攻夏，这是不言而喻的事，现在继续与罗艺较量，显然没有什么意义，重要的是如何对付眼前出现的新局面。

在王世充派人向窦建德求救之时，夏国内部也在讨论这个问题。夏国中书舍人刘斌建议说：唐占有关内，郑占河南，夏占河北，鼎足之势已成。唐军围攻郑国日久，郑军连败，势难持久，郑亡则夏有齿寒之忧。不如出兵救郑，郑夏联手，内外夹攻，唐军必败，这样仍可保持三分天下之局面。如果唐军战败，可以夺取郑国，合两国之兵，长驱西进，"京师可得而有，此太平之基也"①，这个建议得到窦建德的赞同。

---

① 《旧唐书》卷五四《窦建德传》，第2240页。

虽然窦建德已决定支援郑而反对唐，但他还是没有马上出兵，而是派使入长安，要求唐高祖罢兵讲和。这个要求理所当然地遭到拒绝，唐朝告诉窦建德增援王世充，"良非上策"，望择善而从，否则"恐虽悔难追"。①这实际上是对窦建德发出的一种威慑。考虑到唐灭郑以后实力更加强大，必然要对夏采取军事行动，从自己的切身利益出发，窦建德自然不理睬唐朝的警告。唐朝从统一全国的目的出发，也不愿因夏的介入而停止攻郑的战争。于是，唐夏之间的战争就不可避免了。

武德四年三月，窦建德率领大军10余万，号称30万，出发救郑。很快攻陷管州（今河南郑州），杀刺史郭士安，又连下荥阳（今河南荥阳）、阳翟（今河南禹州）二城，进军至成皋（今河南荥阳西北汜水镇）之东及板渚（今河南荥阳高村西北牛口峪附近的黄河南岸）一线。

在窦建德大军西进之时，唐军内部又一次发生战和之争，很多将士都主张退兵以避其锋。萧瑀、屈突通、封德彝等人都认为唐军久战疲惫，王世充坚守城池，一时不易攻下，夏军来势凶猛，锐气正盛，唐军处于腹背受敌的境地，不如退保新安，再等待时机进攻。郭孝恪、薛收对此持相反意见，他们均认为王世充之兵为江淮精锐，所缺乏的是粮食，只要再坚持一段时间，待其粮尽，可不战而下城。如果允许郑、夏之兵会合，郑军得到夏的粮草支援，恢复战斗力，则河南一带战争难以平息。他们主张分兵迎敌，以一部分兵力继续围困洛阳，挖沟设垒，进行深度防守，不与郑军交战；以唐军精锐向东进据虎牢，据险以守，养精蓄锐，待夏军疲敝之时，一战必克。"不过两旬，二国之君，可面缚麾下"。②这个计划的核心是要隔开郑、夏之军，不能使其会合，然后等待时机，各个击破。李世民也认为不能放弃一举扫平两国的好机会，遂决定自己亲率精锐，迅速进据虎牢，留其弟李元吉、屈突通率大军继续围困洛阳。

李世民亲率精锐骑兵3500人，趁白天经过北邙山、河阳（今河南孟

① 《资治通鉴》卷一八九，唐高祖武德四年三月，第5911页。
② 《旧唐书》卷七三《薛收传》，第2588页。

州东南）、巩县（今河南巩义东北），直趋虎牢。王世充登城望见唐军东去，不知李世民的目的何在，害怕其用计诱他出城，竟然没有采取任何行动。李世民进入虎牢后，率精骑500人出虎牢东20余里，以观察夏军营寨，沿途留下李世勣、程知节、秦叔宝等将，让他们分率骑兵埋伏于道路两旁，自己率尉迟敬德等4骑，逼近夏军营寨3里，以观察敌情。夏军出动数千骑兵迎战，李世民等遂徐徐退去，等敌骑逼近，李世民接连射死数人，尉迟敬德又杀死10余人，夏军倚仗人多，仍紧追不舍，将其诱入伏击区后，李世勣等冲出奋击，斩杀300余骑，活捉敌将两员，余众溃散逃回。唐军初战获胜。李世民此举的目的并不在于消灭多少敌军，而是给夏军一个下马威，挫其锐气。

　　四月，唐、夏在虎牢相持月余，窦建德始终无法前进一步，数次和唐军交锋都吃了败仗。不久，李世民派王君廓率轻骑千余抄其粮运，俘虏了夏军大将张青特。于是夏军厌战，将士思归。这时夏军国子祭酒凌敬向窦建德建议说：大王应该率军北渡黄河，攻取怀州、河阳，命大将镇守，然后向西进入上党，进攻汾、晋等州，再直趋蒲津，威胁关中。"如此有三利：一则蹈无人之境，取胜可以万全；二则拓地收众，形势益强；三则关中震骇，郑围自解。为今之策，无以易此。"①窦建德的妻子曹氏也认为此计甚好，劝窦建德予以采纳。当时，王世充的求救使者王琬、长孙安世仍在夏军营中，闻知此事，哭泣哀求，请求尽快出兵以救洛阳。同时，他们暗中以金玉贿赂窦建德部下众将，让他们出面阻挠凌敬计划。诸将皆说："凌敬书生，安知战事，其言岂可用也！"②窦建德惑于众人之言，同时又自以为强大，不愿给人留下畏惧唐军的印象，遂拒绝了凌敬的建议。凌敬的这个建议的确有可取之处，如果窦建德按此计划用兵，再以其妻的主张，请突厥出兵进攻关中，这样势必使李世民军首尾难以相顾，以后的局面是什么样子就难预料了。但是这个计划的前提是王世充必须能守得住洛阳，这样才能牵制唐军主力，使夏军比

---

① 《资治通鉴》卷一八九，唐高祖武德四年四月，第5912页。
② 《资治通鉴》卷一八九，唐高祖武德四年四月，第5913页。

较顺利地达成战略目标。当时的实际情况是，早在三月洛阳城中已经缺粮了，绢1匹只能买粟3升，布10匹换盐1升，百姓把草根树叶已经吃光，甚至以浮泥为食，不少人身体浮肿，死者相望于道路，"服饰珍玩，贱如土芥"，"虽贵为公卿，糠核不充"，尚书郎以下的官员，往往有饿死的现象发生。①这样的情况使洛阳的王世充等不到夏军解围回援关中，就已经城破被俘了。即使出现这种情况，窦建德虽未达到解救郑国的目的，但也使唐军主力疲于奔命，李世民要想再歼灭窦建德显然做不到了，最起码可使窦建德全军返回河北。可惜的是窦建德在建立夏政权后，产生了骄傲情绪，听不进正确意见，终于落得个兵败被俘的下场。

　　唐军侦察到夏军准备在其刍草用尽，牧马于黄河北岸时，袭取虎牢。李世民在五月一日，故意将军马千余匹放牧于河渚，引诱夏军来攻，自己则于当晚返回虎牢。次日，窦建德果然率大军出击，布阵于汜水，长达20余里，鼓行而西，声势浩大，把王世充部将郭士衡所率之部列于阵南，"绵亘数里"，大肆鼓噪。②唐军诸将见夏军势大，心中畏惧，李世民却沉着自如，他带领数骑登高瞭望，对诸将说：贼军起于河北，未曾遇到过强大的敌手，"今度险而嚣，是无纪律，逼城而阵，有轻我心；我按甲不出，彼勇气自衰，阵久卒饥，势将自退，追而击之，无不克者。与公等约，甫过日中，必破之矣！"③窦建德自以为势大，看不起唐军，遣300精锐骑兵涉过汜水，推进到距唐军营寨1里处列阵，向唐军挑战。李世民命王君廓率长槊兵200人迎战，唐军"乍进乍退，两无胜负，各引还"④。唐军不全力歼灭这股夏军，其用意在于使窦建德产生错觉，以为唐军战斗力并不强。这时还有一个插曲，王世充遣来求救的部将王琬骑着隋炀帝的御马，铠仗鲜明，在阵前耀武扬威。李世民看到后，情不自禁地说："彼所乘真良马也！"⑤尉迟敬德听到后不顾李世民

---

① 《资治通鉴》卷一八九，唐高祖武德四年三月，第5908页。

② 《旧唐书》卷二《太宗纪》，第27页。

③ 《资治通鉴》卷一八九，唐高祖武德四年四月，第5913—5914页。

④ 《资治通鉴》卷一八九，唐高祖武德四年四月，第5914页。

⑤ 《资治通鉴》卷一八九，唐高祖武德四年四月，第5914页。

的阻止，率3骑直冲敌阵，生擒王琬，牵马而返，夏军将士无人敢挡。于是，李世民下令召回在河渚放牧的战马，准备向敌阵发起攻击。

夏军列阵从清晨直到中午，士卒又饥又累，有的坐在地上，有的争去饮水，并有撤退的迹象。李世民见出击的时机成熟，下令各军一齐出击，一时尘埃满天，唐军以排山之势冲入夏军阵中。这时夏国群臣正在朝调窦建德，见唐军冲杀而来，齐聚于窦建德之前，窦建德命骑兵阻截唐军，却被群臣阻挡而不能向前，他急令朝臣退后，正在手忙脚乱之时，唐军已经杀到近前，他只好向后退去，以避唐军之锋。李世民率史大奈、程知节、秦叔宝等将攻入敌阵，直插其阵后，夏军见自己背后出现唐军旗帜，军心慌乱，纷纷溃散而逃，唐军追杀30余里，斩首敌方3000余级。窦建德中槊受伤，藏匿于牛口渚，被唐将白士让、杨武威发现，举槊欲刺，窦建德说：“勿杀我，我夏王也，能富贵汝。”①意思是说抓住我可以使你们升官发财。于是白、杨将其生擒而归。这一仗夏军被俘获的计5万多人，窦建德之妻曹氏率残余人马逃回河北。在窦建德进军虎牢之初，经过牛口渚时，有童谣曰：“豆入牛口，势不得久。”②窦建德非常厌恶此童谣，至此果然被擒于此地。李世民见到窦建德，谴责说：“我自讨王世充，何预汝事，而来越境，犯我兵锋！”窦建德说：“今不自来，恐烦远取。”③这是一句自我解嘲的话，也是窦建德失败后无可奈何的心理反应。

夏军大败后，李世民回军围攻洛阳，王世充惊恐不知所为。唐军将俘获的窦建德、王琬、长孙安世、郭士衡等押到洛阳城下，与王世充相见，王世充与窦建德相对而泣，悲痛欲绝。李世民放还长孙安世等人，使他们入城向王世充述说夏军大败的情况。王世充召集诸将商议对策，打算突围而出，南走襄阳（今湖北襄樊）。诸将认为郑国依赖的是夏国增援，现在夏王被擒，即使突围而出，终究也无作为。王世充见诸将如此，知道人心已散，大势已去，遂率太子、群臣2000余人出城，前往唐

① 《资治通鉴》卷一八九，唐高祖武德四年四月，第5915页。
② 《旧唐书》卷五四《窦建德传》，第2242页。
③ 《资治通鉴》卷一八九，唐高祖武德四年四月，第5915页。

军营寨向李世民投降。李世民以礼相待，王世充俯伏流汗，李世民说："卿常以童子见处，今见童子，何恭之甚邪？"①王世充不敢回话，只是叩头谢罪。

郑、夏是唐朝统一过程中遇到的最强大的势力，李世民一举扫平两国，为全国的统一奠定了基础，为李氏王朝立下了丰功伟绩。在这场战争中，李世民杰出的军事才干得到充分发挥，为唐军夺取统一战争的胜利起到了决定性作用。这一年他才25岁。

（三）窦建德、王世充之死

武德四年七月，秦王李世民班师回到长安，李世民身穿金甲，骑马入城，李元吉、李世勣等25员大将紧随其后，铁骑万匹，浩浩荡荡，开进长安城，将王世充、窦建德等人及缴获的隋朝乘舆、御用之物献于太庙。唐高祖李渊在献俘之礼后，见到王世充大加斥责，王世充说："臣罪本当诛戮，但是秦王已许我不死。"于是，唐高祖下令赦免王世充，将其贬为庶人，与其兄弟子弟一起安置到西川居住，却下令把窦建德斩首于市。

唐高祖对此事的处理颇使人感到奇怪。窦建德虽然此次为救王世充而与唐朝作对，但在此前与唐并无大的过节，而且对唐朝宗室及诸臣多加恩惠。如他攻破卫州（今河南卫辉）与黎阳（今河南浚县东北）时，俘获了唐朝宗室淮安王李神通、同安长公主及左武卫大将军李世勣。窦建德安置李神通与同安长公主于馆舍，待以客礼，唐高祖遣使与他讲和，他就将二人送回长安。对于李世勣也释而不问，还让他领兵镇守黎阳，后李世勣单人逃回唐朝。有人主张将其父亲处死，窦建德说：李世勣本来就是唐臣，为我所俘，"不忘其主，逃还本朝，此忠臣也，其父何罪！"②因而没有处以死刑。唐将张昂、陈君实、张道源等率军攻略

---

① 《资治通鉴》卷一八九，唐高祖武德四年四月，第5916页。
② 《旧唐书》卷五四《窦建德传》，第2239页。

其境，被窦建德击败俘获，本应诛戮，因各为其主，又予以释放。虎牢之战后，窦建德妻曹氏与夏左仆射齐善行等逃回洺州，诸将欲奉窦建德养子为主，征兵于各地，以抗拒唐军。齐善行认为以夏王之英武，平定河北，士马精强，一战为唐所擒，如今惨败如此，终究于事无成。其主张投降唐朝，以免再战，使百姓遭殃。齐善行的这个建议肯定得到了窦建德妻曹氏的赞同，否则众皆欲战，独齐善行一人欲降，必然不会通过这个建议。为了避免军队解散后抢掠百姓，遂将府库中数十万匹绢帛散发给士卒，3昼夜乃毕，然后曹氏与齐善行、裴矩、曹旦等率夏国百官，携传国玉玺及所得宇文化及珍宝，请降于唐朝，河北原夏国所属数十州也都同时归属于唐，使唐朝不费一兵一卒尽得河北广大地区。

试想如果曹氏及夏国诸臣重整旗鼓，与唐周旋，尽管最终难以取胜，然唐朝若想顺利占据河北，怕也不容易，必然要耗费大量的人力、财力，这一点在以后窦建德旧部刘黑闼起兵反唐中可以得到证实。因此，无论从窦建德本人对待唐朝宗室和被俘诸将的态度，还是其妻曹氏及齐善行等人归降的功劳看，唐高祖都应善待窦建德，至少不应加以杀戮。而王世充一贯与唐为敌，且为人凶残多疑，本应立即处死，唐高祖为顾全李世民的面子，反倒赦免其罪，不免给人以处事不明的印象。

其实，唐高祖李渊是一个经验丰富的政治家，他并非不知道窦建德对唐室有恩，也知道他生活俭朴、轻财好义、为政清明，然越是如此他便越要尽快除掉，因为这样的人恰恰对他的统治威胁最大。政治是残酷的，来不得半点仁慈，李渊可以说深谙此道。至于王世充，唐高祖也不会轻易放过他，王世充几天后就在雍州廨舍中被仇家之子杀死。旧史记载说因"防夫未备"，即押送他入川的兵丁尚不齐备，而暂未成行。杀他的人"矫称敕呼郑王"，王世充和其兄王世恽听到后趋出，被当场杀死。[1]这一记载疑点颇多，其一，所谓雍州廨舍，即雍州署衙内的居舍，杀人者胆子再大也不至于敢到官府中行凶，何况还是在京城之内、

① 《资治通鉴》卷一八九，唐高祖武德四年七月，第5923—5924页。

天子脚下，他们要报仇完全可以在入川途中下手，何必如此急促。其二，"防夫未备"的理由说不通，王世充已经被废为庶民，又不是达官显贵出行，需要很多人护送、侍候，堂堂的雍州还能派不出现成的人去押送？其三，"矫称敕呼郑王"，露出了伪造历史的马脚，这句话的意思是假借皇帝的敕令传呼郑王，王世充是罪臣，且已被贬为民，既是皇帝敕令，如何能称其为郑王呢？王世充是何等人，如真是这样称呼，他肯定马上就能判断出这是假敕令，必不肯轻易出门。因此，很可能是真的皇帝敕令，撰修史书者有意这样措辞，以表明"矫敕"者不懂朝廷制度，从而证明这是真实的事，岂不知反倒暴露出作伪的破绽。旧史在记述了这件事后，继续写道："其余兄弟子侄等，于道亦以谋反诛。"①毫无疑问，这是唐高祖明令处死的。假如唐高祖真的愿意赦免王世充，就不必在其死后将其全族统统诛杀殆尽，这就说明唐高祖以前赦免王世充是违心的。

唐高祖连杀死窦建德这样的人都毫不犹豫，为什么偏偏在处死一个一贯与唐朝为敌的王世充时，反倒要大费周章呢？因为这件事与李世民有关。大概李世民在洛阳接受王世充投降时，向他许诺，留其性命，这可以从王世充与唐高祖的对话中得到证明。在这种情况下，如果唐高祖直接下令处死王世充，不仅关系李世民个人的诚信问题，而且给天下人留下了唐朝不讲信誉的不良印象，这样将不利于以后的统一事业，也有损皇帝的形象。但是，不处死王世充唐高祖又不放心，可能会留下隐患，威胁到唐朝的统治，所以就采取了这样的形式。除掉王世充后，唐高祖又将杀人者贬黜，以示公正，这样既铲除了政敌，又保住了皇室的面子，可谓两全其美。至于随后又处死王世充的族人，因为唐朝皇室中并无人许其不死，再给他们加上一个谋反的罪名，天下人自然无话可说，唐政府也不用遮遮掩掩了。

---

① 《资治通鉴》卷一八九，唐高祖武德四年七月，第5924页。

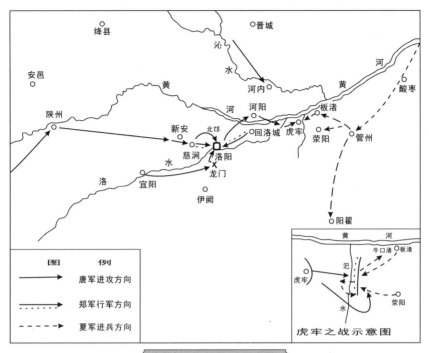

平定王世充、窦建德作战示意图

五、剪灭萧铣

（一）萧铣割据江汉

萧铣是后梁宣帝的曾孙。他的祖父萧岩，在隋朝灭后梁时逃到陈朝。开皇九年（589），隋炀帝杨广率大军灭陈时，萧岩于会稽郡（今浙江绍兴）投降，被送到长安斩首。因此，萧铣少年时生活困苦，但是对其母非常孝顺，远近闻名。隋炀帝时因外戚关系授予萧铣罗县（今湖南汨罗北）令。

大业十三年，农民起义的烽火四起，一些隋朝官吏见天下大乱，也纷纷起兵以图割据一方。岳州（今湖南岳阳）校尉董景珍、雷世猛等人也密谋起兵反隋，众人欲推举董景珍为主，董景珍认为自己出身微贱，不足以服众，遂推荐萧铣为主，因其是梁朝后裔，宽宏大度，具有一定的号召力。萧铣得知此事，十分高兴，声言隋灭后梁，使他痛心疾首，时刻不忘雪耻报仇，表示愿意率领士卒，"敬从来请"①。也就是说萧铣认为恢复梁朝旧业，大展宏图的时机终于到来了。他很快聚集了数千人，并说服进攻罗县的沈柳生起义军加入他的队伍，改换隋朝服色，竖起梁朝旗号，自称梁公。数日之内，聚众数万人。萧铣占据岳州之后，就改称梁王，建元凤鸣。武德元年（618）又称皇帝，并设置百官，制度一如后梁旧制。这时炀帝已死，两湖一带州县纷纷归附于萧铣，在江西一带割据的林士弘也投降了萧铣，他还派兵攻取交趾（今越南河内），岭南的冯盎也以苍梧、高凉、珠崖、番禺等郡（今广东中部及海南北部一带）归附于林士弘。"于是东自九江，西抵三峡，南尽交趾，北距汉川，铣皆有之，胜兵四十余万。"②

武德元年四月，萧铣迁都江陵（今湖北荆州），修建宫殿、宗庙。武德二年，萧铣派大将杨道生进攻峡州（今湖北宜昌），被唐峡州刺史许绍击败，士卒赴水而死者大半。萧铣仍不死心，还想攻取巴蜀之地，又派大将陈普环率水军沿江而上，向西攻略，被许绍又一次击败。

由于萧铣屡次进攻巴蜀，唐高祖大怒，遂派宗室河间王李孝恭经营巴蜀，准备征讨萧梁。武德二年，李孝恭进入西川，次年被任为夔州（今重庆奉节）总管，在当地大造舟船，训练水军，"以图萧铣"③。同时，唐高祖还令李靖由金州（今陕西安康）进入西川，协助李孝恭进取萧铣。后因李靖进攻萧铣进展不大，唐高祖欲将其斩首，许绍为之请命，才使李靖免于一死。武德四年，经过充分准备，唐高祖认为讨伐萧铣的时机已经成熟，下令唐军兵分数路，发起攻击。

① 《旧唐书》卷五六《萧铣传》，第2264页。
② 《资治通鉴》卷一八五，唐高祖武德元年四月，第5791页。
③ 《旧唐书》卷六〇《李孝恭传》，第2347页。

（二）李靖兵下江陵

在唐军虎视眈眈，随时准备出兵讨伐萧铣之时，萧铣统治集团内部反倒矛盾重重，人心不稳。当时萧铣手下诸将多横暴不法，专行杀戮，萧铣为夺诸将兵权，实行罢兵营农的政策，即减少诸将所率之兵数，放归田里。大司马董景珍之弟时为将军，因不满萧铣罢去其所率之兵，密谋叛乱，被萧铣发觉，将其处死。董景珍镇守长沙（今湖南长沙），萧铣下诏将其赦宥，命其返回江陵，董景珍恐惧不敢前往，遂遣使向李孝恭投降。萧铣命张绣率军进攻董景珍，董景珍不敌，在逃亡途中被部下杀死。张绣自恃功高，傲慢专恣，擅政弄权，萧铣又将他杀死。由于大臣相继被诛，故其部下诸将疑惧，人人自危，多有叛逃者，"铣不能复制，以故兵势益弱"。①

武德四年九月，唐高祖命李孝恭为荆湘道行军总管，李靖为行军长史，统率十二总管，率巴蜀之兵自夔州顺长江东下；命庐江王李瑗为荆郢道行军元帅，率军从襄州（今湖北襄樊）出发南下，黔州刺史田世康率军出辰州（今湖南沅陵）道，黄州总管周法明率军直趋夏口（今湖北汉口）。数路大军一齐出动，进攻萧梁。当时，长江三峡涨水，诸将请求等水落以后再行进军，李靖说："兵贵神速，如今我军刚刚集结，萧铣尚不知道，乘大江水涨之际，乘舟顺流而下，可以迅速抵达江陵城下，萧铣缺乏准备，肯定为我所擒，时机不可失去。"十月，李孝恭按照李靖的计划，率战船2000余艘东下，萧铣果然因江水上涨，无防御准备。唐军顺利地连下荆门（今湖北荆门）、宜都（今湖北宜都）二城，进军到峡州。萧铣大将文士弘率精兵数万屯驻清江（今湖北恩施），被唐军击败，缴获战船300艘，杀溺死者万余人。文士弘退至百里洲（今湖北枝江东南），收兵再战，又被击败，遂率残兵溃逃。萧铣的江州（萧铣所置，今湖北长阳西南）总管盖彦举以五州之地投降了唐军。

萧铣实行罢兵营农的政策，在江陵仅有宿卫兵士数千人。当他听到唐军进攻的消息时，十分恐慌，仓促征兵，由于他的军队多散驻于江、

---

① 《旧唐书》卷五六《萧铣传》，第2265页。

岭广大地区，道路险阻且又遥远，一时无法征集，只好以江陵周围州县现有军队迎战唐军。李孝恭见梁军已出，便要出战，李靖再三劝阻，他都置若罔闻，留李靖守营，亲率精锐出战，结果惨败，丢弃军资无数。梁兵纷纷弃舟上岸，抢夺唐军丢弃的物资，"人皆负重"[1]，李靖见其阵营大乱，纵兵出击，大败梁军，乘胜直抵江陵城下。唐军很快攻下外郭城，接着又攻下水城，缴获了大量的舟船。李靖让把这些舟船散弃于长江之中，诸将皆说：破敌所获，正好可供我军使用，为何丢弃以"资敌"。李靖说："萧铣之地，南出岭表，东距洞庭。吾悬军深入，若攻城未拔，援军四集，吾表里受敌，进退不获，虽有舟楫，将安用之？"[2]他认为丢弃这些舟船，使其顺江而下，萧铣的援军看到，以为江陵已被攻破，必然不敢轻易进军，往来侦察，少则10余日，多则月余，可以利用这段时间攻破江陵。增援江陵的梁军看到这些顺江而下的舟船，果然心怀疑虑，不敢大胆推进。梁交州刺史丘和、长史高士廉、司马杜之松，准备入江陵朝见萧铣，听说萧铣大败，遂向李孝恭投降。

唐军四面围攻江陵，萧铣见援军迟迟不到，以为大势已去，向其中书侍郎岑文本询问对策，岑文本劝其投降。于是，萧铣对其群臣说："上天不佑梁朝，目前兵少不能支持，如果等到筋疲力尽时再降，百姓必然蒙受苦难，怎能因我一人而陷百姓于水火之中！"遂下令打开城门出降，守城士卒闻知此事皆哭。萧铣到唐军营中，对李孝恭说："应当受死的唯有我一人，百姓无罪，希望不要杀掠。"唐军入城后，诸将要求大肆抢掠，岑文本劝李孝恭予以制止，告诫其如果抢掠则不利于对其他州县的平定。诸将又要求抄没萧梁将帅家产，以赏将士，被李靖劝止。于是，江陵城中秋毫无犯，百姓安居如常。南方州县闻知唐军纪律严明，皆望风归附。萧铣的黄门侍郎刘洎以岭表50余城投降。萧铣投降后数日，前来增援的梁军10余万得知江陵已破，也都投降了唐军。

萧铣被送入长安后，唐高祖下令将其处死。又命令李孝恭、李靖继

---

① 《资治通鉴》卷一八九，唐高祖武德四年十月，第5934页。

② 《资治通鉴》卷一八九，唐高祖武德四年十月，第5934页。

续安抚岭南。十一月，李靖到达今广西一带，分遣使者招抚诸州，梁桂州（今广西桂林）总管李袭志来降。李靖共得96州，户口60余万。

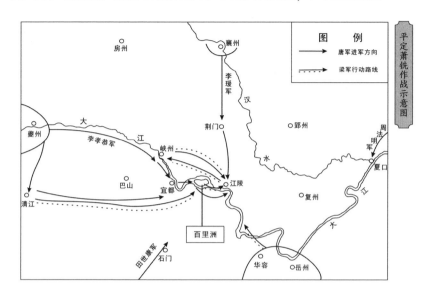

（三）冯盎归顺唐朝

冯盎，原为十六国时期的北燕宗室后裔，北燕割据于辽东一带，都城为龙城（今辽宁朝阳）。北燕为北魏所灭时，北燕主冯弘命族人冯业率300人渡海投降刘宋，冯盎即其后人。冯氏家族为岭南大族，世代为牧守，到冯盎时，有田千里，奴婢万数，甲兵强盛。唐玄宗时的著名大宦官高力士，即冯盎之曾孙。

隋朝末年，天下大乱，冯盎以苍梧（今广东封开东南）、高凉（今广东阳江西）、珠崖（今海南海口市琼山区东南）、番禺（今广东广州）之地依附于林士弘。这种依附关系比较松散，对冯盎并无多大约束力，他实际上走的是独立割据的道路。名义上的依附，使冯盎免除了北顾之忧，可以放手在岭南扩展地盘，势力最盛时占地20余州。这时有人劝冯盎说：唐朝刚刚平定中原，无力远顾，"公所领二十州地已广于赵佗，宜自称南越王"①，被冯盎拒绝。唐军平定萧铣后，李靖奉命南下招抚，冯盎遣子弟到桂州谒见李靖，遂归顺于唐朝。唐高祖将其所占之地划分为高（今广东阳江西）、罗（今广东廉江东北）、白（今广西博白）、儋（今海南儋州西北）等八州，任命冯盎为高州总管，封耿国公，其诸子皆为州刺史。

（四）消灭林士弘势力

林士弘占据着以豫章为中心的周围地区，萧铣灭亡后，溃散的军队多归附于他，使他的实力有所增强。武德五年（622）十月，林士弘命其弟林药师攻循州（今广东惠州东北），但却战败被杀。他的部将王戎又以南昌州（今江西永修北）投降唐朝，林士弘实力大受削弱，遂投降唐朝。不久，他又再次叛乱，逃到成安（今江西安福）山洞中，袁州（今江西宜春）人相聚起兵，追随林士弘抗拒唐军。洪州（今江西南昌）总管若干则派军讨伐，击败了林士弘。不久，林士弘死去，其部卒散去。至此，长江中游及岭南广大地区都被唐朝所统一了。

六、平定河北

（一）刘黑闼起兵反唐

刘黑闼是贝州漳南人，与窦建德同乡。因早年家庭贫困，窦建德经常给予资助，故两人关系密切。隋朝末年，河北农民起义蜂起，刘黑闼参加了郝孝德的起义队伍，后又归附于李密的瓦岗军。瓦岗军失败后，其为王世充俘虏。王世充知道刘黑闼骁勇，遂任命他为骑将。但他看不起王世充的所作所为，遂投奔窦建德，被任命为将军，封汉东郡公。刘黑闼智勇兼备，与敌作战，"阴入敌中觇虚实，每乘隙奋奇兵，出不

---

① 《资治通鉴》卷一九〇，唐高祖武德五年七月，第5953页。

意，多所摧克，军中号为神勇。"①窦建德失败被杀后，刘黑闼返回家乡，以种菜为生，杜门不出。

唐朝占据河北后，本应安抚民众，恢复生产，但是唐朝官吏反其道而行之，非但不加安抚，反而向窦建德部众追讨所藏匿的库物，甚至拷打鞭挞，强行威逼；同时，又下令要求原夏国旧将皆赴长安。范愿、董康买等夏国故将认为王世充投降后，其将相大臣段达、单雄信等人皆遭诛戮，他们到长安也不免要遭到杀害。"且夏王得淮安王，遇以客礼，唐得夏王即杀。吾属皆夏王所厚，今不为之报仇，将无以见天下之士！"②遂拥戴刘黑闼为主，于武德四年七月起兵反唐。

刘黑闼起兵后，势力发展很快，击败了贝州（今河北清河西北）刺史戴元祥、魏州（今河北大名东北）刺史权威的讨伐。刘黑闼自称大将军，并在漳南设坛，祭奠窦建德，告以起兵之意。接着又攻破历亭（今山东武城东），杀唐屯卫将军王行敏。唐朝派淮安王李神通、将军秦武通先后率军讨伐，皆被刘黑闼击败。黎州总管李世勣，在刘黑闼军到达宗城（今河北威县东）时，不敢抵抗，弃城逃到洺州。刘黑闼跟踪追击，大败李世勣，斩杀其步卒5000余人，李世勣只身逃跑。随着刘黑闼胜利影响的扩大，响应者日多，观州（今河北东光一带）人起兵活捉唐刺史，以城附于刘黑闼；毛州（今河北馆陶）人杀本州刺史，也举兵响应。刘黑闼遂乘胜攻取相（今河南安阳）、卫（今河南卫辉）之地，"半岁悉复建德故地"③。与此同时，另一投降唐朝的起义军领袖徐圆朗，也举兵反唐以响应刘黑闼。

徐圆朗是兖州人。隋末农民起义爆发后，他也聚众起义，占据东平（今山东郓城东南）、琅琊（今山东临沂）一带。他先归附于瓦岗军，李密失败后，又归附于窦建德，窦建德失败，再投降唐朝，唐高祖任命他为兖州总管。刘黑闼起兵后，徐圆朗于武德四年八月逮捕了前来安抚的唐朝使臣盛彦师，起兵响应刘黑闼。刘黑闼遂任命徐圆朗为大行台元

① 《新唐书》卷八六《刘黑闼传》，第3715页。
② 《资治通鉴》卷一八九，唐高祖武德四年七月，第5925页。
③ 《旧唐书》卷五五《刘黑闼传》，第2259页。

帅，徐圆朗自称为鲁王。当时，今山东、河南一带共八州豪杰起兵响应徐圆朗，因此这一股势力对唐朝的威胁也很大。

武德五年正月，刘黑闼在相州自称汉东王，建元天造，以洺州为都城，设置百官，凡原夏国文武官员皆恢复原职。他的政策、制度大都仿效窦建德，"而攻战勇决过之"[①]。故刘黑闼是唐朝统一战争后期最强，也是最难对付的割据势力。

（二）李世民率军征讨

武德四年十二月，秦王李世民自请率军讨伐刘黑闼，唐高祖命他与其弟齐王李元吉同率大军东征。次年正月，李世民率军进至获嘉（今河南获嘉），刘黑闼弃相州，退守洺州，唐军遂进占相州，并推进到肥乡（今河北邯郸市肥乡区），沿洺水（发源于河北武安西北境的山中，向东流至曲周县，又转向北流入漳水）列营威逼洺州。唐朝幽州总管李艺也同时行动，率军数万来与李世民会合。刘黑闼见唐军两面来攻，决定先击败李艺之军，然后全力以拒李世民军。他命范愿率兵万人留守洺州，自己亲率大军迎击李艺。唐军虚张声势，列鼓数十，在洺州城西猛攻，范愿惊慌失措，以为唐大军临城，遣使急告刘黑闼。刘黑闼只好返回洺州，命其弟刘十善与张君立率兵1万进攻李艺。双方大战于徐河（今河北保定北），刘十善、张君立大败，1万人的军队损失了8000多人。李艺乘胜连下定（今河北定州）、赵（今河北赵县）等4个州，引兵与李世民会合于洺州。在唐军大兵压境的形势下，洺水县（今河北曲周东南）人李去惑以城降于唐，李世民派将军王君廓率1500名骑兵，与李去惑共守洺水。二月，刘黑闼率军进攻洺水，行至列人城（今河北邯郸市肥乡区东北），遭到唐将秦叔宝的伏击，虽损失了一些兵马，但仍然推进到洺水城下。洺水位于洺州东北，距离洺州不足一日路程，对其威胁很大，故刘黑闼必欲得之。洺水城四周有水环绕，宽50余步，刘黑闼在城

---

① 《旧唐书》卷五五《刘黑闼传》，第2259页。

东北修筑两条甬道，猛烈攻城。李世民见洺水危急，3次引兵去救，都被刘黑闼派出的军队所挡，不能通过。李世民担心王君廓守不住城，召诸将商议对策，李世勣说："如果甬道直抵城下，城必破。"行军总管罗士信自告奋勇，愿替王君廓去守城。李世民遂在城南高岗之上，以旗号召王君廓出城，王君廓率众力战冲出重围，罗士信乘机率200人入城，代替王君廓守城。罗士信当时年仅20岁，是唐军的勇将之一，多次建立功勋，自以为英勇无敌，故愿代王君廓守城。刘黑闼督军昼夜猛攻，经过8天的激烈战斗，终于攻破洺水，擒获罗士信，因其不愿投降，遂将其斩首。由于洺水的军事位置相当重要，李世民当然不会就此罢手，经过激烈的战斗，不久，唐军又重夺回洺水。

三月，李世民与李艺屯驻于洺水之南，分出部分军队驻于洺水之北，形成夹河布阵之态势，故意引诱刘黑闼来攻。刘黑闼数次挑战，唐军坚壁不出，却另派奇兵去切断对方粮道。刘黑闼从冀（今河北衡水市冀州区）、贝（今清河县旧城西北）、沧（今河北沧州东南）、瀛（今河北河间）等州运来大批粮食，被唐将程名振截击，焚毁运粮的车船。两军相持60余日，刘黑闼急于击退唐军，于是遣军偷袭李世勣营寨。李世民亲率军队进攻刘黑闼军之后，以救李世勣。刘黑闼早就料到李世民会攻其背后，事先有所部署，结果李世民反被对方包围，幸得尉迟敬德率精兵冲入重围拼死相救，李世民与唐宗室李道宗才得以逃出险境。唐军遂坚守不战。

李世民坚壁不战的目的是等待对方粮尽，然后选择时机，一举歼灭刘黑闼军。三月下旬，李世民估计对方粮食已尽，必然会渡过洺水与唐军决战，便事先派人在洺水上游修堰断水，命令守堰官员说，等我军与敌决战时，决口放水。刘黑闼果然亲率2万军队渡过洺水，逼近南岸的唐军大营列阵，李世民率精锐骑兵决战，先击败刘黑闼骑兵，然后猛击其步兵。刘黑闼督军死战，自中午战至日落，仍然力战不退。刘黑闼部将王小胡感到本方军队渐渐不能支持，劝刘黑闼尽早逃走。其军队不知二人已逃走，仍然拼命力战，这时唐军决开堰口，放水冲淹敌军，由于唐军早有准备，刘黑闼的军队措手不及，顿时大乱，被冲淹而死者数千人，斩首万余级。刘黑闼等人逃出战场以后，向北投奔突厥而去，其所属州县纷纷归降唐朝。李世民击败刘黑闼后，从河北引兵转攻山东徐圆朗，唐高祖遣使召其回京师，李世民遂把兵权交给齐王李元吉，自返长安。

（三）李建成二次征伐

刘黑闼逃入突厥以后，凭借突厥的支持，卷土重来，与唐朝为敌。武德五年四月，突厥颉利可汗出动骑兵数万与刘黑闼共同围攻唐代州总管李大恩，唐高祖遣右骁卫大将军李高迁率军救援，未等救兵赶到，李大恩粮尽，突围时被杀。六月，刘黑闼引突厥兵攻定州，其旧部曹湛、董康买招集散兵响应。七月，唐高祖命淮阳王李道玄为河北道行军总管，以讨刘黑闼。九月，刘黑闼攻陷瀛州，杀刺史马匡武。十月，贝州刺史许善护与刘黑闼之弟刘十善战于鄃县（今山东夏津），唐军全军覆没。观州刺史刘会见刘黑闼势力强大，以城降于刘黑闼。这时，唐高祖已经任命齐王李元吉为并州大总管，负责讨伐刘黑闼的军事部署。在李元吉军尚未抵达前线时，淮阳王李道玄年轻气盛，率军与刘黑闼战于下博（今河北深州东南）。当时李道玄率军3万，他自己率轻骑先行攻入敌阵，命副将史万宝率大军继进，史万宝与李道玄不和，故意拥兵不进，致使李道玄战死于阵中。刘黑闼引得胜之军攻击唐军，唐军见主帅已死，士无斗志，全军溃败。李世民闻知此事，非常痛心，流涕不止。

唐军的这次大败，使各地唐将大为震骇，洺州总管李瑗、沧州刺史程大买，皆弃城而逃，河北州县又纷纷叛唐，归附于刘黑闼。齐王李元吉这时也畏惧其兵强，不敢前进。唯魏州总管田留安平日颇得人心，坚守城池，以拒刘黑闼。刘黑闼数次围攻魏州，都未得手，遂转攻恒州（今河北正定），杀刺史王公政。

这时唐朝统治集团内部矛盾已经比较激化了，李建成虽贵为太子，但由于秦王李世民屡立战功，威望日重，严重威胁到太子的地位。因此，李建成的亲信王珪、魏徵劝他说："秦王功盖天下，中外归心，殿下仅以年长而居太子之位，没有大功以镇服海内。现今刘黑闼是强弩之末，粮食匮乏，如以大军征伐，不难平定，殿下应该亲自出征，建立功勋，顺便结交河北豪杰，壮大自己的势力，这样才可自安。"李建成认为他们言之有理，向唐高祖请求领兵出征。

这年十二月，刘黑闼正在围攻魏州，李建成、李元吉所率大军抵达昌乐（今河南南乐），逼近魏州。魏徵向李建成献策，认为以前讨伐刘黑闼，事先就已确定了要斩杀的敌方将领名单，其妻子皆要充作奴婢，所以对方以死相拼，难以平定。这次虽然有诏书赦免其党羽之罪，但无人肯相信，应该把已俘获的对方将士全部释放，善加抚慰，其众必然自行离散。这种分化瓦解的策略实施后，产生了很明显的效果，加之刘黑闼军粮已尽，"众多亡，或缚其渠帅以降"[1]。刘黑闼见军粮已尽，军心不稳，又担心魏州城中的田留安与李建成内外夹击，遂连夜遁去。行至馆陶（今河北馆陶），刘黑闼命王小胡背水列阵，阻击唐军，自己督促士卒在永济渠上架桥。桥修成后，刘黑闼率数百骑先到桥西，其余军队正在过桥之际，唐军追到，部众大溃。唐军过桥追击，这时永济桥突然塌坏，唐军因过桥的人数不多，不敢继续追击，刘黑闼才得以逃脱。武德六年（623）正月，刘黑闼逃到饶阳（今河北饶阳），由于唐军追击甚急，刘黑闼日夜奔走，不得休息，跟随者仅百余人，且又饥又累，他所任命的饶州刺史诸葛德威出城迎接，刘黑闼本不打算入城，诸葛德威装出非常诚恳的样子，涕请进城。刘黑闼入城后正在进食之时，被诸葛德威派兵擒获，献给李建成，与其弟一同被斩于洺州。

刘黑闼败亡后，徐圆朗孤立无援，在李神通、李世勣等军的围攻下，连吃败仗。他感到继续在兖州坚守已无出路，乃于武德六年二月，弃城突围而走，在途中被人所杀，其地随即被平定。

---

[1]《资治通鉴》卷一九〇，唐高祖武德五年十二月，第5963页。

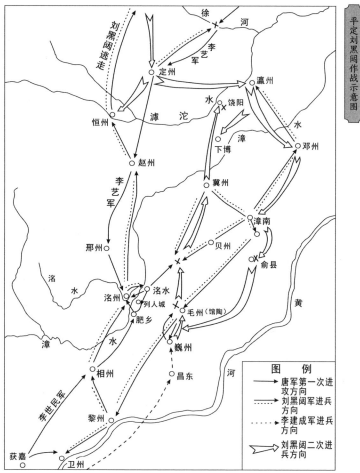

七、统一江淮

（一）杜伏威归唐

杜伏威，齐州章丘（今山东济南市章丘区西北）人。少年时家贫，生活困苦，时常穿墙窃盗，与辅公祏为生死之交。辅公祏姑家以牧羊为业，遂数次以姑家之羊送给杜伏威，以解决其生活之需。辅公祏之姑便向官府告发盗羊之事，郡县派吏追捕二人，两人无处躲藏，只好参加了农民起义军。在起义军中，杜伏威年纪最小，仅16岁，但是作战非常勇敢，"出则居前，入则殿后"①，得到了大家的赞赏与拥戴，共推为主。

大业九年，杜伏威率领队伍进入长白山（位于今山东邹平南，章丘与淄博之间），加入左君行起义军。后因二人不和，又离开长白山，转到江淮一带活动。在下邳（今江苏睢宁西北古邳镇东）时，派辅公祐威胁利诱将苗海潮的队伍拉拢进来。他在海陵（今江苏泰州）又兼并了赵破阵领导的义军，斩杀了赵破阵。赵破阵的队伍人数较多，这支队伍的加入迅速壮大了杜伏威的势力。隋炀帝遣右御卫将军陈稜率精兵8000人讨伐杜伏威，陈稜畏惧不战。杜伏威派人送妇人之服给陈稜以辱之，并在书信中称其为"陈姥"，陈稜大怒，率全军出击。杜伏威亲到阵前挑战，被陈稜部将射中前额。杜伏威大怒，指着射箭者说："不杀汝，我不拔去此箭。"遂冲入隋军阵中，所向披靡，生擒射箭者，命其拔出箭后将其斩杀。然后携其首级，奋力冲杀，斩数十人，农民军见主帅如此神勇，士气大增，杀得隋军溃不成军，陈稜只身逃走。杜伏威在其军中挑选敢死之士5000人，号为"上募"，作为自己的骨干部队，他与之同甘共苦，有攻战之事，就命这支军队冲锋陷阵，战事结束后，检视其身，背后有伤的便处死，所获资财，全部赏给军士，战死的军士以其妻殉葬（杜伏威以战死者之妻殉葬的办法，是一种野蛮残酷的行为，也是农民阶级局限性的一种表现），故人人奋力作战，所向无敌。由于杜伏威屡次击败隋军，声望很高，江淮间许多小股起义军纷纷加入他的队伍中，使其队伍发展成为江淮一带力量最为强大的起义军。

后来，杜伏威移居丹阳（今江苏南京），大修器械，"进用人士"，"薄赋敛，除殉葬法，其犯奸盗及官人贪浊者，无轻重皆杀之"。②杜伏威在这时废除殉葬法，是一种进步的表现，大约是受某些知识分子（士人）启发的结果。宇文化及杀隋炀帝后，曾任命杜伏威为历

① 《旧唐书》卷五六《杜伏威传》，第2266页。
② 《旧唐书》卷五六《杜伏威传》，第2268页。

阳（今安徽和县）太守，杜伏威推却不受。杜伏威却又上表洛阳的越王杨侗，杨侗任命他为东道大总管，封楚王。实际上越王并不能支配杜伏威，他仍是一支独立的军事力量。

武德元年，宇文化及率军离开江都北上后，在江淮地区活动的主要有4支力量：一支是以海陵为中心的李子通起义军，一支是以毗陵（今江苏常州）为中心的沈法兴割据势力，还有一支是以江都为中心的陈稜隋朝残余势力，再就是以丹阳为中心的杜伏威起义军。武德二年九月，李子通围攻江都，击败陈稜占据了江都，陈稜失去地盘，投靠了杜伏威。武德三年，李子通进攻沈法兴，夺取京口（今江苏镇江）后，又在常州附近击败沈法兴军，沈法兴放弃毗陵，逃往吴郡（今江苏苏州西南）。不久，李子通又向吴郡进军，沈法兴再次战败，被追得走投无路，投江而死。这样，李子通便占据了长江以南今浙江及江苏、安徽部分地区，以余杭为统治中心。杜伏威则夺取了李子通的江北地盘，尽占淮南广大地区。

武德四年十一月，杜伏威派大将王雄诞进攻李子通，在独松岭（今浙江杭州西北）展开决战。李子通大败，退守杭州（今浙江杭州），王雄诞追到城下，迫使李子通投降。接着王雄诞乘胜进军，击败了歙州（今安徽歙县）的汪华和昆山（今江苏昆山）的闻人遂安。于是杜伏威尽有淮南、江东之地，"南至岭，东距海"①。其势力发展到了鼎盛时期。

唐朝在关中建立以后，到武德二年八月时，已经扫平了薛举、李轨等割据势力，影响越来越大。杜伏威遂于这时向唐朝请降，唐高祖任命他为淮南安抚大使、和州（今安徽和县）总管。武德三年，又任命他为东南道行台尚书令，封吴王，以辅公祐为行台左仆射，封舒国公。武德四年，李世民征伐王世充时，杜伏威派将率军协助李世民，并攻占了汝州（今河南汝州）。李世民率大军击败刘黑闼后，回军进攻山东的徐圆朗，杜伏威感到威胁，心中大惧，遂自请入朝。武德五年，杜伏威到达长安，唐高祖任命他为太子太保，仍兼行台尚书令，位在齐王李元吉之

---

① 《资治通鉴》卷一八九，唐高祖武德四年十一月，第5938页。

上。从此杜伏威留居长安，虽然礼遇甚厚，但却失去了权力与地盘。

（二）辅公祏之乱

早在杜伏威赴长安之前，与辅公祏的关系已经产生裂痕。辅公祏在军中的地位仅次于杜伏威，由于其年长于杜伏威，杜伏威以对待兄长的态度对待他，"军中谓之伯父，畏敬与伏威等"[1]。杜伏威心里逐渐不平衡，产生了架空辅公祏的想法，他任命自己的养子阚稜为左将军，王雄诞为右将军，剥夺了辅公祏的兵权。辅公祏怏怏不快，心中甚是不平，但一时又无可奈何，遂与旧友左游仙学道，表示淡泊权位，实际上是等待时机，东山再起。

杜伏威前往长安之时，留辅公祏镇守丹阳，却将兵权交给王雄诞，并再三叮嘱，要防止辅公祏有变。杜伏威走后，左游仙就劝说辅公祏谋反，因王雄诞掌握兵权，辅公祏一时无法起事，于是大造舆论，诈称收到杜伏威的来信，怀疑王雄诞有二心，王雄诞听说后极不高兴，不敢揽权，自称有病不再视事。辅公祏乘机掌握兵权，并要王雄诞与自己一同谋反。王雄诞自此才醒悟过来，但为时已晚，他拒绝参与谋反，被辅公祏派人缢死。王雄诞善抚士卒，纪律严明，每攻破城邑，秋毫无犯，故其被害之日，军中及民间多有人为之流泪。武德六年八月，辅公祏诈称杜伏威因不能返回江南，来信命他起兵反唐。然后，大修铠仗，运输粮储，称帝于丹阳，国号宋，又修整原陈朝宫殿，设置百官，以左游仙为兵部尚书、东南道大使、越州（今浙江绍兴）总管。

唐高祖得知辅公祏反叛的消息，立即命襄州道行台仆射李孝恭率水师直趋江州，岭南道大使李靖攻宣州（今安徽宣城），怀州总管黄君汉出谯、亳（今安徽亳州），齐州总管李世勣出淮、泗（今安徽盱眙北），诸路大军齐进，讨伐辅公祏。在唐朝大军未抵达前，辅公祏遣部将徐绍宗攻海州（今江苏连云港西南），陈政通攻寿州（今安徽

---

[1]《资治通鉴》卷一九〇，唐高祖武德六年七月，第5970页。

寿县），妄想牵制北方唐军力量，使其不得南下。武德七年（624）三月以前，唐军主要攻击辅公祏外围州县，双方主力尚未交战，如李孝恭在枞阳（今安徽枞阳）击败辅公祏部将所率之军；李大亮在猷州（今安徽泾县西北）击破辅公祏所率之军；行军副总管权文诞攻破叛军在猷州附近四镇；李孝恭在芜湖（今安徽芜湖）大败叛军，攻下梁山等三镇；安抚使任瑰连拔扬子城、扬州。这年三月，双方主力在当涂（今安徽当涂）一带展开决战。辅公祏命部将冯慧亮、陈当世率3万水师屯于博望山（位于今安徽当涂西南），命部将陈正通、徐绍宗率步骑3万屯于青林山（位于今安徽当涂东南），并在梁山（今安徽和县西梁山，与博望山隔江相望）连接铁锁链阻断长江水道，又在长江以西列营寨以拒唐军，欲使唐水师不能沿江而下。李孝恭与李靖只好将水师屯驻于舒州（今安徽潜山）一带，由李世勣率步骑1万渡过淮水，攻取寿州，屯驻硖石，牵制叛军步骑队伍，李孝恭派奇兵切断其粮道。冯慧亮等军缺粮，遂引兵逼近唐军营寨挑战。李孝恭坚守不出，与诸将商议对策，诸将皆主张避开冯慧亮之军，直攻丹阳，捣其巢穴，丹阳一下，冯慧亮等必然投降。实际上是畏惧叛军兵强，不敢决战。李靖力主先歼灭当前之敌，然后再攻丹阳，认为如果直攻丹阳，万一短期不能攻取，冯慧亮等回军增援，则唐军腹背受敌，形势将十分不利。李孝恭认为有理，遂先派老弱士卒迎战，以精锐列阵于后。唐军老弱者自然不是叛军敌手，纷纷后退，叛军乘势追击，刚行数里，遭到唐军截击，双方展开了激烈战斗。这次随杜伏威入长安的亲信将领阚稜也在李孝恭军中效力，他免胄对叛军说："汝曹不识我邪？何敢来与我战！"[1]叛军士卒多为其旧部，当场就有不少人投降，其余皆无斗志，遂溃散逃走。唐军乘胜追击，转战百余里，杀伤溺死者万余人。博望山、青林山的守军闻知大败消息，也奔散逃生而去。唐军取得了平叛战争的决定性胜利。

李靖兵首先推进到丹阳，辅公祏得知前方失败的消息后大惊，拥兵数万，不敢再战，遂弃城东逃，打算投奔在会稽的左游仙。这时，李世

---

[1] 《资治通鉴》卷一九〇，唐高祖武德七年三月，第5981页。

勋军已经赶到，穷追不舍，辅公祏逃到句容（今江苏句容）时，跟随的士卒仅剩下数百人。当夜，宿于常州，守将吴骚见大势已去，打算抓住辅公祏立功赎罪。辅公祏发觉后弃妻抛子率亲信数十人，斩关而逃。逃至武康时，遭到当地百姓的围攻，随从多战死，辅公祏被俘，送到丹阳后被斩首。至此，辅公祏图谋割据江淮的叛乱彻底被平定了。

　　唐朝统一江淮以后，全国大一统局面就完全形成了，此后虽还有对梁师都、高开道等的战争，但那已经不是统一与割据的矛盾，而是维护边境安宁、反对骚扰的局部战争，并且很快就取胜了。

（三）杜伏威暴死之谜

　　武德七年二月，平定辅公祏叛乱的战争尚在进行之时，吴王杜伏威却突然去世。大业九年，杜伏威聚众起义时16岁，到他死去的武德七年，刚刚28岁，正是年富力强之时，因此可以排除因衰老而亡。那么，是否是唐政府误信了他参与辅公祏叛乱的谣言而被处死呢？史载："太保吴王杜伏威薨。辅公祏之反也，诈称伏威之命以绐其众。及公祏平，赵郡王孝恭不知其诈，以状闻；诏追除伏威名，籍没其妻子。"[1]所谓"不知其诈"，是指不知道辅公祏叛乱时曾假借过杜伏威的名义这件事。可见唐高祖知道这件事是在叛乱平定之后，这时杜伏威已经死了一个多月了，所以不可能是这个缘故处死杜伏威。有一种记载说是"暴卒"[2]。所谓暴卒，即突然死亡或非正常死亡，可见这里面大有文章。从唐高祖李渊对待有实力的割据者一贯不信任的态度看，不管是被俘的还是自动投降的，无一能够生存，很可能是他下令秘密处死的，后来收到李孝恭的报告，就干脆免去杜伏威的一切官爵，将其妻子籍没为奴。从杜伏威的亲信将领阚稜的遭遇也可以折射出这件事的一些影子。阚稜在镇压辅公祏叛乱中立有大功，竟被李孝恭在胜利后以谋反罪诛杀。杜

---

① 《资治通鉴》卷一九〇，唐高祖武德七年二月，第5978页。

② 《旧唐书》卷五六《杜伏威传》，第2268页。

伏威的另一亲信王雄诞因拒绝参加叛乱而被杀，按常理应该是唐朝忠臣了，可是李孝恭在平叛胜利后，籍没叛乱者田宅时连同王雄诞的家产统统没收入官。[1]这些事例很清楚地说明唐政府对杜伏威及其部下一贯敌视的态度。《新唐书·杜伏威传》说，杜伏威好神仙长生术，"饵云母被毒"[2]而死。然此类药并非剧毒，何能暴死？一般来说服长生药者多为慢性中毒，没有很长时间的服食历史是不会有性命之忧的，且杜伏威到达长安后，寄人篱下，形同软禁，还求什么长生术。《新唐书》这种说法不知其依据何在？不可轻信。

由于杜伏威的确没有参与辅公祏叛乱，《旧唐书》不便直接记载其死亡原因，为了为尊者讳，只好含糊地记载说"暴卒"。后来，李世民当了皇帝，"知其冤"，又恢复了杜伏威的官爵。[3]

八、设置行台

行台之称早在三国魏末就已经出现，为尚书台的派出机构，此后历朝多有设置。唐朝在武德时期也陆续设置了不少行台，在扫平割据势力，统一全国的战争中发挥了重要作用，行台又叫行台省。现将唐朝设置的行台省罗列如下：

行台省设置表

名　称	设置时间	治　所
陕东大行台	武德四年（621）	洛　阳
东南行台省	武德二年（619）	扬　州
益州行台省	武德三年（620）	益　州
河北行台省	武德四年（621）	洺　州
襄州行台省	武德四年（621）	襄　州
显州行台省	武德二年（619）	显　州

[1] 《资治通鉴》卷一九〇，唐高祖武德七年三月，第5982页。

[2] 《新唐书》卷九二《杜伏威传》，第3801页。

[3] 《新唐书》卷九二《杜伏威传》，第3801页。

唐代行台省的官员设置与中央的尚书省大体相同，只是官员的人数、品秩比中央尚书省略低（除陕东大行台外）。行台省实际是尚书省向地方的派出机构，其长官称尚书令，副长官为左右仆射，其下有左右丞、都事等官。行台省下属机构有六部，即吏、户、礼、兵、刑、工六部，但不全置，部的长官称尚书，没有设置侍郎。部之下和中央六部一样，也有司一级机构，但不全置，其长官称郎中，没有员外郎的设置。行台省的下属机构还有监，如食货监，掌财物、膳食、医药等事；农圃监，掌仓库、园圃、漕运等事；武器监，掌兵械、厩牧等事；百工监，掌车船、土建及各种器物的修造。监的长官仍称监，副长官称丞。中央尚书省下不设置监的机构，这一点与行台省不同。唐朝规定陕东道大行台的官员品秩与尚书省相同，其他行台省比尚书省的同职官员低一等，这是因为陕东大行台的尚书令是李世民，他功勋卓著，唐高祖不得不把陕东大行台的情况与其他行台省加以区别，以示尊崇。

唐代行台省的一个特点是管辖的区域很大，如陕东大行台，规定自陕州（今河南陕县）以东广大地区都归其管辖；东南行台省管辖着江淮广大地区。其他行台省大都如此。行台省还有一个特点，即拥有很多杰出人才，如一代名相房玄龄、杜如晦以及著名将领李靖、李世勣、屈突通、尉迟敬德、程知节、段志玄、侯君集等都曾出任过行台省官职。唐代行台省的再一个特点就是权力很大，对其所管辖地区之事，无所不管。具体地说，主要表现在以下几个方面：其一，拥有统兵征伐权。这是其最主要的权力。唐代行台省均拥有庞大的军队，其尚书令、仆射往往都被授予便宜行事之权，因此，遇有战争不用奏闻皇帝就可出兵征伐。不仅有权镇压境内的叛乱、起义，而且可以对外征讨，扩张地盘。其二，拥有选拔任命官员的人事权。行台省的正副长官由皇帝任命，行台省的下属官员由正副长官直接任命，不一定要上奏朝廷。这和其他地方长官任命下属官员要经过朝廷同意不同。如李世民利用陕东大行台尚书令的官职，收罗了不少人才，并直接任命他们为行台官员。其三，拥有司法与专杀之权。行台省设有刑部尚书、刑部郎中、主事等官员，主管境内司法。行台尚书令有专杀之权，即不经皇帝或朝廷批准，就可以下令诛杀罪人，包括所辖官员在内。如窦轨任益州（今四川成都）行台省仆射时，处死了行台尚书韦云起及车骑将军、骠骑将军多人。唐高祖曾对他说："公入蜀，车骑、骠骑从者二十人，公斩诛略尽，我陇种车骑，尚不足给公。"[①]其四，拥有财权。唐初军事繁忙，所需军资器仗粮饷除朝廷拨支外，大部分均要当地解决，故行台尚书令、仆射对财政事务都非常重视。其五，拥有监察权。这主要是指对所辖地区官员的监察，旧史记载说：行台，"盖汉刺史之任"[②]。意思是说行台省对地方官员，如同汉代朝廷派出的刺史一样可行使监察职权。除此之外，行台省还掌管许多具体事务。

唐代设置行台省主要是因为统一全国的战争需要，让其辖有广大的地盘，拥有很大的权力，如此就可以调动较多的军力、财力、人力，因而可以真正发挥独当一面的作用，保证战争的胜利，巩固唐王朝在各地的统治。从实施这一制度的实际效果看，的确达到了预期的目的，其在统一全国的战争中发挥了积极作用。由于行台省的设置主要是出于军事需要，故这个时期的行台省的存在均比较短暂，所谓"是时，诸道有事则置行台尚书省，无事则罢之"[③]。这里所说的"事"，即指战争。存在时间较长的是陕东大行台和益州行台省，其尚书令均由李世民兼任，到武德九年（626），李世民夺位成功后全部罢去。因为这时唐朝的统治已经巩固，国内大规模的战争不再出现，行台省已经完成了它的历史使命，没有存在下去的必要了。元代的行省制度，从机构名称、职能等方面的历史渊源看，应该始于隋唐时期的行台省。

---

① 《新唐书》卷九五《窦威传附窦轨传》，第3846页。

② 《新唐书》卷四九下《百官志四下》，第1315页。

③ 《资治通鉴》卷一八九，唐高祖武德四年七月，第5926页。

第四章

武德时期的李渊

一、排除异己与李密之死

（一）外热内冷的两面手法

李渊对于政敌向来不是仁慈的，不管是过去的政敌还是现在的政敌，都是如此，只不过对不同的情况采取不同的办法而已。如，他对李轨、窦建德、王世充、萧铣等人，不加区分，统统处死，不留后患；对于杜伏威这类人，当然不能简单地下令诛杀，总要想一些办法予以铲除。试看隋末唐初的割据者，只要落到李渊手中，不管有多大功劳、多高地位，有哪一位能够善终？李密降唐以后，当然也别想活下去，只不过李渊做得很巧妙，以堵天下人之口。

武德元年（618）九月，瓦岗军与王世充作战失败，李密来到河阳（今河南孟州东南）会见瓦岗军将领王伯当，与众将商议今后的安排。李密当时仍打算收集旧部，整顿军马，以图再举，然其部下诸将悲观失望，缺乏信心，不愿再战。谋士柳燮说：明公与唐公（指李渊）同族，又有以前的盟好关系，虽然没有参与太原起兵，"然阻东都，断隋归路，使唐公不战而据长安，此亦公之功也"①。众将都赞成这种说法，于是决定向西归附唐朝。

十月，李密带领2万人马进入关中，李渊得知李密来投，数次派遣使者在中途迎接慰劳，李密大喜，自以为这步棋走对了，他对部下说：我曾拥众百万，一朝解甲归唐，山东（指太行山以东）有城数百，知道我归唐，遣使招之，也都会归顺唐朝，如此大的功劳，"岂不以一台司见处乎！"②意思是说自己至少也得在中枢机要任职，李密实际上是想当宰相。然而现实并非如李密所想，李渊表面上对他非常热情，常常以弟相

① 《资治通鉴》卷一八六，唐高祖武德元年九月，第5813页。
② 《资治通鉴》卷一八六，唐高祖武德元年十月，第5816页。

称，并且把其表妹独孤氏嫁给李密为妻，却只给他了一个光禄卿（掌管酒醴膳馐之事）的职务，这使李密大为失望，心中快快不乐。使李密更不高兴的是，跟随他到长安的部下，有关部门的供给很差，士卒们有时竟然连饭都吃不上。这还不算，唐朝群臣多又轻视李密，有些权臣公然向他索取贿赂。在李密的问题上，李渊是在耍两面派手法，故意安排下面制造事端，设置陷阱让李密入套。因为他知道李密心高气傲[①]，时间长了必然有所举动，然后就可以名正言顺地下手了。

（二）设计斩杀李密

李密归唐以后也为唐朝招降了一些他的旧部，扩大了唐朝的地盘。如徐世勣，在李密降唐后占据着李密原有的旧地，武德元年十一月，唐高祖派魏徵（原李密旧部）到黎阳招降徐世勣。但是徐世勣认为自己是李密的部下，现在要归降唐朝，必然要经过李密的同意，于是把所辖州县户口、兵马、粮储籍账，派人转送给李密，由李密献给唐朝。徐世勣这种做法固然很高明，获得人们的赞誉，但是如果没有李密的归唐，唐朝也不可能凭空获得这些地盘，说到底应该是李密归唐的功劳。徐世勣此举也得到唐高祖的赞赏，赐其姓李，从此以后就称李世勣了。

李密既然担任了光禄卿，每逢大朝会或皇帝设宴之时，不免要指挥下属进送酒食，李密感到这是最大的耻辱。李密在瓦岗军时本来是称孤道寡的人物，现在却沦落如此，反差之大，使他难以忍受。这实际上是唐高祖故意安排的，否则朝廷官职甚多，为何独独任命李密为光禄卿？何况他也知道李密是个自负甚高、傲气十足的人物。李密在难以忍受的情况下，于是和王伯当商议，打算重返山东，招集旧部，卷土重来。李密向唐高祖献策，自告奋勇愿意去山东招集旧部，然后相机夺取东都，铲除王世充。李渊同意了他的请求，并主动提出要王伯当同去。李密又要求让贾闰甫去，李渊也爽快地答应了。当时，有人提醒李渊不要放虎

---

① 《资治通鉴》卷一八六，唐高祖武德元年十一月条：李密"见上犹有傲色"，第5822页。

归山，李渊说："帝王自有天命，非小子所能取。借使叛去，如以蒿箭射蒿中耳！"①意思是说即使他叛去，就如同用蓬蒿制作的箭以射蒿草，无所用处。李渊为什么敢如此肯定地认为李密此去必一事无成呢？因为他早有思想准备，并有所安排，否则不会如此自信。以李渊这样富有政治经验的统治者，还能看不透李密此行的真实目的，而任他自去？故李密此去是自寻死路。

临行时，唐高祖召见李密等人，与他同坐御榻，并设宴饯行。李渊对李密说：的确有人让我阻止弟东去，"朕推赤心于弟，非他人所能间也"②，让李密放心前去。当李密率军离开长安，正要出关之时，唐高祖突然下令要李密将其部下留一半在华州（今陕西渭南市华州区），只许带一半人马出关。这时，有人上书高祖，言李密此行必叛，唐高祖遂又下令要李密一人返回长安。在李密未行之时，就有人向李渊反映李密此去必叛，但他表示对李密深信不疑，为何此时却轻易地听信了这种意见？又，李密东去要对付王世充，应该多带军队才是，又为何在中途要减少其军队的一半呢？并且没有任何理由。看来唐高祖是有意放他出京，减少他的军队是为了诛杀时阻力更小一些。临行之时故意向李密透漏有人劝阻的消息，使李密心生疑虑，不敢回长安。果然李密接到让他一人回长安的敕令后，认为"天子向云，'有人确执不许'，此谮行也。吾今若还，无复生理"③。因而不敢返回。

李密自感形势不妙，遂斩杀了李渊派来的使者，挑选了骁勇之士数十人，穿着妇人的衣服，伪装成自己的妻妾，暗藏刀剑，派人告诉桃林县（今河南灵宝北老城）官吏，说自己奉命返京，携带家眷借住县城中，然后乘其不备袭占了县城。得手之后，李密率众疾驰向东，并派人驰告旧将伊州（今河南汝州）刺史张善相，要他派兵接应。唐朝将领盛彦师得知李密叛逃的消息后，率军在熊耳山南的要道上，选择路狭林密之处埋伏弓弩手与刀盾手等待李密的到来。李密进山以后，自以为已经

① 《资治通鉴》卷一八六，唐高祖武德元年十一月，第5824页。
② 《资治通鉴》卷一八六，唐高祖武德元年十一月，第5825页。
③ 《资治通鉴》卷一八六，唐高祖武德元年十二月，第5830页。

脱离险境，率领士卒徐徐而行，唐军突然袭击，李密等措手不及，加之路险林密，首尾不能相救，他与王伯当一同被斩，传首长安，盛彦师以功封葛国公。

李密于武德元年十月到达长安，十二月被杀，仅仅两个月的时间就遭杀戮，充分说明政治斗争是非常残酷的。李渊作为一个老练的政治家，其多谋狡诈在如何对付李密这类人的问题上表现得非常充分，他决不会给政敌以任何东山再起、卷土重来的机会，必斩尽杀绝而后快。

二、裴寂之宠与刘文静之死

（一）善于献媚的裴寂

唐高祖李渊对待裴寂与刘文静的不同态度，最能反映他的性格与心理，作为皇帝他需要有人为他夺取江山出谋划策，同时也需要有人向他讨好献媚，以满足政治与生活的不同需求。当有人违背他的意志，稍有不恭言行时，即使是功臣也毫不留情，果断杀戮。

裴寂，蒲州桑泉（今山西临猗西南）人，父母早死，由其兄长抚养长大，14岁时任郡主簿。隋文帝开皇年间，调任左亲卫，由于家贫，徒步到长安赴任。隋炀帝大业年间，历任侍御史、驾部承务郎、晋阳宫副监。裴寂与李渊相识较早，关系甚为密切，李渊任太原留守时，裴寂任职的晋阳宫在其辖区内，于是两人往来更加频繁，经常在一起饮宴、下棋、博戏，甚至通宵达旦也不知疲倦。裴寂为了讨好李渊，甚至私自以晋阳宫的宫人侍奉、陪宿，这在当时是犯了死罪。由于两人关系融洽，太原起兵前夕，李世民有要事禀告李渊，都要通过裴寂转达。在是否起兵反隋这个问题上，裴寂是积极主张起兵的，也做了一些准备。裴寂之所以力主起兵，并竭力讨好李渊，是因为他看到当时天下大乱，豪强蜂起，隋王朝的垮台已经不可避免了，为了自己身家性命及仕途前程计，必须另外选择新主子，在他看来李渊就是最好的人选，所以就把自己的命运与前途押在李渊父子身上。

太原起兵之时，裴寂献出宫女500人、米9万斛、杂采5万段、甲胄40万领，以供军用。这些物资正是李渊起兵所急需的东西，因此李渊对裴寂的感激自不待言。裴寂对李渊的忠心还表现在入长安后，以唐代隋之际，为了使李渊早日登上帝位，裴寂日夜操劳，又是上书劝进，又是供献符瑞，撰修礼仪，忙得不亦乐乎。李渊即位，对裴寂的表现非常满意，曾对裴寂说："使我至此，公之力也。"①要说裴寂对唐室的"功勋"，也就这些，除此之外，再没有干过什么有益的事情。

然而李渊对裴寂的"恩宠"却超过了唐初任何一位功臣。刚打下长安，就赐给裴寂良田千顷，府宅一处，其他物品4万段，封魏国公，食邑3000户。李渊即位当皇帝以后，任命裴寂为尚书省右仆射，赐给的服饰、珍玩不可胜数，并且令尚食奉御（主管皇帝饮食的官员）每日赐给裴寂御膳。唐高祖坐朝，时常让裴寂与自己同坐御榻，还不时请入皇帝的寝殿内，纵情畅谈，对裴寂的话可以说言无不从。李渊从不称呼裴寂的名字，而是呼为裴监，称其所任旧官职，是表示亲近之意。故旧史云："当朝贵戚，亲礼莫与为比。"②唐高祖外出巡视，必令裴寂留守京师。唐初，改铸开元通宝钱，特别施恩，允许裴寂自行铸造。高祖还为自己的第六子赵王李元景娶裴寂的女儿为妻，又把自己的女儿，李世民的妹妹临海长公主嫁给裴寂的儿子裴律师，从而使两人成为儿女亲家。

唐高祖对裴寂如此器重与宠爱，是否因这个人才干出众，为他人所不及呢？从裴寂的所作所为看，似乎不是。武德二年，刘武周、宋金刚围攻太原，裴寂自请统兵抵御，高祖任他为晋州道行军总管，并授予便宜行事之权。结果，裴寂屡战屡败，河东州县相继陷落，在没有办法的情况下，下令将百姓强行迁入城中，放火烧毁村舍及百姓粮储，搞得人心慌乱，终于激起了吕崇茂领导的农民起义，裴寂前往讨伐，又为吕崇

---

① 《旧唐书》卷五七《裴寂传》，第2287页。

② 《旧唐书》卷五七《裴寂传》，第2287页。

茂所败。这样，裴寂非但没有能够抵御住宋金刚的进攻，由于激起农民反抗，反而增加了唐军平定刘武周、宋金刚的难度。由于裴寂确实太不争气，唐高祖也不便公开袒护，召回后谴责说："前拒武周，兵势足以破敌，致此丧败，不独愧于朕乎？"遂将他下狱，但很快又放出，"顾待弥重"。[①]裴寂军事才干不行，那么是否具有政治才干呢？实际上也不行。李世民即位以后，曾批评他说："武德之时，政刑纰缪，官方弛紊，职公之由。"[②]唐高祖武德年间，裴寂贵为宰相，执掌朝政，故唐太宗才这样指责他，由此可见，此人政治才干也不行。裴寂既无军事才干，又无政治才干，太原起兵时虽有微功，但还没有达到应享有如此地位的程度。唐太宗李世民也说过："计公勋庸，不至于此。"[③]因此，裴寂能获如此高位，完全是出于唐高祖李渊的偏爱，是两人意气相投的缘故。

麟州（今陕西麟游西）刺史韦云起曾告发裴寂谋反，高祖下令追查，结果并未发现任何证据。高祖对裴寂说："朕有天下，完全是你推举拥戴的结果，我本来就知道你不会有二心，之所以下令审查追究，完全是为你打算，让天下人都相信你不会谋反。"李渊此话看来的确出于真心，并不是对裴寂有所疑虑。平心而论，像裴寂这种人也确实不会对唐朝存有二心，韦云起的告发不过是统治集团内部的矛盾斗争而已。武德六年，裴寂向唐高祖提出辞职，要求回老家务农。高祖听到后不觉泪流满襟，他实在舍不得让裴寂离开自己，再三挽留，并册封其为司空，加实封500户，每日派尚书员、外郎一人到裴寂府中值班办事，对其更加尊宠了。

唐高祖口口声声说自己这个皇帝是裴寂拥戴的结果，似乎没有裴寂他就做不了皇帝似的，这实际上是李渊为自己尊宠裴寂找理由，并非他不清楚这其中的道理。李氏父子攻下长安，虽然拥立了杨侑这个小孩子当皇帝，但要取代他不过是举手之劳的事，和裴寂等人的拥戴并无必然

---

① 《旧唐书》卷五七《裴寂传》，第2287页。
② 《旧唐书》卷五七《裴寂传》，第2288页。
③ 《旧唐书》卷五七《裴寂传》，第2288页。

关系，假使没有裴寂出面，也会有另外的人来承担这种角色。李渊作为一个老练的政治家，还能不明白这其中的关系？因此，他也只是随便说说，为自己亲昵小人遮遮丑而已。裴寂的垮台是高祖退位，李世民当了皇帝以后的事，其中原因比较复杂，既有他本不是秦王府集团中人的原因，也有在玄武门之变时他态度暧昧，没有积极支持李世民的缘故。还有一个原因，即他和刘文静之死有牵连。诸种原因的综合，使这位唐高祖的宠臣终于在贞观时被罢官流放，后死于流放地。

（二）刘文静被诛的背后

刘文静，祖籍彭城（今江苏徐州），后移居武功（今陕西武功西北）。隋末任晋阳（今山西太原西南）令，与晋阳宫副监裴寂相识，遂成为好友，夜则同宿。李渊为太原留守时，刘文静与李世民交往甚密，常在一起谈论天下大事，劝李世民动员李渊起兵，夺取关中，以成帝业，并将裴寂引见给李世民。李渊起兵前后，刘文静出谋划策，运筹帷幄，募集兵员，筹办钱粮，为李氏父子谋举大事出力甚多。李渊正式起兵后，刘文静又献策改易旗帜，结好突厥，并亲自入突厥去见始毕可汗，劝其支持李渊，获得成功。这样就免除了李渊的北顾之忧，可以全力夺取关中。

李渊、李世民西攻长安时，刘文静受命率军进攻屈突通，在潼关大败隋军，使屈突通之军始终无法西进一步，保证了李世民等顺利地攻下长安。长安攻陷后，屈突通见大势已去，打算率军向东撤退到洛阳，被刘文静率军追上歼灭，并被生擒。由于刘文静在建唐过程中立有大功，李渊为大丞相时，以刘文静为丞相府司马，封鲁国公。李渊登基当了皇帝，委任刘文静为纳言。在这一时期，刘文静尚能得到李渊的器重，地位与裴寂相当。当时，李渊虽然当了皇帝，但唐朝刚刚建立，仅占据着河东、关中之地，因此李渊还不敢摆皇帝的架子，与群臣议事，常自称姓名，并引重臣与己同榻共坐。刘文静这时也能时时享受到这种待遇，但他认为贵贱有别，李渊这样做不是长久的办法，劝他以后不必如此。李渊却认为"今诸公皆名德旧齿，平生亲友，宿昔之欢，何可忘也"①。李渊看似对待臣下非常客气，把自己与大家的关系视作亲友关系。其实这一切都是一时的假象，因为唐朝尚在创业阶段，还需要群臣尤其是刘文静这类骨干分子为其卖命，所以李渊才表现出这种礼贤下士的姿态。

不久，刘文静与李世民率军讨伐薛举，因李世民有病，刘文静出战，大败，返回长安后被免官除名。后刘文静又随李世民再伐薛仁杲，扫平了这股割据势力，解除了他们对长安的威胁，以功授民部尚书、陕东道大行台左仆射。这时刘文静的地位就在裴寂之下了。他认为自己的才干、功劳都在裴寂之上，而地位却比裴寂低，心中不平，每次议事对裴寂多有驳斥，两人关系急剧恶化。有一次他和弟弟刘文起饮酒时，借酒使气，拔刀击柱，说一定杀掉裴寂，此话使得李渊与裴寂对他更加不满。这时刘文静家中时有妖异现象发生，刘文起遂请巫者在夜晚披发作法以禳厌镇邪。刘文静有一个侍妾失宠，心中怨恨，遂将此事告诉其兄，让其兄上告刘文静图谋不轨，李渊本来就对刘文静不满，听到此事正好借题发挥，下令将刘文静逮捕下狱。审讯时刘文静供称："起义之时我与裴寂地位相当，今日裴寂为仆射，住着华丽的府邸，而我官职、赏赐同于常人，东征西讨，我的家眷无法妥善安置，因而有些怨言。"李渊听刘文静此言，明显是要谋反。李纲、萧瑀等大臣都竭力证明刘文静并无此意。裴寂认为："当今天下未定，外有勍敌，今若赦之，必贻后患。"②于是，李渊下令处死刘文静、刘文起兄弟，并抄没其家。

刘文静之死无疑是一宗冤案，这一点是毋庸置疑的。在这桩案件背后有着很深的政治渊源。从个人关系来看，唐高祖与裴寂交往甚深，两人相争，李渊肯定偏袒于裴寂，而刘文静谋反并无确凿证据，罪不至死，但是李渊不顾众人反对坚持处以死刑，是有他自己的顾虑。刘文静与突厥关系非同一般，李渊对此是非常清楚的，而刘文静与李世民关系

① 《资治通鉴》卷一八五，唐高祖武德元年六月，第5794页。
② 《旧唐书》卷五七《刘文静传》，第2293—2294页。

甚密，二人在对待突厥问题上的观点又非常一致，这使李渊感到非常不快。太原起兵时，李渊对臣属突厥之事尚有疑虑，迟迟不能决断，当时刘文静所募之兵屯兴国寺，都说："公若更不从突厥，我亦不能从公。"①实际上是刘文静挑唆兴国寺驻军胁迫李渊接受此事，李渊对此当然耿耿于怀。突厥旗帜尚白，刘文静请求改易旗帜时用白旗，和突厥保持一致。李渊虽不愿如此，但又不便公然反对，采取了妥协的办法，使用绛白杂色旗，以保持自己的独立地位。李渊在创业之初，不得已臣服于突厥，但又不愿受其摆布，总想保持自己的独立性，因此他派刘文静入突厥借兵时，便告诫他少借兵多要马，也是这个目的。刘文静和李世民都是长于谋略的人，他们当然也不是想完全依附于突厥，李世民后来当皇帝后对突厥的强硬政策便可证明此点，他们此时主张结好突厥，主要是出于政治和军事的需要。同时，也有借助突厥实力，增强自己在朝中的地位的打算，换句话说，就是他们把突厥作为自己的一张牌，用于加强自己的政治地位。李渊不愿受制于人，产生分歧自然是难免的。陈寅恪亦认为太宗李世民是向突厥称臣之主谋，"与突厥始毕可汗议订称臣之约者，实为刘文静，其人与太宗关系密切，……及高祖入关后渐与突厥疏远，而文静乃被杀矣"②。刘文静死于武德二年，这年突厥军进犯太原，直捣绛州（今山西新绛）、龙门，唐军屡败，关中震动。裴寂对李渊说的"外有劲敌"，即指突厥军，劝他杀掉刘文静，免留"后患"，也是出于防范突厥的目的。加之刘文静所了解的这一时期的政治内幕太多，有损于皇帝的面子，李渊不愿留下口舌，便匆匆地处死了他。

李渊要除掉刘文静在此案发生之初就已经决定好了，他明明知道裴寂与刘文静是政敌，却仍然派他和萧瑀主持审讯这个案子，毫不避嫌，可见李渊的用意之所在。当时为刘文静求情的人中就有李世民，他极力辩解，说刘文静只是因为地位与待遇问题，发发牢骚，并不是想谋反，表示愿意为他担保，结果反倒事与愿违，更加坚定了李渊处死刘文静的

① 《大唐创业起居注》卷一，第10页。
② 陈寅恪：《论唐高祖称臣于突厥事》，见《寒柳堂集》，第114—120页。

决心。旧史记载说，高祖对李世民与刘文静的关系，"素疏忌之"[①]。这说明李渊早就不喜欢自己的儿子与大臣交往过密，只是这时还需要李世民为唐朝扫平割据，巩固政权出力，所以不便公开干预，既然有人告发刘文静，索性拿他开刀，也算给李世民一点颜色看看。本来，刘文静、裴寂、李世民三人，因为功劳最大，"特恕二死"。[②]然而在政治矛盾激化之时，这一套东西也靠不住了。[③]

李世民当皇帝后，于贞观三年（629）恢复了刘文静官爵，让其子刘树义袭封鲁国公，并把公主嫁给他。在这个问题上，李世民也不顾及他父亲的面子（当时李渊为太上皇，尚在世），这就等于公然宣布李渊以前搞了冤假错案。通常儿子当皇帝后，一般不改变自己父亲所处理过的旧案，至少不在其父生前纠正，李世民迫不及待改正这个冤案，证明李世民对此事也是耿耿于怀，对他父亲非常不满。

三、纳谏与拒谏

（一）唐高祖的纳谏之风

在武德前期，唐高祖比较注重听取臣下的意见，尤其在一些重大问题上更是善于吸取各种不同的意见，经过分析采纳其中正确的一种。如，突厥时常侵扰河东，唐朝被迫经常派军北上抵御，于是运送军粮就成了一个大问题。为了解决这个问题，并州（今山西太原西南）大总管府长史窦静上书高祖，请求在太原置屯田种粮，以省转运。当时朝中不

---

① 《旧唐书》卷五七《刘文静传》，第2293页。

② 《旧唐书》卷五七《刘文静传》，第2294页。

③ 关于刘文静之死的原因，也有不同意见，认为主要因其功大而遭皇帝猜忌。见任士英：《说李渊称臣突厥事——兼述刘文静被杀原因》，《烟台师范学院学报》（哲学社会科学版）1991年第4期，第39—40页。也有人认为刘文静之死，是唐初李世民集团与李建成集团党争的牺牲品，见程义：《刘文静之死与初唐党争之关系》，《史学月刊》2006年第4期，第26—30页。

少人认为社会动荡，百姓困难，不宜大规模动用民力，但窦静屡次上书，坚持己见。于是高祖命窦静入朝，与群臣争论于殿廷之上，最后高祖采纳了窦静的意见，兴置屯田，缓解了运粮的压力。

武德元年，执法比较混乱，唐高祖本人对这种现象也不重视，常常出现犯轻罪而被李渊下令处死这类事件。监察御史李素立上书说："法律是皇帝与天下人都要遵守的，法一动摇，则百姓手足无措。陛下刚刚创建大业，为何抛弃法律？"李渊感到李素立讲得很有道理，同时也认为这个人很有见解与才干，命令有关部门授予他七品清要官。先是拟定授给雍州（今陕西西安）司户，李渊认为此官要而不清；又拟授给秘书郎，李渊却认为此官清而不要。最后确定授予他侍御史之职。

还有一个人名叫孙伏伽，是万年县（在今陕西西安）的法曹佐，也上书李渊，反映当时存在的三种问题：其一，李渊即皇帝位的第二天，就有人进献鹞、鹞鹑，孙伏伽认为这是隋朝弊风的遗留，应该革除。相国参军卢牟子献琵琶，长安县丞张安道献弓箭，希望以此讨好皇帝，得到赏赐或升迁。孙伏伽认为此风不可长，应引起重视。其二，"百戏散乐，本非正声，此谓淫风，不可不改"。所谓散乐是相对雅乐、燕乐而言，唐代才称为散乐，总称为百戏，实即杂技、魔术、马戏之类。孙伏伽认为这些艺术都属淫风之列，当然是陈腐的观念，不过对于统治者来说，沉溺于此，必然贻误国事，倒是应该引起警惕。其三，太子与诸王的左右群僚，应该慎重选择，让他们多接触道德贤良之士，所谓远小人近贤才，这样才能保证江山永固。李渊看到这份上表后，非常赏识，赐给孙伏伽帛百匹，并提升其为治书侍御史。[①]

苏世长本为王世充之臣，王世充被平定后，又归顺唐朝，他与李渊是旧相识，彼此熟悉对方秉性。有一次他跟随李渊到高陵打猎，当天就打到大批猎物。李渊对群臣说："今日畋猎，大家觉得快乐吗？"苏世长回答说："陛下不理国事，专事畋猎，时间还未满十旬，算不上快乐！"李渊听到此话脸色大变，正要发怒，转念一想又觉不妥，遂笑着

---

① 《大唐新语》卷二《极谏》三，第18页。

说："你的狂病又犯了。"苏世长很严肃地说："从我个人角度说则狂，为陛下国事计则忠。"还有一次他陪宴于披香殿，对李渊说："此殿是隋炀帝修造的吧，不然为何如此奢华！"李渊说：你明知这是我修造的，却故意说是炀帝所修，"卿好谏似直，其心实诈"。苏世长回答说："我实不知是谁修造的，因见此殿华丽，上施琉璃瓦，不是节用惜费的帝王所应该建造的，若是陛下所建，的确是不大适当的。我往昔在武功时，见陛下所住之处，仅能遮蔽风霜，而当时陛下也以此为足。现今炀帝奢侈无道，人们不堪忍受，纷纷起来反对，使陛下得以成就大业，本应该吸取教训，不忘简约，为何还要在隋宫之内，又加雕饰，似这样搞下去，欲想拨乱反正，谈何容易！"[1]李渊对这些劝谏，也多能接受，并予以实施。

李渊以隋为鉴，对民间困苦也能体谅，采取了一些措施以减轻百姓负担。孙伏伽以后还多次上表，要求改革税制，改变"赋敛繁重"的现状，[2]都被高祖所采纳。这样就使当时社会矛盾有所缓和，有利于唐朝统治的巩固。对于百姓中的犯罪，高祖也能区别情况，妥善处理。如，武功人严甘罗，因抢劫被官府逮捕。李渊问他："汝何为作贼？"回答说："饥寒交切，所以为盗。"李渊说："吾为汝君，使汝穷乏，吾之罪也。"[3]下令释放。唐高祖的这种作风，在古代皇帝中确属难能可贵。

（二）固执己见思想的显露

唐高祖统治的后期，国内强大的割据势力基本被扫平，政治相对稳定，社会生产恢复较快，在这种大好的形势下，他头脑深处那种皇权至上、独断专行的思想开始抬头，逐渐听不进臣下的进谏，拒谏现象逐渐多了起来。礼部尚书李纲直接指出："陛下功成业泰，颇自矜伐。臣

---

① 〔宋〕王谠撰，周勋初校证：《唐语林校证》卷一《德行》，北京：中华书局，2008年，第38页。
② 《旧唐书》卷七五《孙伏伽传》，第2636页。
③ 《唐语林校证》卷一《政事上》，第51页。

以凡劣才乖，元凯所言：'如水投石，安敢久为尚书？'"①李纲因为李渊拒谏，竟提出不敢久居尚书之位，可见李渊固执己见已到了比较严重的程度。其实李渊早在即位之初就有这种苗头，只是因为当时天下未定，他还不敢过分地放纵自己，等到政权基本巩固，便不愿再约束自己了。如武德元年，李渊任命"舞胡"安叱奴为散骑侍郎。李纲当即指出这个任命不妥，认为天下新定，起义功臣，尚且行赏未遍；高才贤士，犹滞留草莽山野之间，而使舞胡居五品之位，"鸣玉曳组，趋驰廊庙"，②此非创业之君所为。李渊竟以已经任命，不便更改为由，拒绝了李纲的建议。宋代著名史学家司马光对此事评论说："苟授之而是，则已；授之而非，胡不可追欤！君人之道，不得不以'业已授之'为诫哉！"③说明李渊的纳谏之风，本来就不是他固有的一贯作风，不过是一时权宜之计而已，一旦形势发生变化，其固有的本性就显露出来了。

　　武德五年，这时王世充、窦建德等强大的割据者已被扫平，除河北尚有刘黑闼等尚在活动外，全国基本统一。唐高祖自以为天下已定，不仅放纵自己，连皇室宗亲之家也都放纵不管，任他们横行于京师。据载："是时，东宫、诸王公、妃主之家及后宫亲戚横长安中，恣为非法，有司不敢诘。"④这些人不仅自己横行长安，连其家的奴仆也仗势欺人，甚至朝廷官员都不能幸免。尹德妃的父亲阿鼠，因其女受到高祖宠爱，倚仗其势，骄横异常。有一天，秦王府幕僚杜如晦路过他家门口，被其家僮仆数人拉下马来，殴打一顿，折断了一根指头。骂曰："汝何人，敢过我门而不下马！"⑤这还不算，阿鼠还恶人先告状，让尹德妃到高祖处哭诉，说"秦王左右陵暴妾家"⑥。李渊大怒，把李世民招来，痛

① 《册府元龟》卷四六〇《台省部·正直》，第5197页。
② 《大唐新语》卷二《极谏》三，第19页。
③ 《资治通鉴》卷一八六，唐高祖武德元年十二月，第5835页。
④ 《资治通鉴》卷一九〇，唐高祖武德五年十一月，第5958页。
⑤ 《资治通鉴》卷一九〇，唐高祖武德五年十一月，第5959页。
⑥ 《资治通鉴》卷一九〇，唐高祖武德五年十一月，第5959页。

斥一顿。李世民再三辩解，说明情况，李渊始终不肯相信。他连自己儿子的话都听不进去，何况臣下呢？

　　李渊在执法方面也存在不少问题。李元吉在太原为非作歹，残害百姓，当刘武周兵临城下时，竟弃城逃走。为了堵群臣之口，只好罢了李元吉的官，但次月就让他官复原职，对李元吉并没有实质的处罚。这说明李渊先前罢李元吉的官，只是做做样子，毕竟是自己的儿子嘛。但是，像李靖这样的杰出将领，只是由于对萧铣进兵迟缓，就要下令处死。这是多么鲜明的对照。

四、生活奢华的皇帝

　　唐高祖个人的生活从来都是放纵的，早在任太原留守时，就经常与裴寂饮酒作乐，弈棋赌博，连晋阳宫中隋炀帝的妃嫔都敢与之同宿。其又喜好声色犬马，早年曾因不愿将自己的良马献给炀帝而吃过苦头，可见其对此类宠物入迷到何种程度。当了皇帝之后，屡有臣下进谏，劝他不要贪图安逸享受，大搞声色犬马，他虽然也表示接受，但实际上并未完全停止此类活动，只不过因天下尚未平定，在规模上稍有收敛而已。武德元年，他就下令让太常寺到民间借得妇女衣裙500套，作为散乐百戏演出之服，准备在五月五日于玄武门外表演。此时，因为唐朝政权才刚刚建立，府库尚不充裕，所以才到民间借用服装。在尚不具备奢侈的条件之时，宁愿向民间借用也要追求享乐，可见李渊对贪图安逸享受的追求是多么迫切。

　　史载："上晚年多内宠，小王且二十人。"①能够考知其生母名字的小皇子达17人之多，即尹德妃生丰王元亨，莫嫔生荆王元景，孙嫔生汉王元昌，宇文昭仪生韩王元嘉、鲁王灵夔，崔嫔生邓王元裕，杨嫔生江王元祥，小杨嫔生舒王元名，郭婕妤生徐王元礼，刘婕妤生道王元庆，

---

① 《资治通鉴》卷一九〇，唐高祖武德五年十一月，第5957页。

杨美人生虢王元凤，张美人生霍王元轨，张宝林生郑王元懿，柳宝林生滕王元婴，王才人生彭王元则，鲁才人生密王元晓，张氏生周王元方。这些皇子绝大多数都是李渊当皇帝后出生的。这是武德五年的情况，此时就已经拥有如此之多的内宠及小皇子，说明李渊自即位以来就追求女色，否则绝不可能在短期内生下这么多孩子。作为皇帝，妃嫔成群，原本没有什么可大惊小怪的，问题是即位仅仅数年，就增加如此之多的儿子，至于所生小公主尚未计算在内，而且是在天下尚未平定，战争频繁进行的局势下出现的情况，作为最高统治者的皇帝，其精力到底放在什么地方，不是一目了然了吗？唐高祖还有强占他人之妻的恶行。刚刚攻下长安时，他见太子舍人辛处俭妻美丽，遂占为己有，又将人家丈夫清除出朝官行列，贬到万年县去任县令。辛处俭因此常感恐惧，不知哪一天要掉脑袋。①

唐高祖喜好畋猎，稍有闲暇即外出围猎，关于这种活动仅史籍有记载的就有多次，甚至有一年之中数次畋猎的现象。这些都是规模较大的，小规模不见于记载的尚不知有多少。皇帝打猎与常人不同，每次出行必调动军队，百官侍从跟随左右，声势浩大，花费时间也较长，这样就要耗费大量的钱财，动用较多的人力，而且会延误国事。其不良影响还在于所到之处，地方官员必然要劳师动众地接驾，进献食品及土产，不仅给当地造成很大的负担，也不可避免地骚扰百姓，至于践踏稼禾、破坏生产的事也是屡见不鲜。因此，凡是忠于国事的历代贤臣，莫不反对皇帝畋猎，犯颜直谏者比比皆是。

隋建大兴城，宫室修造得本来就壮丽辉煌，隋末天下大乱，但长安并未遭兵火破坏，宫室完好无损。唐朝建立后，高祖仍不满足，又加以整修、粉饰，增建了披香殿、大安宫等宫殿。在关中还兴建有离宫，如位于西安市高陵区的龙跃宫、武功县的庆善宫、宜君县的仁智宫等，②皆雕梁画栋，布置琉璃瓦。李渊还多次幸骊山温泉沐浴，一住多日，在当

① 《贞观政要集校》卷二《直谏》，第114页。
② 〔元〕骆天骧撰，黄永年点校：《类编长安志》卷二《离宫》，北京：中华书局，1990年，第67页；《旧唐书》卷一《高祖纪》，第17页。

地肯定有离宫存在。^①李渊搞的这些营建活动，和历代君主比较起来也许算不了什么。但是他是在唐朝初年生产衰退，人口稀少，财赋并不丰足的情况下，为个人享乐而大搞营建的，显然是不适宜的。汉文帝要修建露台，因为花费相当于10户中等人家的产业，最后作罢。李渊的这些作为和汉文帝比较起来，明显略逊一筹。

李渊还贪图珍宝，羡慕隋朝宫人娇媚。李世民刚平定王世充，攻下洛阳，他闻知此事后，没有及时派使犒赏有功将士，反倒急忙派贵妃等数人赶赴洛阳，为自己收取府库珍宝，挑选隋宫妃嫔、宫女。唐高祖这些作为都是他骄奢淫逸思想的反映，在历代开国之君中是比较少见的。

五、与突厥的关系

唐朝在武德时期对东、西突厥采取了不同的政策，这种政策是根据东、西突厥地理位置的不同，对唐朝威胁程度大小而制定的。在李渊统治时期对唐朝威胁最大的是东突厥。李渊在太原起兵时向其称臣，为的是保证自己向长安顺利进军，这种对策取得了很好的效果，前面已经做过叙述。

唐高祖做了皇帝，突厥始毕可汗自恃有功，更加骄慢，每遣使者到长安，高祖都盛情接待，并赠以大批绢帛。武德元年，突厥骨咄禄来到长安，高祖不仅设宴款待，还引骨咄禄同坐御榻，以示尊宠。武德二年，始毕可汗去世，其弟处罗为可汗，处罗妻为隋朝义成公主，遣使入唐告丧。高祖为之举丧，废朝3日，派百官赴其馆吊唁，还派专使赴突厥参加丧礼，赠物3万段。后来处罗可汗死，唐朝按照对待始毕之丧的

---

① 按：骊山温泉自秦代以来，历代都作为汤沐之所，汉武帝称骊山汤，隋文帝又有所增修。唐太宗贞观十八年，营建宫殿，赐名汤泉宫，高宗咸亨二年改名温泉宫，玄宗天宝六载改名华清宫。

礼节和规格处理了此事。处罗死后，其弟颉利继位为可汗，按照突厥风俗，仍以义成公主为妻，颉利"承父兄之资，兵马强盛，有凭陵中国之志"[1]。他根本不顾唐高祖对突厥尊礼备至，听信隋义成公主之言，年年都向唐朝发动进攻，贪得无厌，百般索取，"帝方经略天下，故屈礼，多所舍贷，赠赉不赀，然而不厌无厓之求也"[2]。实际上唐高祖对东突厥采取的是以战求和、战后而和的策略。所谓战，主要是被动迎战，即突厥来攻时设法抵御一下，突厥退后则守境自保，从未主动出击。[3]"和"才是唐武德时期对突厥政策的基本内容。

从东突厥方面看，一方面支持北方叛乱或割据势力与唐朝为敌，甚至公然出兵侵扰唐朝边境；另一方面又不断放出和好的信号，向唐朝索取财物，捞取经济上的好处，两手交替使用。因此，这一时期双方的关系就是打打谈谈，既订盟约、议和亲，又刀兵相见。如武德五年，颉利可汗率15万骑入雁门，攻太原，又遣使要求和亲。次年十月，颉利一面围攻马邑，一面遣使入唐求婚。有时甚至攻入关中，对唐朝统治构成很大威胁。为了摆脱东突厥的威胁，唐高祖一度想迁都，放弃关中，由于李世民的反对才作罢。

唐高祖之所以对突厥采取以和为主的政策，是因为不想激化与突厥的矛盾，以免影响国内的统一大业。此外，这时唐朝的国力不强，还不具备扫平突厥的军事实力，更不用说两面作战了。武德八年（625）六月，颉利可汗率军进攻灵州（今宁夏吴忠西），唐高祖一面派军前去增援，一面重新考虑对突厥的政策。同时，高祖决定改变对突厥的政策，他对侍臣说："突厥贪婪无厌，朕将征之，自今勿复为书，皆用诏敕。"[4]这就是说唐朝从今以后不再向突厥称臣了，而是以宗主国的身份对待突厥。当然突厥此时实力尚强，并未承认唐朝为宗主国，这只是唐朝改变对突厥政策的信号。唐高祖在这时改变对突厥的政策，是基于

---

① 《旧唐书》卷一九四上《突厥传上》，第5155页。

② 《新唐书》卷二一五上《突厥传上》，第6030页。

③ 参见牛致功：《唐高祖传》，北京：人民出版社，1998年，第171—177页。

④ 《资治通鉴》卷一九一，唐高祖武德八年六月，第5996页。

唐朝此时已完全平定国内叛乱势力，军事力量有所增强，虽不能扫平突厥，但足以防御边境，抵御侵扰的现实。此后，双方多次交手，互有胜负，突厥既无法动摇唐朝的统治，唐朝也不能削弱突厥的实力，这种相持的局面直到唐太宗贞观时期才得以彻底改变。

西突厥因为距唐朝较远，所以在武德时期尚未对唐朝构成威胁，相反还在武德三年遣使入贡。唐高祖本来打算联合西突厥，共同对付东突厥，颉利可汗听说后非常害怕，于是和西突厥议和通好，使唐高祖的计划落空。这一时期西突厥的统治者是统叶护可汗，他北并铁勒，西拒波斯，“控弦数十万，霸有西域”①，势力非常强大。武德八年，统叶护可汗遣使到长安，向唐朝求婚。唐高祖召集群臣商议对策，高祖认为西突厥道远，缓急不能相助，与其通婚没有多大意义。裴矩认为东突厥强大，为今之计，应当采用远交近攻的策略，答应统叶护的请求，以对东突厥形成政治压力，数年过后，国家力量有所发展，足以对付东突厥，然后再设法一一讨平。高祖采纳了裴矩的意见，同意了统叶护的请求，并派高平王李道立为使，出使西突厥，“统叶护大喜”。②

唐高祖与西突厥通好，目的在于专力对付东突厥，以免树敌过多。这种灵活的政策，对唐朝初年比较妥当地解决民族矛盾，巩固全国的统一，起到了很好的作用。

六、抑制佛教发展

佛教自传入中国以来，尤其是南北朝时期发展迅速，广泛地在社会上传播，统治阶级中迷信佛教者也大有人在。唐朝初年，社会动荡，生产荒废，人口稀少，而全国各地寺庙林立，广占土地和人口，不利于生产的恢复和发展。这时全国有僧尼10多万人，而全国人口不及隋朝的

---

① 《旧唐书》卷一九四下《突厥传下》，第5181页。
② 《资治通鉴》卷一九一，唐高祖武德八年四月，第5995页。

1/10。这样少的人口，却拥有如此之多的不事生产、不交赋税的僧尼，无疑是劳动力的极大浪费，也严重影响了政府的税收增长。这种状况不能不引起唐高祖的重视，他的抑佛政策的出台，就是在这样的社会背景下产生的。

武德九年四月，太史令傅奕上疏要求抑制佛教。这篇奏疏的基本要点是：其一，认为佛教产生在西方，在翻译佛经的过程中，"恣其假托"，掺杂了不少异端思想，致使许多不忠不孝的人削发为僧，告别亲属，远离君主，游手而食，逃避赋税。佛教又编造了地狱、饿鬼、畜生、阿修罗、天神、地祇等虚妄的东西来恐吓愚弄百姓，使人们忏悔以往之罪，追求来生幸福。于是，有的人布施金钱，妄求功德，"不惮科禁，轻犯宪章"。其二，犯罪者身陷法网，仍在狱礼佛，希望能免受刑罚。人的生与死，寿与夭，本是自然现象；刑罚与否，本由君主掌握；贫富贵贱，是由功绩大小所决定的，而愚顽僧众却说这一切都是佛祖掌握的。这无疑是"窃人主之权，擅造化之力，其为害政，良可悲矣"！其三，"今天下僧尼，数盈十万，翦刻缯彩，装束泥人，竞为厌魅，迷惑万姓"。应该让他（她）们还俗匹配，这样国家就可增加10余万户口，生儿育女，长成之后，可以获得充足的军备，使"四海免蚕食之殃，百姓知威福所在，则妖惑之风自革，淳朴之化还兴"。①

傅奕的上疏引起唐高祖的高度重视，他把这个问题交付群臣讨论。中书令萧瑀坚决反对限制佛教，认为佛乃是圣人，傅奕非议圣人，应当治罪。傅奕反驳说："人之大伦，莫如君父。佛以世嫡而叛其父，以匹夫而抗天子"，萧瑀尊无父之教，就是不亲不孝之人。所谓"世嫡"，是说释迦牟尼本为净饭王太子，后舍弃国家与父母出家成佛。"抗天子"之句，是指佛教徒不拜君主，故言其以匹夫而抗天子。在傅奕据理力争下，萧瑀无言可答，合掌说："地狱之设，正为是人！"②傅奕的建议并不是没有赞同者，太仆卿张道源就大力支持这种建议。

---

① 《资治通鉴》卷一九一，唐高祖武德九月四月，第6001页。
② 《资治通鉴》卷一九一，唐高祖武德九月四月，第6002页。

唐高祖也对僧尼回避赋役、不守戒律的现象非常反感，又看到寺观林立，如同邸店，遂接受了傅奕的建议，下令沙汰天下僧尼、道士、女冠。规定凡勤于修行、精于经卷者，统统迁居于大寺观，其余全部勒令还俗，送归本乡里。京城只保留寺3所、观2所，诸州各保留1所，余则全都罢废摧毁。

从这时全国僧尼的绝对数来看，并不比其他王朝多，也赶不上唐朝中后期的数量，但由于此时全国人口稀少，僧尼所占全国人口的比例则是相当惊人的。唐高祖勒令这些不事生产、专门消耗社会财富的僧尼还俗，从事生产对恢复和发展唐朝的社会经济有一定的积极作用，因而这一措施是值得称道的。

七、颁布法律　健全制度

（一）颁布《武德律》

隋朝曾两次颁布法律，一为《开皇律》，一为《大业律》，分别由隋文帝、隋炀帝颁行。其实大业三年（607）颁布的《大业律》比《开皇律》更加宽简，旧史说五刑之内，降重为轻者，共计200余条。据说《大业律》颁布后，"是时百姓久厌严刻，喜于刑宽"。[1]大业后期，隋炀帝统治残暴，更立严刑，任情杀戮，遂使隋律一度变为严酷，激起了人民的强烈反抗。

唐朝建立后，由于忙于统一战争，无暇修订法律，基本上沿用隋律。武德七年四月，颁布新律令，史称《武德律》。[2]这部法律是以《北齐律》和《开皇律》为基础，删削增补而成，因为《大业律》严苛，故废而未用。《开皇律》共500条，新律有所增加，又废去其中残酷的条文。《大业律》废去了《开皇律》中的"十恶"之条，这次修订

① 〔唐〕魏徵等：《隋书》卷二五《刑法志》，北京：中华书局，1973年，第717页。
② 《资治通鉴》卷一九〇，唐高祖武德七年四月，第5982页。

的新律又予以增加，这是一种倒退。但总的来看，武德时新定的这部法律比之隋律用刑宽简得多。《武德律》共分12篇，依次为名例、卫禁、职制、户婚、厩库、擅兴、贼盗、斗讼、诈伪、杂律、捕亡、断狱等律。其后的《贞观律》《永徽律》的篇目一仍其旧，相沿不改，成为定式。

（二）改定官制

隋文帝改北周六官之制，兼采汉魏、南北朝之制，确定了隋代官制的基本格局。隋炀帝大业中，对官制又进行了改革，设官分职更加合理。唐高祖建唐以后，在武德初年，未及改革，仍沿袭隋代官制。武德七年三月，经过长期酝酿准备，正式颁行了唐朝的官制，基本情况如下：

以太尉、司徒、司空为三公。汉魏以三公为宰相，掌握国家中枢决策之权。此后逐渐被架空，隋代三公地位尊贵，实际上只是顾问而已。唐沿隋制，仍为顾问，正一品，"皆不视事，祭祀则摄者行也"①，所属府僚全部罢去，主要是作为荣誉职衔加给功臣、亲王或元老重臣。

以尚书、门下、中书、秘书、殿中、内侍为六省。这些都是沿袭隋制而来，名称有所变化。尚书省下辖吏、户、礼、兵、刑、工六部，掌管国家政务；门下省为封驳、审议机构；中书省为制令机构。以上三省为唐代职官制度中主体部分，其工作程序是：中书省负责起草诏敕，门下省审议，尚书省实施执行。三省长官皆为宰相，掌管中枢决策之权。秘书省为掌管图籍的机构，下辖著作、太史二局，前者掌碑志、祝文、祭文的修撰，后者掌天文、历法。殿中省为天子衣食住行的服务机构，下辖尚食、尚药、尚衣、尚舍、尚乘、尚辇六局，分掌诸事。内侍省为宦官机构，掌宫内诸事。隋炀帝改内侍省为长秋监，杂用士人，唐内侍省全用宦官，这是其最大的不同之处。

---

① 《旧唐书》卷四三《职官志二》，第1815页。

御史台。隋炀帝时有谒者、司隶、御史三台，唐高祖合为一台，即御史台，为国家的监察机关。下设台院、殿院、察院，分别以侍御史、殿中侍御史、监察御史居之，合称三院御史，分掌推按弹奏、殿廷供奉仪式、分察六部及巡按州县等事。

九寺。太常寺掌礼乐郊祀，光禄寺掌酒醴膳馐等事，卫尉寺掌仪仗兵器和帐幕供设，宗正寺掌皇室宗族及外戚之事，太仆寺掌舆马之事，大理寺掌重大案件的审理，鸿胪寺掌外事接待及凶丧之仪，司农寺掌仓储及园苑管理，太府寺掌国家财货的出纳。九寺长官皆称卿，合称九卿。秦汉九卿地位尊贵，是国家的政务机关，唐代九寺已退为事务性机关。

将作监。唐沿袭隋制而设，长官称将作大臣，下辖左校、中校、右校、甄官四署，分掌木器制造、竹葛器制作、版筑粉刷、石陶器制造等事务。将作监还辖有诸监机构，其中百工监掌舟车营缮及杂作等事，其他诸监均设在林区，以所在地名为监名，掌木材采伐。

国子学。初隶太常寺，为中央教育机关，招收贵族、官僚子弟入学，设学官以教授儒家经典。贞观中始独立成署。

天策上将府。为唐初独创的机构。武德四年，李世民平定王世充后，唐高祖认为其功高盖世，遂设天策上将以任命之，位在王公之上。天策上将府设置有长史、司马、从事、主簿、军谘祭酒、诸曹参军等官，分掌各类具体事务。天策上将专掌征讨之事，实际上这是为尊宠李世民而特设的官职，在国家事务中并未发挥重要作用，故李世民夺得太子之位后，就将此职罢去，终唐之世，再无设置。

十四卫。即左右卫、左右骁卫、左右领军、左右武候、左右监门、左右屯、左右领等卫。除左右监门卫掌宫廷诸门禁卫，不领府兵外，其他诸卫分领诸军府之兵，为直接统属于皇帝的军事机关。诸卫有握兵之权，但不掌管兵符、兵籍。派将出征，由君相议定，用制敕和兵部符契调兵。

唐初在地方上实行州县二级制。唐高祖改郡为州，州以刺史为长官，县置县令，掌管当地政务。

此外，太子东宫置太师、太傅、太保，合称三师；少师、少傅、少保，合称三少，均为太子辅佐之官，掌训导太子之事，实际是闲散之职。还有詹事府、门下坊、典书坊，仿中央尚书、门下、中书三省而置。三寺仿中央九寺，十率府仿十四卫而置。公主、诸王皆置有僚属及邑司官。

以上这些机构的官员都是职事官。

与此同时，还制定了文、武散官和勋官制度。自开府仪同三司至将仕郎，共28阶，为文散官；自骠骑大将军至陪戎副尉，共31阶，为武散官；自上柱国至武骑尉，共12等，为勋官。

所谓散官，是相对于职事官而言，即在官署中有职务、掌管实际工作的为职事官，无职务者为散官，散官不理事，"加官而已"。①一句话，散官是无印绶、无官署、无具体职掌的官员。在唐代凡九品以上职事官，皆有带散官，称为本品，官员章服依本品而定。唐代官员的俸禄依职事官的高低、忙闲而定，但散品（指无职事官者所带散官）三品以上也可以给俸禄，并参与朝会。此外，散官与入仕、恩荫等特权有密切的关系，所以散官制度在职官制度中并非没有实际意义。

所谓勋官，是表示身份地位的称号。最初是以战功的大小来确定应授勋官的高低，但是在唐代特授、泛授的现象比较普遍，并非全依军功。职事官一般都带有勋官，如勋官无职事者，就要到兵部或本州上番服役，这类勋官在唐初还不多，以后越来越多，故旧史说："身应役使，有类僮仆。据令乃与公卿齐班，论实在于胥吏之下，盖以其猥多，又出自兵卒，所以然也。"②意思是说，按照其本身品阶是可以和公卿处于同等班位的，按其实际所处地位却在胥吏之下，如同奴仆一样，这是授得太多太滥，本身又出自兵卒的缘故。

唐高祖时所确定的这套职官制度，在其子孙统治时期虽有很多变

---

① 《旧唐书》卷四二《职官志一》，第1805页。
② 《旧唐书》卷四二《职官志一》，第1808页。

化，但是基本体系始终保留，所谓变化也只是在此基础上进一步发展、完善罢了。通常所说唐代官制是对汉魏以来官制变化的总结，又深刻地影响到宋元明清官制的发展。而武德官制又为唐代官制的发展奠定了基础，从这个意义来看，唐高祖确定的这套制度具有承上启下的非凡意义。

（三）均田制与租庸调法

武德七年四月，颁行了均田令与租庸调法。这些新法令的颁布，对于恢复唐初残破的社会经济，促进农业生产的发展，具有积极的作用。

均田令规定：丁男（21岁至59岁），中男（16岁至20岁）每人授田100亩，其中20亩为永业田，可以作为私产继承，80亩为口分田，身死以后要收回。不是户主的老男（60岁以上）、残废、有疾病者，各给40亩口分田；寡妻妾各给30亩口分田，如是户主再给20亩永业田。

按照这个规定，部曲、奴婢不再授田，耕牛也不再作为授田的依据，反映了唐代奴婢的数量已经大大减少的客观现实。不给耕牛授田，就可以限制拥有较多数量耕牛的地主多占土地，具有一定积极意义。国家授给农民土地，虽然是想把小农固定在土地上，但毕竟授给了农民一定数量的土地，使少地或无地的破产农民有田可耕，这对于保证小农经济的延续，发展农业生产，都是比较有利的。需要说明的是，国家并不保证每个成丁都能获得100亩土地，因为各地土地资源与人口多少不同，因此有狭乡与宽乡之别，狭乡往往授田不足，而宽乡则可以授足田地，所以国家鼓励狭乡农民迁往宽乡。

唐朝还授给官员一定数量的永业田、职分田和公廨田（收入充作办公经费）。此外，均田令还规定在一定的条件下，可以买卖永业田，这样就为地主、官僚兼并农民土地提供方便，使唐代的地主土地所有制发展很快，最终导致了均田制的崩溃。

租庸调法规定：每丁每年交粟2石，称之为租；交绢绝2丈或布2丈5

尺、绵3两或麻3斤，谓之调；每丁每年服劳役20天，不能（愿）服役者每天交绢3尺或布3尺6寸（后改为3尺7寸5分），谓之庸。如果政府有事需要加役，20天正役之外加15天，免交调，加30天则租调全免，连同正役在内，每年服役不得超过50天。

租庸调法是建立在均田制基础之上的，其对应关系是："有田则有租，有家则有调，有身则有庸。"[1]因此，政府必须控制大量的户口，才能实施这一制度，增加赋税收入。在颁布均田令与租庸调法的同时，还制定了乡里制度和户籍之法，前者是为了管理好民户，防止逃亡或隐户；后者则是管理和检索户籍之法。规定：每年要造计账，每3年要检查户口，编造户籍。乡里制度是：百户为里，五里为乡，四家为邻，四邻为保。乡里制度也是县以下的基层行政组织。有了这一套组织就可以保证均田制和租庸调制的顺利实施。

唐高祖时制定的这套制度，比之隋制，农民的负担要轻一些。主要表现在：（1）隋朝一夫一妇交租3石，唐代每丁只交2石，妇人虽不授田，但通常农户都娶有妻子，实际上一夫一妇交2石，比隋朝减少了1/3。（2）规定农民可以交绢布来代替服役，这样可以保证一些农民不至于因服劳役而耽误农时，从而影响全年的收成，多少可以提高农民的生产积极性和劳动兴趣。（3）唐朝规定遇有灾害，减免赋役。具体规定是：遇灾收成损失四成的，免交租，损失六成以上的免调，损失七成以上的租调劳役全免。这样就可以使农民在灾年不至于破产，至少也可以减少破产农民的数量。

总之，唐高祖在武德时期颁布的这一系列法令和制度，对于巩固唐朝统治，发展社会生产，起到了积极作用，一些制度如均田制和租庸调法一直沿用了100多年，影响深远。

---

[1] 〔唐〕陆贽撰，王素点校：《陆贽集》卷二二《均节赋税恤百姓六条》，北京：中华书局，2006年，第715页。

第五章

玄武门之变与李渊退位

一、相互忌恨的兄弟

（一）咄咄逼人的秦王

在李渊诸子中，李建成是长子，按照嫡长子继承皇位的传统，他理所当然应当成为储君，在唐朝建立初期，唐高祖也确实立李建成为皇太子。这似乎是没有什么争议的问题。

旧史记载说，太原起兵时，李渊就对李世民许愿："若事成，则天下皆汝所致，当以汝为太子。"李世民坚决不同意。攻占长安后，李渊自为唐王，"将佐亦请以世民为世子，上将立之，世民固辞而止"。[①]这种说法，恐是贞观史臣的虚构，不可尽信。[②]在太原起兵时，能否取得胜利尚难预卜，哪里会把立太子的问题提到议事日程上呢？贞观十三年（639），李世民曾向谏议大夫兼知起居注褚遂良提出观看起居注的要求，理由是皇帝阅当代史可以知道哪些事做对了，哪些事做错了，这样就能引为鉴戒。按照皇帝不能查阅当代史的传统，褚遂良拒绝了李世民的要求。

次年，他又向房玄龄要求观看当代国史，房玄龄畏惧天子之威，为保自己的禄位，遂撰《高祖实录》《太宗实录》各20卷，呈给李世民观看。"太宗见六月四日事，语多微文"，于是要求"改削浮词，直书其事"。[③]六月四日事即玄武门之变，诛杀建成、元吉之事。"语多微文"，反倒容易使人产生怀疑，删削浮词，"直书其事"，不至于使后人观史时疑神疑鬼，影响唐太宗的形象，这正是他这个主张的高明之

[①] 《资治通鉴》卷一九〇，唐高祖武德五年十一月，第5957页。

[②] 学术界不少学者均持这一观点，但也有学者认为这一记载是可靠的，如刘蓬春：《唐高祖李渊私许易储辨》，《四川师范学院学报》（哲学社会科学版）1998年第2期，第1—9页；牛致功：《唐高祖传》，第276页。

[③] 《贞观政要集校》卷七《论文史》，第391页。

处。问题是如何"直书"，能否实事求是地修史，就很值得怀疑了。本来皇帝不能观当代国史，这是历代帝王都必须遵循的一条准则，唐太宗偏偏要破坏这个传统，这样就不免要影响史官客观公正地修史，皇帝既然要看国史，谁还敢再写他的阴暗面。事实也证明，当时就存在房玄龄这样屈服于皇帝淫威的史臣，他连拒绝皇帝自观国史的勇气都没有，如何有胆量在史书中撰写皇帝的不足与恶行呢？温大雅撰写的《大唐创业起居注》，是在武德初年撰成的，其时李世民尚未当皇帝。这部书中关于太原起兵的记载，就与《资治通鉴》、两《唐书》的记载在许多问题上不同。这就充分地证明这些晚出的史书已经有意无意地受到贞观史臣撰写的国史的影响，因此唐太宗自观国史的不良影响是显而易见的，对史书中的上述记载要加以分析，不可盲目相信。史书中一再杜撰李渊企图立李世民为太子，他本人又一再表示辞谢，就是有意掩盖他发动政变，夺取皇位继承权的不道德性、不合法性。

李世民夺取太子之位的野心，是在他扫平一系列割据势力，取得统一全国战争的胜利中逐渐产生的。他认为自己的功业远远超过其兄李建成，就不再满足于仅仅当一个秦王，而要力图登上权力的顶峰。

武德四年以前，这种野心尚不明显，这年他平定窦建德、王世充，高祖因其功大，前代官职都不能与之相称，特创天策上将一官以任命。李世民本人也认为天下基本平定，于是开文学馆，以杜如晦、房玄龄、虞世南、褚亮、姚思廉、李玄道、蔡允恭、薛元敬、颜相时、苏勖、于志宁、苏世长、薛收、李守素、陆德明、孔颖达、盖文达、许敬宗等，兼任文学馆学士，"供给珍膳，恩礼优厚"。[①]李世民本人在公事之暇，常到馆中与诸学士讨论文籍，有时甚至到夜晚才散。这些人号称十八学士，"士大夫得预其选者，时人谓之'登瀛州'"。[②]瀛州为传说中的东海三仙山之一，能到达者即成仙了。用此来比喻文学馆，可见当时其在士大夫中影响之大。李世民大开文学馆的目的有两个，一个目的是招徕

① 《资治通鉴》卷一八九，唐高祖武德四年十月，第5931—5932页。
② 《资治通鉴》卷一八九，唐高祖武德四年十月，第5932页。

人才，壮大势力；另一个目的就是他认为自己虽武功赫赫，但在文艺方面尚有欠缺，开文学馆讲论文史经籍，可以弥补这方面的不足，同时也可吸引和争取士大夫们的支持，为其谋取太子之位创造条件。

在此之前李世民已经非常注意收揽人才，如杜如晦，最初为秦王府兵曹参军，不久升任为陕州长史。房玄龄对他说："余人不足惜，至于杜如晦，王佐之才，大王欲经营四方，非如晦不可。"①李世民大惊，说："没有你的提醒，我几乎失去了一位重要人才。"遂奏请留下杜如晦，继续在秦王府供职。房玄龄可谓深知李世民之心者，他所说的"经营四方"，已经将李世民的野心表述得再清楚不过了。如果说李世民此时没有野心，陕州长史之职比王府兵曹这种闲职重要得多，杜如晦任此职可以发挥自己的才能，反正都是为朝廷出力，为什么李世民不愿意杜如晦调走呢？可见其存有私心。旧史记载说，房玄龄经常跟随李世民征伐四方，李世民每攻取一地，诸将争取宝货，独房玄龄招揽人物，置之于秦王幕府之中。"又将佐有勇略者，玄龄必与之深相结，使为世民尽死力。"②房玄龄的这些作为实际上都是李世民授意的，至少也是获得他赞同的。

秦王府的许多谋士猛将都是在统一战争中陆续收揽而来，如尉迟敬德，是平定刘武周时招降的；程知节、秦叔宝、刘师立、李君羡、田留安等，都是在平定王世充前后网罗的；杜淹在洛阳被攻取后，久久不得任命，准备投靠李建成，封德彝知道后，恐"长其奸计，于是遽启太宗，引为天策府兵曹参军、文学馆学士"。③平定王世充期间，李世民和房玄龄曾经微服拜访一位名叫王远知的道士。王远知迎接时说道："此中有圣人，得非秦王乎？"李世民只好据实相告，王远知又说："方作太平天子，愿自惜也。"李世民听后，牢记在心，"眷言风范，无忘寤寐"。④可见王远知也洞悉其心，故弄玄虚，以讨好李世民。同时，从这个记载也可以看出，李世民确已于此时萌生了想当皇帝的念头。

---

① 《资治通鉴》卷一八九，唐高祖武德四年十月，第5932页。
② 《资治通鉴》卷一八九，唐高祖武德四年十月，第5932页。
③ 《旧唐书》卷六六《杜如晦传附杜淹传》，第2471页。
④ 《旧唐书》卷一九二《王远知传》，第5125页。

攻下洛阳后，李世民不还京师，"分散钱帛，以树私惠"①。也就是说想把东都作为自己的根据地，故在当地大肆活动，以收买人心。这样做实际上是在合法的外衣下公开进行的。武德四年二月，李世民派宇文士及到京师，奏请围攻洛阳军事部署。唐高祖对宇文士及说："回去转告秦王，攻取东都，目的在于消除战乱，克城之后，'乘舆法物，图籍器械'，非私家所能保留，委托你收取；其余子女玉帛，全都分赐给将士。"李世民分散钱帛完全是按这个敕令进行的，只是目的不纯罢了。说明李世民在扩张个人势力时，采用了合法与不合法相结合的办法，竭力壮大秦王府队伍。

其实，在武德四年之前，李世民就已经开始注意网罗个人势力了，平定王世充、窦建德后，只是步伐加快了，因而其野心也就更加显露了。如武德二年时，李建成就对李世民日渐壮大的势力，"颇相猜忌"，说明他已经隐隐地感到对自己地位的威胁了。这年九月，礼部尚书兼太子詹事李纲上书，谏太子不要无节制地饮酒，也不要听信谗言，疏远亲兄弟。李建成听后很不高兴，依然如故，李纲无奈，上表请求辞职。表明这时建成与世民之间已经开始了钩心斗角的斗争。这年唐高祖处死了刘文静，李纲与李世民都先后出面求情，说明这几个人为同一集团中人。唐高祖坚持处死刘文静，实际上是打击了李世民集团，起到了削弱秦王府实力的作用。

（二）东宫、齐王府的联合

面对秦王李世民日益膨胀的势力，太子李建成不能不感到严重的威胁，因而也采取措施，不断壮大东宫的实力，以便和秦王府相抗衡。武德五年十一月，刘黑闼第二次举兵反唐，太子中允王珪、太子洗马魏徵建议说："秦王功盖天下，中外归心；殿下但以年长位居东宫，无大功以镇服海内。今刘黑闼散亡之余，众不满万……殿下宜自击之以取功

---

① 《旧唐书》卷六四《巢王元吉传》，第2422页。

名，因结纳山东豪杰，庶可自安。"①这个建议的目的有两个，一个是要李建成建立功勋，以镇服天下人心，抵消李世民的功勋与影响；另一个就是利用这次出征，网罗人才，壮大实力。经唐高祖批准同意后，李建成率军出征，果然获得成功，更重要的是李建成此举罗致了不少人物。河北地区后来就成了东宫集团的势力范围，他在这一带影响很大。

李建成此次征伐刘黑闼，将幽州总管、燕王李艺拉入东宫集团中。李艺，本姓罗，"勇于攻战，善射，能弄矟"②，为隋朝虎贲郎将。隋末大乱，他镇压了多支农民起义军，实力逐渐壮大，遂占据涿郡，杀隋朝官吏。武德三年，归顺唐朝，唐高祖封他为燕王，赐姓李。李世民、李建成征讨刘黑闼时，他率军配合讨伐，斩获颇多，立有大功。李建成讨平刘黑闼，班师回京，李艺不久也到长安，朝见唐高祖，遂留于长安，任左翊卫大将军。李建成为了壮大自己的军事实力，密派右虞候率可达志跟从李艺私调幽州精锐骑兵300人，置于东宫诸坊。坊为一级军队编制单位。此事被人告发，唐高祖严厉谴责了太子建成，并将可达志流放于巂州（今四川西昌），李艺因功高未问罪。李建成扩张东宫军事实力的图谋也有成功的，他曾经私自招募长安及四方骁勇之士2000余人为东宫卫士，分别屯驻于左右长林门，号曰长林兵。长林为东宫宫门的名称，分为左右。

李建成还成功地将其四弟齐王李元吉拉到自己的集团中，使东宫集团的势力因此而急剧膨胀。据旧史记载："太子建成，性宽简，喜酒色游畋；齐王元吉，多过失；皆无宠于上。世民功名日盛，上常有意以代建成，建成内不自安，乃与元吉协谋，共倾世民，各引树党友。"③此段记载歪曲史实之处不少。说李建成因喜酒色好畋猎而失宠于高祖就不合情理。首先，高祖本人就喜好此类活动，如何反倒要求儿子生活检点，话又说回来，李建成身为太子，身边多几个女人，喜欢打猎饮酒，也算不了什么过失。在这些方面李世民也比其兄强不到哪里去。这些问题后

---

① 《资治通鉴》卷一九〇，唐高祖武德五年十一月，第5960页。

② 《旧唐书》卷五六《罗艺传》，第2277页。

③ 《资治通鉴》卷一九〇，唐高祖武德五年十一月，第5957页。

面还要详谈，这里就不赘述了。既然李世民存在这些"嗜好"，其父都不责怪，又如何会因这些生活问题讨厌李建成呢？其次，李建成也不是酒囊饭袋、酒色之徒。太原起兵时，李建成为左领军大都督，单独统率一路军队，立下不少战功。武德五年，扫平刘黑闼；武德六年，率兵到原州（今宁夏固原），阻止了突厥的侵扰。只是因为李建成居太子之尊位，是未来的皇帝，所以不轻易领兵出征，这样就显得不如李世民功勋卓著。也许李建成的军事才能比李世民逊色一些，但绝不是无能之辈。李元吉据说能"力敌十夫"[1]，曾随同李世民讨平王世充，李世民率精锐到虎牢对付窦建德时，就命李元吉率军继续围攻东都。刘黑闼第一次起兵时，李世民奉命讨伐，李元吉也参加了这次战争，后李世民奉诏回京，"乃以兵属齐王元吉"，[2]继续扫清残余敌军。可见李元吉在军事上也不完全是无能之辈，尽管他有过丧失太原的败迹，但李世民不是也曾经败于薛举吗？不能以一战之胜负评价一位将领。然而，李元吉骄逸放纵，名声欠佳，也是事实，但要说李渊因此而疏远他，则不符合史实，从以后的事态发展看，李渊对李元吉的亲近程度要远胜于李世民。

至于上文提到的李渊想以李世民取代李建成的太子地位，更是不可相信。唐高祖是一个老练的政治家，在废立太子这样的敏感问题上断不至于在未做最后决定之前，私许李世民。自古以来废立太子的事虽然有之，但大都比较曲折，且因此引出了许多麻烦，李渊富于统治经验，如何会轻易表态改立李世民？更何况隋文帝废杨勇改立杨广的教训就在眼前，不会不引起李渊的警觉。假如李渊的确有过私许李世民为太子之事，史书中必然大书特书，断不至于一笔带过。李世民自己在贞观九年（635）也说过，武德六年以后，我"不为兄弟所容，实有功高不赏之惧"[3]。可见李渊从未有过废立太子之心，至少在武德六年以前没有这个念头。

在这场争夺继承权的斗争中，李元吉排行第四，根本没有取得继

① 〔唐〕刘餗撰，程毅中点校：《隋唐嘉话》，北京：中华书局，1979年，第10页。
② 《资治通鉴》卷一九〇，唐高祖武德五年四月，第5950页。
③ 《资治通鉴》卷一九四，唐太宗贞观九年十一月，第6117页。

承权的可能，他完全可以不介入两位兄长的争斗中，即令介入，为什么要站在建成一方，不站在世民一方呢？旧史记载云："元吉见秦王有大功，每怀妒害。"[①] 又说："但除秦王，取东宫如反掌耳。"[②] 根据这些记载看，似乎李元吉打算在铲除李世民后，再除掉李建成，自己当太子，故先站在建成一方，联合对付李世民，然后再对付建成。这些记载也都颇值得怀疑。李元吉论其武功，不但无法和李世民相比，与建成相较亦逊色甚远，如果他妒忌秦王世民，为什么不妒忌太子建成呢？何况齐王府的力量与东宫、秦王府任何一方相比，都处于绝对劣势，如何能说"取东宫如反掌耳"呢？以他的身份、地位和威望，连杀两兄夺取太子之位，谈何容易？再说这样做如何能取得李渊的认可呢？李元吉再肤浅狂妄，这些因素也不能不考虑。以上这些记载不合情理，可能出于贞观史臣的诬罔曲笔，不可盲目相信。李元吉站在建成一方的真正原因有以下几点：其一，建成"性宽简"，兄弟之间关系比较好处。有一次李元吉欲刺杀世民，建成"性颇仁厚，遽止之"[③]。因为当时矛盾还没有激化，所以李建成顾及兄弟之情，不忍下手。李建成连政敌都不到万不得已，不忍下毒手，看来他的确是个仁厚又容易相处的人。而李世民执法严厉，李元吉又有弃太原逃跑的不光彩记录，加之本人放纵狂躁，他感到如果李世民将来即位，自己很难为所欲为，而在建成手下则要悠闲自在得多。因此，他选择支持建成而反对世民，实际上是选一个对自己更有利的兄长当皇帝。其二，李元吉本人又没有多少政治资本，看到两位兄长的争斗势所难免，欲借机投靠一方以争取将来为自己谋取更大的政治利益。在两方中，李元吉可能认为李建成是嫡长子，又是在位的太子，继承皇位名正言顺，所以他把赌注下在建成一方，觉得这样可能把握大一些，未必是想自己最后当皇帝。

---

① 《资治通鉴》卷一九一，唐高祖武德七年六月引《考异》，第5985页。
② 《旧唐书》卷六四《巢王元吉传》，第2422页。
③ 《资治通鉴》卷一九一，唐高祖武德七年六月，第5985页。

（三）外廷朝臣的卷入

唐初的将帅与外廷朝臣也有许多人卷入这场争斗中，他们分成了壁垒分明的两个阵营。支持李建成的人主要有：东宫机构中的许多人，如魏徵、王珪、杨文干、冯立、薛万彻、谢叔方等。在武德年间的主要执政大臣中，倾向李建成的有裴寂，另外还有封德彝，其名伦，字德彝。此人是一个善于见风使舵的投机人物，他曾献计给李世民对付东宫，又暗中支持李建成。据旧史记载：高祖曾与他密议改立太子之事，"伦固谏而止"。此事"所为秘隐，时人莫知"。[1]可见高祖当面许愿改立李世民为太子之事，确属虚构。从李渊角度看，密议此事是可能的，在未下定决心之前，决不会公然表态。李世民当了皇帝，一直以为封德彝忠于自己，直到他死去数年后，才查知此事。因此，在关键时刻封德彝帮了李建成的大忙，应当说从根本立场上他是倾向东宫集团的。宰相中还有一个裴矩，此人在这场斗争中，从未公开站出来支持李世民，在后来的玄武门之变中，当李建成、李元吉死去之后，他奉命出面晓谕，"宫兵乃散"[2]，似乎倾向李世民，实际是不对的，他此时见大势已去，出于投机心理才被迫做此姿态。裴矩深得唐高祖宠信，在这场关于继承权的争斗中，他不支持李世民，实际上是想维持现状，也就等于支持了李建成。

在执政宰相中支持李世民的人似乎更多一些。如萧瑀就是如此，李世民后来当了皇帝，回想往事曾充满感激之情地说：在武德年间斗争激烈之时，"此人不可以厚利诱之，不可以刑戮惧之，真社稷臣也"。他还书赠萧瑀诗一首，其中有"疾风知劲草，板荡识诚臣"之句。[3]再如陈叔达，也是当时宰相之一，一贯坚决支持李世民，玄武门之变后，高祖召集宰相们商议如何处理善后事务，他力主立李世民为太子。李世民即位后，曾对陈叔达说："武德时，危难潜构，知公有谠言，今之此拜，

---

① 《旧唐书》卷六三《封伦传》，第2398页。
② 《旧唐书》卷六三《裴矩传》，第2408页。
③ 《旧唐书》卷六三《萧瑀传》，第2402页。

有以相答。"①说明在武德时期,李建成、李元吉在高祖面前猛烈攻击李世民时,陈叔达从中斡旋,化解了这些攻击,故李世民即位后加以重用,以为报答。武德时期的政坛上还有一位重要人物即窦抗,他是唐高祖皇后窦氏的堂兄,李建成、李世民等人的堂舅,高祖每呼兄而不称其名。从血缘上看,他和建成、世民兄弟并无亲疏之别,然李世民深谋远虑,对他早就采取了笼络措施,使他站到自己一方。他曾随李世民平定薛举,"勋居第一",后跟从平定王世充,"册勋太庙者九人,抗与从弟轨俱预焉,朝廷荣之,赐女乐一部,金宝万计"。②窦抗武略平庸,这两次战争均未见立有显功,结果都得到册勋赏赐,可见是主帅李世民的有意安排。因此,在这场兄弟相残的斗争中,他站在李世民一方。

在唐初将帅中,支持李世民的人也不少,如著名将领李靖、李世勣,此二人不是秦王府中人,但李世勣长期跟随世民征战,李世勣与世民的关系要远远亲于和建成的关系。当年唐高祖曾因李靖发兵讨伐萧铣行动迟缓,下令将他处死,多亏李世民从中斡旋,才转危为安,救命之恩,李靖岂能忘记?在双方斗争激化之时,"李靖、李勣数言大王以功高被疑,靖等请申犬马之力"③。说明他们是支持李世民夺取太子之位的。

秦王府中的尉迟敬德、程知节、秦叔宝、屈突通、殷开山、于志宁等武将以及房玄龄、杜如晦、温大雅、杜淹、薛收等谋士,更不待说,大都直接参与了玄武门诛杀建成、元吉的密谋。

值得引起重视的是,当时设置于关中地区的十二军的领兵将军,绝大多数与李世民关系密切。武德二年,分关中为十二道,每道立一军,各有军号,将设置在关中的诸军府分隶于各军。每军置将、副各一人,督以耕战。十二军的主要任务是保卫关中地区以及京师的安全,"士马精强,所向无敌"④,也是唐中央直接控制的力量。十二军设置后,一度

① 《旧唐书》卷六一《陈叔达传》,第2363页。
② 《旧唐书》卷六一《窦威附抗传》,第2369页。
③ 《资治通鉴》卷一九一,唐高祖武德九年六月《考异》引《统纪》,第6007页。又,《旧唐书》卷六四《隐太子建成传》,亦有相同的记载,第2418页。
④ 《资治通鉴》卷一八七,唐高祖武德二年七月,第5859页。

废去，武德八年，为防御突厥入侵，又重新设置。就以这次重新设置后至武德九年六月之前，担任十二军将军的人员的立场归属，分析他们分别同秦王府和东宫集团的关系。

十二军将军中与秦王府关系密切的人，有井钺将军刘弘基、骑官将军长孙顺德。前者本是秦王府中旧人，后者与李世民为亲戚关系，是其妻长孙氏的堂叔，玄武门之变时与秦叔宝一起拒战于玄武门外。参旗将军窦诞为唐高祖女婿，早就投靠了李世民。参旗军军副张琮，多年跟随李世民，所谓"陪从戎麾"①，也是秦王府集团中的旧人。苑游将军钱九陇、折威将军杨毛、平道将军柴绍、玄戈将军李神通等，都多次跟随李世民南征北战，立功受赏，逐渐爬上高位，在长期征战中建立了密切的关系。如柴绍，为唐高祖女婿，早在太原起兵时就在李世民麾下任职，在平定薛举、刘武周、王世充、窦建德等重大战役中，都跟随李世民参战，建立功勋。因此，在关系方面要远远亲于建成、元吉一方。李神通虽为宗室，然长期随李世民征战，他多次吃败仗，都是靠李世民力挽狂澜，转败为胜，故非但没有受到处罚，反而跟着沾光，也与诸将一样受到勋赏。更使他感激的是，李世民曾因把洛阳附近良田数十顷赏给他而得罪了高祖，这种情谊李神通如何能忘？

还有一类人为中间派人物，如杨恭仁、王长谐、张谨、安修仁等，从现有史料中尚看不出他们有何政治倾向，很可能没有参与这场兄弟相争。在十二军将军中，李艺是唯一的一位支持李建成的将军。其早在李建成赴河北征讨刘黑闼之时，就将其拉入自己的集团中，李艺入朝后与李建成打得火热，曾为其私调幽州骑兵以充实东宫军事力量。他自恃功高，目空一切，对李世民的态度极为不恭，有一次李世民手下人因事到其军营，被李艺无故殴打。唐高祖将他治罪，不久又予以释放，武德九年，任其为十二军之一的天节将军，镇守泾州。于是，李艺就更加死心塌地追随李建成了。唐太宗即位后，"而艺惧不自安"，②起兵谋反，失败被杀。

---

① 〔清〕王昶编：《金石萃编》卷四五《张琮碑》，北京：中国书店，1985年，据扫叶山房本影印。
② 《旧唐书》卷五六《罗艺传》，第2279页。

综上所述，在外廷朝臣与军事系统中，支持李世民的势力要远大于建成、元吉集团，这也是李世民最终成功的一个重要条件。

（四）杨文干举兵的实质

武德七年六月，唐高祖前往仁智宫避暑，李世民、李元吉也随同前往，命李建成留守长安。在此期间爆发了庆州（今甘肃庆阳）都督杨文干组织的兵变。

杨文干曾经任职东宫，与建成关系密切。李建成利用唐高祖、李世民不在长安的机会，扩大自己的军事实力，他命令杨文干私下招募壮士送到长安，又派郎将尔朱焕、校尉桥公山押送铠甲到庆州，交给杨文干。唐高祖临去仁智宫前，李建成秘密会见李元吉，要他趁这次机会除掉李世民，说："安危之计，决在今岁。"[1]杨文干所在的庆州与仁智宫所在的宜君县相距不远，李建成是想利用这次机会，让杨文干与李元吉里应外合，一举除掉李世民。李世民这次离开长安，身边所带亲信有限，秦王府中人无法保护他的安全，一旦突发事变，李世民的确是非常危险的。

尔朱焕、桥公山二人在途中大约感到此事风险太大，因为此举也威胁唐高祖的安全，弄得不好，就是灭族之罪。他们走到豳州时，遂向当地官员告发了此事，豳州官员急派人到仁智宫向唐高祖进奏，说太子让杨文干举兵，"使表里相应"，[2]围攻仁智宫。此外，宁州（今甘肃宁县）人杜凤也得知杨文干图谋不轨，跑到仁智宫揭发此事。唐高祖震怒，假托有其他事情，下手诏要李建成到仁智宫来。

李建成是何等聪明之人，自然知道召他前去的真正原因，畏惧不敢前往，召集亲信商议对策。太子舍人徐师暮劝他占据长安，举兵对抗；太子詹事府主簿赵弘智认为此议不妥，劝他亲往仁智宫负荆请罪，也许能得到高祖的谅解。李建成遂率东宫官员奔赴仁智宫而去，到达毛鸿宾

---

① 《资治通鉴》卷一九一，唐高祖武德七年六月，第5986页。

② 《资治通鉴》卷一九一，唐高祖武德七年六月，第5986页。

堡（今陕西三原西北），留其众于此，自率10余骑去见唐高祖。李建成自知此罪不轻，向高祖连连叩头，由于用力甚猛，几乎昏死。高祖怒气不解，当夜仅让他吃麦饭，并关押起来，命专人看守。

然后，唐高祖派司农卿宇文颖前往庆州，召杨文干到仁智宫来见驾。谁知宇文颖本是李建成集团的人，到庆州后就将实情告诉了杨文干。杨文干索性一不做二不休，举兵反叛。唐高祖见杨文干造反，遂命钱九陇、杨师道二人率军征讨。在杨文干起兵反叛的当夜，唐高祖因仁智宫在山中，恐怕有突然变故，不大安全，所以带领卫士向南走出山中，待了一夜，见没有发生意外之事，天明后才返回宫中。可见此事对高祖影响甚大，弄得他疑神疑鬼，不得安宁。

派钱九陇、杨师道领兵征讨后，高祖仍不放心，与李世民商议对策。李世民认为杨文干不足虑，派一员大将就可将其讨平。李渊却认为此事牵涉李建成，恐怕响应参加的人不少，要求世民亲自领兵征讨，并许愿说："还，立汝为太子。吾不能效隋文帝自诛其子，当封建成为蜀王。蜀兵脆弱，他日苟能事汝，汝宜全之；不能事汝，汝取之易耳！"[1]可见直到此时，李渊仍不想处死李建成，这次他对李世民的许愿，是因为杨文干起兵之事已经超出了兄弟不和的范围，直接威胁到唐王朝的安全，李渊在盛怒之下想废黜太子，以换取李世民亲自出马平叛。这是李渊第一次向世民许诺立他为太子，也是史籍记载的众多许诺中唯一可信的一次。

在太子之位的诱惑下，李世民欣然率军出征。七月，杨文干军已攻陷宁州，并将官吏、百姓驱至百家堡（今甘肃庆阳西北），实际是畏惧李世民神威，不敢对抗，打算向西北逃窜。李世民大军刚抵达宁州，杨文干的部队就闻讯溃散，杨文干本人被部下所杀，宇文颖被抓获，李世民下令将其处死。杨文干的叛乱就这样很快平定了。

李世民离开仁智宫后不久，李元吉与一些平日得到李建成好处的妃嫔轮番向李渊求情，要求赦免李建成。封德彝也出面为李建成斡旋，内外合力，日夜不息，遂使李渊又改变了主意，不仅赦免了李建成，还命

---

① 《资治通鉴》卷一九一，唐高祖武德七年六月，第5987页。

他仍旧留守京师，唯责以兄弟不和，就轻描淡写地处理了此事。

（五）迁都之争的背后

在李世民率军平定杨文干叛乱的当月，突厥连续向原州、陇州、并州等地发起进攻，唐高祖一面派遣军队分路抵御，一面返回京师，召集群臣商议对策。

有人主张迁都以避突厥之锋芒，理由是突厥之所以屡次进攻关中，是因为长安富庶，子女玉帛皆聚于此，如果焚毁长安，突厥无利可图，自然就不会再来了。唐高祖认为此话有理，派中书侍郎宇文士及前往樊、邓（今河南邓州至湖北襄樊一带）地区，寻找可为都城之地，积极筹备，准备迁都。太子建成、齐王元吉、宰相裴寂都赞成这个意见；萧瑀等心中不满，不愿迁都，但不敢出面力争。在这种情况下，李世民只好出面，极力反对迁都之议。在这个问题上，阵营是非常明显的，赞成的为东宫集团中人，反对的为秦王府集团中人。

李世民认为，外族扰边，自古就不间断。唐朝建立以来，统一全国，拥有精兵百万，所向无敌，为怕胡寇侵扰，竟然要迁都躲避，难道不怕千秋之后为人所笑？霍去病不过是汉朝一将，都有志于消灭匈奴，他身为藩王，难道还不如霍去病吗？希望给他数年时间，一定会扫平突厥，献颉利于阙下。如果不行，再迁都未晚。李建成认为秦王之言，不过是汉初樊哙欲以10万之众横行于匈奴的那种狂话。李世民反驳说：汉唐形势不同，用兵之道各异，"樊哙小竖，何足道乎！不出十年，必定漠北，非虚言也！"[1]唐高祖认为李世民的话很有道理，打消了迁都的念头。

在这场迁都之争的背后，其实隐藏着争夺皇位继承权的斗争。李建成与宫中妃嫔对高祖说："突厥虽屡为边患，得赂即退。秦王外托御寇之名，内欲总兵权，成其篡夺之谋耳！"[2]联系到李世民与突厥的神秘

---

① 《资治通鉴》卷一九一，唐高祖武德七年七月，第5989页。
② 《资治通鉴》卷一九一，唐高祖武德七年八月，第5989页。

关系，李建成的话不是没有道理。武德五年之后，李世民便不再领兵出征了，基本不出长安，他要掌握兵权，夺取太子之位，必须有领兵的理由，突厥的频繁侵扰正好可以给他提供这样的机会。但是，李建成等人为了杜绝秦王趁机独揽兵权，竟然主张迁都，显然是不对的。李世民的主张尽管也有他的个人打算，想通过对外战争重振军威，增强秦王府的势力，然而从唐朝初年的形势分析，李世民的主张无疑是正确的，也符合民族的利益。

武德七年闰七月，唐高祖命李世民、李元吉二人率军往豳州，抵御突厥侵扰。八月，唐军与突厥颉利、突利可汗相遇于豳州。这时关中久雨，粮运困难，唐军士卒疲于奔命，士气不振，面对突厥大军，将士震恐，独李世民情绪激昂，要求李元吉与他一齐出击。元吉认为敌军势大，轻率出击，万一失利，后悔就来不及了。李世民见元吉胆怯，遂留他观阵，自己只率少数骑兵出击。到了敌阵前，李世民大声呼称："国家与可汗和亲，何为负约，深入我地！我秦王也，可汗能斗，独出与我斗；若以众来，我直以此百骑相当耳。"颉利可汗不应。他又派骑兵转告突利说："尔往与我盟，有急相救；今乃引兵相攻，何无香火之情也！"颉利可汗听到"香火之情"这些暧昧的话，怀疑突利与李世民有什么谋图，遂引兵向后退去。李世民见阴雨连绵，认为天时对唐军有利，对诸将说："突厥军队所依仗的是弓箭，现在阴雨连绵，筋胶俱解，弓不可用，彼如飞鸟之折翼。我军主要使用刀槊，不受气候影响，以逸待劳，应乘此机会出击。"遂在夜间冒雨潜行进攻。突厥大惊，不知唐军虚实，不敢迎战。李世民又派人向突利说以利害，颉利欲战，突利不同意。突厥只好向唐朝请和，李世民与其结盟，突厥退军撤去。[①]

几种记载此事的史籍都说李世民向突利施用反间计，使颉利、突利叔侄不和，突厥内部矛盾冲突，终导致其无法作战，只好请和退去。这里面疑问甚多，首先，突厥以倾国之兵来战，在兵力占优势的情况下，怎么能够惑于李世民的诱说，轻易讲和退兵呢？李世民的个人作用

----

① 《资治通鉴》卷一九一，唐高祖武德七年八月，第5992—5993页。

真有那么大吗？其次，李世民仅率百余骑挑战，他取胜的把握是什么？以前在平定割据势力的战争中，也有过此类现象出现，那是出于诱敌的需要，或是以己方拥有强大的兵力为后盾。这次唐军兵力、士气均不如敌方，也非诱敌需要，李世民轻率出击的目的到底是什么？使人费解，万一突厥出兵迎战，又该如何对付？除非李世民事先就已知道突厥不会真的和他决战，这种情况又意味着什么呢？最后，李世民施用反间计的内容究竟是什么？他对突利说了什么话，能够使他宁愿背弃其叔颉利而通和唐朝？采取这样的策略有什么根据？这一切都是很值得思索的问题。

还有一种现象值得注意，在唐高祖统治的武德年间，突厥无数次地侵扰唐朝边境，有时还打得很激烈，李世民几次带兵抵御突厥，没有打过一次硬仗，就使突厥退了兵，有时甚至突厥反倒去帮助李世民。如武德二年，李世民率军征伐刘武周，突厥可汗"处罗遣其弟步利设率二千骑与官军会"[1]，在上一年这场战争开始时，突厥还以骑兵帮助刘武周进犯太原，这时却又以兵助世民打刘武周。前后态度变化之快，令人惊异。陈寅恪指出："此不仅以太宗之善于用兵，实亦由其与突厥有特别之关系也。"[2]这一观点是有根据的。

正因为如此，武德后期抵御突厥时，唐高祖不再把全部军队交给李世民一人，或让他与齐王元吉同行，或让很少外出的太子建成也统率一支军队，目的是牵制李世民，最后干脆不让李世民再领兵打突厥，收回了兵权。

二、关系紧张的父子

（一）后宫倾轧

在这场争夺太子之位的斗争中，后宫妃嫔们也自觉或不自觉地卷入

---

① 《旧唐书》卷一九四上《突厥传上》，第5154页。
② 陈寅恪：《论唐高祖称臣于突厥事》，见《寒柳堂集》，第118页。

进来。唐高祖晚年多内宠，已见前述，这些妃嫔中生有小王的人，为了自己的将来和她们儿子的前途，竞相交结高祖诸年长之子，主要是指建成与世民二人。建成和元吉为了达到自己的政治目的，也不惜以珍宝玉玩赂遗妃嫔，让她们在高祖面前多多美言，尤其是对得宠的尹德妃、张婕妤，更是曲意奉承，无所不至。旧史记载李建成与尹德妃、张婕妤有不正当的男女关系，此事恐不可尽信。宋代著名史学家司马光对此则表示"宫禁深秘，莫能明也"①。这种态度是比较慎重的。他还对《高祖实录》《太宗实录》中一些污蔑建成、元吉的记载，表示怀疑，说："按建成、元吉虽为顽愚，既为太宗所诛，史臣不无抑扬诬讳之辞，今不尽取。"②尹、张二妃的亲戚，也被安置在东宫中任职，受到建成的很好关照，因此她们到处为建成游说。她们曾经在高祖面前说："使陛下万岁后，（秦）王得志，妾属无遗类。东宫慈爱，必能全养。"③她们把希望完全寄托在建成即位上，出于自身利益的考虑，遂不遗余力地中伤李世民，力图使李建成能顺利地登上皇帝宝座。

李世民为什么被尹、张等人所深恨呢？因为有这样几件事引起了她们的不满。当年，李世民平定王世充后，高祖曾派贵妃等数人到洛阳收取隋宫珍物及宫人，贵妃等私下向李世民求取宝货，并为其亲属求官。李世民说，宝货皆已登记造册并上奏天子，官职应当授予功臣和贤才，拒绝了她们的请求，"由是益怨"。淮安王李神通此次跟随李世民出征，李世民认为他有功，赏给良田数十顷。张婕妤之父通过女儿向唐高祖请求，希望把这块土地赐给自己，高祖同意，但李神通认为秦王的教（唐制，亲王的命令称教）在皇帝的敕令之前，拒绝交出田地。张婕妤诉于高祖："敕赐妾父田，秦王夺之以与神通。"高祖大怒，斥责李世民说："我手敕不如汝教邪？"有一天，高祖对裴寂说："此儿久典兵在外，为书生所教，非复昔日子也。"④这表现出高祖对李世民的极大

---

① 《资治通鉴》卷一九〇，唐高祖武德五年十一月，第5958页。
② 《资治通鉴》卷一九〇，唐高祖武德五年十一月《考异》，第5960页。
③ 《新唐书》卷七九《隐太子建成传》，第3542页。
④ 《资治通鉴》卷一九〇，唐高祖武德五年十一月，第5959页。

不满。以前，高祖因杀刘文静及李世民与突厥的关系，对他只是有所怀疑，并未公开谴责，这一事件加深了高祖对李世民的不满。

李世民每次侍宴于宫中，面对众多的妃嫔，就会想起自己的亲生母亲窦氏，因早死不能见到李家获得天下，因而流泪不止。李渊看到以后非常不高兴。众妃嫔遂趁机共同向高祖进言，说什么天下统一，海内无事，陛下年事已高，正应该娱乐快活，独秦王每次流涕不止，这是秦王憎恨她们的缘故，陛下万岁之后，他们母子必不为秦王所容，一定会被诛杀殆尽。加上尹德妃之父阿鼠家奴殴打杜如晦，引起了和秦王府的矛盾，使得高祖"待世民浸疏，而建成、元吉日亲矣"①。

对于旧史所记载的这些事，一定要做具体分析，不能盲目相信。尹德妃、张婕妤二人憎恨李世民，有事实依据，是没有疑问的，要说其他妃嫔都痛恨李世民，恐怕不能尽信。前面我们曾列举了17位生有儿子的高祖妃嫔，除尹、张等少数人外，不可能全都得宠，其中大部分宫官品阶很低，如王才人、鲁才人为正五品，张宝林、柳宝林为正六品，有的没有记载其封号，只以姓氏相称，大概是没有品阶的宫女，如何能有政治能量卷入这场斗争中？从新旧《唐书》的"高祖诸子传"看，也无卷入这场斗争的记载。再如上面提到的那位向李世民索要宝货的贵妃，在唐代妃嫔中为正一品，地位仅次于皇后，而李渊在原配窦氏死后，没有立过正妻，当皇帝后尽管有数位得宠的妃嫔，但是未立谁为皇后，因此这位贵妃在当时的妃嫔中地位最高，尹德妃虽也为正一品，但排位在贵妃、淑妃之后。一位地位如此之高的妃嫔，为何史籍在记载此事时不记其姓氏，而对地位比她低许多的妃嫔却清楚地记有姓氏，看来此条记载很值得怀疑。史书中如此大肆宣扬李建成、李元吉与高祖妃嫔的关系，无非是表明他们在政治上的孤立地位，在朝廷中找不到更多的政治力量，只能用不正当的手段在后宫中施展阴谋，而李世民又如何正义凛然，不搞不正当的活动。

旧史臣为了把这些事编得更加圆满，就得说出妃嫔们反对李世民

---

① 《资治通鉴》卷一九〇，唐高祖武德五年十一月，第5959页。

的理由，于是写道："世民独不奉事诸妃嫔，诸妃嫔争誉建成、元吉而短世民。"①事实真是这样吗？从旧史臣删节后而保留下来的极少的史料看，也足以证明李世民在这方面一点也不比建成、元吉差。李世民的妻子长孙氏，在这场斗争中充当了极重要的角色。她为了帮助李世民，争取高祖的同情，做了大量的工作。据载："后孝事高祖，恭顺妃嫔，尽力弥缝，以存内助。"②说明李世民通过自己的妻子对高祖和妃嫔做工作，比李建成、李元吉亲自出马要高明得多，同时也隐蔽得多，不易使人察觉。干此类事仅有甜言蜜语恐怕不行，李世民也和自己的兄长一样，不惜用金宝进行贿赂。李建成曾对元吉说过："秦王且遍见诸妃，彼金宝多，有以赂遗之也。"③说李世民金宝多，大概是事实。在连年的征战中，李世民攻占了大量的地盘和城池，必然获得巨额财宝，正因为如此，李建成才感到忧虑。李世民既有如此行为，他如何会拒绝贵妃索取宝货呢？至于因赐田之事而得罪张婕妤，那是李神通不愿交出土地，而且李世民事先并不知道张婕妤之父也垂涎这块土地，并非有意开罪于她。

（二）兄弟构陷

　　唐高祖面对儿子们之间关系日益紧张的局面，采取了试图缓和冲突、平衡双方关系的办法，他不想也不愿看到骨肉相残的血淋淋场面，他曾明确表示自己不愿学隋文帝诛杀任何一个亲骨肉。因此，当杨文干叛乱平定后，处理善后事务时，"惟责以兄弟不能相容"，④归罪于太子中允王珪、太子左卫率韦挺、天策上将府兵曹参军杜淹，把他们统统流放到巂州。实际上将斗争双方各打五十大板，答应立李世民为太子的许诺也没有兑现，仍维持斗争双方的原来状态，以保持某种平衡。尽管他对李世民与突厥的特殊关系很不满意，并已觉察到李世民的勃勃野心，

---

① 《资治通鉴》卷一九○，唐高祖武德五年十一月，第5958页。
② 《旧唐书》卷五一《后妃传》，第2164页。
③ 《新唐书》卷七九《隐太子建成传》，第3542页。
④ 《旧唐书》卷六四《隐太子建成传》，第2417页。

但仍不愿对他采取任何措施；当他发现建成、元吉的某些暗害世民的不轨行为后，还是加以制止的。有一次，李元吉向高祖请求要他下诏诛杀李世民，高祖认为李世民有平定四海之功，又没有谋反的证据，杀之无名。李元吉说，当初平定王世充时，秦王迟迟不愿班师回京，散发金帛，拉拢人心，以树私恩，难道不是想谋反吗？高祖仍坚决不同意对世民有所行动。李元吉敢当着高祖的面公开要求铲除李世民，毫不隐晦，说明高祖对李世民的确猜疑甚深，因此李元吉才敢这样赤裸裸地提出要求。但从唐高祖迟疑不决的态度看，他仍想维持平衡，协调双方矛盾，结果反而使互相对峙的形势更加复杂化。

在太子东宫集团中，李元吉是一个狂躁凶残的人物，在性格上和李建成完全不同。李建成为人比较宽厚，他和李世民的矛盾，完全是一种自卫行为，即保住自己的太子地位。如果不是李世民咄咄逼人，谋夺皇位继承权，以李建成之为人，是不会主动对李世民采取行动的，下面的事例可以充分地说明这一点。有一次，李世民和唐高祖一同到齐王府去，李元吉命护军宇文宝埋伏在寝室内，准备刺杀秦王，李建成知道后，心中不忍，坚决制止。李元吉非常不高兴地说："为兄计，于我何害？"[1]说明不到矛盾异常激化，万不得已时，李建成不会采取血腥手段，这也是他最后失败的原因之一。

而李元吉则不同了，他招纳亡命、壮士，"厚赐之，使为用"。[2]多次为李建成出谋划策，谋害李世民。齐王府典签宣俨被免官，转投入秦王府任职，李元吉恐怕他泄漏自己的阴谋，派人用毒酒酖杀。这一期间，发生了两起谋害秦王的事件，虽是李建成出面干的，但恐怕与李元吉不无关系。武德七年，李世民击退突厥军后不久，唐高祖和太子、秦王、齐王等到长安以南打猎，高祖命三兄弟驰射角胜。李建成有一匹胡马，健壮高大，但却易于颠仆，常常把骑手摔于马下。李建成就把这匹马授给李世民，并说："此马甚骏，能超数丈涧，弟善骑，试乘之。"

① 《新唐书》卷七九《巢王元吉传》，第3547页。
② 《新唐书》卷七九《巢王元吉传》，第3546页。

李世民骑着这匹马追逐野鹿，结果这匹马连蹶3次，李世民每次都机警地跳下马背，丝毫没有受伤。于是，他对宇文士及说：他们想用此马来害我，"死生有命"，一匹马如何能伤害了我！建成听到后，令诸妃嫔向高祖进谗言："秦王自言，我有天命，方为天下主，岂有浪死！"①高祖大怒，将他们兄弟三人招来，当着建成、元吉的面斥责李世民急于谋位。李世民再三辩解，高祖不听，只好要求让司法部门来核查此事。正在此时，忽然来报突厥入寇，高祖遂暂时放过此事，与李世民商议退敌之法。旧史记载说："上每有寇盗，辄命世民讨之，事平之后，猜嫌益甚。"②

　　还有一次，李建成夜请世民赴宴，饮酒不少，回来后李世民突然心痛不止，吐血数升。此事李元吉也参与了。高祖得知李世民有恙，亲来探视，并告诫李建成说："秦王素不能饮，更勿夜聚。"③这件事发生在武德九年（626）六月，玄武门之变前夕，使人很难相信它的真实性。以李世民之精明强干，在蹶马事件之后他不会不对建成、元吉的举动有所警惕，如何会轻率地赴宴而不虑及其中有阴谋存在。此事发生在临战前夕，这时双方斗争已经白热化，李世民已经决定对其兄弟下手，如何会在这关键时刻自己反倒送上门去，让对方算计。还有一点疑问，建成、元吉既已决定毒死世民，必然使用毒性猛烈之药，焉能使对方死里逃生？旧史如此记载，无非是为随后发生的玄武门之变找借口，给人以李世民杀兄诛弟是后发制人，被逼无奈的印象。

　　与此同时，还有一件事也使人颇费思量。高祖见自己的儿子势同水火，矛盾很难调和，便对李世民说：太原举兵，削平海内，都是你的功劳。我想立你为太子，你又坚辞不干，"且建成年长，为嗣日久，吾不忍夺也"。看来你们兄弟很难相容，同在京师，必起纷争，我打算让你回到洛阳陕东大行台任上，自陕州以东均归你管辖，"仍命汝建天子旌旗，如汉梁孝王故事"。李世民涕泣不愿远离高祖膝下。高祖说："天

①　《资治通鉴》卷一九一，唐高祖武德七年七月，第5990页。

②　《资治通鉴》卷一九一，唐高祖武德七年七月，第5990页。

③　《旧唐书》卷六四《隐太子建成传》，第2417页。

下一家，东、西两都，道路甚迩，吾思汝即往，毋烦悲也。"建成、元吉商议此事，一致认为如果让李世民到了洛阳，拥有地盘、军队，就更加难以对付，"不如留之长安，则一匹夫耳，取之易矣"。他们指令一些人上书高祖，反映秦王部下听说要到东都洛阳去，无不欣欣雀跃，观其情况，恐怕不会再来。于是，高祖就打消了派李世民东去的念头。①这个记载同样不可信。关于太原首义，出自李世民之谋的说法及高祖多次许诺立世民为太子等事，都是出自旧史臣的杜撰，前面已经说过，兹不赘述。因此上面所提的高祖一席话也未必真实。李渊是具有丰富经验的政治家，如何会昏庸到允许两个皇子都打天子旌旗，这明明是分裂国家的举动，搞得不好还会导致双方爆发战争，李渊不愿兄弟相残，如何会愿意看到兄弟之间在战场上刀兵相见，杀个你死我活呢？这样不仅不能避免同室操戈的悲剧发生，还会导致社会动荡、生灵涂炭的局面产生。因此，唐高祖绝不会有这样的想法。旧史臣之所以如此编造虚构，是因为如果如实记载李世民抢夺皇位，将有损于唐太宗的所谓明君形象，又一次提及太原起兵李世民有首谋之功和唐高祖亲口许诺建天子旌旗，这样就使他发动政变、夺取皇位的行动具有某种合理性。然而，编造的历史毕竟经不起推敲，认真分析就可揭穿谎言，恢复历史的本来面貌。

随着时间的推移，唐高祖的态度逐渐发生变化，从维持和平衡斗争双方的立场，慢慢地向建成、元吉一方倾斜。除了他对李世民与突厥的关系放不下心，防范他们之间内外秘密勾结颠覆自己外，李建成、李元吉兄弟以及尹、张等妃嫔的作用，也是他改变立场的一个因素。高祖感到在朝廷内部确实存在着一种对自己皇位的威胁，这种威胁就来自于秦王府集团。于是他准备采取行动，消除这种威胁。武德九年六月，正在秦王府上下紧张准备，将要发动政变之际，唐高祖凭着自己多年的政治经验，预感到将要发生什么不测，在建成、元吉等人鼓动下，打算将李世民逮捕治罪。这时，与秦王府关系密切的宰相陈叔达向高祖进谏说：

---

① 《资治通鉴》卷一九一，唐高祖武德九年六月，第6004页。

"'秦王有大功于天下，不可黜也。且性刚烈，若加挫抑，恐不胜忧愤，或有不测之疾，陛下悔之何及！'上乃止。"[1]在这里陈叔达实际上是对高祖进行了威胁，经此一吓，再加上高祖也认为没有抓到李世民明显的把柄，同时对问题的紧迫性认识不足，没有料到政变将在两三天内爆发，于是就打消了立即解决秦王府集团的念头，改为逐步削弱其实力的缓着儿。后来的事实证明，李渊在关键时刻的优柔寡断，造成了自己政治生涯终结的严重后果。

三、政变之前的准备

（一）东宫密谋

高祖所采取的削弱秦王府实力的策略，是通过建成、元吉去实施的。他们采取的具体办法就是分化、收买秦王府重要谋士与将领，第一个目标是收买拉拢秦王府左二副护军尉迟敬德。敬德本是刘武周、宋金刚的部将，李世民征讨宋金刚时，招降了他。同时降唐的寻相不久又叛去，诸将怀疑敬德也会随之叛逃，把他囚禁在军中，甚至有人建议李世民将其杀害。李世民认为敬德乃忠义之人，如果他要逃走，早在寻相之前就逃跑了，岂能落在其后，遂释放了敬德，并引入卧室内，赠以金宝。敬德感激李世民不杀之恩，在以后的战争中屡立战功，成为秦王府最忠实的勇将。在玄武门之变前夕，李建成秘密赠送一车金银器给敬德，并写信招他脱离秦王府，被敬德婉言拒绝。不仅如此，敬德还将此事告诉了李世民，世民对他说："公心如山岳，虽积金至斗，知公不移。相遗但受，何所嫌也！且得以知其阴计，岂非良策！不然，祸将及公。"[2]李世民既赞扬了敬德对自己的忠贞不贰，同时又埋怨他不知权变，没有利用这个机会打入对方内部，刺探情报。此计失败后，李元吉

---

[1] 《资治通鉴》卷一九一，唐高祖武德九年六月，第6005页。
[2] 《资治通鉴》卷一九一，唐高祖武德九年六月，第6006页。

又派人夜间刺杀敬德，敬德知有刺客，大开房门，安卧不动，刺客屡次到门口，畏惧敬德骁勇，始终不敢下手。李元吉一计不成又生一计，遂通过高祖之手，将敬德下狱治罪，准备处死。李世民心中当然清楚此事真实目的，遂据理力争，高祖因无证据，只好下令将其释放。

建成、元吉打击的另一个目标便是程知节。此人跟随李世民东征西讨，在扫平刘武周、窦建德、王世充的战争中，屡立战功，此时任左一马军总管，封宿国公。建成、元吉等奏请将程知节调任为康州（今广东德庆）刺史。程知节见形势紧迫，对李世民说："大王股肱羽翼尽矣，身何能久！知节以死不去，愿早决计。"[1]同时建成还以金帛招诱秦王府右二护军段志玄，结果仍未成功。

建成、无吉除了打击、收买秦王府武将外，对其谋士也采取了同样的措施。他们认为秦王府智谋之士，最可怕的是房玄龄、杜如晦二人，只要将这两人除去，余人都不可惮。于是，房、杜二人被驱逐出秦王府，责令"归第"，不许以后私谒秦王。房、杜二人是李世民的智囊，重大决策往往都要他们参与，他们二人的被逐，对秦王府打击很沉重。早在被逐之前，房玄龄就曾与李世民之妻兄长孙无忌商讨当时局势，力主举兵，仿效周公诛杀管、蔡的故事，诛杀建成、元吉，并让长孙无忌将这个建议转告李世民。

就在此时，突厥数万骑入塞围攻乌城（今陕西定边境内）。由于唐高祖对李世民掌握兵权不放心，遂听取建成的建议，派李元吉统率李艺、张谨等军援救乌城。建成、元吉遂利用这次机会，准备对李世民下手。他们先是要求抽调秦王府骁将尉迟敬德、程知节、段志玄、秦叔宝等人随军行动，并检阅秦王府帐下精锐之士以充实元吉的军队。这一举动异常狠毒，将使李世民在兄弟相残的斗争中束手待毙。唐高祖当然清楚地了解这一举动所包含的真正目的，但是他仍然同意了建成、元吉的请求，包括前面调离秦王府将领和谋士的行动，都是在他的同意下进行的，显然他是彻底厌恶了李世民，并不惜牺牲他的生命。

[1] 《资治通鉴》卷一九一，唐高祖武德九年六月，第6006页。

李建成还向李元吉授意说：出征之时，我将和李世民一同到昆明池为你饯行，在宴席间"令壮士拉之于幕下，因云暴卒，主上谅无不信"。敬德等秦王府将士既入你手中，"一时坑之，孰敢不服？"①唐高祖已经倒向建成、元吉一方，二人阴谋一旦得逞，高祖虽不信"暴卒"之说，但不会追究。关于李元吉坑杀秦王府将士的打算，也不是做不到的，只要看一看高祖这次出征所调动的军队，就可以明了了。这次元吉统率的是李艺的天节军和张谨的天纪军，李艺为东宫集团中人，已见前述，他的军队必然肯为元吉所用。天纪军的将军为张谨，从张谨本人的倾向看，还不好断定其为哪一方人，大概他尚未卷入这场争斗中，属于中间人物。既然如此，张谨的天纪军就不会倾向秦王府集团，而只能听命于皇帝和现任统帅。有这样的数万精兵，李元吉要杀人数不占优势的秦王府将士，还不是易如反掌？可见，在这次出征时，高祖、建成、元吉等人在抽调军队时是颇费了一番心思，做了精心选择的。否则，他们为什么不抽调与秦王关系密切的十二军中的其他军队呢？

（二）箭已上弦

在这生死存亡的关键时刻，李世民当然不会束手待毙，实际上他早就有所准备，并及时地掌握了准确的情报。他早在建成、元吉收买分化秦王府的人之前，就已开始了收买拉拢东宫集团中人的行动，并取得了成功，使他们在关键时刻发挥了作用，这就是太子率更丞王晊和驻守玄武门的将军常何。当建成、元吉密谋诛杀李世民和他的部下将士时，王晊秘密地把这个计划报告了李世民。而常何的作用则体现在后来的玄武门事变上，他使秦王府的军队顺利埋伏于玄武门，而建成、元吉自以为玄武门为自己一方人把守，心无疑虑，结果是措手不及，以致丧命。

得知东宫集团的密谋后，秦王府的人焦虑不安，纷纷劝李世民先发制人。尉迟敬德对李世民说，如果大王再犹豫不决，敬德将窜身于草

---

① 《旧唐书》卷六四《巢王元吉传》，第2422页。

泽，不能留在大王身边一同受死。长孙无忌早就主张动用武力解决建成、元吉问题，此时也进一步地劝李世民马上动手，并威胁说如果大王不听敬德之言，不仅敬德要逃走，他也将相随而去。敬德还鼓动说："且大王素所畜养勇士八百余人，在外者今已入宫，擐甲执兵，事势已成，大王安得已乎！"①从这些对话中可以看出，李世民早已决心发动政变，并已部署完毕。李世民命张公谨进行占卜，以决吉凶。张公谨取龟投地，激动地说："卜以决疑，今事在不疑，尚何卜乎！卜而不吉，庸得已乎！"②张公谨亦本是李建成集团中人，被李世民收买过来。③

然而，"世民犹未决"，并说什么"骨肉相残，古今大恶。吾诚知祸在朝夕，欲俟其发，然后以义讨之，不亦可乎！"④也就是说，李世民不想承担骨肉相残的恶名，宁愿后发制人，也不愿首先动手。在这场争夺皇位继承权的斗争中，李世民是主动的一方，如果不是他咄咄逼人，谋取太子之位，李建成本来就是合法的皇帝继承人，又何必去和李世民争得你死我活呢？但是在此时此刻李世民又是被动的一方，本应该力争主动，先发制人，却反倒犹豫不决，这种现象很是令人玩味。

李世民的彷徨，根本不是顾虑承担诛杀建成、元吉的责任，而是对他的父亲李渊的介入感到棘手。因为此时李世民要夺取的不仅是太子之位，还不可避免地要将父亲赶下皇帝宝座，否则胜利就不彻底、不牢靠，而要对付自己的父亲，除了要认真考虑双方力量对比外，还有一个很难处理的问题，就是和李渊决裂的后果。当时的社会十分重视孝道。当年唐高祖葬母，赤脚行走20余里，脚底磨破，鲜血淋漓。李世民之母死，他守孝3年，悲伤过度，以至于扶杖而行。李世民是口口声声强调孝道的人物，素重名节，自己这次行动如果成功，那就是天下之主；如果因此落下无君、无父、不孝、不悌的恶名，将无以在世立足。所以他大伤脑筋，百思不得其解。尉迟敬德、长孙无忌等人的话都没有说到点子

① 《资治通鉴》卷一九一，唐高祖武德九年六月，第6008页。
② 《资治通鉴》卷一九一，唐高祖武德九年六月，第6009页。
③ 曹印双：《唐代政治人物新论》，西安：陕西人民出版社，2008年，第59—68页。
④ 《资治通鉴》卷一九一，唐高祖武德九年六月，第6008页。

上，自然使他无法痛下决心。

李世民的这个心思又不便对部下明说，于是他再次征求意见，希望有人能解决他心中的疑虑。府僚们以为他顾虑力量不足，皆说："以大王之贤，取二人如拾地芥耳，奈何徇匹夫之节，忘社稷之计乎！"这些话如同隔靴搔痒，还是没有说到点子上，李世民仍难决断。秦王府中到底不乏智谋之士，有人看出了他的心事，问李世民："大王认为舜是何等样人？"回答说："圣人也。"于是就列举了舜的父亲和舜的故事，说舜的父亲瞽瞍要害死舜，就命他去浚井，把舜封在井里；又命舜去修理粮仓，抽去阶梯并放火焚烧，欲烧死舜，舜不肯遵父命而死，设法逃了出来。《孔子家语》中说："舜事瞽瞍，小杖则受，大杖则走。"所以舜的行为仍不失孝悌之道，历代都奉他为万世帝王之表。①这一席话解决了李世民的心中疑虑，使他决心仿效舜的行为，大干一场。李世民与建成、元吉是兄弟关系，瞽瞍和舜是父子关系，风马牛不相及。因此，这席话是针对李世民和李渊的关系而发表的议论，可见李世民要发动政变不仅是要解决建成、元吉问题，其矛头也直指唐高祖李渊，最终目标是将李渊从皇帝宝座上拉下来，自己取而代之。旧史中在记载这段历史时做了手脚，掩饰了玄武门之变中的许多史实以及政变的目的，但是从这些隐晦的语言中，仍然可以看出当时秦王府中人研究和讨论的主要问题之所在。

至此，李世民的顾虑全消，决心放开手脚大干了。他命令尉迟敬德去召房玄龄和杜如晦等人，以便最后确定具体部署。房、杜由于与秦王府隔绝，还不知道时机已经完全成熟，也不了解李世民已经痛下决心，遂简单地回答说："敕旨不听复事王；今若私谒，必坐死，不敢奉教！"李世民大怒，对敬德说："房玄龄、杜如晦竟敢叛我！"于是取所佩之刀授予敬德，对他说："公往观之，若无来心，可断其首以来。"敬德与长孙无忌秘密来见房、杜，对他们说："王已决计，公宜

---

① 《资治通鉴》卷一九一，唐高祖武德九年六月，第6009页。

速入共谋之。"①于是，房玄龄、杜如晦化装成道士与长孙无忌同行，敬德从另一条路走，会齐于秦王府。

（三）太白昼现

正当秦王府紧锣密鼓地准备起事时，又发生了一件事几乎使李世民的政变流产。武德九年六月，太白星屡现于白天，太史令傅奕密奏："太白见秦分，秦王当有天下。"②这一天文现象，《新唐书·天文志三》也有记载。对于这一星象，古人的解释是凶兆、灾变一类，主兵丧、谋逆、更王，即更换君主。③高祖得到这一奏报，当然感到非常震惊，遂于六月三日召见李世民，并将傅奕此状拿给他看，这等于拿到李世民谋反的证据，当面出示，欲加治罪。此事并非虚构，因为天文志上也有这一星象的记录。后来李世民当了皇帝，曾对傅奕说过这样的话："汝前所奏，几累于我。"④可见当时李世民的确相当狼狈。然李世民毕竟不同于常人，他在这一突发变故面前沉住了气，上奏说："臣于兄弟无丝毫负，今欲杀臣，似为世充、建德报仇。臣今枉死，永违君亲，魂归地下，实耻见诸贼！"并灵机一动，密告建成、元吉淫乱后宫。李世民说这番话是为了达到两个目的。其一，他一再提到王世充、窦建德，是提醒高祖，自己对唐朝有大功，使得高祖不便轻易对他下手。其二，反映建成、元吉有淫乱宫闱之事，可以起到转移打击目标的作用，且此类事都是在秘密状态下进行的，短时间内谁也说不清楚，这样就可以为自己发动政变争取时间。大约是高祖平日见到建成、元吉确实同一些妃嫔往来频繁，而且她们也经常在高祖面前说二人的好话，听李世民这么一说，心中疑惑，中了秦王之计，便对他说："明当鞫问，汝宜早

---

① 《资治通鉴》卷一九一，唐高祖武德九年六月，第6009页。
② 《资治通鉴》卷一九一，唐高祖武德九年六月，第6009页。
③ 《资治通鉴》卷一九一，唐高祖武德九年六月《考异》引刘向《五纪论》，第6003页。
④ 《旧唐书》卷七九《傅奕传》，第2717页。

参。"①意思是明天一定要当面讯问，你应当早点赴朝参与对质。这样，李世民就争取到了宝贵的一天时间。他一回到秦王府，就连夜商讨对策，决定次日清晨采取行动，先发制人，一举摧毁东宫集团的势力，夺取皇位。

四、宫门喋血的惨剧

（一）北门之变

武德九年六月四日，高祖召宰相裴寂、萧瑀、陈叔达等人入宫，准备讯问建成、元吉淫乱宫闱之事。李世民命尉迟敬德、长孙无忌、侯君集、张公谨、公孙武达、独孤彦云、刘师立、杜君绰、李孟尝、郑仁泰等人率兵在太极宫北门（即玄武门）守将敬君弘、常何等的配合下埋伏于此。这时，张婕妤已经觉察秦王府的行动异常，派人驰马报知李建成。李建成遂召李元吉来商议，李元吉主张立即发动东宫军队，做好准备，托病不朝，以观形势变化。李建成认为"兵备已严，当与弟入参，自问消息"②。遂与李元吉骑马直趋玄武门。当他们抵达临湖殿时，发觉情况异常，立即调转马头向东宫奔去。李世民穷追不舍，元吉回头张弓便射，连续3次都没有把弓拉满，所射之箭达不到射程，可见元吉已经仓皇失措到何种程度。李世民首先射死了李建成，李元吉被随后追来的尉迟敬德的部下射下马，由于伤势不重，他慌忙逃入附近树林，李世民由于马惊被树枝所挂而落马，元吉见机会来了，返身夺过李世民的弓，欲加伤害，正好敬德赶到，元吉只好放开世民打算逃到武德殿，被敬德追射而死。这就说明李世民等人是埋伏在临湖殿，而不是玄武门外。③

建成、元吉死后，东宫与齐王府的精兵2000余人在冯立、薛万彻、

---

① 《资治通鉴》卷一九一，唐高祖武德九年六月，第6009—6010页。

② 《资治通鉴》卷一九一，唐高祖武德九年六月，第6010页。

③ 刘蓬春：《也说"玄武门之变"真相》，《文史杂志》1998年第4期，第56—57页。

谢叔方等将的率领下赶到玄武门，与秦王府军队展开激战。张公谨见对方人多势众，遂关闭宫门拒守，东宫兵猛攻不下。掌管北门屯兵的将军敬君弘与吕世衡开门迎战，被东宫军队杀死。双方激战了很长时间，薛万彻见宫门一时难以攻破，遂鼓噪欲攻秦王府，秦王府将士大惧，因为其精锐之兵皆在玄武门，秦王府空虚，如果东宫兵进攻，必然很难坚守。正在此时，尉迟敬德持建成、元吉之头出示，东宫兵见主人已死，遂溃散逃去。

这时，唐高祖还不知发生了政变，正在宫中的海池泛舟。李世民命尉迟敬德入宫宿卫，敬德披甲持矛直奔高祖而来，唐高祖见状大惊，知道出了乱子。敬德对高祖说："秦王以太子、齐王作乱，举兵诛之，恐惊动陛下，遣臣宿卫。"高祖回头对裴寂等人说："不图今日乃见此事，当如之何？"萧瑀、陈叔达回答说："建成、元吉本不预义谋，又无功于天下，疾秦王功高望重，共为奸谋。今秦王已讨而诛之，秦王功盖宇宙，率土归心，陛下若处以元良（指太子），委之国事，无复事矣！"此时建成、元吉已死，敬德名为宿卫，实是武装挟持，在这种情况下，李渊只好言不由衷地表态："善！此吾之夙心也。"①这时长安城中双方混战仍在进行，敬德要求高祖下敕，命诸军皆接受秦王指挥，李渊只得照办，并派天策府司马宇文士及外出宣读敕令，战斗始得以平息。然后，高祖又让裴矩到东宫晓谕将卒，将他们全部解散。

唐高祖李渊干完这些事，李世民这才出面来见他的父亲，并抱着李渊大哭，"跪而吮上乳"。②据说李渊"体有三乳"。③李世民此时这个动作完全是故作亲昵之态，他在诛杀兄弟，逼迫父亲的胜利时刻，仍然没有忘记保全仁孝名声，这位政治家的心机真是用到家了。唐高祖此时此刻的心情真是复杂极了，两个亲生儿子被杀，还不敢稍有愤怒或悲伤的表示，反而安抚李世民说："近日以来，几有投杼之惑。"④这里用了

① 《资治通鉴》卷一九一，唐高祖武德九年六月，第6011页。
② 《资治通鉴》卷一九一，唐高祖武德九年六月，第6012页。
③ 《新唐书》卷一《高祖纪》，第1页。
④ 《资治通鉴》卷一九一，唐高祖武德九年六月，第6012页。

一个典故，是说有一个与孔子的学生曾参同姓同名的人杀了人，有人告诉曾参的母亲说你儿子杀人了，曾参之母不相信，仍旧坦然地织布，但当第三个人以同样的话转告她时，曾参之母对儿子的信念动摇了，于是投杼（梭）下机，越墙而逃。李渊借用这个典故比喻自己像曾参之母一样听信了别人关于李世民的坏话，实际上是向李世民表示歉意，可见这位皇帝已经沦落到何种可悲的地步。

李世民政变成功，大权在握，遂下令处死了李建成的5个儿子，即安陆王承道、河东王承德、武安王承训、汝南王承明、钜鹿王承义。李建成的长子太原王承宗早死，这样李建成一门就全都死了。李元吉也有5个儿子，此时年纪尚幼，也全部被杀，即梁郡王承业、渔阳王承鸾、普安王承奖、江夏王承裕、义阳王承度。李建成死时38岁，李元吉死时仅24岁。李世民在胜利之后，大杀诸侄，斩草除根，可谓心狠手辣，后人对此评价说："是时高祖尚在帝位，而坐视其孙之以反律伏诛，而不能一救，高祖亦危极矣！"①并认为李世民此时尚未即位，以谋反之罪诛杀诸侄，其罪名不能成立。其实，就算李世民已经是皇帝了，元吉诸子尚年幼不懂事，又怎么会谋反呢？不过政治斗争是无情的，不得以常理评论，骨肉之亲在残酷的政治斗争中不免显得苍白无力，李世民此举也无可厚非。

（二）秦王登极

武德九年六月七日，也就是玄武门之变3天后，唐高祖下诏立李世民为皇太子。秦王府的官员也纷纷改换头衔，宇文士及被任为太子詹事，长孙无忌、杜如晦为左庶子，高士廉、房玄龄为右庶子，尉迟敬德为太子左卫率，程知节为太子右卫率，其他人等都改任东宫各种官职。由于敬德在政变中冲杀在前，功劳甚大，故把齐王国司的金帛什器赏赐给了他。

---

① 〔清〕赵翼撰，王树民校证：《廿二史札记校证》卷一九《建成、元吉之子被诛》，北京：中华书局，2013年，第409页。

就在这一天，高祖又下诏规定"军机、兵仗、仓粮，凡厥庶政，事无大小，悉委皇太子断决，然后闻奏"①。李渊被迫交权是真，"然后闻奏"4字，不过是为了皇帝面子的一块遮羞布，实际上已没有什么真正意义了。这月十六日，高祖已经知趣地打算主动退位当太上皇，要求裴寂等人择好日子，宣布退位。大概是李世民觉得这么快就使父亲退位，容易给人留下逼父下台的口实，所以拖了一段时间，这样，李渊又继续做了两个月的空头皇帝，直到八月方才退位。

唐高祖在六月四日后留下的历史活动的最后回响，就是以他的名义发了几道诏书。政变当天发了一道诏书，大肆斥责建成、元吉，认为他们罪恶累累，死有余辜。在《立秦王为皇太子诏》中，又大肆赞美李世民，说他"气质冲远，风猷昭茂""孝惟德本，周于百行""戡剪多难，征讨不庭""遐迩属意，朝野具瞻"。②总之，这道诏书使用了一切称颂、赞扬的词句，特别强调了李世民的仁孝德行，完全是按胜利者的政治需要说话，力图将政变后要办的事做得更为圆满。

旧史在武德九年六、七两月的记事中，都公然写明太子命或世民命如何如何，在这里倒没有作丝毫的隐晦，反正李世民已经是没有皇帝称号的皇帝了。这期间发生的唯一一件大事，就是庐江王李瑗的反叛，此算是玄武门之变的余波，故有必要略做说明。

唐宗室李瑗这时任幽州大都督，与太子建成关系密切。建成死后，李世民命通事舍人崔敦礼赴幽州召李瑗回京，李瑗当然不敢轻率地返回长安，就与其亲信右领军将军王君廓商议对策，王君廓遂鼓动他举兵造反。李瑗是一个没有主见的人，听信王君廓的话，将崔敦礼抓捕下狱，并下令征兵。其实，王君廓并不是真心支持李瑗，他见建成已死，李世民当权，怕将来牵连自己，打算杀李瑗立功，所以才鼓动他反叛。李瑗非常信任王君廓，毫无防范之心，结果被王君廓带领部下千余人攻入府中，擒获并缢死。王君廓因此升任左领军大将军兼幽州都督。

① 《册府元龟》卷一〇《帝王部·继统二》，第102页。
② 〔宋〕宋敏求编：《唐大诏令集》卷二七《立秦王为皇太子诏》，北京：中华书局，2008年，第93页。

　　八月八日，李渊退位，李世民登上了皇帝宝座。在这个时候李世民也如同历史上所有的以暴力获得帝位者，再三推辞，然后做出迫不得已的样子登极称帝，史称唐太宗。李渊称太上皇，提前成了一个历史人物。

　　关于玄武门之变的性质，有少数学者认为是统治阶级内部新兴地主官僚集团与旧世族官僚集团两大阶层势力的矛盾斗争，是两大集团争夺国家政权的领导权的斗争；并认为李世民集团代表新兴地主的政治利益，李建成集团代表旧世族势力，李世民的成功是有利于国家大局的行动。但是大多数学者则一致认为这是一场军事政变，也有说是宫廷政变。其实这两种说法没有本质上的区别，也谈不上有多少进步意义。①总之，李世民通过军事手段发动突然袭击，夺取了皇帝之位，而不是合法地取得帝位，这件事对后世有很大的影响，也成为评价唐太宗的一个重要的方面。

　　日本学者石见清裕则认为李世民之所以选在武德九年六月发动政变，是因为前一年唐高祖对突厥采取强硬的态度，以敌国之礼待之，导致突厥对唐加大了侵扰的频度与力度。这年六月以后突厥将会再次发动对唐的战争，李世民“如果不用提出自己的路线，即以计谋制造突厥内部分裂来应对突厥问题的话，就将再度陷入隋末大乱的状态。这种强烈的危机感，应该是促使他决心发动政变的原因之一。”最后下结论说：“玄武门之变是建成与世民间围绕皇位继承的斗争，这是没错的。但引发斗争，乃至导致政变爆发的导火线，正是当时迫在眉睫的突厥问题。”②这是从唐朝初期国际局势的角度分析玄武门之变的原因，值得关注。

①　参见胡戟、张方、李斌城等主编：《二十世纪唐研究》，北京：中国社会科学出版社，2002年，第29页。直到21世纪还有不少学者继续研究这一问题，如曹印双：《“玄武门之变”史事新解》，《历史教学》2005年第6期，第66—69页；赵壮：《墓志所见玄武门之变》，南京大学2014年硕士毕业论文，第1—41页。此外，还有不少文章有所涉及，就不一一列举了。总之，这些研究进一步考察了其中的一些细节和相关人物，但对事件的性质没有多少涉及。
②　[日]石见清裕著，胡鸿译：《唐代北方问题与国际秩序》，上海：复旦大学出版社，2019年，第57—61页。

五、秦王成功的原因

（一）夺位的基本条件

玄武门之变李世民夺位成功，从表面上看，似乎是一次冒险行动，给人以侥幸成功的印象，然从唐初的政治、军事格局看，则有许多必然的因素，即已经具备了政变成功的一些基本条件。

在军事方面，秦王府集团占有一定的优势。武德时期府兵制度初创，其领兵系统颇为纷杂，虽然十二卫已经恢复，但不是所有的军队都纳入十二卫系统。如关内地区的府兵就分由十二军统属，史书上明确记载："分关内诸府皆隶焉。"[1]前面已经做过分析，十二军将军多与秦王府关系密切，说明李世民在十二军系统中的影响要大于李建成。此外还有太子诸率府、秦王、齐王左右六护军及左右亲事、帐内府，分领亲、勋卫及外军，也就是说，东宫、秦王、齐王各拥有一定的军队。由于东宫与齐王的联合，建成、元吉集团在直属兵力方面占有优势，李世民集团处于劣势，这也是李世民发动政变必须具备突然性的根本原因之所在。

唐初的禁军主要是所谓"元从禁军"，这支部队是李渊太原起兵时的基本力量，唐朝建立后，除去愿意回故乡的部分人外，留在长安宿卫的约有3万人，屯驻于渭北，分番宿卫宫门。这支军队中相当部分都是李世民、刘文静等招募来的，因此他们在这支军队中的影响要大于李建成和李元吉。玄武门之变时，宿卫在这里的卫兵也参加了对东宫军队的战斗。

十二卫以大将军为最高长官，其中许多人本来就是秦王府集团中人，如右武候大将军刘师立、右武卫大将军李安远、左骁卫大将军长孙顺德、右骁卫大将军刘弘基、左武候大将军安修仁等。武德五年十月，

---

[1] 《新唐书》卷四九《百官志四上》，第1288页。

唐高祖授李世民为领左右十二卫大将军，"总摄戎机"，①使他凌驾于十二卫大将军之上，全盘负责诸卫军事。这样，即使诸卫大将军中有部分人不属于秦王府集团，从制度上看，也得服从李世民。

在国家中枢决策机构与政务方面，李世民也占有较大的优势。以武德九年六月担任宰相者计，有裴寂、萧瑀、封德彝、裴矩、陈叔达、宇文士及等人，李世民本人为尚书令、中书令，李元吉为侍中，也在宰相之列。在这些人中，站在太子东宫集团一方的是李元吉、裴寂二人，封德彝阴持两端，左右摇摆，与裴矩一样都是脚踩两只船的中间派。其余全为秦王府集团中人，宇文士及本身就是天策上将府司马、检校侍中，萧瑀、陈叔达二人的情况前面已做过介绍。可以看出李世民集团在中枢决策机构中占有优势地位，况且他本人又是尚书令，位高权重。唐初三省长官皆为宰相，尚书令为正二品，侍中、中书令皆为正三品，造成了三省之间实际地位的不平等。武德八年，又给他加上中书令的官衔，从而可以控制中书省，他本人身份特殊，威望又高，使宰相集体议事的政事堂会议很容易为李世民集团所控制。尚书省是国家最高行政机关，下属六部分掌各类行政事务，地方州县也得服从其政令。李世民集团握有决策权，又掌握行政大权，执国家机柄之大半，在这些方面占有明显的优势。

在地方上，李世民也有很大的势力。李建成在地方上的势力，主要在河北地区；李世民的地方势力主要表现在控制着陕东道行台省和益州道行台省上，这两个行台省的尚书令均由他一人担任。李世民在平定王世充之后，就在以东都洛阳为中心的陕东大行台进行多年的苦心经营，行台省的主要官员大都由他的心腹担任，如屈突通任行台右仆射，温大雅为行台工部尚书，殷开山为行台兵部尚书，皇甫无逸、史万宝前后任行台民部尚书，于志宁为检校行台左丞并兼膳部郎中，就连房玄龄、杜如晦都一度充任过陕东大行台的官员。李世民平时留居长安，陕东大行台事务由屈突通主持。李渊曾令李世民回到洛阳行台尚书令任上，引起

---

① 《唐大诏令集》卷三五《秦王领左右十二卫大将军制》，第149页。

了李建成、李元吉的恐慌，这一事件就充分说明洛阳是李世民的根据地之一。

益州行台省是李世民的又一势力范围。这个行台省直接控御巴蜀地区，管辖着益、利、会、泾、鄜、遂六总管所属的数十州广大地区。"是时益州行台所统，起蜀，跨陇而东北。"①所辖区域从巴蜀跨今陕甘两省部分地区，在京城长安的西、北、南三面画了一个半圆形，所以它也担负着保障京师安全，防御突厥的责任。这个行台省由行台左仆射窦轨实际负责，并"许以便宜从事"之权。②这个人与李世民关系密切，玄武门之变发生后，李世民马上向他通报了有关情况，让他做好防变准备，窦轨随即杀死了他认为属于李建成集团的一些人。③武德九年时，全国的行台省大多都已罢废，保留下来的仅陕东与益州行台省，都由李世民所控制，其在地方势力之大，由此可见一斑。

李世民在地方的势力并不止于此，他还兼任凉州总管，"使持节凉、甘、瓜、鄯、肃、会、兰、河、廓九州诸军事"④，即李轨原所据之地。这个职务一直保留到他成为皇太子。从武德元年到九年六月，李世民还一直兼任雍州牧之职。雍州是京畿地区，开元时改为京兆府。李世民充任京畿地区的行政长官，对他培植私人势力乃至在后来的政变中都起了不小的作用。比如他安置其妻长孙氏的舅父高士廉任雍州治中，"及将诛隐太子，士廉与其甥长孙无忌并预密谋。六月四日，士廉率吏卒释系囚，授以兵甲，驰至芳林门，备与太宗合势"。⑤说明雍州府署的官吏、兵卒甚至囚犯都参与了政变。

从当时的社会情况看，唐朝在统一全国的过程中，凡势力强大的割据者多为李世民所扫平，他功勋卓著，故为当时许多朝臣、军民所拥戴，树立了崇高的威信。这一点连建成、元吉集团中人也不否认，如王

① 《资治通鉴》卷一八八，唐高祖武德三年四月胡注，第5880页。
② 《旧唐书》卷六一《窦威传附窦轨传》，第2365页。
③ 《旧唐书》卷七五《韦云起传》，第2633页。
④ 《唐大诏令集》卷三五《秦王兼凉州总管制》，第148页。
⑤ 《旧唐书》卷六五《高士廉传》，第2442页。

珪、魏徵就说过："秦王功盖天下，中外归心。"①这种看法在当时具有比较普遍的代表性。著名学者王夫之说："建成以长，世民以功，两俱有可立之道。"②就是具体分析了当时的社会情况后所作的评论，认为立李世民为太子并非没有合理性。正因为当时有这样一种社会舆论，很多人都认为李世民统治天下是顺理成章的，所以政变发生后，唐朝内部和当时的社会并无不稳定因素存在，比较平稳地过渡到所谓"贞观治世"。这也是李世民取得成功的一个社会条件。

由于李世民具备上述种种优势条件，拥有夺取太子之位的实力，即使不在武德九年六月四日于京师发难，也会在其他时间，其他地点，以其他方式发难。因为李世民蓄谋夺位已久，在诸多条件具备后，剩下的只是选择时机和方式的问题了。在发难前李世民集团制定了两套方案，第一套方案就是在玄武门发动突然袭击；第二套方案是在政变不顺利的情况下，退居洛阳以相抗衡。在政变前夕，"秦王世民既与太子建成、齐王元吉有隙，以洛阳形胜之地，恐一朝有变，欲出保之，乃以行台工部尚书温大雅镇洛阳，遣秦府车骑将军荥阳张亮将左右王保等千余人之洛阳，阴结纳山东豪杰以俟变，多出金帛，恣其所用"③。温大雅等到达洛阳后，"数陈秘策，甚蒙嘉赏"④。这里所说的"秘策"，是指在洛阳的部署与计划安排，可见准备还是比较充分的。根据秦王府集团拥有的实力和诸多有利条件分析，采取任何一种方案，都有可能获得成功，所不同的只是成功的迅速与否和损失大小的差异。如用第二套方案，必然要调动陕东行台省、益州行台省的兵力，在关中十二军的一些部队策应下，以清君侧的名义，向长安发动围攻。这种事例在历史上并不罕见。以李世民等人杰出的军事才能，获取胜利是完全可能的，只是时间要长一些，造成的社会影响和国力损失也要大一些。而第一套方案虽冒一定

---

① 《资治通鉴》卷一九〇，唐高祖武德五年十一月，第5960页。

② 〔清〕王夫之：《读通鉴论》卷二〇《唐高祖一二》，北京：中华书局，1975年，第586页。

③ 《资治通鉴》卷一九一，唐高祖武德九年六月，第6004页。

④ 《旧唐书》卷六一《温大雅传》，第2360页。

的风险，但见效快、损失小，所以李世民把它作为首选方案，把出居洛阳作为备用方案，一旦首选方案失败，即采用第二方案。①

（二）成功的主要原因

李世民虽然具有许多有利的条件，潜在的军事实力也比建成、元吉集团强，但是在长安城内他所拥有的兵力却明显弱于对方，除了天子脚下不便于聚集过多兵力的因素外，为了启动备用方案，从长安抽调部分骨干和千余兵力到洛阳去，也是造成他在长安力量不足的一个因素。尽管如此，李世民终究还是获得了政变的胜利，究其原因，主要有如下四点：

第一，李世民的秦王府集团是一个人才济济的政治军事集团，所谓"谋臣猛将，并在麾下"。所拥有的军队尽管人数不多，却都是久经战争锻炼的精兵强将，战斗力之强非东宫之兵可比。更重要的是这个集团对李世民忠心耿耿，团结一致，不管形势如何险恶，都无一人投机动摇，这样就能最大限度地发挥战斗力，而且秦王府的机密从未外泄。东宫集团的情况与此相反，人心不齐，机密难守，致使王晊、常何先后被收买，齐王府的宣俨也想投入秦王府。李元吉骄横残暴，骄纵不法，使高祖派去辅佐他的不少人都弃他而去，这样他就很难拥有心腹之人。

第二，李世民能够控制玄武门兵力，是他能够获胜的重要原因。除了常何、敬君弘、吕世衡等人统率的宫门屯兵外，李世民还把秦王府的大部兵力和重要将领都投入这里，这样就可以保证一举诛杀建成、元吉，同时始终把玄武门掌握在己方手中。玄武门是这场政变的主战场，谁能控制这里，谁就掌握了主动权，尽管其他战场由于兵力薄弱，一度处于劣势，但只要掌握了主动权，就能化险为夷，转败为胜。在战场的主要方向投入最大的兵力，是军事指挥上的一个重要原则，李世民在这场政变中的部署就很好地体现了这个原则。

---

① 参见杜文玉：《从唐初官制看李世民夺位的基本条件》，见《唐史论丛》第七辑，西安：陕西人民出版社，1998年，第181—197页。

第三，李世民获胜的另一原因，就是采取了突然袭击、先发制人的策略。李世民预先伏兵于玄武门内的临湖殿，抢先发难，建成、元吉缺乏准备，事出仓促，因而授首。李世民抢先挟制了李渊，使其颁敕，对瓦解敌军起了明显作用。李世民集团先发制人策略的成功运用极大地弥补了兵力不足的弱点。

第四，斗争双方主帅的个人素质，也是能否取得最后胜利的重要因素。在这方面双方表现得明显不同，李世民在六月三日见过李渊以后，就决定次日发动政变，于是马上派人将其智囊人物房玄龄、杜如晦秘密召进府。李世民准备发动政变的部署实际上早已确定，从他早已收买玄武门守将的行动上可以证明这一点，而绝不是六月三日才仓促部署。那么，他在此时召两个文人入府干什么呢？肯定是与他们再一次商讨部署情况，最后推敲一下政变计划，力争做到万无一失。以李世民之精明强干，尚且如此重视谋士们的意见，其计划之周密也就可以想见了。而李建成就不具备这种素质，魏徵曾对李世民说过，如果先太子早听我的话，就不会有今日之祸。①可见魏徵曾向李建成提出过具体的建议，而李建成拒绝采纳。政变前夕，张婕妤向李建成通报了李世民要发动政变的消息，他又拒绝了李元吉的"勒兵不出，以观形势"的意见，自以为己方兵力占有优势，不做应急准备。双方主帅个人素质如何，是政治斗争成败的重要因素。试想如果李建成能虚心听取别人意见，在六月四日采取相应措施，肯定不会出现尸横玄武门的局面，李世民也就只好向洛阳逃窜了。

关于玄武门之变，自古以来议论颇多，不论何种观点，都对李世民在道德上的缺陷不无微词，这种批评都是从儒家传统观念出发的。但由于李世民在建唐过程中的功勋以及他的确为古代君主中的杰出代表，是所谓明君，又都对他继承皇位的合理性给予了肯定。

---

① 《资治通鉴》卷一九一，唐高祖武德九年六月条载："初，洗马魏徵常劝太子建成早除秦王，及建成败，世民召徵谓曰：'汝何为离间我兄弟！'众为之危惧，徵举止自若，对曰：'先太子早从徵言，必无今日之祸。'"第6013—6014页。

六、退位之后的李渊

武德九年八月，唐高祖李渊迁居于弘义宫，后又改为大安宫，表明这里为太上皇养老之居所。对于退位后的李渊，李世民在生活上还是给予照顾的，也时常去问安，以尽为子之孝道。但是，以前李渊对他的猜疑、不信任的阴影始终在心中缠绕着，久久不能散去，因此表面上的殷勤，并不等于内心没有隔阂。比如大安宫位于宫城（即太极宫）之西，比李世民本人所住之宫低矮狭小，监察御史马周曾经上疏太宗，认为这种状况"于四方观听，有所不足"，也就是说社会影响不好，建议另外修建高大宏伟的宫殿，"以称中外之望"①。太宗虽然表示愿意接受这个建议，但无实际行动。

太宗为了自己避暑的需要，修葺了隋仁寿宫，并改名九成宫，每逢盛暑便前往避暑消夏，却把自己年迈的父亲丢在长安忍受酷暑的煎熬。对于太宗的这种行径，有的正直官员看不过去，反对他远离京师，抛下老父独自去避暑，指责说："太上皇春秋已高，陛下宜朝夕视膳。今九成宫去京师三百余里，太上皇或时思念陛下，陛下何以赴之？又，车驾此行，欲以避暑；太上皇尚留暑中，而陛下独居凉处，温清之礼，窃所未安。"②太宗却借口自己有病，表示到天气热时就会加剧，最后还是不顾一切地走掉了。面对这种状况李渊一定感慨万分，想当年自己在位时，到仁智宫避暑都要带儿孙们同行，也包括李世民在内，如今被迫退位，却受到亲生儿子的如此对待，这位太上皇也只能独自哀叹了。

直到贞观八年（634）时，唐太宗大概觉得自己以前的做法有损于明君的形象，同时随着时间推移，对自己父亲的那种隔阂心理也渐渐淡

---

① 《资治通鉴》卷一九四，唐太宗贞观六年正月，第6094页。
② 《资治通鉴》卷一九四，唐太宗贞观六年正月，第6094—6095页。

漠了，所以在这年七月第一次请太上皇也去九成宫避暑。"上皇以隋文帝终于彼，恶之"，推辞不去。[①]隋仁寿四年（604），隋文帝在仁寿宫被自己的儿子杨广（炀帝）杀死。李渊大概联想到自己以前与李世民的关系，认为此去不吉利，所以才坚决推辞，李世民数次劝行，他越加怀疑，最后还是没有去成。可见玄武门之变的阴影始终在李渊的脑海中萦绕，直到他死去也没有消除。太宗见自己的父亲如此状态，为了证明自己的清白，遂于这年十月，在长安城北龙首原上修建大明宫，以作为太上皇的避暑之所，没等修成李渊就一病不起，最终也没有能享受。这对父子至死也没有像寻常百姓那样心情坦荡地生活过，对于晚年的李渊来说无疑是最大的悲哀。

不过，退位后的李渊毕竟也有过几次欢乐的时刻，只是这种日子对他来说太短暂了，更多的还是孤独和寂寞。

贞观四年（630）四月，唐军大破东突厥，活捉颉利可汗，唐太宗在长安顺天楼举行献俘之礼，长安城中一片欢腾。长期的边患解除了，人们不用再担心东突厥的侵扰，可以安居乐业了，激动的心情自然难以言表。当李渊听到这个消息后，心情激动，感慨万分，兴奋地说："汉高祖被匈奴围困在白登山（在今山西大同东北），屈辱求和，至死不能洗刷这种耻辱；现在我的儿子能扫平突厥，我还有何忧虑呢！"李渊太原起兵，向东突厥称臣，武德时期连年不息地受到突厥的侵扰，现在这种隐患消除了，往昔屈辱一朝得雪，使他常年忧闷的心情豁然开朗。他召集李世民、大臣10余人，以及诸王、妃、公主置酒于凌烟阁。酒酣之际，李渊自弹琵琶，李世民起舞，公卿们连续不断地向他敬酒，祝他长寿安康，一直到夜晚才散去。

贞观六年（632）九月，太宗驾临武功高祖旧宅，这时已改名庆善宫。在这里大摆酒宴，赋诗唱和，然后命起居郎吕才配乐，称之为《功成庆善乐》，在宴会上演奏。庆善宫是唐太宗的出生之所，大概他旧地重游，想起了父母的生育之恩，十月，返回长安后，直奔大安宫看望自

---

① 《资治通鉴》卷一九四，唐太宗贞观八年七月，第6106页。

己的老父。在大安宫设宴，让皇后、皇孙为李渊敬酒，并献上饮食及服饰等物，直到深夜才罢。

贞观八年三月，西突厥遣使到长安朝贡。李渊设宴于两仪殿款待西突厥使者，长孙无忌向李渊上千万岁寿。李渊大悦，以酒赐太宗，太宗又奉觞祝寿，流着眼泪说："百姓获安，四夷咸附，皆奉遵圣旨，岂臣之力！"①太宗和长孙皇后又先后向李渊进膳，并献上服饰等物，一切都按照家庭常礼安排，使李渊感到家庭的温情。

这一年，李渊还到长安城西阅兵，面对威武雄壮的将士，他非常兴奋，亲自慰劳。返回以后，置酒于未央宫，命三品以上官员全都赴宴。在宴会上李渊命突厥颉利可汗起舞，又让岭南越族首领冯智戴咏诗，高兴地说："胡、越一家，自古未有也！"太宗又一次奉觞向父亲祝福上寿说："今四夷入臣，皆陛下教诲，非臣智力所及。"又说往昔汉高祖也在这里设宴为他父亲祝寿，"妄自矜大，臣所不取也"。这句话的历史背景是，汉高祖向其父说，起初你们常以为我是无赖，不治产业，不如我的哥哥，今日我的事业成就，与他相比哪个更大？太宗在取得对突厥战争胜利及四夷归附的时刻，又特意选在未央宫设宴，对自己的父亲说这一番话是大有深意的，表面上看他不赞成汉高祖的做法，实质是旧事重提，借古喻今。旧史记载说，李渊听后"大悦"，"殿上皆呼万岁"。②李渊要不就是借年迈装糊涂，要不就是旧史臣曲笔回护，没有如实记载李渊听到此话后的反应。这是李渊一生中的最后一次盛宴，死神已经向他招手了。

这一年秋天，李渊中风。次年五月，病情加重，死于大安宫垂拱殿，终年70岁。临终之时遗命"园陵制度，务从俭约"③。群臣上谥号称太武皇帝，庙号高祖。十月，葬于献陵，位于陕西三原县境内，陵前至今仍有华表、石虎、石犀等石雕。

---

① 《旧唐书》卷一《高祖纪》，第17—18页。
② 《资治通鉴》卷一九四，唐太宗贞观七年十二月，第6103—6104页。《旧唐书》卷一《高祖纪》记此事为贞观八年，今以旧唐书为准。
③ 《旧唐书》卷一《高祖纪》，第18页。

第六章

即位初期的唐太宗

一、宽赦政敌

玄武门之变后，秦王府诸将要求乘势将建成、元吉部下百余人全部诛杀，抄没家产。尉迟敬德不同意，争论说罪在建成、元吉二人，元凶既诛，滥杀支党，会使人心不安，社会不稳。李世民认为有道理，于是以高祖的名义下诏，大赦天下，除建成、元吉等元凶外，其余党一概不问。这一政策的推出，对于很快稳定政变后的局势起了较大的作用。

李建成部下将领冯立、谢叔方得知大赦诏令后，自动投案。薛万彻逃入南山，隐藏起来，经李世民屡次派人劝谕，也到长安投案。李世民认为他们都能忠于所事之主，皆是义士，释而未问，并授予军职。太子洗马魏徵曾劝李建成早日除去秦王，这次被获，李世民斥责他说："你为什么要离间我们兄弟关系？"魏徵镇定自若地回答："先太子早听我的话，必无今日之祸。"李世民平日就敬重魏徵之为人，遂任命他为太子詹事府主簿。对于流放在外的王珪、韦挺等人，也都召回长安，任命为谏议大夫。

虽然有大赦诏书颁下，但散在民间的东宫集团余党仍不自安，有些人专门以告发别人而获赏。谏议大夫王珪把这种情况反映给李世民，遂又再次下令，凡是六月四日以前与建成、元吉有牵连者，六月十七日前与李瑗（见前述）有牵连者，都不准互相告发，违反者治罪。采取这一政策对消除混乱，安定人心，起到了很好的作用。

李世民对于原东宫、齐王府人员的这种争取、分化的策略，是他政治经验日益成熟的表现。当然，在他即位初期，由于对这些人尚不了解，虽然给以出路，任以官职，但并非让他们掌握实权。后来，随着时间的推移，逐渐地对他们的才干、人品有所了解，对其中一些人还是给予了重用，最典型的就是魏徵、王珪、薛万彻等人，他们都是贞观时期的重要人物。比如他曾对魏徵说："魏徵往者实我所仇，但其尽心所事，有足嘉者。朕能擢而用之，何惭古烈？"①对于那些至死不悔者，则予以坚决镇压，如李瑗、李艺等人先后发动叛乱，不予以武力镇压则不利于国家的安宁与社会稳定。

二、礼葬建成

太宗李世民深知自己杀兄夺位有悖于道德伦理，为了消除这方面的不良影响，他在即位不久，即武德九年十月，下令追封李建成为息王，谥曰"隐"，按照《谥法》："隐拂不成曰隐。"又封李元吉为海陵王，谥曰"刺"，《谥法》："暴戾无亲曰刺。"这样做既表明玄武门之变的正义性，又可以显示太宗的仁爱之心。以王礼改葬，埋葬之日，太宗亲自送于宜秋门，哭之甚为哀痛。魏徵、王珪请求陪送到墓地，太宗遂命原东宫、齐王府僚属全都前去送葬。不久，又以皇子赵王李福为建成后嗣，以示不绝香火之意。这一做法对于重视家族延续的古人来说，无疑是非常重要的，这样就缓解了本来十分激烈的秦王府与东宫、齐王府之间的矛盾。贞观十六年（642）六月，太宗又下诏恢复李建成的皇太子地位与名分，李元吉改封为巢王，"谥并依旧"②。这样做仍是出于维护封建伦理道德的需要。

在中外历史上，不少政变成功者上台后，对原来的政敌采取高压、残暴的镇压或报复手段，致使人心浮动，社会久不能安，其统治地位往往也难以迅速巩固。太宗以其杰出的政治家的风度与气魄，妥善地处理了政变遗留问题，使成百上千人的原东宫、齐王旧部，"心术豁然，不有疑阻"，③缓和了统治集团的内部矛盾，巩固了太宗的统治地位，使他

① 《贞观政要集校》卷二《任贤》，第62页。
② 《资治通鉴》卷一九六，唐太宗贞观十六年六月，第6175页。
③ 《贞观政要集校》卷一《政体》，第52页。

可以很快地把主要精力用于抵御外来侵扰，发展生产上去。

三、安抚山东

（一）稳定山东局势

山东、河北地区是隋末以来各种社会矛盾的集中地，在这一广大地区，隋末农民起义军与各种割据势力一度都非常活跃，且这里民风剽悍，尚武风气浓厚。李世民在河北镇压刘黑闼时，由于战争激烈，无暇安抚百姓，把主要精力都放在武力镇压方面。李建成第二次平定刘黑闼时，采纳了魏徵的建议，以安抚、收买人心为主要策略，凡抓获俘虏皆安抚释放，不加杀戮，"百姓欣悦"。①李建成利用这次机会，积极地培植和扩充地方势力，收到很好的效果，使他在这一带的威望很高。这一地区的许多官员都与建成有千丝万缕的联系，重要的如李瑗、李艺等人。当建成、元吉被杀的消息传来后，"河北州县素事隐、巢者不自安，往往曹伏思乱"。②一些东宫、齐王府的党羽在玄武门之变后也逃到河北、山东一带，如果他们互相勾结，利用建成在这里的影响举事，将会形成极为严重的隐患。

当然，李世民为了夺取皇位继承权，以洛阳为据点，"阴引山东豪杰"，也拉拢了一批人。李建成为了削弱李世民在陕东行台省的实力，一度将行台左仆射屈突通召回长安。政变成功后，李世民为了防止可能发生的叛乱，急派屈突通驰镇洛阳。③尽管如此，山东、河北的局势仍很严重，如不能及时妥善地处理，将会引起许多麻烦。

魏徵作为原东宫集团的重要人物，当然非常了解这一地区的实际局势，为了妥善解决山东、河北的问题，他主动向李世民提出建议，尽

---

① 《新唐书》卷七九《隐太子建成传》，第3541页。

② 《新唐书》卷九七《魏徵传》，第3868页。

③ 《旧唐书》卷五九《屈突通传》，第2322页。

快安抚山东，稳定人心。魏徵，字玄成，钜鹿下曲阳（今河北晋州西）人。[①]隋末曾做过道士，后跟随李密，曾向李密上条陈十项，都没有被采纳。王世充进攻李密，魏徵去见长史郑颋，向他建议说："魏公（李密）虽然很快获得胜利，可是精兵骁将死伤很多，目前仓库中缺乏财物，对有功的将士不能给予赏赐。所以，我们不应出去迎战，只要把护城河挖深，把壁垒加高，坚守不出，敌军粮草用尽，就会退兵，那时再出兵追击，就能获得大胜。"郑颋认为这是老生常谈，没有听从。李密果然战败，魏徵随李密投顺唐朝，在太子建成手下任洗马之职，掌图籍校刊。由于他是河北人，对当地情况比较熟悉，又曾向李建成提出过结纳山东豪杰的策略，与这一带各种社会势力有着密切联系，故太宗任他为谏议大夫，奉命安抚河北，并授予便宜行事之权。当魏徵到达磁州（今河北磁县）时，正好遇见州县官押送着前东宫、齐王府官员李志安、李思行，送往长安。魏徵就和副使商量说："东宫、齐府左右，全都赦免不问，今天又押送志安、思行，这样就使人怀疑赦免之令的真实性，即使遣使前去安抚，人家也不会相信，此乃差之毫厘，失之千里。如果把这二人释放了，示之以信义，远近闻知，必然可以消除疑虑。"于是，就把这二人当场释放了。这一举动体现了唐太宗的宽宏政策，也为太宗在河北地区树立了威信，便于争取当地豪杰的支持。太宗得知魏徵此举后，十分高兴。

武德九年八月，唐太宗下诏免关中租税2年，免关东赋役1年。不久又改为已经纳税和服役的，仍旧继续，准折为明年赋役。这一改变使关东广大地区的人民非常失望。这时魏徵正在宣抚山东，闻知此事，立即上书太宗，指出："百姓见到蠲免赋役一年的诏书，人人欢喜，且歌且舞，后又改为准折明年赋役，百姓皆大失所望。陛下刚刚即位，初次颁发诏书，便前后不一，这是失信于百姓，使各地对陛下顿生疑心。财利事小，德信事大，希望陛下轻财利重德信。"魏徵的上书，是要太宗

---

① 卢华语：《魏徵籍贯辨》，《文献》1998年第3期载："钜鹿是魏氏郡望，馆陶为魏徵祖籍，内黄是其出生地。今人称魏徵或拒鹿人、或馆陶人、或内黄人，其说均有据，各有所指而已。"第273页。

注意自己政策在关东的一致性，不要贪图小利而影响安抚河北、山东的大事。

魏徵在山东、河北的积极安抚，妥善处理了各种关系，使这一带的局势逐渐平稳下来。这一年底，魏徵返回长安。贞观元年（627）七月，山东大旱，太宗下诏赈恤百姓，并免除当年赋税。九月，因河北一带发生灾荒，春逢干旱，秋遇大雨。太宗命中书侍郎温彦博、尚书右丞魏徵、御史孙伏伽、中书舍人辛谞等人，分赴诸州，督促州县，赈济百姓。这一年，青州（今山东益都）有人谋反，州县捕获余党甚多，牢狱皆满，太宗命殿中侍御史崔仁师前去处理。崔仁师到达后，命令脱去犯人枷械，供给饮食，再三宽慰后，除魁首10余人外，全都释放。崔仁师的这种办法，对稳定灾后人心无疑起了积极作用。由于唐太宗君臣的努力，山东、河北一带人心稳定，再没发生动乱事件，巩固了唐王朝在这一带的统治。

（二）擢用山东人士

李唐皇室出自关陇地主集团，武德时期统治阶层中大都为关陇地区人。李渊太原起兵后，"三秦士庶、衣冠子弟、郡县长吏、豪族弟兄"，都投奔而来。李渊的命令中也提到"五陵豪杰，三辅冠盖，公卿将相之绪余，侠少良家之子弟"，[①]争先恐后，纷纷来归。除这部分人外，太原跟随李渊起兵者，也在统治阶层中占有一定的比例。还有一部分人即原隋朝贵族官僚，这些人在武德时期的执政班子中势力不小。以上这些人相当部分都是关陇贵族，旧史说："创业君臣，俱是贵族，三代以后，无如我唐。"[②]意思是说夏、商、周以来，开国君臣中的贵族之多，没有超过唐代的。唐太宗即位之后，也囿于地域之见，未能公平地对待山东（指太行山、崤山以东）人士。贞观元年，"太宗尝言及山

---

① 《大唐创业起居注》卷二，第33页。
② 《唐会要》卷三六《氏族》，第774页。

东、关中人，意有同异"。殿中侍御史张行成奏说："臣闻天子以四海
为家，不当以东西为限；若如是，则示人以隘狭。"[1]这番话对唐太宗触
动很大。张行成，定州义丰（今河北安国）人，在王世充的郑国，担任
过度支尚书，与山东各种势力有广泛的联系，他的话反映了山东豪杰与
士人的愿望。

　　太宗以前在河南、河北征战时，也注意到"山东人物之所，河北蚕
绵之乡，而天府委输，待以成绩"[2]，由于他已经注意到山东地理、物产
的重要和山东人才的众多，当认识到以前的观念有偏差时，便能很快地
予以纠正，同时也是出于稳定玄武门之变后山东、河北局势的需要。太
宗除了任用魏徵、崔仁师、张行成等一批人外，以后陆续重用了戴胄、
马周、张亮等人。值得注意的是，这些山东人士，大都出身于寒门小
族，家境孤贫，如魏徵，"少孤，落魄"；张行成，卑微寒族；张亮，
"以农为业"；马周是位寒士，戴胄出身低微，崔仁师似为高门中的破
落户。这些人大多经历隋末动乱，熟悉民间情况，与普通地主联系密
切，太宗依靠他们迅速稳定了山东的政治局势。

四、改级政府

（一）调整宰相

　　武德时期前后有12位宰相，几乎都是皇亲、贵族、元勋。其中最受
宠信的便是裴寂，此人在刘文静被杀一案中和李世民有严重的分歧，在
秦王府与东宫争斗中又倾向建成一方，因此，唐太宗对他非常厌恶，早
就想把他赶下台。但由于此人在太原起兵中确实有些功劳，不便随意撤
换，因而采取了逐渐削弱其权位的办法。贞观元年，大封功臣。加裴寂
食封1500户，表面上比其他功臣都多，但实际上剥夺了他参议政事的决

① 《旧唐书》卷七八《张行成传》，第2703页。
② 《资治通鉴》卷一九〇，唐高祖武德五年十二月《考异》，第5963页。

策权。贞观三年（629），沙门法雅因在武德时受宠可以出入宫禁，太宗即位后禁绝他再入宫中，于是心中怨愤，散布妖言，被杀。裴寂因知情不报，被免官，削食邑之半，放归本乡。裴寂乞求留居长安，太宗谴责说："以你功绩本不居第一，因先皇恩典才得以高居显位。武德之时，政事废弛，刑法纰漏，都是因你之故。看在旧情，留你性命，还不归乡扫墓，有什么理由留在京师？"裴寂只好灰溜溜回到故乡。不久，有人说裴寂有天分，意思说其将拥有天下，裴寂恐惧不敢上奏，遂命人将说此话者杀死，不料没有把人杀掉，反而暴露了此事。太宗大怒，谴责他有四大罪状，将其流放远州，后死在贬地。

陈叔达、萧瑀、宇文士及3位宰相，分别出身于陈朝皇族、梁朝皇族和北周宗室，他们都是武德时李世民的支持者，由于进取精神不强，比较保守，太宗还是把他们逐渐从宰相职位上换下来，另做妥善安排。这几个人中除宇文士及外，陈、萧二人性格率直，爱闹矛盾。萧瑀又与房玄龄等关系紧张，曾抓住房玄龄、魏徵、温彦博等的小过，上表劾奏，小题大做，还对太宗不治3人之罪不满。因此这些人已不能适应新形势的需要，退出决策机构在所难免。尽管他们不再担任宰相，但太宗仍把他们作为元老重臣对待，时常慰劳，重叙旧谊。宇文士及病重，太宗亲自看望，"抚之流涕"，死后陪葬昭陵。后来仍然将萧瑀图像挂于凌烟阁，作为功臣对待。

封德彝也是高祖时的宰相，玄武门之变后，太宗任他为尚书右仆射，仍为宰相。这个人非常阴险，比如他和萧瑀已经议定的事情，上奏太宗时看皇帝脸色说话，往往将原先议定的事又完全推翻，搞得萧瑀很被动，因此两人矛盾很大。太宗曾经令封德彝举荐贤才，过了很长时间也未见他举荐一人。太宗责问此事，他回答说："不是臣不尽心，只是当今天下未有奇才！"太宗批评说："君子用人如同使用器物，各取所长，古代治理得比较好的时期，难道其人才是从另一时代借来的？不说自己不识贤才，竟敢诬说天下之人中无奇才！"封德彝惭愧而退。贞观元年，封德彝病死，太宗非常悲伤，为其废朝3日，赠司空，谥曰

"明"。数年之后，太宗才查知他与建成、元吉勾结之事。贞观十七年（643），有人追劾此事，太宗召集群臣商议，最后决定收回赠官，削去食邑，改谥曰"缪"。

唐太宗从宰相班子中把武德时期的旧臣逐渐调整出去，开始把原秦王府的心腹之臣安置进去。早在武德九年七月，就以高士廉为侍中，长孙无忌为吏部尚书，杜如晦为兵部尚书。贞观元年，升长孙无忌为右仆射。贞观二年，以杜如晦检校侍中，李靖检校中书令，王珪守侍中。贞观三年，以房玄龄为左仆射，杜如晦为右仆射，李靖为兵部尚书，魏徵守秘书监，参与朝政。经过几年的调整，太宗完成了中枢决策机构的重建工作。

（二）改革决策机制

中央决策机构的人事调整一就绪，太宗就开始让国家机器按照自己的意志运转了。他对高祖时期的机制做了一系列的改革，使其更趋完备和简化，以提高行政效率。

首先，对三省制度进行了适当的改革，为唐朝宰相制度的完善奠定了基础。武德时期沿袭隋制，以三省长官为宰相，李世民即位以后，尚书令一职不再授人，这样尚书省左、右仆射就成为尚书省的实际长官，不仅为真宰相，而且在众位宰相中还具有超出他相之上的首席地位，权力最重。这种状况在武德时期就已经出现了。武德时期还没有三省长官之外的其他官员任宰相的，唐太宗为了扩大议政人员，以收集思广益之效，从贞观元年起，开始以他官参与宰相之事。这里包括两类情况，一种是给资格较浅的官员加"参议朝政""参知机务""参知政事""专典机密"之类的名号，使其参与宰相议政。如贞观元年，令御史大夫杜淹"参与朝政"；三年，又以魏徵为秘书监，参与朝政。另一种情况是给一些老资格的功臣加"平章事"或"同三品"的名号，使得他们继续预闻宰相事务。如贞观八年，仆射李靖因老病辞位，太宗令他"三两日一至中书门下平章事"。①所谓平章事，就是共议军国政事。贞观十七年，又特诏太子詹事李勣"特诏同知政事，始谓同中书门下三品"。②若仅从品秩来说，詹事已是正三品的官了，加"同中书门下三品"的名号，意思是说可与中书省、门下省的中书令和侍中（均为正三品）同知政事。从此以后直到贞观末年，凡加此类名号者，均为宰相，也就是说，虽然不一定是三省的长官，其他官员只要加此类头衔者也都是宰相。隋朝统治时期已有以他官参与宰相议政的现象，但比较罕见，尚未形成定制，到贞观时期这种新的宰相制度才正式确立。唐代宰相制度的特点是，诸位宰相共同开会讨论军国大事，从而掌握决策权，而不是一人独断，故有人将唐代的这一制度称为委员制，而将汉代的宰相制称为领袖制，③显然这种体现分权的制度要比一人独断之制优越得多。

这一新的宰相制度的实行，使那些品秩较低的官员，加上某种头衔兼居宰相之职，可以更好地发挥三省六部制的机能，同时也便于皇帝对相权的控制。任用品秩较低的官员或以他官充任宰相，也便于皇帝根据需要随时提拔或贬黜宰相，把自己更中意的官员调整到相位上来。这一制度还有一个特点，即对宰相的人数没有硬性规定，皇帝可以根据具体情况调整宰相人数，分宰相之权。

唐代的中书、门下两省，又称北省，是所谓机要之司。中书省是制令机关，即诏敕的起草由该省负责，具体承担这项工作的是中书舍人。中书舍人还有一个重要职责，就是参与讨论军国大事，即所谓"五花判事"制。大概此前有名无实，太宗在贞观五年（631）又特别"申明旧制"，加以恢复执行。唐代共置六位中书舍人，每人负责尚书省六部中一个部的工作，称之为"分押尚书六曹"。具体做法是，重大政事在交宰相们议决前，先由六位中书舍人讨论，并提出各自的意见，所谓"各执所见，杂署其名"，称之"五花判事"。为什么称为"五花判事"

---

① 《新唐书》卷四六《百官志一》，第1182页。
② 《旧唐书》卷四三《职官志二》，第1849页。李勣即李世勣，避太宗讳而改。
③ 钱穆：《中国历代政治得失》，北京：生活·读书·新知三联书店，2001年，第37页。

呢？因为讨论政事时，除了具体分押该部的舍人可以提出意见外，其他五位舍人也必须提出各自的书面意见，并且还要署名。然后将这些意见交中书令、中书侍郎审定，并提交政事堂供宰相决策时参考。这样做有利于调动官员的积极性，尽量避免错误，或少犯错误。"五花判事"制推行的结果，"由是鲜有败事"。①

唐太宗认为天下之广，四海之众，千头万绪，一个人就是日理万机，也有考虑不周的地方。假如一天处理10件事，其中5件处理不当，日积月累，将会造成较大的损失，不亡国将有何待？他认为隋文帝的缺点之一，就是凡事都要亲自决断，虽然苦心劳神，也未必决断合理。鉴于此，太宗注重发挥众人的智慧，各负其责，从而避免了不少失误。

门下省负责审议封驳。所谓"封"，指封还皇帝的诏令；"驳"是驳回百司的奏章，具体负责此项工作的是给事中。中书省起草的诏敕，要送门下省来审议，通过审议后才能正式颁下执行。如果给事中审议时认为有不当之处，附加上自己的意见后予以封还，重新起草；百司奏抄、表章经尚书省送到门下省审议，如果认为所奏之事有理，则加盖印玺下发尚书省施行，如认为不妥，则予以驳回。实行这一制度可以减少国家政事的失误，也可以起到诸司之间互相制约的作用，防止滥用职权的事发生。

宰相们议政的场所称"政事堂"，关于政事堂始置的时间，史籍记载不一，有一种意见认为始于贞观时期。政事堂设在门下省，贞观时期由于他官兼领宰相者日渐增多，一般是宰相上午议事于政事堂，下午各归本司处理有关事务。政事堂制度的实施，有利之处在于可以避免中书、门下两省之间的互相扯皮，所谓"盖以中书出诏令，门下掌封驳，日有争论，纷纭不决，故使两省先于政事堂议定，然后奏闻"②。尚书省为执行政令的最高行政部门，尚书省长官或其他官员兼领宰相事者参加政事堂会议，可以把政令在执行过程中的情况及时反馈回来，有利于修

① 《资治通鉴》卷一九三，唐太宗贞观三年四月，第6064页。
② 〔元〕马端临：《文献通考》卷五〇《职官考四》，北京：中华书局，2011年，第1422页。

定诏敕，正确决策。总之，唐代的宰相集体负责制的确立，对于统治者正确执政，少犯错误，起到了很好的保障作用，客观上有利于社会经济的恢复发展。

（三）精简官员

唐太宗提高行政效率的另一措施，就是大力精简官员，以提高办事效率。隋朝的中央机构官员共2581员，人数较多，效率不高。唐太宗即位之初，在贞观元年就一再表示要"量才授职，务省官员"，"若得其善者，虽少亦足矣。其不善者，纵多亦奚为？"①他要求房玄龄根据这个基本原则，确定中央各部门的官员定额。房玄龄等人经过认真核查论证，最后确定中央文武官员总数为640员。②太宗对此非常满意，说："吾以此待天下贤材，足矣。"③当然，这个编制只是指中央的文武职事官，不包括吏职在内，否则也难以使国家机器运转起来。

在唐初有一种现象，人们多重视朝（京）官，轻视地方官员，在朝廷中也有这种倾向，因而忽视对地方州县官员的选授，士大夫以任朝官为荣，以任地方官为耻。马周向太宗上疏指出："理天下者，以人为本。欲令百姓安乐，惟在刺史、县令。县令既众，不可皆贤，若每州得良刺史，则合境苏息。……朝廷必不可独重内臣，外刺史、县令，遂轻其选。所以百姓未安，殆由于此。"④即百姓之所以未能安居乐业，都是因为刺史、县令不称职。这个意见引起了唐太宗的重视，遂决定刺史人

---

① 《贞观政要集校》卷三《论择官》，第155页。
② 此数据《贞观政要集校》卷三《论择官》所载，又据《新唐书》卷四六《百官志一》载，为730员。关于这种差异，宋人程大昌《续考古编》卷四《检校官》（北京：中华书局，2008年，第279页）载："唐太宗定天下官为七百三十员，曰：'吾以此待天下士，足矣！'又言房玄龄等定六百四十员。然及其时已有员外置。其后，则天、中宗始有检校官。按今检校少保、傅、太尉，皆于正员外仿正员置官。"按：检校官隋代已有之（可能更早），唐高祖、太宗时已大量设置，程大昌的说法有误。不过其认为两种数字的差异，乃是有检校官之缘故，可备一说。
③ 《新唐书》卷四六《百官志一》，第1181页。
④ 《贞观政要集校》卷三《论择官》，第161—162页。

选由自己亲自选择，县令由五品以上京官各荐举贤才一人。这一措施的实行，一定程度上改变了刺史、县令选非其才的状况，使吏治情况有所好转。

太宗还规定以后凡乐工、伎人，技艺确实比较高超的，只可赐以钱帛以赏其能，不许再授以官爵。这一规定主要鉴于隋炀帝、唐高祖时曾出现过此类现象，为了避免这种弊病再次产生，特专门做出这一规定。

（四）压缩州县

隋文帝时，为了改变南北朝以来"十羊九牧"的不正常状况，把地方行政区划由州、郡、县三级制改为州、县二级制。隋朝末年，天下大乱，豪杰并起，"拥众据地"，加之武德初期对来归附的各地豪杰，多割地设置州县以安排，"由是州县之数，倍于开皇、大业之间"。①太宗即位后，深感"吏多民少"，国家与百姓负担很重，同时也不便于提高行政效率。贞观元年二月，下令省并州县，并划分全国为十道。十道是根据自然地理形势划分的，即关内、河南、河东、河北、山南、陇右、淮南、江南、剑南、岭南。这仅是一种监察区域，还不是一级行政区划，道成为一级行政区划那是以后的事。

省并后的州县数，据载贞观十三年（639）时，全国共有州府358个，县1551个，大大少于武德时期。这样就使每州每县的辖区有所扩大，管理的人口增多，同时减少了地方机构与官吏的数量。在各个监察区内，派出巡察使、按察使、黜陟使等不定期地巡察，任务主要是考察地方官员的政绩、善恶，以决定提升或黜退；另一任务就是观察风俗，考察生产。

---

① 《资治通鉴》卷一九二，唐太宗贞观元年正月，第6033页。

五、发展生产

（一）轻徭薄赋　勤俭节用

经过隋末大动乱，社会经济遭到严重破坏。唐初社会萧条，一片残破景象，从洛阳向东直到海边，"茫茫千里，人烟断绝，鸡犬不闻，道路萧条"。[①]唐高祖在位9年，当时战争仍在持续，社会经济并未得到很好地恢复。太宗即位以后，史籍记载当时的情况时说："霜旱为灾，粟价腾起"，[②]"户口减损尚多，田畴垦辟犹少"[③]。面对这种残破的社会经济状况，想要增加政府的财政收入，改善百姓生产、生活条件，就必须首先减轻农民的赋税和徭役负担，休养生息，使社会经济得到恢复和发展。

太宗认为隋炀帝横征暴敛破坏社会生产，激化社会矛盾，导致了隋朝的覆灭，这一切都是他亲见亲闻，对他触动很大。即位之后，他吸取了这种历史教训，推行轻徭薄赋政策，以恢复民力。他本人曾明确地指出："隋炀帝求觅无已，内则淫荡于声色，外则剿人以黩武，遂至灭亡。朕睹此，但以清静抚之。"[④]所谓"清静抚之"，就是减轻人民负担，发展农业生产，使百姓"家给人足"。[⑤]他认为轻徭薄赋对农业生产的恢复作用很大，"今省徭薄赋，不夺其时，使比屋之人，恣其耕稼"。[⑥]也就是说减轻徭役可以使农民不至于因服役而耽误农时，可以全

---

① 《贞观政要集校》卷二《直谏》，第126页。

② 《册府元龟》卷一八《帝王部·帝德》，第186页。

③ 《贞观政要集校》卷一〇《论灾祥》，第526页。

④ 〔唐〕王方庆：《魏郑公谏录》卷三《对隋炀帝求觅无已》，见文渊阁《四库全书》，台北：商务印书馆，1983年，第446册，第185页。

⑤ 《旧唐书》卷四九《食货志下》，第2122页。

⑥ 《贞观政要集校》卷八《务农》，第427页。

力以赴地搞好农业生产。他还进一步认识到："为君之道，必须先存百姓，若损百姓以奉其身，如割胫自啖，腹饱而身毙。"①正因为太宗能正确地认识到君主与百姓的关系，所以他不敢轻易动用民力，唯恐加重百姓负担，影响农业生产。

在减轻百姓负担方面，太宗比较注重听取臣下意见，随时修正一些不适当的政令。比如他即位不久，命封德彝为简点使，负责征集兵员之事。封德彝为讨好皇帝，要把18岁左右的中男简选入军，说是中男中有身材高大健壮的也适合从军。唐初规定，男子16岁为中，21岁至60岁为丁，中男是不承担服役的。太宗一时没有仔细考虑，遂下敕规定中男虽未年满18岁，身形壮大，也可简选入军。魏徵认为不妥，坚持不肯签署敕书。太宗召见魏徵、王珪，面带怒色，质问说："中男若实小，自不点入军。若实大，是其作妄，依式点取，于理何嫌？君过作如此固执，朕不解公意！"魏徵非常严肃地回答："臣闻竭泽而渔，非不得鱼，明年无鱼。焚林而畋，非不获兽，明年无兽。若次男已上尽点入军，租赋杂徭，将何取给？……陛下每云，我之为君，以诚信待物，欲使官人百姓，并无矫伪之心。自登极已来，大事三数，皆是不信，复何以取信于人？"②太宗惊愕地问，自己不讲信义指的是何事。魏徵就列举了本来要免除关中、关东等地赋税，后来又继续征收，说是可准折第二年赋税等事（详见前述）。太宗认识到自己的错误，遂收回成命，并奖赏了魏徵、王珪的直谏。

要想省减徭赋，就必须节约国家的财政开支。精简官员、压缩州县无疑是节约开支的重要措施。除此之外，帝王提倡节俭，力戒奢侈也是减轻百姓负担、节约财政支出的又一重要措施。早在平定王世充时，太宗攻入洛阳，看到隋朝宫殿豪华奢侈，浪费了大量的财力、民力，遂下令拆除端门楼，焚毁了乾阳殿等建筑。即位之后，下令纵放禁苑鹰犬，罢四方贡献。贞观元年，太宗对臣下说："自古帝王凡有兴造，必

① 《魏郑公谏录》卷三《对为君之道先存百姓》，见文渊阁《四库全书》，第446册，第182页。
② 《贞观政要集校》卷二《直谏》，第117页。

须顺乎物情。大禹治水，凿九山，疏九江，动用人力虽广，但民无怨言，因为这些工程是为民谋利，为众人所共有。秦始皇营建宫室，而人人诅咒，因为他是为满足个人私欲。我今想建造一殿，材木都已齐备，想起秦始皇的教训，遂停止兴建。古人云："不作无益害有益。'可见人欲纵欲，其心必乱。至于雕镂器物，珠玉服玩，如恣意骄奢，则危亡之期立而可待也。"出于这种认识，太宗下令："自王公已下，第宅、车服、婚娶、丧葬，准品秩。不合服用者，宜一切禁断。"由于皇帝提倡俭朴，加之有敕书的约束，"由是20年间，风俗简朴，衣无锦绣，财帛富饶，无饥寒之弊"。①旧史说20年间风俗俭朴，显然有所夸大，但在贞观前期太宗的确保持这种勤俭作风，社会风气也比较淳朴。

贞观二年（628）夏，天气酷热，一些朝臣见太宗所居之宫地势较低，湿热难耐，遂奏请建造一座楼阁，以避湿热。太宗回答说："朕有气疾，难道适宜住在下湿之处吗？只是若同意你们的请求，花费财力太多。往昔汉文帝准备兴造露台，因需花费相当于十家中等人户产业的钱财，而不再建造。朕德不及汉文帝，而建造此阁的费用又超过他，岂是为君之道？"群臣"固请至于再三，竟不许"。②

太宗提倡节俭还表现在崇尚薄葬方面，他认为修高坟，行厚葬是一种既侈靡又伤风俗的恶习，为害甚深，应当革除，甚至对皇帝的厚葬也提出非议。他曾指斥秦始皇营建骊山坟墓，奢侈无度，最后不免招来祸患，导致亡国。他还明令规定王公以下乃至庶民百姓，"送葬之具有不依令式者，仰州府县官明加检察，随状科罪"。③朝官五品以上及贵族皇亲之家，上奏皇帝处理。

此外，为了节约费用，太宗还尽量避免和减少不必要的战争，以紧缩军费开支。在这方面他也有着许多深刻的认识，比如他说："夫兵甲者，国家凶器也。土地虽广，好战则人凋；邦境虽安，忘战则人殆。凋

① 《贞观政要集校》卷六《论俭约》，第317—318页。
② 《贞观政要集校》卷六《论俭约》，第319页。
③ 《贞观政要集校》卷八《论赦令》，第453页。

非保全之术，殆非拟寇之方，不可以全除，不可以常用。"①他还从隋炀帝穷兵黩武，三征高丽的行动中吸取了不少教训。因此，在贞观十八年（644）前，太宗基本上没有发动过不必要的战争。

总之，以上种种轻徭薄赋、俭朴节用、力戒奢侈、减轻百姓负担措施的实施，为农业生产的恢复和发展创造了有利的社会条件。

（二）推行均田　劝课农桑

均田令虽然颁布于武德时期，但是要彻底地贯彻实施这一制度，还需要做很大的努力，非短时间内所能完成。太宗即位以后，在推行均田制上做了大量工作。均田制的普遍实施主要有两个问题需要解决：一个是官僚、地主占有大量土地，使政府缺乏足够的土地授给农民；另一个是"宽乡"与"狭乡"的矛盾。为解决前一问题，太宗支持把官僚贵族多占的土地分给贫苦农民的举措，以缓解土地不足的矛盾。如贞观初，长孙顺德任泽州（今山西晋城）刺史，发现前任刺史张长贵、赵士达各占有境内肥沃良田数十顷，"顺德并劾而追夺，分给贫户"，②得到太宗支持。所采取的另一个措施，就是一再缩减皇家园囿，以增加农民耕地。贞观十一年（637），洛阳发大水，百姓资产损失很大，太宗一面下令赈济，一面把明德宫的玄圃院、飞山宫的园圃分给周围受灾农民，使这些园圃化为农民耕地。隋朝在洛阳有会通苑，唐改为芳华苑，该苑占地126里，太宗见其占地广大，遂毁之赐给百姓。太宗还一度把官员职田分给逃还的贫户及欠田之户，由政府从官仓中按每亩2升的标准支给被收回职田的官员。

对于"宽乡"与"狭乡"的矛盾，唐太宗主要通过有关政策来进行调节。所谓"宽乡"，指人少地多的地区；"狭乡"指人多地少的地区。狭乡一般授田都不足额，如太宗曾到零口（今陕西西安市临潼区东

---

① 《贞观政要集校》卷九《议征伐》，第484页。
② 《旧唐书》卷五八《长孙顺德传》，第2309页。

零口镇）的村落，询问授田情况，得知每丁仅授30亩时，"遂夜分而寝，忧其不给。诏雍州录尤少田者，给复，移之宽乡"。①贞观元年，鼓励 人多地少之处的人们迁往宽乡。这年关中遭受旱灾，粮食歉收，政府组织饥民到关东就食。次年，太宗还提出地方官安置外来户口积极、措施得当者，"并令考司录为功最"，②以鼓励地方官做好此项工作。所谓外来户口，就是指迁居异地的百姓。所谓"录为功最"，指考课部门在考核官员政绩时，把在这项工作中成绩突出的官员定为最高等级。以后还在《唐律》中规定，在宽乡占地超过限度不做违反律令处理，移民垦荒可以得到减免租税的优待。具体规定是：从本乡迁居千里以外，免除赋役3年；500里以外，免2年；300里以外，免1年。如果官员不按这些规定执行，要判徒刑2年。

太宗在贞观时期推行均田制的措施，大大缓解了农民缺地少地的问题，使均田令得到进一步推广实施。

为了劝课农桑，太宗经常遣使到各地巡视，督促农民努力生产，检查地方官劝课农桑的政绩。他曾经下令，对各县游手好闲、懒惰不事生产的人要进行惩治。贞观四年，太宗接见诸州考使时，强调"国以人为本，人以食为命"的道理，要求各位使者赴州县时，"遣官人就田陇间劝励，不得令有送迎。若迎送往还，多废农业，若此劝农，不如不去"。③

贞观二年，关中大旱，蝗虫大起。太宗外出视察灾情，拾取几只蝗虫，说："人以谷为命，而汝食之，是害于百姓。百姓有过，在予一人，尔其有灵，但当食我，无害百姓。"将要吞食，左右劝谏说："恐成疾，不可。"太宗认为只要能够减轻灾祸，就是因此生病也不要紧，遂把蝗虫吞食下去。④这一举动虽有矫揉造作之嫌，但确也反映了这位皇帝重视农业，爱民忧国的思想。贞观五年，皇太子将举行冠礼，阴阳

---

① 《册府元龟》卷四二《帝王部·仁慈》，第454页。
② 《册府元龟》卷六七三《牧守部·褒宠》，第7753页。
③ 《贞观政要集校》卷八《务农》，第425页。
④ 《贞观政要集校》卷八《务农》，第424页。

家认为二月举行为吉，太宗怕这时举行会妨碍春耕，耽误农时，遂不顾众人反对，改在十月举行。太宗自己还在园圃内种了几亩庄稼，有时锄草不到半亩，就感到困倦疲乏。他深有体会地说："以此思之，劳可知矣，农夫实甚辛苦。"[1]一位皇帝能如此体谅百姓之辛劳，的确难能可贵。太宗亲自种田的目的，当然不仅是体验种田的辛苦，更重要的是想以此行动带动举朝上下重视农业，劝课农桑。

为了保证农业生产的顺利进行，不耽误农时，太宗还运用法律手段来惩治那些影响农业的行为。《唐律》中有"非法兴造"的条文，规定："诸非法兴造及杂徭役，十庸以上坐赃论。"所谓"非法兴造"，指法令中规定不许兴建的项目，或者虽许建造但在农忙时动工，违反农时的项目。[2]这样就可以减少或根绝官吏在农忙时动用民力，耽误农时，保证了农业生产的顺利进行。

（三）兴修水利　增殖人口

水利是农业的命脉，太宗既要发展农业，就必然要重视水利工程的兴建。唐朝设有专管水利的机构。工部下设有水部司，由水部郎中与员外郎负责，掌天下江河陂池之政令，凡疏导沟洫，堰决河渠，舟楫灌溉等事，皆由其掌管。还设有都水监，长官称都水使者，掌管京师地区河渠疏浚与灌溉事宜。此外，还制定了水利与水运的法规，即《水部式》，以法律保护江河与堤防的合理使用。

唐太宗本人十分重视水利建设，多次亲自视察水灾灾情和黄河治理情况。在太宗的倡导与督促下，各地官员大都重视兴修水利。沧州（今河北沧州东南）刺史薛大鼎，在兴修水利方面成就突出，他组织群众先后疏浚了无棣河、长芦河、漳河和衡河，使沧州免除了水害威胁，便利了水上交通。扬州大都督府长史李袭誉，引雷陂水，修勾城塘，灌溉

---

① 《贞观政要集校》卷八《务农》，第425页。
② 刘俊文：《唐律疏议笺解》卷一六《擅兴律》，北京：中华书局，1996年，第1212页。

土地800余顷，百姓获其利。此外，这一时期还兴建了虢州（今河南灵宝）弘农渠、陕州（今河南三门峡西）利人渠、河中虞乡县（今山西永济东）涑水渠、龙门县（今山西河津）十石垆渠、太原（今山西太原西南）晋渠、文水县（今山西文水东）栅城渠、绵州龙安县（今四川绵阳市安州区北）云门堰、魏城县（今四川绵阳东北）洛水堰、杭州富阳县（今浙江杭州市富阳区）阳陂湖、福州连江县（今福建连江）材塘。仅泉州莆田县（今福建莆田）在贞观时期就兴修了诸泉塘、沥浔塘、永丰塘、横塘、颉洋塘、回清塘等多处水利工程。①

水利工程的大量兴修，改善了农业生产的条件，有力地促进了农业生产的发展，增加了粮食的产量。如龙门县的十石垆渠修建后，"溉田良沃，亩收十石"。②这个亩产量似乎有些偏高，在当时的生产条件下不大可能达到如此高产，但灌溉条件的改善，可以大幅度地提高产量却是毋庸置疑的。

要想发展社会生产，必须要有充足的劳动力。经过隋末动乱，人口锐减，高祖统治的武德时期，全国仅有200余万户，不到隋朝最多时户数的1/4。太宗即位后，采取了不少措施，以增殖人口。

首先，奖励婚嫁，鼓励生育。唐太宗早在贞观元年就颁布了劝励婚嫁的诏书，规定男子20岁，女子15岁为法定的婚配年龄。凡鳏夫、寡妇丧期已过，就可以允许婚嫁，"令其好合"。为了保证达到法定婚配年龄的男女及时成婚，诏书还责成其乡里亲戚或富有之家对因贫穷不能嫁娶者，进行资助。③太宗还把户口增加和婚嫁及时与否，作为地方官员政绩的考核标准之一。凡能使婚姻及时，鳏寡数少，户口增加的，考为上等；"劝导乖方，失于配偶，准户减少"的，以过失论处。④他还对生育

---

① 《新唐书》卷三七至四二《地理志一至六》。
② 《新唐书》卷三九《地理志三》，第1001页。
③ 〔清〕董诰等编：《全唐文》卷四《令有司劝勉民间嫁娶诏》，北京：中华书局，1983年，第54页。
④ 《全唐文》卷四《令有司劝勉民间嫁娶诏》，第54页。

男口者进行奖励。贞观三年,下诏规定:妇女生男孩者,给粟一石。[1]

其次,赎回外流人口。隋末战乱频繁,不少汉人避乱逃入突厥境内。突厥在隋末唐初多次入侵,也抢掠了大量人口。太宗即位以来,采取鼓励外流人口返乡和以金帛赎买的办法,从周边少数民族地区招回了大量人口。如贞观三年,据户部统计,塞外归附及突厥内附的人口共计120余万口。四年,太宗"以金帛购中国人因隋乱没突厥者男女八万人,尽还其家属"[2]。此外,把依附于唐朝的少数族人,内迁国内,设置州县,让他们改变生产方式,从事农业生产。如贞观四年,就把党项前后归附者30万口迁入境内,设州县管理。以后还陆续赎回了不少被薛延陀掠去的室韦、靺鞨、乌罗护等部族人。

再次,释放宫女,令其婚配。唐太宗即位初期,曾两次大规模释放宫女。一次在武德九年八月,共释放了3000余人;另一次在贞观二年九月,数字不详。太宗本人曾说过:"数年来又放宫人三五千人出。"[3]说明这次释放人数也不少。释放宫女,一是为了避免虚费衣食,节约费用;二是为了"任从婚娶",建立家庭,生儿育女。这也是增殖人口的具体办法之一。经过太宗君臣的努力,唐朝人口迅速增长。贞观二十三年(649)全国户口总数达到380万户,比武德时期增加了180万户。

(四)设置义仓　储粮备荒

隋文帝时曾创设社仓,储粮以备灾荒。炀帝即位,大肆挥霍,国用不足,取社仓之储以充费用,致使仓粮耗尽,无法发挥储粮防灾的作用。唐高祖时尚未来得及恢复这一制度。唐太宗即位后,于贞观二年设置义仓,性质与隋代社仓性质相同。规定天下州县都要设置义仓,每亩征收粮两升,粟、麦、稻随产而定。商贾无田者,按照其资产的多

---

① 《全唐文》卷五《赐孝义高年粟帛诏》,第59页。

② 《旧唐书》卷三《太宗纪下》,第41页。

③ 《魏郑公谏录》卷四《对往岁马料》,见文渊阁《四库全书》,第446册,第194页。

少，分为九等，最少交粮5斗，最多5石。如果收成不好，减产4成者交1升，减产7成者不交。下下户及少数民族不交。遇到灾年，义仓用于赈济灾民，或者贷给贫民做种子，秋季收获后归还。义仓的设置，是取之于民，用之于民的，由官府承办，带有强制性质，不能随便用作其他用途。至于后来义仓征收演变为地税，那是太宗子孙们的事，是和太宗设置义仓的初衷相悖的。

太宗还在武德九年九月，下令设置了常平监官以平抑物价。物价上涨，则减价抛售物品；丰年物价下跌，则大力收购，使价格不至于下跌太多。常平监官主要是平抑粮价，以免因粮价的波动而损害农民的利益。贞观十三年，太宗下诏在洛、相、幽、徐、齐、并、秦、蒲等州设置常平仓。常平仓所储粮食，就是用作平抑粮价的。这一机制有抑制或减缓商人兼并农民的作用，在一定程度上可以起到减轻谷贱伤农、谷贵伤民的良好作用。

唐太宗即位之初，水旱灾害频繁，"米谷踊贵"，关中、河东、河南、陇右一带，一斗米价值一匹绢。经过积极治理和人民群众的辛勤劳动，社会生产有了较快的发展，出现了"商旅野次，无复盗贼……马牛布野，外户不闭。又频致丰稔，米斗三四钱"的景象。[1]不仅社会经济有了较快的恢复，社会秩序也出现了前所未有的安宁景象，与隋末唐初的残破景象形成了鲜明的对照。这一切都和唐太宗的一系列措施有着比较密切的关系。

六、封建之争

武德时期唐高祖想通过加强宗室势力的办法，来达到巩固李氏统治的目的，遂将他的兄弟、儿子、堂兄弟，甚至远房宗亲数十人，皆封为王，其中包括一些不懂事的孩子。太宗即位后，于武德九年十一月，召

---

[1] 《贞观政要集校》卷一《政体》，第52页。

集群臣商议此事，讨论大封诸王的利弊。封德彝认为前代唯皇子与兄弟才得封王，其余亲属非有大功，不得封为王。自两汉以来，没有封王如今日高祖大封宗室这般。封王既多，力徭赋税必然增加，"恐非天下以至公也！"太宗以为此话有理，他说："朕为天子，所以养百姓也，岂可劳百姓以养己之宗族乎？"[1]于是下诏降宗室郡王为县公，其中有功的数人不降。

太宗在即位之初减少了封王之数，主要是出于经济方面的考虑，当社会生产有所恢复，经济窘迫的情况有所缓解，他的思想就有所反复。太宗看到历史上周王朝分封子弟为诸侯，使江山延续了800年之久；西汉吕氏欲想篡权，终赖宗室转危为安；秦罢诸侯，二世而亡；隋无封建，数十年而灭。他片面地吸取了这些历史教训，为使唐王朝的统治能够长治久安，又想实施封建诸王的计划。

贞观五年，太宗又一次召集群臣讨论封建问题。魏徵认为封建诸侯会使官吏增多，必然导致赋税苛重的弊病发生，主张不搞封建。礼部侍郎李百药主要从政治的角度提出反对意见，认为分封诸侯容易导致互相残杀，争战不息，不如设置州县。但中书侍郎颜师古却极力主张分封诸侯，认为只要不使其所辖地盘过大，诸侯之间隔以州县，杂错而居，就可以保持相安无事。唐太宗并不以反对此议的人多就动摇决心，仍于这年十一月下诏，准备实行分封，要求有关部门制定详细条例，上奏以闻。

贞观十一年六月，太宗认为实行分封制的条件已经成熟，遂下诏封荆王元景为荆州都督、吴王恪为安州都督，共计分封诸王为诸侯者21人，所任都督、刺史，皆令子孙世袭。又以功臣长孙无忌、房玄龄等14人为世袭刺史，并规定"非有大故，无得黜免"。[2]太宗想以这种办法来达到拱卫皇室，互相维持，以至于万世无虞的目的。

这一制度实行不久，就遭到来自各方面的反对。带头反对的是李百

[1] 《文献通考》卷二五九《帝系考十》，第7058页。
[2] 《资治通鉴》卷一九五，唐太宗贞观十一年六月，第6130页。

药，他给太宗上了一份很长的奏章，引古论今，猛烈地抨击了分封制的种种弊端以及所带来的严重政治后果，认为"封君列国，藉庆门资，忘其先业之艰难，轻其自然之崇贵，莫不世增淫虐，代益骄侈"。①中书舍人马周、左庶子于志宁等，也相继上书反对。于志宁主要认为古今社会情况不同，不能一味地盲目照搬古制，搞得不好非但达不到长治久安的目的，反倒会导致社会动荡。被封为世袭刺史的功臣们也不愿离开长安，脱离权力中心，到外地去任官。他们以长孙无忌为首，上表太宗辞让不就职，并在表章中对分封制大加鞭挞，认为分封制不适合唐代的社会情况，担心后世子孙袭职以后不能尊奉皇室，自取灭亡。说他们自从被授予世袭刺史后的心情，是"形影相吊，若履春冰；宗族忧虞，如置汤火"②。长孙无忌还让儿媳长乐公主向太宗求情，坚决辞让世袭刺史之职，并说："臣披荆棘事陛下，今海内宁一，奈何弃之外州，与迁徙何异！"③太宗见反对此事的人颇多，连世袭刺史们都加入了反对派的行列，口出怨言，抵触情绪颇大，遂于贞观十三年二月下诏，罢去分封之制。

唐太宗推行分封制是一种逆历史潮流而动的行为，理所当然地遭到强烈反对。对于太宗来说，可贵的是他能认真听取不同意见，不一味的顽固坚持自己的主张，当他认识到自己的主张不适合唐代的社会现实时，能迅速地予以纠正，这正是他不同于一般古代帝王的地方。

① 《贞观政要集校》卷三《论封建》，第177页。
② 《资治通鉴》卷一九五，唐太宗贞观十三年二月，第6145页。
③ 《资治通鉴》卷一九五，唐太宗贞观十三年二月，第6146页。

第七章

宽容大度的帝王风范

一、宽松的君臣关系

（一）善待功臣

在我国古代历史中，不少开国君主在如何对待功臣的问题上，大都处理得不甚完美，或残酷诛杀，或猜忌疏远，遭到人们的指责与非议。唐太宗在君主和功臣的关系上，处理得比较得当，君臣关系善始善终，不但使功臣们在政治上、生活上得到了应得的待遇，而且还使其中许多人在抵御外侵、治理国家中继续建立功勋。

太宗对待功臣不存私心，不分亲疏，公平坦荡。太宗即位不久，于武德九年九月大封功臣，命陈叔达当殿唱名宣读封爵食邑，并说封赏不当者，可以当面提出。"于是诸将争功，纷纭不已。"[1]淮安王李神通首先提出异议，他说："臣举兵于关中之西，首应义旗，而房玄龄、杜如晦等，不过是舞文弄墨之人，未立军功，却功居臣之上，臣心中不服。"太宗对此不以为然，批驳说："义旗初起，叔父虽然首先举兵响应，但主要是出于防止隋朝官吏的加害。窦建德纵横河北时，叔父屡次战败，全军覆没。刘黑闼举兵反叛，叔父望风而逃。房玄龄等运筹帷幄，安定社稷，论功行赏，本来就应该在叔父之上。叔父，皇室宗亲，我难道不知关怀、爱护？只是不可以私情滥赏。"太宗这一席话，有理有据，有情有义。诸将听到后，互相议论说："陛下处事公正，对淮安王都不徇私情，我辈如何敢不安其分。""遂皆悦服"。[2]

房玄龄反映说，秦王府旧人中没有升官的怨气很大，认为他们多年侍奉陛下左右，如今授官反在前东宫、齐王府人之下。太宗认为皇帝处事应该无私，这样才能使天下人心服。他进一步开导说："朕与众卿

---

① 《资治通鉴》卷一九二，唐高祖武德九年九月，第6022页。

② 《资治通鉴》卷一九二，唐高祖武德九年九月，第6022—6023页。

的衣食，全都取之于民，故设官分职，也是为了人民安居乐业，应当选择贤才而用之，岂能以新旧人为任官高低的依据。如果新人是贤才，旧人为不肖，怎么可以舍新而取旧呢？"太宗不以私恩滥授官爵的明智之举，不仅使当时人心悦诚服，也得到后人的好评与赞扬。

对于功臣中的居功自傲者，太宗不是采取猜疑或压制的态度，而是以善意的态度对其加以劝诫，不使他们沿着这个方向滑下去，以致君臣矛盾激化，大开杀戒。如尉迟敬德，"负其功"，连宰相都看不起，每次上朝见长孙无忌、房玄龄、杜如晦等议政，不论何事必当面驳斥，"由是与执政不平"。[1]有一次，太宗在庆善宫大宴群臣，尉迟敬德看见班位在他之上的人，就怒气上冲，愤愤不平，质问说："汝有何功，合坐我上？"[2]任城王李道宗坐在敬德之下，见状遂上前劝解。敬德更加愤怒，拳脚相加，打得李道宗一只眼睛几乎瞎了。对于敬德的这些行为，太宗当然很不高兴，不过他没有斥责或治罪敬德，但又不能放任敬德一味胡闹，于是把他招来，以史为鉴，对他进行开导教育。太宗说："朕读汉史，看到汉代的开国功臣能够安全生存下来的不多，心中对汉高祖非常不满。朕登极以来，时常想一定要保全功臣，使他们子孙繁衍，永远不绝。然而卿居官不遵法度，方知韩信、彭越这些汉朝功臣被杀，并非全是汉高祖的过错。帝王治理国家，靠的是赏罚分明；法外开恩，不可多行。希望多加注意，不要再做使自己后悔的事。"这番话对敬德触动很大，从此以后再未出现违法之事。

数年之后，太宗又对敬德说："有人反映你想谋反，这怎么解释呢？"敬德回答说："臣反是实！臣跟陛下征伐四方，身经百战，身上所存留的唯累累伤痕。现在天下已定，于是就怀疑臣谋反了。"敬德乃是耿直之人，说着就脱下衣服，露出了遍体伤痕。太宗看到这些伤疤，想起了当年激烈的征战，不禁泪流满襟，对敬德说："朕不怀疑你才对你这样，请赶快穿上衣服。"太宗与敬德多年来一起出生入死，在玄武

---

① 《旧唐书》卷六八《尉迟敬德传》，第2499页。
② 《旧唐书》卷六八《尉迟敬德传》，第2450页。

门之变前的危急形势下，敬德拒绝收买，心坚如铁，怎么会在和平时期反倒怀疑他谋反呢？太宗之所以这样问，主要是因敬德以前居功自傲，目无法纪，这样做可以起到敲山震虎的作用，防止他"旧病复发"，此举也是出于对功臣的爱护。只不过太宗使用这种诈术对待臣下，却是不可取的。

对于犯有轻罪的功臣，太宗也不轻易处罚，而是采用其他办法，促使他醒悟。右骁卫大将军长孙顺德接受贿赂被察觉，太宗感到非常痛心，惜其有功，不忍加罪，遂将他招来，当殿赐予绢帛数十匹。大理少卿胡演对此举不理解，对太宗说："长孙顺德枉法受贿，罪不可赦，为什么还要再赐以绢？"太宗说："他如果还有一点自尊，得绢之辱，甚于受刑；如不知惭愧，不过是一禽兽，杀他何益？"

贞观三年，太宗命房玄龄、王珪负责内外官吏的考课。御史权万纪上奏说二人考课不公，太宗未加考虑，就命侯君集负责审理此案。魏徵谏道："房玄龄与王珪都是朝廷重臣，素以忠直为陛下所信任，所考核的人数太多，难免有一二人不当。细察其情，并非有意。如审讯调查实有不公之处，则此二人就不便再重用。权万纪负责监察此事已久，从来不曾驳正不公之处，等到他本人的考课结果出来后，不大满意，这才上奏陈论，正欲激怒陛下，而不是竭诚为国。假使调查得实，对朝政没有多大益处；如果本来就无此事，就使君臣之间失去信任的基础。我认为此事影响甚大，搞得不好对国家不利，并非祖护两位大臣。"太宗听后，恍然大悟，急令撤去此案，不再追查。魏徵的意见并非放任考课中存在不公现象而不纠察，主要是认为不应采取审讯的方式去处理大臣在实际工作中偶尔的失误，这种见解的确难能可贵，真不愧是贞观治世的名臣。太宗之所以能迅速纠正先前的决定，是因为魏徵的这种见解和自己对待功臣的一贯态度相吻合，当他在盛怒之后，冷静思考问题时，即使没有魏徵提醒，也会主动纠正不适当的决定。

通观唐太宗的一生，基本上不存在虐杀功臣的问题。贞观十七年，吏部尚书侯君集谋反被捕，因证据确凿，不得已而杀之。侯君集曾率军灭吐谷浑、高昌二国，自以为功劳甚大，不满意位在房玄龄、李靖之下，支持太子李承乾谋夺帝位，阴谋败露后被杀，并非太宗借故诛杀功臣，而是他确有不赦之罪。就是对侯君集这样犯有谋逆重罪的人，太宗仍想赦免，他对群臣说："君集有功，欲乞其生，可乎？"①由于群臣纷纷反对，太宗只好流着眼泪与侯君集诀别，但还是赦免了他的妻子儿女。按照唐朝法律，谋逆之人是要诛灭全族的，太宗这样做，可以说对侯君集已经仁至义尽了。这并不是太宗沽名钓誉，而是出于真心，因为在此事之前，宗室李道宗曾劝太宗对侯君集要加以防备，太宗还批评李道宗"岂可亿度，妄生猜贰邪！"②可见他对侯君集是一直信任的。

（二）坦诚相待

隋朝在炀帝统治时期，君臣关系极度紧张，人情冷酷，互不信任。隋炀帝嫉贤妒能，偏听偏信，动辄以"诽谤朝政"之罪诛杀大臣，致使群臣钳口，人皆自保。朝中由一批谄谀之徒恃宠弄权，胡作非为，搞得社会矛盾异常激化，天怒人怨，最终导致政权灭亡。

唐太宗以隋亡为鉴戒，对各种人际关系都进行了积极地调整，使朝廷上下出现了一种宽松、和谐的气氛。对于如何处理好君臣关系，太宗提倡坦诚相待，不妄加猜忌。他曾经对侍臣说："治国与养病无异，病好了更须注意护理，若使再犯，必将丧命。治国也是这样，天下稍有安定，更须谨慎，如果从此骄逸放纵，必然亡国。朕为天子，身系天下安危，但作为耳目和四肢，还得仰赖众卿。共同的利害把我们连为一体，应该同心协力把朝政处理好。事情如有不妥，只管说出来，不要隐瞒。倘若君臣互相猜疑，不能坦诚对待，实在是国家的大害。"贞观四年，太宗问侍臣隋文帝是个什么样的君主，回答说是勤劳于政的励精之

---

① 《资治通鉴》卷一九七，唐太宗贞观十七年四月，第6194页。
② 《资治通鉴》卷一九七，唐太宗贞观十七年四月，第6195页。

主。太宗说："你只知其一，不知其二。这个人好察而心不明，好察则多疑，心不明则虑事不通。他是乘北周孤儿寡妇无人辅佐之机而获得天下，怀疑群臣不服，不肯信任百官，每事都要亲自决断，虽然劳心费神，但事情处理得未必都合理。朝臣们知道皇帝的这种心思，自宰相以下都不敢说话，只是一味地顺从。朕与他不同，天下之广，四海之大，事情千头万绪，全都交给百官处理，大事由宰相筹划，岂有皇帝一人独断之理？朕只管委任贤才，严肃法令，谁还敢为非作歹？"太宗的这席话强调的仍是要信任群臣，同时又对臣下寄予热切的希望，要求大家不存疑虑，互相信任，把国家的事情办好。

太宗还认为君臣之间要真正做到互相信任、坦诚相见，必须首先从君主自身做起。史籍中记载了这样一件事，有人向太宗上书，要求清除朝廷中的佞臣，太宗问："谁是佞臣？"回答说："我未在朝廷任职，不能确切知道谁是佞臣。陛下与群臣交谈时，假装愤怒进行试探，如果不惧怕陛下雷霆之怒，仍据理直谏的人，便是正人君子；要是顺情说好话的，必是奸佞。"太宗认为此法不妥，他说："流水的清浊，主要取决于源头。君主好比源头，臣下好比流水，源头混浊而希望流水清澈，显然是不可能的。如果君主以欺诈待人，如何要求臣下行为端直呢？朕正在以至诚治理天下，见到前代帝王好以权诈等小伎俩对待臣下，很是鄙视他们的行为，你的办法虽好，但是朕不能采纳。"太宗的这种源流之论，主要强调的是君主以身作则的作用。这种观点直到今天来看，仍有非常积极的意义，尽管在他统治的后期这种作风有了较大的改变，但在贞观前期君臣之间的关系的确比较宽松、和谐。

唐太宗不仅竭力提倡诚信之风气，而且在实际行动中也能认真地实施。贞观二年，有人密告长孙无忌权势过重，太宗把长孙无忌招来，拿出密表给他看，并说："我与卿坦诚无疑，如果各自都把知道的事情隐瞒起来不讲，君臣之间必将难以互相沟通。"他还在朝堂之上公然对群臣说："我的诸子还都尚幼，我对待无忌如同爱子，并非别人所能离间得了的。"太宗对大臣的信任，有时竟达到偏颇的程度。有一次，太宗外出到洛阳，命房玄龄留守京师，授予便宜行事之权，不必事事奏请。有人诬告房玄龄有密谋，房玄龄认为所告对象是自己，本人不便自行处理，就把告状人送到太宗的行宫。太宗得知京师留守送来告密者，大怒，命左右持长刀侍候，然后召见告密者，当听到所告的是房玄龄后，不问所告何事，就下令将告密者腰斩，还下书给房玄龄，责备他不能自信，命他以后如再有类似的事发生，可以自行裁决。

自古以来，历代都有一批人专以告密诬陷而获宠，使得君臣之间互相猜疑，不能同心同德。告密之风还直接导致政治风气败坏，直臣受屈，佞人得志，使得朝廷上下笼罩在一片恐怖气氛之中。太宗立斩告密者，可以起到打击这种歪风邪气的作用，杜绝那些企图通过这种卑鄙手段而获得政治上好处的人混入朝廷，对于扶持正气、维护君臣之间的坦诚关系，都有积极的作用。

（三）亲如一体

唐太宗在贞观时期对君臣关系有过多次论述，提出了一些前所未有的见解。贞观元年，他对侍臣说："贤明君主如果误用了邪臣，不能使天下大治；有才干的贤臣倘若在昏庸的君主下任职，同样也不能治理好国家。唯有君臣同心同德，关系如同鱼和水般融洽，才能使海内安宁，国家大治。"当然唐太宗在这里并非强调君臣关系平等，君为臣纲，君尊臣卑这些教条，唐太宗是不可能违背的。但是，他把君臣之间看成鱼水关系，强调君主离不开大臣的辅佐和匡正，确是一种开明的见解。基于这种认识，他进一步强调，君臣和谐自古以来就为有识之士所重视，"君失其国，臣亦不能独全其家"[1]，也就是说君臣的利害关系是共同的，国家的兴亡，社稷的安危，君与臣都共同负有责任。

贞观六年，功臣张公谨死，太宗得知后非常悲痛，要出外发哀（哭祭），有人根据《阴阳书》的记载，上奏说辰日不能哭泣，否则不吉

---

[1] 《贞观政要集校》卷三《君臣鉴戒》，第147页。

利。太宗说："君臣之义，同于父子，情发于衷，安避辰日？"①在这里，君臣关系又被解释为父子关系。既是父子关系，当然应该亲密无间。如唐太宗征伐高丽时，右卫大将军李思摩被乱箭射中，太宗亲自用口为他吸出伤口残血，将士们无不感动。

在太宗这种重视君臣关系的思想影响下，贞观时期的许多大臣非常注重协调君臣关系，如魏徵就多次强调："凡欲致化，必在上下相亲，朝廷辑睦"②，"圣哲施化，上下同心"③。这些观点都得到了太宗的赞同。贞观君臣重视上下关系的协调与融洽，目的是共同治理好国家，开创一种共商国是的开明政局。唐太宗认为君臣共理天下，要比个人独断好得多，只有共理才能够集思广益，减少失误，使得政令措施针对时弊。如果君臣彼此怀疑，君主闭目塞听，那就大治无望，覆亡有日了。

由于太宗注意调整君臣关系，贞观时期朝廷中呈现出一种宽松、和谐的气氛。他还时常把大臣召入寝宫，促膝而谈。每有庆典活动，君臣欢宴，谈笑风生。当时有一种风俗，人们喜欢以做诗互相嘲讽为乐。大书法家欧阳询形貌猥陋，长孙无忌嘲讽他是："耸膊成山字，埋肩畏出头。谁令麟阁上，画此一弥猴？"欧阳询当然不肯示弱，反唇相讥说："索头连背暖，漫裆畏肚寒。只缘心浑浑，所以面团团。"唐太宗见他们争斗得有趣，也参与这场戏谑，他笑着对欧阳询说："长孙无忌是皇后的兄长，你这样讥讽他，难道不怕皇后生气吗？"一句话又激起了一阵笑浪。④因为长孙无忌与皇后是亲兄妹，无忌形貌不佳，被人嘲讽，必然也牵连到皇后的容貌问题，所以唐太宗才这样问欧阳询，实际上太宗在这场玩笑中巧妙地把自己的妻子也作为嘲讽的对象。君臣关系在这种

---

① 《贞观政要集校》卷六《论仁恻》，第328页。

② 《魏郑公谏录》卷二《谏案验告讦》，见文渊阁《四库全书》，第446册，第176页。

③ 《魏郑公谏录》卷三《对大乱之后大可致化》，见文渊阁《四库全书》，第446册，第180页。

④ 〔元〕辛文房撰，傅璇琮主编：《唐才子传校笺》卷一《沈佺期》，北京：中华书局，1995年，第82页。

宽松和谐的氛围里，不知不觉地得到了调整，这样就更加有利于发挥人的积极性和能动性，刺激了臣僚们的责任心和使命感，使人才济济的唐朝廷充满了盎然生机。

前文已经说过唐太宗并不主张君臣平等，君尊臣卑的思想在他的头脑里根深蒂固，在实际生活中，这种观念也不时体现出来。有一次，太宗从九成宫返京途中，一个宫人住在沣川县官舍中。一会儿李靖、王珪也到达该地，县官就把宫人移到别处休息，把官舍给李、王二人居住。唐太宗知道此事后，大为恼火，说："为什么要尊礼李靖等人，而轻视我宫人？"遂下令逮捕审讯沣川县官员。在太宗看来，轻视宫人就是伤了皇帝的体面，就是违背了君尊臣卑的教条，因此才大为恼火。魏徵进谏说："李靖等是陛下的重要大臣，宫人不过是皇后的贱隶，双方是不能等同的。李靖等外出，负有察访民间疾苦的责任，按照朝廷的法规，地方官员不可不谒见。至于宫人外出，地方官除了供给吃住之外，没有参秉谒见的义务。陛下如果因此而治罪于臣下，恐怕有损于陛下的形象。"太宗回答说："你说得很对。"于是撤销了命令。

唐太宗有一个明显的优点，就是在贞观时期，尤其是前期，能虚心接纳臣下的进谏，并迅速付诸行动，因此，尽管有上述事件的发生，却并未造成不良影响，也未危及君臣关系的协调与融洽。但是，由于唐太宗这种观念的存在，当他晚年不再有意识地约束自己时，影响君臣关系的事就逐渐多起来了。

二、唐太宗与子女

（一）严于教子

唐太宗共有14个儿子，即太子李承乾、楚王李宽、吴王李恪、魏王李泰、齐王李祐、蜀王李愔、蒋王李恽、越王李贞、晋王李治、纪王李慎、江王李嚣、代王李简、赵王李福、曹王李明。其中，李承乾、李泰、李治3人为长孙皇后所生。

太宗对子女要求颇严，他曾经对魏徵说："自古侯王能自保全者甚少，皆由生长富贵，好尚骄逸，多不解亲君子远小人故尔。"[①]为了使自己的儿子能从历史中吸取教训，他命魏徵等人将自古以来帝王子弟成败之事迹编成一书，称《自古诸侯王善恶录》，分赐诸子。魏徵还为这部书撰写了序言，太宗阅后，大加赞扬，要求诸子将此作为座右铭，看成立身之本。太宗不仅要求诸子从历史中吸取经验，还注重让自己的儿子了解社会，了解民间疾苦。他根据自己的切身体会，认识到帝王子弟只有接触社会，才能真正体验到世事的艰难；只有在磨炼中，才能增长才干。太宗曾对于志宁说过自己的这种体会："卿等辅导太子，常须为说百姓间利害事。朕年十八，犹在人间，百姓艰难，无不谙练。及居帝位，每商量处置，或时有乖疏，得人谏诤，方始觉悟。……况太子生长深宫，百姓艰难，都不闻见乎？"[②]这时的太子为嫡长子李承乾。出于这种认识，太宗一面要求东宫官员看到太子的不足之处，随时进谏；另一方面也让太子参与一些政事的处理，在实践中增长才干。贞观四年，太宗下诏：自今以后有诉讼者，如经尚书省判而不服，可到东宫上诉，由太子裁决，倘若还不服，才可奏闻皇帝。太宗外出巡幸，常令太子留守监国，据说他处理政事，"颇识大体"[③]。

太宗虽贵为皇帝，但作为父亲，宠爱自己子女也是人之常情，因此每年都要给诸子赏赐大量的物品。贞观六年，将女儿长乐公主下嫁长孙冲。太宗特别宠爱这个女儿，加之又是皇后亲生，因此嫁妆比较丰厚，相当于自己的妹妹永嘉长公主嫁妆的2倍。魏徵认为此事不妥，上书劝谏。太宗觉得魏徵的话很有道理，但又怕皇后知道后不高兴，遂把魏徵的话告诉长孙皇后。长孙皇后听后感叹地说："我平时常听说陛下很器重魏徵，却不知是什么原因，今日看到此事，才知道他真是一位社稷重臣！我与陛下为结发夫妻，也得到陛下的尊重与爱抚，即使这样，每次

---

① 《贞观政要集校》卷四《教戒太子诸王》，第214页。

② 《贞观政要集校》卷四《教戒太子诸王》，第212页。

③ 《旧唐书》卷七六《恒山王承乾传》，第2648页。

说话都要观察陛下情绪的好坏，不敢轻易触犯威严，何况君臣之间呢？魏徵能做到这一点，的确难能可贵，陛下不可不从。"太宗夫妇不仅很快纠正了此事，为了感谢和鼓励魏徵，还赐钱400贯、绢400匹。

礼部尚书王珪的儿子王敬直娶了太宗的女儿南平公主为妻。由于是公主下嫁大臣之家，自然无人再敢按照《礼》规定的媳妇见公婆之仪行事，这种状况由来已久，并非唐初如此。王珪认为太宗动辄以礼法行事，自己带头恢复这种礼仪，当不会受到责怪，还能收到示范与宣传效果。于是，他与其妻在正堂而坐，令南平公主亲执笲巾行盥馈之礼，^①礼成而退。太宗得知此事后大加赞赏。从此以后，凡公主下嫁，只要有公婆在世的，都要行此礼仪。这件事不能简单地看成是维护旧礼节的问题，实际是媳妇能否尊重公婆的社会问题，对出身于高门或优裕家庭的女子尤为重要。唐太宗能支持此事，从一个侧面反映了他对子女严格要求和对家庭教育的重视。

太宗按照唐朝制度，在诸子很小的时候就将其封王，并赐予封户，建立王府，设置王府辅导之官。他对诸王政治上要求很严，培养他们的各种才干，但在生活上却给予种种优待，赐予大量物品。马周对太宗的这种做法颇不以为然，上疏指出："汉、晋以来，在诸侯王的问题上有许多教训，历代君主对这些教训都是熟知的，但是溺于私爱，故有前车之鉴而后车仍不改辙。今日诸王宠遇之恩有的过厚，很容易导致恃恩骄纵的事发生。往昔魏武帝曹操宠爱陈思王曹植，等到魏文帝即位，对曹植防范甚严，如同狱囚，就是先帝施恩太多而引起的。何况皇帝的儿子不愁富贵，有封地食邑，锦衣玉食，何必每年再厚加赏赐。俗语说：'贫不学俭，富不学奢。'陛下创建大业，难道只是为了安置好自己的儿子？应该从长远考虑，制定一个办法，使万代遵行。"^②太宗非常赞赏马周的这种看法。

马周的上述言论实际上有所专指。吴王李恪，他的母亲杨妃是隋炀

---

① 《旧唐书》卷七〇《王珪传》，第2530页。笲，竹器，用以盛枣栗肉食；巾，用以擦手脸；盥，浇水洗手；馈，进食于人。

② 《新唐书》卷九八《马周传》，第3899页。

帝的女儿，门第很高，加之李恪有文武之才，唐太宗常说这个儿子很像自己，甚至一度有立为太子的打算。魏王李泰，是长孙皇后亲生，有文学之才，太宗非常宠爱，专门为他设置了文学馆，任其自选学士，由于李泰身体肥胖，特许他乘小舆入宫上殿。马周的上疏中所指的恩宠过厚的皇子，就是指这两人。太宗虽然有所偏爱，但他能听从臣下的意见，有意识地约束自己的行为，以免对儿子造成不利影响，或者助长他们的骄纵奢侈习气。贞观十年（636），太宗把李恪、李泰和自己的几位兄弟招来，以历史上帝王子弟骄逸不法导致败亡的事例，教训他们注重德行修养，不要与人争富贵，并告诫说："勿纵欲肆情，自陷刑戮。"[1]这一年，太宗命吴王李恪为安州（今湖北安陆）都督，晋王李治为并州（今山西太原西南）都督，纪王李慎为秦州（今甘肃秦安西北）都督。在他们即将赴任时，每人赐书一封，以相告诫，并说："我本来想给你们赏赐珍玩等物，恐这样将会使你们骄奢不法，还不如赠以此言（指书信）更好些。"

吴王李恪在安州都督任上，多次外出畋猎，毁坏了百姓的庄稼，侍御史柳范提出弹劾，太宗毫不留情地罢去了他的官职，并削减封户300户，以示惩戒。太宗认为吴王犯法，辅佐之官不能及时匡正，也有责任，欲将安州长史权万纪治罪，后经人劝谏而释放。太宗这样做，目的是督促辅导诸王之臣尽职尽责，使皇子们少犯或不犯错误。吴王李恪被罢官后，太宗召他回京师，教育他说："父亲爱儿子，这是人之常情。儿子能尽忠尽孝则很好，若不遵教诲，触犯礼法，必然招致刑戮，父亲虽然爱子心切，也不能徇私枉法。作为大臣和皇子都要谨慎行事，约束自己的行为。"后来李恪吸取了这次教训，再也没有犯过类似错误。纪王李慎在地方任职期间，多行善政，得到人们的赞扬，后来又调任襄州，由于政绩突出，当地"百姓为之立碑"[2]。太宗得知后非常高兴，特意下诏进行勉励褒奖。

---

[1]《贞观政要集校》卷四《教戒太子诸王》，第219页。

[2]《旧唐书》卷七六《纪王李慎传》，第2664页。

（二）善于择师

太宗为了使自己的儿子更顺利地成长，得到更好的教育，对皇子的辅导之官非常重视。太宗曾经明确谈论过为皇子们选择师傅的意义，他说："有智慧之人，自然不会轻易受到外界不良风气的影响，但是，一般的人就不是这样，环境与教育对他们的成长影响很大。周成王因为有周公、召公为太傅，日闻礼法、仁德，所以就成为圣君；秦二世胡亥，用赵高为师傅，教以刑罚，后来即位就诛功臣，杀亲族，残暴不仁，导致秦朝很快覆亡。可见人的善恶都是由于教育的不同而形成的。所以朕要为太子、诸王选择贤人为师傅，使他们懂得仁德、礼法，以利于他们的顺利成长。"太宗还命近臣都要多多留意，访察正直忠信之臣，各举荐二三人以供自己选择。先后为诸王、太子充任过师傅的有李纲、王珪、马周、岑文本、于志宁、杜正伦、李百药、张玄素、孔颖达、权万纪等人，他们都是正直忠信之人，尽职尽责，受到太宗的器重。如太子少师李纲，"每吐论发言，皆辞色慷慨，有不可夺之志，太子未尝不耸然礼敬"[①]。李百药曾撰《赞道赋》，于志宁撰《谏苑》20卷，孔颖达撰《孝经义疏》，用于教导太子、诸王。

太宗为使诸子知书达礼，还效法古人，提倡尊师重道，他命礼部尚书王珪兼任魏王李泰之师，又令宰相房玄龄向魏王转达他的旨意，说："卿宜语泰，每对王珪，如见我面，宜加尊敬，不得懈怠。"[②]太宗还改定礼仪，以保证师、傅的尊崇地位。他对长孙无忌、房玄龄说："三师（指太师、太傅、太保）以德导人者也。若师体卑，太子无所取则。"于是下令撰太子接三师仪注。规定：三师到东宫，太子要出殿门迎接，并先拜三师，然后三师答拜，进门要让三师先入。三师坐，太子才能落座。太子给三师写书信，前头一定要有"惶恐"二字，最后要有"惶恐再拜"字样。

贞观四年，太子少师李纲患脚疾，步行不便。太宗赐以步舆，命三

---

① 《贞观政要集校》卷四《论尊师傅》，第200页。
② 《贞观政要集校》卷四《论尊师傅》，第204页。

卫士轮番抬舆入东宫，又下诏令太子引上殿，"亲拜之"，以显示尊师重道。李纲为太子讲授君臣、父子之道，"问寝视膳之方"。[①]所谓"问寝视膳"，是《礼记》记载的一个故事。说周文王为世子时，每天要三次向父亲王季问安：鸡鸣时就穿好衣服到寝室外问其睡眠如何，中午、晚上，都要问安，吃饭时要亲试食物的冷热，饭后还要了解吃了多少，胃口如何。这类教育，使得太子与诸王懂得封建伦理纲常，达到了统治阶级内部协调与和睦的目的。

（三）齐王李祐之死

齐王李祐为太宗第五子，阴妃所生。武德八年，唐高祖封其为宜阳王，不久又改封楚王、燕王。贞观十年，改封齐王，任齐州（今山东济南）都督。李祐的舅父阴弘智对他说："你们兄弟很多，陛下千秋以后，你的安全可能会受到威胁，应当早作准备，多募壮士以自卫。"李祐年轻无知，性格急躁，轻信了阴弘智的话。阴弘智遂将妻兄燕弘信推荐给李祐，李祐对燕弘信非常器重，给他大量金帛，让他招募武士。

唐太宗对任职于外地的儿子要求颇严，怕他们年轻骄纵，遂选择了一些刚正之士为长史、司马，以辅佐诸王管理地方事务，诸王如有过失，随时匡正并上奏皇帝。李祐喜欢畋猎，又昵近小人，长史薛大鼎屡次劝谏，齐王不听，太宗便认为薛大鼎辅导无方，遂把他罢官。权万纪以前曾做过吴王李恪的长史，正直忠信，太宗遂调权万纪为齐州长史，辅佐齐王。权万纪见齐王所作所为多不法，常犯颜直谏，李祐不听。权万纪遂把李祐身边最为亲近的壮士昝君暮、梁猛彪等驱逐出齐州，以免他们诱惑齐王胡作非为。李祐又暗中将他们召回，且对他们更加宠信。太宗得知这些事后，几次写书信严厉斥责李祐。权万纪害怕自己也像薛大鼎一样受到李祐牵连而获罪，便对李祐说："王，乃陛下爱子，陛下

希望王能改过自新，故严加教训，倘若王能悔过，我愿入朝见陛下，奏说王的改过决心。"李祐遂上表谢罪，权万纪入京后也对太宗言齐王必能改过，太宗甚喜，勉励权万纪，颁敕书再次警告齐王，切勿再犯前过。李祐听说权万纪受到皇帝慰勉而自己又一次被斥责，以为权万纪出卖了自己，心中愤愤不平。权万纪回到齐州后，对李祐要求更严了，不许他出城门，把所有鹰犬全都放走，又不许昝君暮、梁猛彪与李祐相见，李祐对权万纪更加痛恨，与昝、梁等人商议，打算诛杀权万纪。贞观十七年，齐王李祐谋杀权万纪的事泄露，权万纪遂把齐王亲党逮捕入狱，并将此事上奏太宗。太宗一面命刑部尚书刘德威前往审讯此案，一面命李祐与权万纪入京。权万纪奉诏先行，李祐派20余骑追赶，于途中把权万纪射死。

权万纪死后，李祐在其党羽的劝说下，索性起兵反叛。李祐下令城中15岁以上男子都要加入军队，又把城外百姓驱赶入城，大开府库，赏赐士卒。李祐还设立官署，大封众人为官，每夜与亲党数人饮酒作乐，自以为得志。太宗得知齐王反叛的消息后，大为震惊，他根本没有想到自己的亲生儿子竟敢反叛，痛心之余，下令兵部尚书李勣率九州军队讨伐，并下手敕切责李祐。

李祐下令召所属州县军队集中于齐州，却无一响应。齐州城中官吏、百姓见李祐如此荒唐，知道他即将败亡，纷纷缒城而逃。李勣大军尚未进入齐州境内，青（今山东青州）、淄（今山东淄博西南）等数州兵已齐集齐州境内，并向齐州推进。齐王府兵曹参军杜行敏等不愿跟随李祐反叛，商议举兵铲除李祐，齐王府中的很多人以及官吏、百姓无不响应。杜行敏趁夜深李祐防备不严之机，率众四面围攻王府，并斩杀了居住在王府之外的李祐同党。战斗一直进行到次日中午，由于李祐余党拼死力战，竟攻不破王府。杜行敏遂命人在王府四周堆积柴草，扬言如不投降，将把他们烧为灰烬。李祐见大势已去，只好开门投降，杜行敏斩杀其余党，把李祐押送长安。太宗下诏将李祐罢为庶人，然后赐死于内侍省。

李祐骄奢荒淫，不听劝谏，在贞观中期生产恢复、社会稳定的形势下，竟敢举兵谋反，无疑是逆社会潮流而动的，必然得不到百姓的支持和拥护，失败是不可避免的。唐太宗一向重视对子女的教育，想不到在他生前竟然出现了这样一个逆子，对他的打击之沉重是不言而喻的。不过，齐王李祐反叛事件的出现，并不能说明太宗对子女的教育是完全失败的，有一点可以肯定，即搞分封制显然是不合时宜的，这个事件对太宗来说实际是敲响了警钟，证明分封制不仅不能起到拱卫皇室的作用，反而还会破坏中央集权。

三、唐太宗与亲属

唐太宗对待亲属像对待子女一样要求颇严，有功必赏，有过必罚，从不轻授官爵。他刚即位不久，就把宗室中封为郡王而无功者，全部降为郡公。江夏王李道宗17岁时就追随太宗南征北战，为唐朝统一全国立下了许多战功，后又与李靖等人率军平定吐谷浑，就是这样的功臣，一旦犯罪，太宗也绝不宽容。贞观十二年（638），李道宗因接受贿赂被捕下狱。太宗惋惜地说："道宗俸禄甚多，又得到很多赏赐，家有余财，却如此贪婪，使人嗟惋，又使人鄙视。"遂下诏免去他的官爵，削去其封邑。李道宗知错必改，在征伐高丽的战争中屡立功勋，晚年自请授以闲职，好学不倦，敬贤礼士，"不以地势凌人"①，受到舆论的好评。

太宗虽然诛杀了建成、元吉二人，但那是由政治斗争的残酷性所决定的，对于政治家来说也是司空见惯之事，不足为奇。他对于兄弟之间的感情还是非常珍惜的，建成死后，太宗在兄弟中年最长，又是皇帝，所以自觉地担负起教育诸弟的责任。他为诸弟选择正直之臣为师，与自己的儿子一样严格要求，又时时将诸弟招来，向他们讲授骄奢必亡的道

① 《旧唐书》卷六〇《江夏王李道宗传》，第2356页。

理，告诫他们要勤奋学习、亲君子、远小人。

高祖第五子李智云，14岁时被隋朝官吏所杀，高祖与太宗都非常痛心，遂把太宗子李宽过继给他作为他的后嗣。李宽死后，太宗又以宗室李世都子李灵龟为其嗣。太宗十一弟韩王李元嘉，为宇文昭仪所生。贞观六年，昭仪死，元嘉当时年仅15岁，涕泣不食，太宗怜惜其弟年幼，多次劝解安慰。元嘉好学，收藏书籍达万卷，生活俭朴，如同一般士大夫家，与兄弟友爱，相见如布衣之交，这一切都深受太宗的赞扬，对他优礼有加。太宗十四弟霍王李元轨，少年多才，深受太宗器重，魏徵也对他大加称赞，太宗遂为他娶魏徵之女为妻。元轨不仅文才出众，武艺也不平凡，有一次他随太宗打猎，箭不虚发，太宗高兴地抚着他的背说："汝武艺过人，恨今无所施耳。当天下未定，我得汝岂不美乎！"①元轨前后数次出任刺史，每到一州，皆将政事委于长史、司马，自己谨慎自守，闭门读书，从不扰民，与贤人往来，如布衣之交，不仗势凌人。有人曾问与元轨交往颇深的徐州（今江苏徐州）布衣刘玄平："霍王有长处？"回答说："无长。"问者感到很奇怪，刘玄平解释说："人有所短，才能见其长，至于霍王，无所不备，你让我怎么回答呢？"可见元轨的口碑之好。正因为如此，太宗对元轨"宠遇弥厚"②。

太宗的七弟汉王李元昌，为州刺史时，多次违反法度，太宗曾经下诏严加斥责，元昌不但不思改过，反而心怀怨恨。贞观十七年，太子李承乾谋反事发，经查证，元昌也曾参与密谋。太宗不忍诛杀，打算特赦免死，李勣、高士廉等人认为天子应以四海为家，万姓为子，用法公平，不能徇私，力主诛杀元昌。太宗不得已，只好将元昌赐死于家中。

高士廉为太宗之妻长孙皇后之舅，参与过玄武门之变，为太宗的心腹大臣。太宗即位后任他为侍中，在贞观初年的拨乱反正中，他出力

---

① 《旧唐书》卷六四《霍王李元轨传》，第2430页。
② 《旧唐书》卷六四《霍王李元轨传》，第2430页。

甚多，威望很高。就是这样一位重要大臣，一旦有失误之处，太宗也不会轻易放过，必加惩处。有一次，黄门侍郎王珪有密表需要上奏太宗，交给高士廉代为转达，高士廉扣留密表不奏。事发后被太宗从宰相降为安州都督，又转任益州大都督府长史。高士廉在蜀中移风易俗，发展水利，兴办教育，政绩突出。太宗见他改过自新，且政绩不凡，遂又把他调入朝中任吏部尚书。

长孙无忌是太宗的妻兄，少年时就与太宗相友善，太宗从河东进军关中时他来相投，此后跟随太宗长年征伐，立有功劳。玄武门之变时，他力主先发制人，并参与了玄武门的战斗，故深受太宗器重。贞观元年，太宗因念他是外戚，又有功勋，早就想让他当宰相，只因时机不到，只好暂时忍耐。这年六月，尚书右仆射（宰相）封德彝死，七月，太宗遂任长孙无忌为右仆射。长孙皇后认为自己贵为皇后，家族地位已经非常尊贵了，兄长再执国政似乎不当，希望太宗取消成命，太宗不听。不久，有人密表反映长孙无忌权势过盛，太宗表示不疑，长孙无忌本人恳请辞去相位，皇后又再次陈请，太宗不得已只好解除了他的宰相之职。贞观七年（633），太宗任命长孙无忌为司空。长孙无忌坚辞不就，并上表表示自己身为外戚，如再加显官，恐怕会使别人议论陛下以私情照顾亲属。太宗说："朕择才授官，若无才干道德，纵然是至亲，也不轻易授以要职，比如对襄邑王李神符就是如此；如果才干与德行突出，虽是仇怨之人也不放弃，比如魏徵就是一例。倘若朕因你是皇后之兄，多赐金帛子女就可以了，何必授予重要官职？可见朕授官完全是依据德才而定。"此后，长孙无忌始终受到太宗的信任和器重，成为贞观年间政治舞台上的一位举足轻重的人物。

河间王李孝恭，是唐高祖堂兄的儿子。巴蜀30余州，在他的招抚下归属了唐朝。平定萧铣，他是唐军主帅，功劳最大。辅公祏反叛，李孝恭再次率军征伐，迅速扫平了叛乱，稳定了江淮广大地区。旧史说："自大业末，群雄竞起，皆为太宗所平，谋臣猛将并在麾下，罕有别立勋庸者，唯孝恭著方面之功，声名甚盛。"①对于这样的宗室功臣，太宗非常尊重，贞观初，任他为礼部尚书，封河间王，赐封户1200户。李孝恭性格宽和，不以功骄矜。"太宗甚加亲待，诸宗室中莫与为比。"②李孝恭曾对亲近的人说过这样的话："我所居住的府第宏伟壮丽，这不是我所希望的，应当卖掉，另外再建一所规模较小的住宅，能够容纳得下现有人口就行。我死之后，诸子有才，能守住这份家业就足够了；如果他们不才，也免使他人获得好处。"李孝恭作为一个古人，能具有这样的想法的确难能可贵。

唐太宗对待亲属，能做到敬贤才，远小人，赏罚分明，不以亲属滥赏官爵，表现出了一位雄才大略帝王所应有的广阔胸怀与风范。贞观时期政治清明，社会安宁，统治阶层内部人心稳定，社会矛盾趋于缓和，与太宗的这一系列措施与做法不无关系。

四、恤刑慎罚的贞观法制

（一）立法原则

唐太宗说："国家大事，惟赏与罚。赏当其劳，无功者自退。罚当其罪，为恶者戒惧。"③太宗把执掌赏罚之柄提到国家纲纪与国家大事的高度，这在古代帝王中是不多见的。要执掌赏罚大柄，就必须制定相应的法律、法规，而要制定好法律就必须先确定立法原则。魏徵指出："凡立法者，非以司民短而诛过误也，乃以防奸恶而救祸患，检淫邪而内正道。"④这里涉及立法的界限和方针问题，也就是首先要区分罪（奸恶、淫邪）与非罪（民短、过误）的界限。魏徵的立法思想主要是强调

---

① 《旧唐书》卷六〇《河间王李孝恭传》，第2349页。
② 《旧唐书》卷六〇《河间王李孝恭传》，第2349页。
③ 《贞观政要集校》卷三《论封建》，第172页。
④ 《贞观政要集校》卷五《论封建》，第294页。

法律的教育作用，即通过惩罚犯罪行为来达到减少或防止犯罪的教育目的，这是把儒家德化思想用于立法方面的具体体现。魏徵的这一思想得到唐太宗的赞同，并将其贯彻到贞观时期的立法工作中去。

关于立法的具体原则，太宗提出了如下几点要求：

第一，"不可一罪作数条"。太宗认为，国家法令必须"简约"，便于操作，不能同一项罪名有数条不同律条。律条太多，官员难以尽记或查找，容易滋生奸诈行为，若想开脱，就引用处罚较轻的条文；如欲治罪，就引用惩罚较重的条文。①太宗还认为法律条文必须措辞准确、明白易懂，反对用语含糊、措辞不清。他的这一思想是从唐高祖那里继承而来的，高祖说："本设法令，使人共解，而往代相承，多为隐语，执法之官，缘此舞弄。"②这些是制定任何法律都必须遵守的重要原则。

第二，法律必须保持相对的稳定性。太宗认为法令不可数变，频繁改变，官员不易掌握，前后不同，容易产生营私舞弊现象，"自今变法，皆宜详慎而行之"。③他曾经以营建房屋做比喻，说明法令频繁改变的危害，他说："治天下如同修造房屋，已经建成却又数次拆换，即使换一椽一瓦，也会影响整座房子的稳固性。如急于建立奇功，变易法度，不注重法令的长久与稳定，就会使天下劳扰，纷纭不定。"又说："诏令格式若不稳定，则人心必然困惑，导致奸诈滋生。"太宗在这里不是说法令不可改变，而是强调不可数变，不可朝令夕改，改变法令要慎重，认真详定后方可实施。

第三，恤刑慎罚，意在宽平。太宗即位之初，群臣在讨论立法原则时，出现了两种截然不同的主张。有人主张"以威刑肃天下"④，遭到太宗与魏徵的抵制。在这个问题上，魏徵说得更加清楚："故圣哲君临，移风易俗，不资严刑峻法，在仁义而已。"仁义为本，刑罚为末，

① 《贞观政要集校》卷八《论赦令》，第450页。
② 《旧唐书》卷五七《刘文静传》，第2292页。
③ 《资治通鉴》卷一九四，唐太宗贞观十年十二月，第6124页。
④ 《新唐书》卷五六《刑法志》，第1412页。

所以应当"尊德礼而卑刑罚"①。太宗能采纳魏徵的建议，主要也是吸取了隋文帝"不悦儒术，专尚刑名"和隋炀帝"法令滋章，教绝四维"的反面教训，②强调律令要以轻代重，意在宽平，从而形成了宽仁立法的原则。

太宗能听取群臣的意见，确定这些立法的基本原则，说明他对法律的制定和执行有相当深刻的了解，这对于一个古代帝王来说，是非常了不起的。这些原则的实施，对《唐律》的形成与完善无疑起到了决定性的作用。

（二）《唐律》的特点

立法原则确立后，太宗命长孙无忌、房玄龄等人根据这些原则修订法律。

太宗统治时期完成的《贞观律》，是在《武德律》的基础上修定而成的（《武德律》基本沿袭隋律，略有变动），12篇的篇名虽然没有变动，但内容方面却变动较大。修订后的律文共500条，刑名20等，比隋律减少了大辟92条，降流刑为徒刑的71条，其余变重为轻、"削烦去蠹"者，不可胜数。"又定枷、杻、钳、镣、杖、笞，皆有长短广狭之制"。同时，定令1590条，删改武德以来敕格，作为格保留继续行用的仅700条，于贞观十一年颁布施行。③自从这次重新删定颁布律、令、格、式以来，终太宗之世，再无变动。这样就保证了律令的稳定性，有利于贞观法制的建设。

贞观时期确定的《唐律》具有以下特点：首先，贯彻了变重为轻的原则。如在改革肉刑方面，长孙无忌等人议定将绞刑50条从轻改为断右趾，太宗认为仍然太重，说"肉刑废除已久，应当另行改定"。蜀王府法曹参军裴弘献根据太宗的这个旨意，又改为加役流3000里，居作3

---

① 《贞观政要集校》卷五《论诚信》，第293—294页。
② 《隋书》卷七五《儒林传序》，第1706页；《隋书》卷四《炀帝纪下》，第95页。
③ 《资治通鉴》卷一九四，唐太宗贞观十一年正月，第6126页。

年，并上奏太宗。这是刑罚上的一大进步。太宗观明堂针灸图，发现人的五脏都附在背部，而现行的鞭背之刑，恰恰打的是这一部位，往往会将人打死。太宗认为鞭刑是五刑中最轻的一种，岂容以最轻之刑而置人于死命，自古以来的帝王不了解这一点，是非常可悲的事。于是在贞观四年十一月，"诏自今毋得笞囚背"①。修订唐律时，仍然坚持了这一规定。

其次，在死刑的审批程序上变化较大。这是太宗吸取了隋末因残酷滥杀导致社会矛盾激化的教训后，采取的重要改革措施。太宗认为人死不可复生，如果杀错了人，无论怎样追悔，都无法使人起死回生，所以对判决死刑要特别谨慎。贞观二年，太宗命令自今以后，凡判决死刑，都要交中书、门下四品以上官员及尚书共同审议，不使冤案产生。

经过数年时间的实践，太宗认为奏决死刑一日之内三复奏还不行，因为在一日之内来不及仔细地思索，执行之后，纵有追悔，已来不及了，遂使三复奏的规定流于形式。于是，在贞观五年下诏规定："凡决大辟罪，在京者，行决之司，皆五覆奏；在外者，刑部三覆奏。"②根据旧史记载，五复奏的规定是由张蕴古案引发的。张蕴古本是幽州总管府记室参军，因向太宗上《大宝箴》，"文义甚美"，被提拔为大理丞。这一年，相州（今河南安阳）人李好德因"言涉妖妄"，被捕入狱。张蕴古上奏说此人有疯癫病，根据法律不应治罪。太宗遂下令释放。张蕴古很快把这个消息告诉了李好德，并与他博戏。侍御史权万纪得知此事，遂上表弹劾张蕴古。太宗大怒，将张蕴古处死。李好德患有疯癫是事实，张蕴古的过失在于诏令未颁下之前，不应擅自泄露，然此罪并不至死。太宗果然很快就后悔了，他对房玄龄说："你等食君之禄，须忧君之忧，事无大小，都要留意。今不问则不说，遇见事也不谏诤，怎么能算得上辅弼之臣？如张蕴古之事，罪状虽重，依据律条，未至极刑。朕当时盛怒之下，即令处死，你等竟无一言，有关法司也不复奏，是

① 《资治通鉴》卷一九三，唐太宗贞观四年十一月，第6083页。
② 《旧唐书》卷四三《职官志二》，第1838页。

何道理？"因此，太宗下诏规定："凡有死刑，虽令即决，皆须五覆奏。"又规定："守文定罪，或恐有冤。自今以后，门下省覆，有据法令合死而情可矜者，宜录奏闻。"①

对于执行死刑而不复奏的官员，也规定了惩处的办法，这在《唐律》中有明确记载。死罪犯人，若不待复奏便处决者，判处流刑2000里；奏报批准后应处决者，停3日才可行刑，若未满3日而行刑者，判徒刑一年。②唐律中的这一条规定，对于保证官员严格执法，减少死刑罪的错判现象有积极的作用。

再次，实行诬告反坐之律。实行这一规定的目的在于端正社会风气，使法制转入正常轨道。贞观三年，有人上书密告魏徵"谋反"，被太宗处以死刑。因为谋反者按律当处斩刑，诬告不实，即按原告诬陷被告的罪，处以斩刑。贞观九年，岷州（今甘肃岷县）都督高甑生随李靖出征，因延误进军日期被李靖处罚，心中痛恨，遂诬告李靖谋反。唐太宗尽管对此事不信，为了慎重起见，还是派法官进行调查，结果证明李靖无罪，按律高甑生犯的是诬告罪，本应判处死刑，太宗考虑到他曾是秦王府功臣，遂"减死徙边"③。有人因高是秦府旧部，请求不要治其罪。太宗指出："高甑生违反李靖命令，又诬陷他谋反，这样的罪如果可以宽恕，法律将如何实施？且自晋阳起兵以来，功臣甚多，倘若高甑生之罪可以赦免，则人人犯法，又如何禁止呢？我对勋旧之臣，未尝敢忘，正因为如此才不能赦免他。"关于诬告反坐的律条，《唐律疏议》卷二三《斗讼律》有详细规定。

除了以上特点外，对原法律不合理之处改变甚多，如限制严刑逼供，拷打致死人命者，法官要受到惩处；拷讯不得过度，达到规定的拷数，囚犯仍不承认犯罪者，可以取保释放，以防止屈打成招。再如旧法规定：兄弟分居，如一方谋反，另一方连坐，皆处以死刑；祖孙之间有

---

① 《贞观政要集校》卷八《论刑法》，第431页。
② 〔唐〕长孙无忌：《唐律疏议》卷三〇《断狱律》，北京：中华书局，1983年，第572页。
③ 《资治通鉴》卷一九四，唐太宗贞观九年八月，第6116页。

一方谋反者，另一方判处配流。这些都是不合理的。于是改为：祖孙、兄弟连坐者，皆判以配役。这样就比旧法有较大程度的减轻。在古代社会，"谋反"是十恶中排在首位的大罪，凡犯此罪者，全家、全族都要受到株连，有时甚至株连到三族、九族。贞观时修订的《唐律》能这样规定，在历代王朝中已属少见，这是当时刑律制度进步的表现。

（三）自觉守法

律令颁布之后，能否得到严格的执行，是一个十分重要的问题。首先要求立法者必须严格按法律行事，如果立法者不遵守法律，法官们上下其手，违法办案，法律制定得再完备也不过是一纸空文而已。唐太宗对这些道理有着深刻的认识，他经常说："法者，非朕一人之法，乃天下之法也。"[1]他还说："所习正则其身正，身正则不令而行。所习不正，则身不正，身不正则虽令不从。"[2]自从张蕴古死后，法官们吸取了反面教训，判案时不敢再根据情节从轻判处，当时，还出现了轻罪重判的现象，也没有及时地得到制止。这种情况太宗也有所觉察，有一次他问大理寺卿刘德威："近日刑网稍密，何也？"回答说："此在主上，不在群臣，人主好宽则宽，好急则急。……今失入无辜，失出更获大罪，是以吏各自免，竞就深文，非有教使之然，畏罪故耳。陛下傥一断以律，则此风立变矣。"[3]所谓"失入""失出"，前者指轻罪重判现象，后者指重罪轻判现象。刘德威认为这一切都是由皇帝的作为造成的，如果皇帝严格守法，这种风气就会立即扭转。太宗认为这话很有道理，表示愿意接受意见，"由是断狱平允"。[4]唐太宗这种带头守法，乐于接受臣下意见的豁达大度的态度，对于维护贞观时期的法制建设，改变执法官员的作风，都起到了较大的作用。

---

① 《旧唐书》卷七〇《戴胄传》，第2532页。
② 《贞观政要集校》卷一《政体》，第50—51页。
③ 《资治通鉴》卷一九四，唐太宗贞观十一年正月，第6126页。
④ 《资治通鉴》卷一九四，唐太宗贞观十一年正月，第6126页。

早在贞观元年，太宗就已经养成了良好的守法习惯。当时，他见兵部郎中戴胄正直公允，就把他提拔为大理寺少卿，负责司法审讯。这个时期选官制度尚不健全，一些选人就乘机伪造档案、资历，以求获得较好的职位。太宗颁敕令选人中作弊者自首，否则要处以死刑。不久，果然查出了作弊者，太宗打算处死。戴胄不同意，认为根据法律应判流刑。太宗大怒，说："卿欲守法而使朕失信乎？"回答说："这个敕条是根据陛下一时之喜怒而颁布的，而律条是国家取信于天下的根本大法。陛下应当忍小忿而存大信于天下之人。"太宗觉得戴胄说得对，自己确有意气用法的不足，遂转怒为喜地说："卿能执法，朕复何忧。"[1]

还有一次，广州都督党仁弘犯了勾结豪强，收纳金宝，擅自向少数族征税等罪，"法当死"。[2]但由于此人在太原起兵与唐朝统一战争中立有战功，太宗不忍他在年迈之时因诛戮而死，遂曲法免死，这样做就破坏了法制。为了挽回影响，不使官吏也相率曲法，太宗召集了五品以上官员，当众宣布自己破坏了法制，应当出南郊向上天谢罪3天。房玄龄等人觉得皇帝自罚有点不成体统，遂再三劝阻，太宗这才答应不去南郊谢罪。这种做法虽有故意作秀之嫌，但也确实有维护法制，警示臣下不得违法的作用。

在执法过程中，太宗仍然不忘恤刑慎罚的原则，如贞观十四年（640），有一个州刺史名叫贾崇，因部下有人犯了"十恶"大罪而被御史弹劾。太宗认为上古的圣贤都不能避免其亲近之人中有不贤者，如陶唐氏是大圣人，其子丹朱却不贤；柳下惠是大贤，其弟盗跖却为巨恶大盗。他们都不能感化自己的亲人使之改恶从善，却要求如今的刺史做到这一点，岂不是强人所难吗？太宗进而分析说："如果因此而使刺史连坐，恐怕以后大家都互相掩盖罪行，使得真正的罪犯得不到惩治。"于是规定今后诸州有犯"十恶"者，刺史不再连坐，但必须认真察访捉捕罪犯，肃清奸恶。

---

① 《资治通鉴》卷一九二，唐太宗贞观元年正月，第6031页。
② 《新唐书》卷五六《刑法志》，第1412页。

太宗即位以来，不轻易颁布大赦令，尤其反对一年中数次大赦。他认为大赦是赦免了贼人，危害了百姓。大赦还有一个弊端，就是频繁赦免会使小人存有侥幸心理，从而导致犯罪率上升。太宗引用古人的话说："赦者小人之幸，君子之不幸。"①这种想法也是不无道理的，可以真正使法律达到惩戒罪犯的作用。

在太宗的倡导下，贞观时期良吏辈出，执法公平，世风渐变。史称："太宗皇帝削平乱迹，涮洗污风，……以是人知耻格，俗尚贞修，太平之基，率由兹道。"②社会风气的改变，仅靠皇帝和一些良吏的守法是不可能的，同时还必须惩办贪官，严肃法纪，打击豪右，这一点太宗也做到了。旧史说："（太宗）深恶官吏贪浊，有枉法受财者，必无赦免。在京流外有犯赃者，皆遣执奏，随其所犯，置以重法。由是官吏多自清谨。制驭王公、妃主之家，大姓豪猾之伍，皆畏威屏迹，无敢侵欺细人。商旅野次，无复盗贼。""囹圄常空"，"外户不闭"。③由于社会安宁，四海无事，犯罪率也大为下降了。贞观四年全年，全国只有29人被判死刑。贞观六年，太宗亲自核定死囚390人，因要到明年秋季行刑，遂把他们放回，与家人相聚，到时再聚集于京师。次年九月，放回的死囚无人督率，全都自动按期返回长安，无一人逃亡，"太宗嘉其诚信，悉原之"。④这一切都说明贞观时期的法制成就是十分显著的。

五、不好祥瑞

自汉代大儒董仲舒提出"天人感应"学说以来，其在意识形态领域中一直占有绝对支配地位，统治阶级大多热衷于祥瑞之事。上有所好，

---

① 《资治通鉴》卷一九二，唐太宗贞观二年七月，第6055页。
② 《旧唐书》卷一八五《良吏传序》，第4782页。
③ 《贞观政要集校》卷一《政体》，第52页。
④ 《新唐书》卷五六《刑法志》，第1412页。

下必应之，历代都有不少臣民大献符瑞的事发生。唐太宗尊奉儒家仁政、仁义等学说，对祥瑞思想大加批判，他曾说过："前代帝王以麟、凤、龟、龙为嘉瑞，朕以民安年丰为上瑞。"这充分反映了太宗重实务、不图虚名的思想观念和作风，对一个帝王来说，这种思想是难能可贵的。

贞观六年，太宗对侍臣讲了一大段话，比较详尽地阐述了自己关于祥瑞的观点，他说："朕时常看到大家都以祥瑞为美事，也常有表章庆贺。以朕的看法，只要能使天下太平，家给人足，虽无祥瑞，也可与尧、舜比一比德行之高下。倘若百姓贫困，夷狄侵扰，社会动荡，纵然芝草遍地，凤凰筑巢于苑园，与桀、纣的残暴统治又有什么区别？朕曾听说后赵在石勒统治时，有官吏用连理木烧火，去煮白雉肉吃，石勒难道能称得上明主吗？朕还听说隋文帝深爱祥瑞，曾命秘书监王劭在朝堂焚香读《皇隋感瑞经》，实在可笑。作为君主，应当以至公之心治理天下，以获取天下百姓的拥戴，就像尧、舜那样，百姓敬之如天地，爱之如父母，发号施令，人皆悦服，这才是大祥瑞。从今以后，诸州不准向上申奏所谓祥瑞之事。"太宗对待祥瑞的鲜明态度，对地方官吏大搞虚饰不切实际的形式主义的风气，有明显的止绝作用。

贞观八年有彗星出现在南方天空。古人对这一天文现象十分恐惧，以为其预示着灾异或不吉之事的发生。太宗也同样不能超越当时的认识水平，遂问侍臣这种现象"是何妖也？"虞世南回答说："陛下若德政不修，虽麟凤数见，终是无益。但使朝无阙政，百姓安乐，虽有灾变，何损于时？愿陛下勿以功高古人而自矜大，勿以太平渐久而自骄逸，若能慎终如始，彗星见未足为忧。"太宗听到此话，连忙自我检讨，表示自己时时以秦、隋二朝为鉴，不敢稍有懈怠，哪里还敢骄逸！魏徵只好出面安慰，说只要陛下勤政修德，灾变自消，陛下如此深责自己，"虽有此变，必不为灾也"。①在古代社会中，皇帝集大权于一身，凌驾于法律之上，没有任何力量能限制皇帝的所作所为，只有假手于上天的谴罚

---

① 《贞观政要集校》卷一〇《论灾祥》，第524—525页。

来警戒君主，还可以在一定程度上制约皇帝。从这一角度看，古人敬天地、畏鬼神的观念，也不是一无是处。

太宗虽然不信祥瑞，但对于灾异却有一种本能的畏惧。他手下的一些大臣就利用这种现象对他进行劝谏，往往能收到较好的效果。贞观十五年（641）太宗下诏，要前往泰山封禅。皇帝东岳封禅，是古代社会的一件大事，也是一件劳民伤财的事，往往要耗费大量的财力物力。自西汉以来为君主者莫不向往此事，但由于耗费巨大，真正封过禅的君主并不多。当太宗一行浩浩荡荡从长安走到洛阳时，彗星又一次出现。大臣褚遂良乘机上奏："陛下拨乱反正，功超前烈，将告成东岳，天下幸甚。"褚遂良首先肯定太宗功勋甚大，有资格有必要前去封禅，使太宗不至于对他的劝谏反感，从而产生抵触情绪。然后又进一步指出："行至洛阳，彗星辄见，此或有所未允合者也。且汉武优柔数年，始行岱礼，臣愚伏愿详择。"①太宗果然因此而罢封禅之事。这件事虽然是经臣下劝谏而罢去的，但仔细分析，未尝不是太宗在主观上畏惧天谴，希望天下长治久安的思想在起作用。历史上不少君主只图自己作威作福、骄奢淫逸，对国计民生漠不关心，这样的君主不管你用什么方式进行劝谏，恐怕都不起作用。因此，外因的作用固然重要，但如果太宗是一个自以为是、不善纳谏的君主，可能就不会有任何积极的作用了。

太宗不信祥瑞并不是一时的冲动，而是始终如一。在他统治后期，有一天，殿前的槐树有白鹊构巢，"其巢合欢如腰鼓"，一些善于逢迎的大臣上前拜舞称贺，没想到却碰了钉子。太宗说："我常笑隋炀帝好祥瑞，瑞在得贤，此何足贺！"②太宗还对秦皇、汉武求仙信神之事进行了讥讽和嘲笑，他列举了二人迷信神仙之事各一件，用以证明他的"神仙事本是虚妄，空有其名"的观点。第一件事是说秦始皇东巡海边，派方士徐市率童男女数千人入海到仙山去求长生不死药。之后还数次东巡海上，希望能够得到仙药，都失望而归，走到沙丘竟然病死。第二件事

① 《旧唐书》卷八〇《褚遂良传》，第2729页。
② 〔唐〕段成式撰，许逸民校笺：《酉阳杂俎校笺》前集卷一《忠志》，北京：中华书局，2015年，第6页。

是说汉武帝经人推荐，结识了方士栾大，栾大对汉武帝说："黄金可以炼成，黄河决口可以堵塞，不死药可以得到，神仙能够当成。"元鼎四年（前113），黄河决口，武帝正在忧虑此事，又想多得黄金，遂封栾大为五利将军，赐以豪华的府宅，又把女儿卫长公主嫁给栾大。结果栾大什么事也没办成，汉武帝一怒之下，将他腰斩而死。太宗总结说："据此二事，神仙不烦妄求也。"①从这件事看，唐太宗确有超过秦皇、汉武的高明之处，不愧是古代帝王中的杰出人物。

六、修《氏族志》

（一）修《氏族志》的原因

这里所谓氏族，就是历史上经常提到的士族。②门阀士族形成于魏晋，大盛于南北朝，经过隋末农民大起义的荡涤，士族遭到沉重的打击，社会地位一落千丈，但是门阀观念在人们的思想中还牢固地存在着。这种情况在唐初并无很大改变，如唐高祖李渊就对其妻窦氏的堂兄窦威说过这样的话："比见关东人崔、卢为婚，犹自矜伐。公世为帝戚，不亦贵乎？"他还对裴寂说过：你我两人，"世胄名家"，岂是汉高祖与萧何、曹参等起自刀笔吏之人可比，"惟我与公，千载之后，无愧前修矣"③。可见唐高祖的门阀等级观念是何等的严重。唐太宗在贞观时期修订《氏族志》，实际上就是这种重视门第、重视谱牒风气的反映，只不过是要用新的谱牒代替旧谱牒而已。

太宗提出修订《氏族志》的原因，具体而言，表现在以下几方面：首先，出于禁止卖婚的目的。南北朝时期山东士族门第尊贵，这时虽然地位下降，"全无冠盖"，"贩鬻松槚，依托富贵"，但他们仍自

---

① 《贞观政要集校》卷六《慎所好》，第332页。
② 〔宋〕赵彦卫撰，傅根清点校：《云麓漫钞》卷三，北京：中华书局，1996年，第50—51页。
③ 《唐会要》卷三六《氏族》，第773—774页。

以为门第甚高，"女适他族，必多求聘财"。太宗对这种习气十分不满，"以为甚伤教义"。①所谓"甚伤教义"，是说这种风气不利于崇礼乐、敦教化，说明太宗已经把"卖婚"提高到维护儒家礼教的思想高度去谴责。山东士族之所以能够利用婚姻，"多邀钱币"，完全是因为凭借着族望甚高，而当时的人们又都具有崇尚门第的观念，能以攀附上这些所谓"高门"而荣耀。有鉴于此，太宗下令重新修订《氏族志》，想通过抬高在朝官员地位，压抑旧士族的办法，来达到禁止"卖婚"的目的。

其次，甄别士庶，考其真伪。由于人们重视门第的观念由来已久，而门第高低的唯一凭证就是记录家族世系的谱牒，在魏晋南北朝时期选官的标准就是门第，于是社会上采用种种办法去伪造或假冒士族谱牒，这种恶劣的风气直到唐初仍然存在。颜师古说："私谱之文出于闾巷，家自为说，事非经典，苟引先贤，妄相假托。"②这种现象实际上也是唐初社会现实的反映。既然谱牒是记录士族门阀源流的凭据，太宗要重修《氏族志》就不能让以假充真的伪造谱牒继续混杂其间，修订时必须进行一番去伪存真的考证甄别工作，把那些庶族或冒牌士族清除出士族行列。唐太宗还提出要"质诸史籍"，查清各家士族的先世身份，以剔除那些不足为凭的伪谱，防止士庶混杂，保持士族血缘的纯净。这些都反映了太宗思想中的门第观念是多么顽固，维护士族地位的立场是多么坚定。③

再次，提高皇族门第，维护李氏统治。唐太宗修订《氏族志》的目的就是要压低山东旧士族族望，以唐朝的官爵高低排列门第等级，这样就彻底打破了以往纯以郡姓作为门第等级的传统。唐初的统治阶层是以关陇集团为基础的，新修《氏族志》就必然要抬高关陇士族的等级与地位，而李氏家族本来就是关陇士族中的高门名族，太宗修志的目的就

---

① 《旧唐书》卷六五《高士廉传》，第2443页。
② 〔汉〕班固等：《汉书》卷七五《眭弘传》，北京：中华书局，1962年，第3153页。
③ 参见赵克尧：《〈氏族志〉与唐太宗的关陇门阀观》，《复旦学报》（社会科学版）1984年第2期，第77—82页。

是"欲崇重今朝冠冕"①，李氏既为皇族，理所当然地成为新定士族中的第一等。这样，就使那些在唐朝的建立和统一过程中立有战功，在玄武门之变中支持唐太宗的谋臣猛将，都凭借当时所任的高官显爵与李氏皇族一起进入士族行列，并大都居于较高的等级，这对提高他们的社会与政治地位，扩大其影响，巩固李氏王朝的统治，无疑都起到了重要作用。

（二）修《氏族志》的原则与方法

贞观六年（632），太宗鉴于山东士族政治上"世代衰微，全无冠盖"，经济上"名不著于州闾，身未免于贫贱"而"才识凡下"，却"偃仰自高"的实际情况，②命吏部尚书高士廉、御史大夫韦挺、中书侍郎岑文本、礼部侍郎令狐德棻等负责修订《氏族志》。

为了达到修志的目的，更好地体现自己的意图，太宗对修志原则做了明确的指示，用他自己的话来说，即"我今定氏族者，诚欲崇树今朝冠冕……不须论数代已前，止取今日官品、人才作等级，宜一量定，用为永则"③。太宗作这样的指示是有针对性的，因为前代所谓士族，都是以数世之前的相沿郡望以及经史之记载作为等级的，这种做法自曹魏确立九品中正制后，一直相沿不改，奉行了数百年。到了唐初，许多旧士族虽然已经破落，但仍可凭着祖上显耀的门第，即所谓世胄，妄自矜大，看不起出身于庶族的人。太宗既然要压抑旧士族，抬高当朝勋贵地位，必然就要改变确定士族等级的标准，不能再沿用旧原则。

太宗上述指示针对的另一个问题，就是参与修志官员的旧观念。山东旧士族中的崔、卢、李、郑、王五姓，是老牌的高门显姓。在人们的思想观念中，他们都是令人羡慕的名门显族，自南北朝以来社会影响

---

① 《旧唐书》卷六五《高士廉传》，第2444页。

② 《旧唐书》卷六五《高士廉传》，第2443页；《贞观政要集校》卷七《论礼乐》，第396页。

③ 《贞观政要集校》卷七《论礼乐》，第396页。

很大，习惯上公认他们的地位在关陇士族之上，更不用说那些非士族出身的唐初功臣了。修志官员当然也摆脱不了这种旧观念的影响，于是在《氏族志》的初稿中，把山东旧士族崔民干列为第一等，引起了太宗的不满。崔民干在唐初担任过黄门侍郎，正四品，品秩不算高，能被列为第一等，显然是修志官员受旧观念束缚的结果。针对这种现象，太宗指责说："我与山东崔、卢、李、郑，旧既无嫌，为其世代衰微，全无冠盖，犹自云士大夫，婚姻之间，则多邀钱币。才识凡下，而偃仰自高，贩鬻松槚，依托富贵。我不解人间何为重之？"他还列举了汉高祖的事例，认为汉高祖不过是山东一匹夫（为泗水亭长），最终诛灭暴秦，平定天下，因而"主尊臣贵"。"卿等读书，见其行迹，至今以为美谈，心怀敬重。"最后，太宗反问说，你们这样做，难道是"卿等不贵我官爵耶？"①

鉴于隋末唐初旧族、新官发生升降、沉浮，士庶谱牒杂乱不堪的状况，太宗对修志的办法做了具体的指示，即"命士廉等遍责天下谱谍，质诸史籍，考其真伪，辩其昭穆，第其甲乙，褒进忠贤，贬退奸逆，分为九等"②。从这里可以看出，修志的第一步工作就是征集全国各地的谱牒，然后进行整理归类。贞观八年，高士廉等进呈了全国85个郡的398个姓氏供唐太宗审定。这实际是《氏族志》的草稿，此后还做了较大的修订。③第二步工作就是要对这些征集来的谱牒进行去伪存真的考订工作，具体办法就是"质诸史籍"，把这些姓氏的先世身份及源流搞清楚，就可以剔除那些不足为凭的伪谱，防止士庶混杂。"褒进忠贤，贬退奸逆"，是修志的又一重要工作，这一做法实际也是一条政治标准，就是要把那些忠于唐王朝和危害唐朝统治的人区别开来，以他们对李唐皇室的政治态度决定是否将其收入《氏族志》。

经过数年努力，反复修订，新志的修订工作终于于贞观十二年完

① 《旧唐书》卷六五《高士廉传》，第2443—2444页。
② 《资治通鉴》卷一九五，唐太宗贞观十二年正月，第6135页。
③ 邓文宽：《敦煌文书位字七十九号〈唐贞观八年五月十日高士廉等条举氏族奏抄〉辨证》，《中国史研究》1986年第1期，第73—87页。

成。当年正月，《氏族志》呈送给唐太宗，遂即下诏颁行天下。新志以皇族为第一等，外戚为第二等，降崔民干为第三等，共计293姓，1651家。分为上上、上中、上下、中上、中中、中下、下上、下中、下下9个等级，全书一百卷。

最后定稿的《氏族志》共收293姓，比贞观八年呈报的398姓少了105姓，这说明当时甄别盛衰，考其真伪的工作是相当严格的。任正四品黄门侍郎的崔民干仍列为第三等（上下），虽然有所下降，但和他实际充任的官职相比，等级还是比较高的，从当时情况看，皇族、外戚分列一二等，在其下还有三品以上的宰相、公卿大臣之家，这些人官爵都比崔民干高，照理应列为第三等。崔民干在唐初未建立什么功业，两《唐书》也未为他立传，按照"专以今朝品秩为高下"[1]的划分等级标准，崔民干是不足以列为第三等的。看来在旧的传统观念的影响下，唐太宗也不得不做一些妥协和让步。

（三）《氏族志》的作用与影响

《氏族志》颁行后，太宗又于贞观十六年（642）颁布了一道诏书。这道诏书的大体意思和以前指示编修《氏族志》时所说的话，内容大同小异，所谓"氏族之盛，实系于冠冕；婚姻之道，莫先于仁义"，说什么山东旧士族"名虽著于州闾，身未免于贫贱"。因此只好通过婚姻来谋取钱财，"乃有新官之辈，丰财之家，慕其祖宗，竞结婚媾，多纳货贿，有如贩鬻"。太宗对此深恶痛绝，认为"实亏名教"。最后，太宗规定从这年六月起，禁止卖婚。[2]

禁止卖婚是太宗这道诏书的主旨。以前太宗虽然多次抨击卖婚的恶习，但并未公开颁诏禁止，因为那时《氏族志》尚未修成颁布，山东旧士族的地位政府并未否认，当然也就不便公开禁止卖婚了。《氏族志》

① 《资治通鉴》卷一九五，唐太宗贞观十二年正月，第6136页。
② 《唐会要》卷八三《嫁娶》，第1810页。

颁行后，未列入的家族便不再是士族，至少政府不予承认，这样再像原来那样以世胄高门的名义去邀取钱财，就不合时宜了。颁布这道诏书的目的与修《氏族志》一样，虽都在"婚"字上做文章，然真实目的却是压抑和限制旧士族的影响，并有拉拢新贵戚，巩固新王朝的意义。①

《氏族志》在提高皇族与唐朝新贵族的社会地位方面起到了一定的作用，但是在禁止卖婚的效果上，并未如太宗所期望的那样明显，这是因为数百年来形成的旧观念，绝非一次政府行为所能扫除干净的。如房玄龄、魏徵、李勣等人，就与山东士族攀了亲。对于这种风气，旧史臣也感慨地说："唐初流弊仍甚，天子屡抑不为衰。"②自唐高宗以来，此风反而愈演愈烈，虽有明诏禁止，但却暗中相互聘娶。玄宗时期，李彭年"慕山东著姓为婚姻，引就清列，以大其门"③。所谓"以大其门"，就是借与山东士族通婚，以显耀和抬高自家门第。德宗贞元中，柳芳序四姓世族，山东士族仍名列前茅。直到唐后期，这种风气仍然很盛。唐文宗有一次曾对宰相感叹地说："民间修昏姻，不计官品而上阀阅。我家二百年天子，顾不及崔、卢耶？"④所谓抑压山东士族，从社会效果的角度看，并没有达到预期目的。然而越是这样就越加显示出唐太宗上述措施的可贵性，唐太宗不愧是杰出的古代政治家。

---

① 王海虎：《浅析唐太宗修撰〈氏族志〉的原因及其启示》，《邢台学院学报》2011年第2期，第59—60+70页。

② 《新唐书》卷九五《高俭传》，第3843页。

③ 《旧唐书》卷九〇《李怀远传附彭年传》，第2921页。

④ 《新唐书》卷一七二《杜兼传附中立传》，第5206页。

第八章

任贤与纳谏

一、知人善任　取长舍短

（一）求贤择才的思想

唐太宗对用人的重要性有深刻的认识，他曾经写过一部名为《帝范》的书，其中有《求贤》一篇，专门论述选拔贤才对于治理国家的重要性。他指出："夫国之匡辅，必待忠良；任使得人，天下自治。"又说："黄金累千，岂如多士之隆、一贤之重？"①他总结自己的治国经验时说，作为皇帝我主要抓好三件事：一是善于吸取前代治国的成败经验，以为借鉴；二是选拔进用贤才，以治理国家；三是排斥黜退小人，不听谗言。太宗还认为宰相的职责不在于抓好具体事务，具体政务应由各职能部门去管，宰相的主要责任是广泛地求访贤哲。他批评宰相杜如晦、房玄龄忙于琐碎政务，日无闲暇，不能很好地尽到宰相求访贤才的责任。

要真正做到任用贤才，斥退小人，也不是容易的事，原因在于难以知人，所谓"用贤才易，知贤才难"。对于这一点太宗也有深刻的体会，他说："自己认为是贤才的人，其实未必尽善；众人都以为不好的人，其实也未必一无是处。"这就是说尽管贤愚善恶自有客观标准，但由于人的认识与看法不免掺杂主观成分，所以对人才的评价难免产生偏差。作为罗致人才的君主就要全面分析，不可偏听偏信，重要的是要在使用人才的过程中去加深对其的了解。魏徵向太宗进言，也谈到这一观点，他说："知人之事，自古为难，故考绩黜陟，察其善恶。"②也主张在人才的使用过程中加强考核，以便观察了解。

---

① 〔唐〕唐太宗：《帝范》卷一《求贤》，见文渊阁《四库全书》，台北：商务印书馆，1983年，第696册，第596、599页。
② 《贞观政要集校》卷三《论择官》，第161页。

关于太宗选拔官吏、任用人才的标准，魏徵在贞观十四年（640）曾向太宗上了一书，提出了十二条识人标准，得到太宗的赞许。这十二条标准分为"六正"与"六邪"两部分，所谓"六正"，一为圣臣，能洞察存亡之机，得失之要，防患于未然；二为良臣，能劝谏君主行善政，尊礼义，匡救时弊；三为忠臣，夙思夜想，屡荐贤才，鉴古知今，劝勉君主；四为智臣，杜塞弊源，明察成败，防范谗言，转祸为福；五为贞臣，竭力奉公，不受赂遗，忠于职事，生活俭朴；六为直臣，行为端正，所为不谀，敢于犯颜直谏，指斥君主过失。

所谓"六邪"，一为具臣，不重公务，安于享乐，与世沉浮，善于见风使舵；二为谀臣，以君主之好恶为可否，阿谀奉承，进献珍物，偷合苟容，不顾后果；三为奸臣，外表谨顺，内实奸诈，巧言令色，嫉贤妒能，隐善扬恶，致使君主赏罚不当，号令不行；四为谗臣，巧言饰非，离间君臣，致使君主善恶不分，内外不宁；五为贼臣，专权擅政，结党营私，富家败国，擅矫主命；六为亡国之臣，陷君主于不义，导君主以佞邪，构朋党以排忠直，蔽天子不辨黑白，致使君主之恶布于境内，闻于四邻。①

从魏徵提出的这些标准来看，"六正"主要是从德才兼备的角度提出的，无德之人肯定不会符合"六正"的标准，有德无才的人同样不能使君主向善，使国家大治。"六邪"的标准没有一条体现了无才，全部为无德。正因为这样，太宗在选拔官员时把德放在第一位，把才放在第二位，注重德才兼备。比如贞观三年，太宗对吏部选用官员"惟取其言词刀笔，不悉其景行"的情况表示了强烈地不满。在这里实际上是强调了德行重于才干的问题，太宗认为如果选用官吏时不重视德行，则"数年之后，恶迹始彰，虽加刑戮，而百姓已受其弊"。②造成的恶劣影响太大。对于这一点，魏徵说得更加直接、更加清楚，他认为有德无才之

①《贞观政要集校》卷三《论择官》，第167—168页。
②《贞观政要集校》卷三《论择官》，第160页。另据《册府元龟》卷六二九《铨选部·条制》载（第7270页），这段话是宰相杜如晦向唐太宗讲的，与上引《贞观政要》不同，当误。

人，"设令此人不能济事，只是才力不及，不为大害"；如果误用有才无德的恶人，"假令强干，为患极多"。所以他主张乱世惟重其才，不顾其德，"太平之时，必须才行俱兼，始可任用"。①

在整个贞观时期，太宗都在努力地贯彻这些用人、识人的标准，并积累了一些经验。有一次，太宗走到一棵树下，赞扬说："此嘉树。"宇文士及在旁边也随声附和，赞不绝口。太宗听到后十分反感，很严肃地对宇文士及说："魏徵常劝我远佞人，我不知道佞人是谁，心里怀疑是你，但又不十分肯定，今天终于肯定了。"在这里太宗是根据臣下对皇帝是否阿谀奉承来作为判断奸佞的标准。对于这一条标准，太宗始终坚持不懈将其用于衡量手下官员。如代州都督刘兰谋反，被太宗下令腰斩。将军丘行恭为了表示自己对皇帝的忠心，"探心肝而食"。太宗对此十分生气，谴责他说："对于犯罪，国家自有法律惩处，何至于如此！若食反叛者的心肝而算是忠孝的话，则刘兰的心肝自有太子诸王去食，岂能轮到你？"②

为了辨别忠奸，太宗非常注意左右是否有蒙蔽自己的行为。有一次一个宦官出使回朝，"妄有所奏"。太宗大怒。魏徵乘机进言说："阉宦虽然地位低微，但日夜陪伴在君主身边，时有言语，君主容易轻信，时间久了，为害颇深。应该引起警惕，杜绝其源。"太宗从此不再派宦官外出充使，只让他们在宫中洒扫执事。

太宗还发现凡"告讦之言，案验多谬"。③这种情况和前代谗佞之臣陷害忠良的现象完全相同，引起了他的警惕。太宗有一次对侍臣说："朕观前代谗佞之徒，皆国之蟊贼也。或巧言令色，朋党比周。若暗主庸君，莫不以之迷惑；忠臣孝子，所以泣血衔冤。"④魏徵对这个问题也有精辟的见解，他说："然则君子不能无小恶，恶不积无妨于正道；小

---

① 《贞观政要集校》卷三《论择官》，第161页。
② 以上见《大唐新语》卷九《谏佞》，第140页。
③ 《魏郑公谏录》卷二《谏案验告讦》，见文渊阁《四库全书》，第446册，第176页。
④ 《贞观政要集校》卷六《杜谗佞》，第340页。

人或时有小善，善不积不足以立忠。"①就是说每个人都有优点和缺点，关键在于能否一贯发扬优点，克服缺点。对于君主来说，就是要善于透过外表看清一个人的本质，既不要被小人的小善行为所迷惑，也不要因君子的小恶之失而排斥，必须抓大节，以免以偏概全，认不清忠贤与奸邪。魏徵还认为："君子小过，盖白玉之微瑕；小人小善，乃铅刀之一割。铅刀一割，良工之所不重，小善不足以掩众恶者；白玉微瑕，善贾之所不弃，小疵不足以妨大美也。"人君应该仔细识别，"近君子而远小人"。太宗认为这些见解非常深刻，赐其绢三百匹以作奖励。②为了杜绝小人告讦歪风，太宗下令今后"有上书讦人小恶者，朕当以谗人之罪罪之"③。

太宗在识人、选人、用人方面有这些正确的思想和深刻的见解，因此贞观时期名臣辈出，小人屏迹，政通人和，天下太平，出现了所谓"贞观之治"的盛世。

（二）知人在于善任

唐太宗对待臣下推心置腹，以诚相待，故君臣能够同心协力，拨乱反正，自古以来君臣相知莫如贞观时期，在贞观时期莫过于太宗与魏徵之间的关系。太宗曾经说过："贞观以前，从我平定天下，周旋艰险，玄龄之功无所与让。贞观之后，尽心于我，献纳忠说，安国利人，成我今日功业，为天下所称者，惟魏徵而已。古之名臣，何以加也。"④太宗无论国事、家事都倚重于魏徵，奸人挑拨他不相信，亲近之人不满，他耐心解释，对魏徵始终信任不疑。贞观六年，太宗在九成宫设宴，君臣同乐，长孙无忌说："王珪、魏徵过去追随隐太子建成，我看到他们就像仇敌一样，不想今日竟共同参加这样的盛会。"对太宗重用二人表

---

① 《旧唐书》卷七一《魏徵传》，第2556页。
② 《贞观政要集校》卷五《论诚信》，第291—292页。
③ 《贞观政要集校》卷六《杜谗佞》，第344页。
④ 《贞观政要集校》卷二《任贤》，第63页。

示了强烈的不满。太宗说："魏徵以往确实是我们的政敌，但是今日能尽心于国事，我加以重用，就是古代的圣贤也不过如此。魏徵每每犯颜切谏，不许我做错事，这是我看重他的根本原因。"太宗提拔魏徵担任宰相，魏徵数次以患疾为由请求辞去相职，太宗认为他虽有疾但不算衰老，坚决不同意。太子李承乾为人荒唐，不修德业，太宗又命魏徵兼任太子太师，辅导太子，正言劝诫。魏徵生活俭朴，宅第内没有正堂，太宗就把本来准备为宫中修建小殿的材料用于为魏徵建造正堂。魏徵病重之时，太宗知道他不喜锦绣，遂遣中使送去布被素褥，"遂其所尚"。[①]

马周作为一个孤贫落泊的书生，却能够进入太宗的宰相班子，古往今来，传为美谈。马周有"布衣宰相"之称，这也是太宗慧眼识才，善加任用的结果。

马周，博州茌平（今山东聊城市茌平区东南）人。他自幼失去父母，家境贫寒，但他聪明好学，尤精《诗经》《左传》。马周因落魄不为州里所敬，担任过州学助教，由于薪俸微薄，生活拮据，他有些玩世不恭，对讲授教学不大尽心，整日饮酒作乐，遭到州刺史的谴责。马周一气之下，拂袖而去，四处飘荡，先后到过密州（今山东诸城）、汴州（今河南开封），都很不如意，遂愤而西入长安。马周先是住在长安附近的新丰旅馆，主人看他贫寒，只顾照管那些富商大贾，却不屑于搭理他。马周只好到长安城中住在中郎将常何的家中，当了一名门客，聊以度日。

贞观五年，唐太宗下诏要百官上书评论朝政得失，献治国之策。于是，群臣纷纷上书，各抒己见。常何自幼习武，不通治国之术，但是他所上之书中共议论时政20余条，不仅文辞华美，议论也十分精辟，条条都切中时弊。太宗阅后非常吃惊，心想：常何乃一介武夫，怎么会有如此独到的见解？便把常何招来询问，常何倒也老实，回答说："这不是出自臣之手，而是门客马周代臣所写。"太宗认为马周是一个有用之

---

① 《贞观政要集校》卷二《任贤》，第63页。

才，马上派人去召，未到之间，太宗见贤心急，竟一连4次派人催促。太宗与马周交谈之后，深爱其才，相见恨晚，先留他在门下省任职，不久就提升他为监察御史里行，后又升任中书舍人。常何也因荐贤有功，得到太宗奖赏。

马周感于太宗知遇之恩，勤于政事，竭尽忠诚，向太宗提出过许多有益的建议，都得到采纳。太宗曾对人说："我于马周，暂时不见，则便思之。"①贞观十八年（644），太宗任马周为中书令，使其进入宰相班子，又令其兼任太子左庶子，负责太子东宫事务的管理，尽管马周身兼两职，事务繁忙，但由于他考虑问题细致、周密，"处事平尤，甚获当时之誉"。②

太宗与虞世南的关系也颇使人感叹不已。虞世南与贞观时期的房、杜、魏、马等政治上的股肱之臣不同，属于文学之士的一类人物，但由于他德行高洁、忠直诚恳，同样得到太宗的重用与赏识。

虞世南是会稽余姚（今浙江余姚）人。早在太宗为秦王时就将他待为上客，开文学馆时，他为十八学士之一，由于才学出众，"咸推世南为文学之宗"。③贞观七年（633），被任命为秘书监，负责国家图籍收藏校订及天文历法等事。太宗在政事之暇，常与虞世南一起谈论经史。虞世南趁此机会借议论古代帝王为政得失来讽谏太宗，对贞观时期的时政，"多所补益"。太宗曾对侍臣说："朕因暇日，每与虞世南商略古今，朕有一言之善，世南未尝不悦，有一言之失，未尝不怅恨。……其恳诚若此，朕用嘉焉。群臣皆若世南，天下何忧不理？"太宗还在给魏王李泰的手诏中说："虞世南于我，犹一体也。""吾有小善，必将顺而成之；吾有小失，必犯颜而谏之。"④正因为虞世南对待太宗不像一般的文学陪臣那样供奉宫中，以诗文供皇帝消遣，而是处处关心国事，劝谏皇帝多行善政，纠其过失，实际上是发挥了一位谏官的作用，故太宗

---

① 《贞观政要集校》卷二《任贤》，第81页。
② 《贞观政要集校》卷二《任贤》，第81页。
③ 《贞观政要集校》卷二《任贤》，第74页。
④ 《贞观政要集校》卷二《任贤》，第74—75页。

对待虞世南也就敬重异常了。太宗曾经称赞虞世南有五绝：即德行、忠直、博学、辞藻、书翰。虞世南是唐初著名的书法家、文学家，太宗却把德行、忠直放在五绝的第一、二位，可见太宗的确没有以世俗的眼光去评价虞世南。虞世南死后，太宗亲自作诗悼念，并把他的画像与其他功臣一同列入凌烟阁。

太宗对李勣的重用很能体现他识才用人的又一特点。李勣，本姓徐，名世勣，曹州离狐（今山东东明东北）人。隋末为瓦岗军将领，降唐后高祖赐姓为李，于是又称李世勣，后避太宗讳，遂去掉"世"字，单名勣。武则天时，他的孙子徐敬业起兵反对武则天，武则天遂又恢复他家的徐姓，不许再姓李。

太宗深知李勣的军事才干，即位不久，就任命他为并州都督。李勣在并州整顿军队，屡次挫败突厥，"突厥甚加畏惮"，确保了边境的安全。太宗对李勣的表现十分满意，把他视为国之长城。有一次，太宗对侍臣说："隋炀帝不解精选贤良，镇抚边境，惟远筑长城，广屯将士，以备突厥，而情识之惑，一至于此。朕今委任李勣于并州，遂得突厥畏威远遁，塞垣安静，岂不胜数千里长城耶？"[1]李勣在并州任职16年，在唐朝征服东突厥、薛延陀的战争中发挥了重要的作用。唐太宗以贤才良将为长城，的确比隋炀帝耗费民脂民膏修筑长城高明得多，也有效得多。后来李勣生病，"验方云须灰可以疗之"，[2]太宗就剪下了自己的胡须为李勣和药。太宗如此关心臣下，臣下自然会竭尽心力相报答，这也是唐太宗善于用人的一种表现。

李靖，京兆三原人。他是唐代著名的军事家，早年就对兵法有深入的研究，胸怀大志。他的舅父是隋朝名将韩擒虎，李靖经常与他谈论兵法，韩擒虎对这个外甥称道不已，竟说："当今可与谈论孙吴兵法的，只有李靖而已。"隋朝大臣牛弘、杨素都对李靖有很高的评价，认为他将来一定会位至将相。李靖入唐后，在武德时期平定了萧铣割据势

---

① 《贞观政要集校》卷二《任贤》，第78页。

② 《贞观政要集校》卷二《任贤》，第78页。

力，不过那时他不是军队统帅，主要是协助李孝恭指挥，但已表现出了作为一个军事家的坚毅果断、足智多谋的特质。贞观时期，李靖的军事才华得到了充分的发挥，他以为数不多的兵力数次大败突厥，在征服东突厥的战争中发挥了决定性的作用。贞观八年，李靖以63岁的高龄，又一次受命出征，征服唐朝西部另一劲敌吐谷浑，安定了边境。李靖一生，南平江淮、荆湖，北灭东突厥，西定吐谷浑，为唐朝的巩固和统一做出了重大贡献。唐太宗经常与他谈论兵法，两人可称知音，后人整理了他们的谈兵语录并编辑成书，这就是著名的兵学著作《李卫公问对》。

太宗还发现和重用其他一些人物，如房玄龄、杜如晦、王珪、戴胄、岑文本、褚遂良、长孙无忌，侯君集、尉迟敬德、秦叔宝、程知节等，这些人或在治理国家方面，或在保卫边境安宁方面，发挥了重要的作用。贞观时期的臣僚堪称是一个宏大的人才群体，作为最高统治者的唐太宗注意发挥这个群体的力量，使每一个人都能施展才华，才得以把一个内忧外患严重，社会生产遭到破坏的国家治理得强盛兴旺。

（三）用人要尽其才

太宗深知"人才有长短，不必兼通"的道理，使用人才不能求全责备，他曾经说过："君子用人如器，各取所长。"[①]这个比喻对于合理地使用人才非常贴切。正因为金无足赤，人无完人，所以太宗在了解和选拔人才时不持求全责备的态度，用人时遵循取长舍短的方针，使得人尽其才，这样就可以充分发挥人才的作用。比如他在使用房玄龄、杜如晦时，就避免了房、杜不善于理狱和处置琐碎杂务的短处，充分发挥他们多谋善断的长处，把他们提拔到宰相的职位上，让他们在国家大事上多出谋划策，掌握大政方针。太宗在使用魏徵时也充分地考虑到如何

---

① 《资治通鉴》卷一九二，唐太宗贞观元年正月，第6032页。

发挥他的长处。魏徵早年任秘书监时，太宗就让他参与朝政，即参与宰相议政，以便在军国大事上多听取他的意见。从贞观七年起，太宗提拔他担任门下省的长官侍中。门下省是唐朝的审议机构，中书省起草的诏敕都要经过门下省的审议后才能盖印下发，太宗就将这个关交给魏徵来把。后来魏徵因病多次提出辞职，太宗虽然免去他的侍中之职，但仍要他知门下省事，继续让他负责门下省的实际事务。戴胄是贞观时期一位以执法严明而著称的人物，他的短处是"无学术"，不通经史。太宗不让他充任馆阁图籍之职，基于他能秉公办事，性格正直的特点，让他去担任负责刑事审判的大理寺少卿之职。戴胄在这一职位上，办事干练，案无滞留，执法如山，就是皇帝不按法律办事他也敢于批驳、劝谏，因而纠正了不少错案。戴胄严于执法的事迹颇多，这里试举一例。

有一次，太宗召长孙无忌入宫，长孙无忌由于走得匆忙，竟忘记解下身上的佩刀，把守宫门的校尉也未能发现。按照唐朝法律，带刀入宫是要处死刑的。封德彝认为长孙无忌是误带刀入宫的，可罚金20斤，而守门校尉未发现这件事，是严重失职，应当处死。封德彝之所以这样主张，是因为长孙无忌是国舅爷，又是太宗的宠臣，太宗当然不愿因这件事处死他，这样处理既遂太宗之心，又可使太宗摆脱有法不依的尴尬处境。太宗自然赞同封德彝的主张，但是戴胄坚决反对，太宗只好下令再议，封德彝仍然坚持自己的主张，太宗又打算按他的意见办。戴胄再次提出异议，他说："校尉是因长孙无忌而犯的罪，按法律，校尉的罪比长孙无忌还要轻一些，若说失误，二人都有失误。却把犯罪轻的处以死刑，犯罪重的反倒处以罚金，差别如此之大，很不公平，这样怎么能让人信服呢？"太宗终于感悟，免除了校尉的死刑。

戴胄为官清正，两袖清风，家无余财。太宗念其忠于国事，家庭贫困，曾特诏赐钱10万。贞观七年戴胄逝世后，其家里竟因房舍简陋而难以举行祭奠之礼，太宗为此下诏给他立庙。

太宗不是神仙，难免也有用人不当的时候，但是当他发现自己的失误后，能马上予以纠正，这样仍可保证人尽其才。比如贞观二年，他让太常少卿祖孝孙去教授宫人音乐，多日不见起色，便对侍臣说："人们都说祖孝孙是懂音律的，我让他教授宫人，但奏出的曲子仍有不合音律的地方，是他造诣不深还是没有尽心去教授呢？"打算治祖孝孙的罪。王珪和温彦博说："祖孝孙是一位造诣深厚的学者，他的责任是修订雅乐，而陛下却要他教授宫人，这是大材小用，用人不当。"当时太宗非常生气，随后冷静下来觉得自己确实不对，便让祖孝孙继续修订雅乐。后来祖孝孙在继承古乐传统的基础上，融入了南北朝以来的雅乐及少数民族的音乐，编成《大唐雅乐》，共制成十二乐、合三十二曲、八十四调。此外他还修订了一些濒于失传的古典音乐，使它们得以重新流传。

由于太宗能知人善任并善于听取别人的意见，这就充分调动了大臣们尽展其才的积极性，每个人都极力发挥自己所长，无不竭其智、尽其能、毕其力。太宗不仅自己不断地观察了解手下大臣的长处，也时常听取别人对当时人物的评价，这样就可以更全面地了解每一个人，便于因才施用，才尽其长。贞观二年，在一次宴会上，太宗指着在场的房玄龄、魏徵、李靖、温彦博、戴胄等人，对王珪说："卿识鉴精通，复善谈论，玄龄以下，卿宜悉加品藻，且自谓与数子何如？"太宗是要王珪对众人逐一品评，并将自己和他们进行比较。王珪评论说："知无不为，孜孜于国事，我不如房玄龄；正直敢谏，唯恐君主不及尧、舜，我不如魏徵；才兼文武，出将入相，我不如李靖；做事详明、认真，出纳公平，我不如温彦博；处理繁忙而复杂的事务，众务必举，我不如戴胄。至于激浊扬清，嫉恶好善，我于诸人也有一日之长。"太宗与在场诸人都认为王珪的评论客观公允，"上深以为然，众亦服其确论"。①

---

① 《资治通鉴》卷一九三，唐太宗贞观四年十二月，第6084页。

二、广开才路　任贤致治

（一）选才不拘一格

太宗为了广泛搜罗人才，非常注意不因政治身份及家世地望的不同而厚此薄彼，强调"不以卑而不用，不以辱而不尊"①。这是他不拘一格选用人才的思想基础。太宗不仅从亲人、旧部中筛选贤能，加以任用，也从敌人、新人中选出不少奇才，破格录用，大胆提拔。

从亲人、旧部中选用人才，已为人们所熟知，前面也多次提到。从政敌中选用人才最典型的事例便是对魏徵、王珪的重用，其实从政敌中选用的人才并非仅此二人，还有一些人同样得到太宗的重用，只是不为人们所注目罢了。比如对薛万彻的任用，便是一例。

薛万彻是咸阳（今陕西咸阳东北杜邮）人，隋末在幽州罗艺部下为将。罗艺归唐后投靠了隐太子李建成，薛万彻因勇武善战被李建成引置左右，成为他的心腹猛将。玄武门之变时，薛万彻率东宫兵猛攻玄武门，杀死了不少秦王府将士，后又鼓噪欲攻秦王府，对秦王集团形成很大的威胁。失败后他又率数十骑逃入南山，拒不投降。太宗爱其勇武，多次派人招抚，薛万彻才出山归顺。太宗认为他能忠于旧主，不加责罚，反而加以重用。贞观时期他多次出征，屡立奇功，先后参加过平定梁师都、征讨突厥颉利可汗的战争。李靖受命平定吐谷浑时，深知薛万彻善战，特意请求太宗让他随军出征，薛万彻果然在这次战争中建立了奇功。他率领百余骑斩杀敌人数千人，"人马流血，勇冠三军"，直追杀到黄河源头，终于平定了吐谷浑。后又协同李勣征讨薛延陀，在双方决战时，他率数百骑为先锋，攻击敌阵侧后方，敌军大乱，此战斩敌首3000余级，缴获战马1.5万匹。太宗征伐高丽时，以薛万彻为行军大总

---

① 《帝范》卷一《求贤》，见文渊阁《四库全书》，第696册，第597页。

管率军从征，多次击败敌军，攻城略地，战无不胜。由于薛万彻骁勇善战，功勋卓著，贞观十七年，太宗把丹阳公主嫁给他，拜他为驸马都尉，不久又升任其为右武卫大将军。太宗曾对侍臣说：“当今名将，唯李勣、道宗、万彻三人而已。李勣、道宗不能大胜，亦不大败；万彻非大胜，即大败。”①这时李靖已是老病缠身，故太宗没有提到他。薛万彻能与李勣并列为名将，可见他在太宗心目中的地位之高。

有一个故事说，唐初婚姻崇尚门第，丹阳公主嫁给薛万彻后，总觉得他家非高门士族，且本人又是一介武夫，感到脸上无光，因而不愿理睬薛万彻。薛万彻也自觉惭愧，因此萎靡不振。太宗知道此事后，遂把薛万彻招来，当众比赛握槊（一种游戏），以太宗佩刀为赌注，太宗佯作不胜，薛万彻得胜出宫，公主请其同车而返。从此，公主对待万彻愈加亲近，夫妻生活得非常美满。这也可以说是太宗敬才爱才的一段佳话。后人评论唐太宗说：“拔人物则不私于党，负志业则咸尽其才。”②可谓确当之论。

太宗广开才路，随才委任，士庶并用，并不因人出身低微而排斥不用，这样就彻底打破了魏晋南北朝以来士族垄断仕途的局面。太宗为了广泛地搜罗人才，十分注意从庶族中选用人才，同时也不放过士族中的杰出人才，采取士庶并举的方针。在贞观时期的文武大臣中，既有高士廉、长孙无忌、杜如晦、崔敦礼、卢承庆等出身高门士族的人，也有房玄龄、侯君集、尉迟敬德、李勣等一大批出身庶族的人物。甚至连沉沦于社会下层的人才，也都能尽力搜罗，予以重用。这些人中最典型的便是马周，此外张亮也是一位提拔于社会下层的重要人物。

张亮是郑州荥阳人，“素寒贱，以农为业”。隋末为瓦岗军李密部将，李密失败后，他亡命于山泽之中。经房玄龄、李勣的推荐，太宗将他收留在秦王府中，“委以心膂”。玄武门之变前夕，太宗派他率秦王府骨干千余人奔赴洛阳，结纳山东豪杰，准备起事。贞观时期张亮历任

---

① 《旧唐书》卷六九《薛万彻传》，第2518页。
② 《旧唐书》卷三《太宗纪》，第63页。

诸州都督、工部尚书、刑部尚书，封郧国公，还一度充任过宰相，甚得太宗信任。张亮任地方官时，密遣左右深入民间察访善恶之事，"动若有神，抑豪强而恤贫弱，故所在见称"。①

此外，在唐初功臣中还有不少人出身于社会下层，如秦叔宝、程知节、段志玄、张公谨等，都得到太宗的信任和重用。在贞观后期，太宗从社会下层还选拔了一批人，最典型的就是对薛仁贵的选用。

薛仁贵，绛州龙门人，"少贫贱，以田为业"。②贞观十八年，太宗下令征讨高丽，薛仁贵应募到将军张士贵部下当兵，多次杀敌立功，尤其是安市城一战，薛仁贵身穿白袍，手持大戟，冲入敌阵，所向披靡。此战唐军获得大胜，太宗远远望见一员白衣小将英勇无敌，就派人询问并召见了薛仁贵，赐马2匹、绢40匹，并提拔其为游击将军、果毅都尉。回到长安后，太宗又一次召见他，并说："朕旧将并老，不堪受阃外之寄，每欲抽擢骁雄，莫如卿者。朕不喜得辽东，喜得卿也。"③又提升他为右领军郎将、北门长上。由于太宗的赏识和提拔，薛仁贵的名声大振，后来成为高宗时期的著名大将，为唐朝开拓边疆、抵御外侵建立了许多功勋。

太宗对李义府的任用也颇能体现他用人的风格。李义府是饶阳（今河北饶阳）人，他的祖父早年曾充任过射洪（今四川射洪西北）县丞，安家于永泰（今四川盐亭东）。李义府出身庶族，在朝廷中并无任何背景，他因才学出众，文章华美，贞观八年（634），经剑南道巡察大使李大亮的推荐，入长安对策擢第。有一则故事说，太宗第一次召见李义府时，命他试以"鸟"为题作诗一首，李义府诗的末句云："'上林多许树，不借一枝栖。'帝曰：'吾将全树借汝，岂惟一枝。'"④刘洎、马周也都上表称赞李义府之才并极力推荐，太宗遂授其监察御史之职，并让他陪伴晋王李治读书。李治为太子后，李义府遂任太子舍人，加崇贤

---

① 《旧唐书》卷六九《张亮传》，第2514—2515页。
② 《新唐书》卷一一一《薛仁贵传》，第4139页。
③ 《旧唐书》卷八三《薛仁贵传》，第2780页。
④ 《隋唐嘉话》卷中，第19页。

馆直学士。当时，太子司议郎来济也以文章知名，与李义府齐名，"时称来、李"。[①]李义府曾因撰写《承华箴》而受到太宗的奖赏，赐帛40匹，并让他参与修撰《晋书》。李义府后来在高宗、武则天时期，倚仗权势，卖官鬻爵，排斥朝臣，后世对他评价极为不佳。对此太宗不应负什么责任，李义府在贞观时期的词臣中的确是才华出众，太宗看重他的才华而加以任用，是符合他人尽其才的用人方针的。至于李义府的德行，在贞观时期尚不见有任何不好的表现，而且他对人一贯温和恭顺，太宗又不可能未卜先知，如何能预知他后来的变化！

太宗说："自古皆贵中华，贱夷、狄，朕独爱之如一，故其种落皆依朕如父母。"[②]这也是太宗人才思想的一个突出特点。在历代帝王中，不歧视外族是太宗独有的风范，实在难能可贵。在贞观时期的人才群体中不乏非汉族的其他民族将领，如突厥族的阿史那社尔，智勇兼备，深为太宗器重。阿史那忠，以清谨见称。铁勒族的契苾何力，勇敢善战，在征伐吐谷浑的战争中建有奇功。此外还有安国人安胐汗、薛延陀人薛咄摩支、高丽人高惠真、契丹人窟哥、西突厥人阿史那贺鲁、同罗人时健啜等一大批蕃将。太宗根据他们的功勋和才干，分别任以朝廷高级将领或地方都督、刺史之职，让他们与汉族将领一样统兵出征或宿卫京师、宫廷。汉夷并用，是太宗广开才路的又一宝贵经验。

为了广开才路，招揽俊杰，太宗还改革科举制度，提高了进士、明经二科的地位。贞观八年，进士科加试经史，使其地位更加突出。科举制的发展为唐朝政府选拔了一大批优秀人才，为士人开拓了一条入仕和发挥才智的途径，吸引了大批士人参加科举考试。除了科举制外，在贞观时期还有自举和制举等招徕人才的办法。所谓自举，就是士人可以向州县求举，考试合格后，由州府贡到尚书省接受考试，甚至可以向皇帝自举。皇帝也下诏要求自举或地方官员向中央荐举。制举就是皇帝下诏开考一些科目，以选拔专门人才。如贞观十七年五月，太宗下诏举孝廉

---

① 《旧唐书》卷八二《李义府传》，第2766页。
② 《资治通鉴》卷一九八，唐太宗贞观二十一年五月，第6247页。

茂才异能，不论是否考中进士、明经，都可以参加制举。这种制举是广开才路的又一个途径，可以补定期科举之不足，给有特殊才能及被科举贻误的贤士逸才以进身的机会，有助于罗致人才。

因为太宗通过种种途径广泛地选拔人才，所以贞观时期涌现出了大批各方面的杰出人物。政治、军事方面的人物已经介绍过不少，现把其他方面的人才介绍如下。

阎立德、阎立本兄弟，都是贞观时期的著名人物。阎立德是有名的建筑师，贞观初年任主管土木建筑的将作大匠，设计过唐高祖的献陵、唐太宗的昭陵、翠微宫、玉华宫等陵墓、宫殿，构思精巧，风格独特。他的弟弟阎立本是著名的画家。他的画工于写实，画中人物、衣服都十分逼真，凌烟阁功臣画像就是他画的，可惜已佚。保留至今的有《历代帝王图》（现藏美国波士顿美术博物馆）、《步辇图》、《职贡图》、《萧翼赚兰亭图》等，后几种均为宋代摹本。

这个时期的著名书法家除了虞世南之外，还有欧阳询、褚遂良等人。欧阳询充任过太子率更令、弘文馆学士，他擅长真、行两种书体，以真书为最，风格是平实中求奇险，险绝中求平正，当时人评论他的书法说："有龙蛇战斗之象，云雾轻飘之势。"[1]著名真书作品有《化度寺邕禅师舍利塔铭》《九成宫醴泉铭》《皇甫诞碑》，墨迹现存草书一种《千字文》，行书有两种即《千字文》与《史事帖》。褚遂良充任过吏部尚书、尚书左仆射，擅长真书，颇受太宗器重。他的书法风格是方圆兼备，波势自然，结体较方。唐人评其书风是："字里金生，行间玉润，法则温雅，美丽多方。"[2]传世的碑刻作品有《伊阙佛龛碑》《孟法师碑》《雁塔圣教序》等。

著名音乐家除祖孝孙外，还有太常博士吕才，《秦王破阵乐》便是他谱的曲。此外，吕才还兼通天文、历史、地理、医学等，曾为太宗撰修过《阴阳书》53卷。

---

① 〔明〕周圣楷：《楚宝》卷一六《文苑》，长沙：岳麓书社，2016年，第526页。
② 〔明〕徐渭：《徐渭集》卷六《书评》，北京：中华书局，1983年，第1141页。

在谱学方面，有李守素这样的专家，其对谱牒如数家珍，人称"人物志"；在经学方面，有孔颖达这样的大师，他曾向太宗讲授经书，并负责编纂了《五经正义》；在算学和天文学方面，有李淳风，他曾注释过《周髀算经》等多部数学著作；在医学方面，有孙思邈，其著有《备急千金要方》和《千金翼方》等医学名著；在史学方面，有姚思廉、李百药、令狐德棻等人；在文学方面，有薛收、褚亮、薛元敬等人。

太宗手下人才济济，使得各项政治措施得以顺利实施，促成了国家的大治，也使这一时期的文学、艺术、史学、经学、天文、历法等各方面都得到相当程度的发展，为盛唐时期文化、科学的繁荣打下了坚实的基础。太宗在总结自己的成功经验时，把人才因素放在了重要的地位，他说："自古帝王多疾胜己者，朕见人之善，若己有之。人之行能，不能兼备，朕常弃其所短，取其所长。……人主多恶正直，阴诛显戮，无代无之，朕践阼以来，正直之士，比肩于朝，未尝黜责一人。"①明于知人，善于用人，爱护人才，是太宗成功的重要经验之一。

为了表彰功臣，激励后人，太宗下令在长安大内三清殿东修建了一座殿阁，称凌烟阁，阁内悬挂着由著名画家阎立本所画的24位功臣画像，每张画像上都题有赞语，概括介绍画中人物的经历和功勋，赞语由著名书法家褚遂良所书。这24位功臣依次是长孙无忌、李孝恭、杜如晦、魏徵、房玄龄、高士廉、尉迟敬德、李靖、萧瑀、段志玄、刘弘基、屈突通、殷开山、柴绍、长孙顺德、张亮、侯君集、张公谨、程知节、虞世南、刘政会、唐俭、李勣、秦叔宝。贞观十七年二月下诏绘制，陈列于阁中。阁内中隔3层，由内而外，按功绩大小，依次而陈列。太宗对此事非常重视，对入选功臣反复权衡，甚至连画像的悬挂位置都做了精心的安排。太宗在命令绘制功臣画像的诏书中说："自古皇王，褒崇勋德，既勒铭于钟鼎，又图形于丹青。是以甘露良佐，麟阁著其美；建武功臣，云台纪其迹。"②是说他要效法汉武帝、光武帝为功臣画

---

① 《资治通鉴》卷一九八，唐太宗贞观二十一年五月，第6247页。
② 《旧唐书》卷六五《长孙无忌传》，第2451页。

像，褒扬功业，垂范于后世。太宗这一壮举，即使当时的人们能以图形于凌烟阁而感到莫大的荣耀，也使后世之人感到振奋和向往。凌烟阁汇集着贞观朝的人才精华，也是太宗重视人才作用的光辉写照。

（二）任贤以求大治

太宗广开才路，选拔贤杰，就是要使天下得到很好的治理，使社会生产得到较快的发展。"贞观之治"的出现尽管有许多方面的原因，但重视发挥人才群体的作用，应该是主要的原因之一。国家的大政方针需要太宗和他的执政班子去制定，地方事务的管理需要素质良好的人才去承担，太宗曾经说过："朕居深宫之中，视听不能及远，所委者惟都督、刺史，此辈实理乱所系，尤须得人。"[1]以后又多次指出："能安天下者，惟在用得贤才。"[2]把治理天下和任用贤才的关系说得非常清楚。既然如此，任用贤才的结果到底如何呢？只要看一看贞观时期的社会经济状况，就可以明了这个问题。

贞观四年的社会经济状况是："米斗四五钱，外户不闭者数月，马牛被野，人行数千里不赍粮，民物蕃息。"[3]这种状况大概不是全国的普遍情况，当时一些人看到的情况就与上述记载差异颇大。贞观六、七两年，风调雨顺，连续丰收，情况有了很大的变化，旧史记载说："行旅自京师至于岭表，自山东至于沧海，皆不赍粮，取给于路。又山东村落，行客经过者，必厚加供待，或发时有赠遗。此皆古昔未有也。"[4]此后又是几个连续的丰收年，杜佑记载说："自贞观以后，太宗励精为理，至八年、九年，频至丰稔，米斗四五钱，马牛布野，外户动则数月不闭。至十五年，米每斗值两钱。"[5]米从每斗四五钱跌至两钱，说明

---

① 《贞观政要集校》卷三《论择官》，第157页。
② 《贞观政要集校》卷三《论择官》，第165页。
③ 《新唐书》卷五一《食货志一》，第1344页。
④ 《贞观政要集校》卷一《政体》，第52页。
⑤ 〔唐〕杜佑：《通典》卷七《食货典七》，北京：中华书局，1988年，第149页。

农业生产发展较快。贞观二十三年，太宗的遗诏说："至于比屋黎元，关河遗老，或赢金帛，或赍仓储。"①可见百姓的生活确实有了明显的改善。这种状况和贞观初年那种"人烟断绝，鸡犬不闻"的荒凉景况相比，简直不可同日而语。

这一时期外患消弭，边境安宁，社会环境极为稳定，出现了政平讼理、豪强屏迹、百姓安乐的局面。贞观四年，全国断死刑仅29人，几乎到了刑措的地步。人口也增长较快，贞观末年，全国共有380多万户，较之武德时期有了较大的增长。政府机构的规模也得到控制，中央机构的编制官员仅640员，而隋朝的京官竟高达2581员，相当于贞观朝的数倍。官员减少，机构压缩，但办事效率却大大地提高了。

旧史把太宗所取得的这些成就称为"贞观之治"。"贞观之治"成就的取得，也和太宗实施的一系列改革措施，如推行均田、兴修水利、轻徭薄赋、劝课农桑、健全法制、精减官吏等密切相关。其实这些措施历代的统治者也曾实施，但都没有贞观时期收效显著，一个重要的原因就是他们大都没有像唐太宗这样严格要求自己，始终坚持重农富民政策；没有像太宗这样"苦民之君也，非治民之主也"②的深刻认识，也没有像太宗这样重视发挥人才的群体作用。

需要指出的是，旧史对"贞观之治"的描述，往往有溢美之处。当时社会生产的确恢复较快，且有些地区有较大程度的发展，但由于隋末的残暴统治对社会经济破坏很大，加之长期的战火摧残，不少地区的生产基础十分薄弱，没有相当长的时间是不可能恢复的。比如贞观四年，旧史说："米斗四五钱"，"民物蕃息"，可是这一年太宗外出狩猎时，"见野人多蓝缕"③，说明还是有不少农民生活相当困苦。直到贞观十一年，岑文本还说当时的情况是"户口减损尚多，田畴垦辟犹少"，

① 《唐大诏令集》卷一一《太宗遗诏》，第67页。
② 吴云、冀宇校注：《唐太宗全集校注·论文编·金镜》，天津：天津古籍出版社，2004年，第127页。
③ 《册府元龟》卷一〇五《帝王部·惠民》，第1149页。

人民"资产屡空"。①贞观十四年时，高昌王麹文泰也说其入朝途中，"见秦、陇之北，城邑萧条，非复有隋之比"②。这些情况都说明各地的恢复和发展并不平衡，发展生产的任务还很艰巨，直到贞观末年，情况才有所改观，一些地区甚至到唐高宗时期才有所改变。指出这些情况并不是否定太宗的治理成就，只不过是为了更客观地反映当时的历史事实，实事求是地对"贞观之治"进行评价。③

三、兼听则明　偏信则暗

（一）兼听以明得失

唐太宗的从谏如流、兼听纳下在中国古代历史上是非常突出的，没有一个皇帝在这一点上可以和他相比。贞观二年正月，太宗曾和魏徵讨论过什么是明君，什么是暗君的问题。魏徵回答说："兼听则明，偏信则暗。"④魏徵认为明君之所以明智，是因为能够听取各方面的意见；昏庸的君主之所以昏暗，是因为偏听偏信造成的结果。从前，尧、舜能广泛听取各种意见，虽有共、鲧、驩兜这样的坏人，也不会受蒙蔽。秦二世深居宫中，偏听赵高的话，梁武帝偏信朱异，隋炀帝偏信虞世基，都造成了严重的后果，使得国破家亡。因此，国君必须广泛听取各种意见，这样就不会被一些宠臣所蒙蔽，下情才可以上达。太宗十分赞同魏

---

① 《旧唐书》卷七〇《岑文本传》，第2537页。

② 《旧唐书》卷一九八《西戎传·高昌》，第5295页。

③ 关于"贞观之治"的研究颇多，多从历史借鉴、用人之道、敢于纳谏、民本思想等角度进行评价，也有持不同意见的，如庄俊华：《略论"贞观之治"的消极面》，《大理师专学报》（哲学社会科学版）1988年第2期，第110—116页；孙文泱：《贞观之治的泡沫》，《学习月刊》2009年第9期，第56页；田夫：《贞观之治系造假》，《文史博鉴》2015年第11期，第45页；戚文闯：《"贞观之治"所谓"治世"质疑》，《广东技术师范学院学报》2016年第1期，第89—95页等。仁者见仁，智者见智，也难免有偏颇之处。

④ 《资治通鉴》卷一九二，唐太宗贞观二年正月，第6047页。

徵的意见，决心做一个兼听纳下的明君。

在这种思想动机的促使下，他和臣僚们对如何治理国家的问题展开了一系列讨论。有一次太宗问魏徵："守天下难还是易？"魏徵回答说非常难。太宗说："只要能做到任用贤才，接受谏诤就可以了，怎么能说难呢？"魏徵指出："自古以来的帝主，在危难之时容易做到任贤纳谏。等到天下太平，就产生了松懈思想，不大容易接受意见，致使言事者畏惧而不敢谏诤，发展下去终至危亡。所以圣明的君主经常居安思危，要长期做到这一点，难道不难吗？"这番话对太宗触动很大。

太宗认识到守天下比夺取天下还要艰难，因此他时时提醒自己不要骄傲，要广泛听取臣下的意见。同时他还认为个人的才智总是有限的，只有信任臣下，发挥集体的才智，才能保证不出现失误。他对侍臣说过这样的话："隋文帝不肯信任臣下，每一事都要自己决断，结果搞出不少弊端。天下之大，事物之广，一人如何能独断得了呢？"太宗还从日常事例中体会到个人认识的局限性，得出了颇有哲理的结论。

有一次太宗对萧瑀说："朕年轻时十分喜好弓箭，自认为已经非常了解弓的性能了。最近获得了良弓数十张，拿给造弓的工匠看，工匠认为皆非良弓。朕问他们是什么道理，他们回答说这些弓的木心不正，脉理皆斜，弓虽刚劲但射出的箭不直，所以不是良弓。朕以弓矢定天下，经常使用它，犹不能完全了解弓的性能。何况朕即位不久，治理天下经验不多，对于熟悉的器物都是如此不深入，更不用说自己不大了解的事物了。"由此太宗悟出了君主能力有限，并非无所不能的道理。于是，他下令要求京官五品以上轮流到宫中值班，与他谈论政事，以便询访外间之事，尤其是有关百姓利害的大事。

太宗还认为，对于皇帝来说，了解下情很不容易，受到许多限制，因为皇帝深居简出，高高在上，视力所及多为宫廷之事，就更要多听取臣下对外间情况的反映。他说："朕既在九重，不能尽见天下事，故布之卿等，以为朕之耳目。"[1]太宗不仅仅局限于通过臣下了解情况，对于

---

① 《贞观政要集校》卷一《政体》，第33页。

自己已经做出的决策，也同样希望臣下谏正，这样就可以保证决策不至于失误，以避免贻误国事，危害百姓。他吸取了隋炀帝拒绝臣下谏诤，从而导致国破身亡的教训，时时注意纳谏，不以势压人。他多次强调"朕遇千虑一失，必望有犯无隐"①，承认皇帝并不是一贯正确，鼓励臣下踊跃谏诤。

太宗不仅自己注意纳谏，他还要求执政的宰相们也要注意听取下级的意见。他曾经对房玄龄说："公等亦须受人谏语，岂得以人言不同己意，便即护短不纳？若不能受谏，安能谏人？"②因为宰相掌握中枢决策之权，他们能否全面地掌握各种情况，能否虚心地接受别人的正确意见，对保证军国大事决策的正确与否十分重要。同时宰相又是皇帝的主要助手，他们经常与皇帝一起商议国事，谏诤的机会应该最多，如果宰相本人不具备接纳下级意见的素质，必然也不能对皇帝尽到谏诤的责任。正如太宗所说的"若不能受谏，安能谏人？"太宗对宰相要求严一点，目的在于培养他们乐于受谏的作风，使朝廷上下能形成谏诤的风气。

（二）共治优于独断

太宗强调兼听纳下，并不是仅仅听一听臣下的意见，一切仍由自己独断，而是要形成一种共商国是的局面。用太宗的话来说，就是要使"君臣上下，各尽至公，共相切磋，以成理道"③。这是一种古代帝王中从未有过的开明思想，这种思想是建立在君主并非一贯正确的认识之上，即建立在所谓"天下万机，一人听断，虽甚忧劳，不能尽善"④的认识之上。因为君主一人不能独断天下万事，所以就必须由君臣共治天

---

① 《魏郑公谏录》卷三《对西蕃通来几时》，见文渊阁《四库全书》，第446册，第184页。

② 《贞观政要集校》卷二《求谏》，第87页。

③ 《贞观政要集校》卷二《求谏》，第85—86页。

④ 《新唐书》卷一三二《吴兢传》，第4527页。

下。太宗是一位颇有自知之明的皇帝，他曾经对魏徵说："美玉通常都深藏在石头之中，不经良工琢磨，与瓦砾一样并无大的差别。如经良工的精心琢磨，去掉石瑕就能成为传世之宝。朕虽算不上美玉，也还是希望你们这些良工费心琢磨。"又对王珪说："公难道没有看到金矿在山中之时，有什么可珍贵的？只有经过冶炼、锻铸，才能成为精美的器物，为人所珍惜。朕就是那未经冶炼的金矿，卿好比善于锻冶的良工。"太宗把自己比作在石之玉，在山之金，把辅佐的臣下比之为良工，这就等于公开承认自己有不少缺点，希望臣下帮助自己将其除去，使自己成为美玉、纯金。既然君主并非万能之主，并非十全十美，需要良臣辅佐，当然共治要比独治好多了。

贞观八年，宰相房玄龄、高士廉在路上遇到少府监窦德素，问他宫中近来有什么营建工程，窦德素就把此事告诉了太宗。太宗认为他们管得太宽，于是将二人招来，责问说："你们只要把朝廷中的事管好就行了，我宫中有些小小的营建工程，关你们什么事？何必动问！"房、高二人不敢以理相争，唯知谢过。此事被魏徵知道，他对太宗说："臣不理解陛下为什么要责备二人，也不理解房、高二人为何要谢过。房、高既然是大臣，那就是陛下的左膀右臂和耳目，有何营建竟不容许他们知道？陛下责备他们了解情况，臣不知出于什么用心。且营建需要多少工匠，花费多少费用，陛下搞这些工程有无必要，担任宰相的都应有所了解。如果工程有必要搞，他们应该协助陛下将其完成，如果没有必要搞，应该上奏陛下罢去。这是君主任用臣下，臣下对待君主的常理。房玄龄等人如果过问得对，陛下就不应责备，如是这样，房、高二人为什么还要谢过呢？这是不识大臣职守的表现。"魏徵之所以如此看待这个问题，是因为太宗口口声声强调君臣共治天下，作为宰相就更应该负起这样的职责，太宗责备房、高干预宫中之事，有悖于这个原则。太宗听了魏徵的批评后，也觉得自己做得不对，和自己平时强调的"共相匡辅"的话相去甚远，因而"深愧之"。①

---

① 《贞观政要集校》卷二《直言谏诤附》，第131页。

后来魏徵还专门写了一篇奏疏，主要强调了君臣同体的道理，他说："臣闻君为元首，臣作股肱，齐契同心，合而成体，体或不备，未有成人。然则首虽尊高，必资手足以成体；君虽明哲，必藉股肱以致理。"①他把君主比作人的头部，大臣比作四肢，认为只有这一切齐全，才算是一个完整健康的人，头部虽然高高在上，也得靠四肢才可行动自如。魏徵的这个比喻强调了君臣关系和谐的重要性，强调君臣要同心共治，不但新颖而且比以前的认识更深入了一步。

太宗还和魏徵以一个具体事例来论证君臣同心共治的必要性。魏徵向太宗谈过一件发生在隋炀帝时期的事。说有一次隋炀帝命将军于士澄捕捉盗贼，只要有怀疑者统统抓起来，共捉了2000余人，严加拷掠，使这些人被迫承认是盗贼，炀帝便下令同日处斩。大理丞张元济感到这里面肯定有问题，就拿来六七个人的案状审阅，发现他们在盗发之日并不在当地，本可以排除嫌疑，却被抓来酷刑相加，因忍受不了痛苦而自诬为盗贼。张元济因此更感到其中冤情一定还很多，遂详加推讯察访，结果是2000人中只有9人在案发的当日情况不明，有犯罪嫌疑。这9人中还有4人是官吏非常熟悉的良民，并非贼盗。但是司法主管部门认为炀帝已下令处斩，不愿再次上奏，遂将他们全部处死。太宗听了此事，认为这不能完全怪炀帝无道，臣下也不尽心，如果有人不避诛戮，冒死进谏，就不一定会出现这种残酷的事情。臣下"苟求悦誉"，君主闭目塞听，"君臣如此，何能不败？"②太宗由此更加体会到君臣同心同德、共治天下的重要性，他感慨地说："朕幸赖诸公共相辅佐，才有今日之功业，希望诸公善始善终，永远像现在这样尽心匡赞。"

（三）直谏之臣魏徵

在贞观之臣中，进谏最多的人是魏徵，犯颜直谏次数最多者也数魏

---

① 《贞观政要集校》卷七《论礼乐》，第402页。
② 《贞观政要集校》卷三《君臣鉴戒》，第148页。

徵，根据记载，魏徵"卿所陈谏，前后二百余事"①，凡数十万言。他素有胆识，有时进谏时，太宗震怒，但魏徵神色不变，执言极谏，皆能切中皇帝之失，使太宗最后不得不承认错误，接受意见。

魏徵进谏之事大体上可分如下几类。

其一，重教化，崇文治。贞观七年，朝廷曾展开过一场关于如何治理天下的辩论，魏徵力主偃武重文，加强教化。太宗认为大乱之后，要慢慢推行教化方针，不可太急。魏徵不同意这个观点，他举例说人在饥饿之时就容易进食，在危困之际就害怕死亡，怕死亡就容易接受教化。有人反对这种意见，认为自夏、商、周以来，人心逐渐在变化，不再那么淳朴，故秦朝以法治国，汉朝杂用王霸之道，都是教化不成的缘故，若信魏徵的话，国家不免要灭亡。魏徵据理力争，他列举了古代许多大乱之后依靠教化而使天下太平的事例，说明乱后教化的必要性。并指出如果三代以来人心不再淳朴，而是一直向恶的方面发展，到如今全都成了鬼魅，又如何谈得上治理天下呢？反对者哑口无言。太宗遂接受了魏徵的意见。实施数年之后，果然大见成效。太宗感叹地说："以前人皆劝我不必推行王道，唯魏徵劝我实施教化方针。如今国内安宁，远族宾服，突厥自古以来就是中原劲敌，现在其酋长竟然带刀宿卫京师，部落皆服政令。"这些成就的取得，"皆魏徵之力也"。②

其二，轻赋税，去虚名。贞观初年，魏徵就多次力谏，使太宗减轻了徭役，推行轻徭薄赋的政策。贞观八年，又逢丰收，百姓生活有了初步改善，太宗非常得意，认为这一切都是自己赐予百姓的，假如自己像隋朝一样加重赋税，百姓即使有资财，也必然不能保全。魏徵这次没有犯颜直谏，而是给太宗讲了一个故事。说相传在尧统治时期，有个老人在劳动时谈了一种观点，认为自己日出而作，日落而息，凿井而饮水，耕田而吃饭，和尧又有什么关系呢？他劝太宗不要那样认识问题，这都是君主本应该尽到的责任，不一定非要百姓知道现今的一切都是君主的

① 《册府元龟》卷五四二《谏诤部·直谏》，第6199页。
② 《贞观政要集校》卷一《政体》，第36—37页。

恩赐。

说到这里魏徵又给太宗讲了一件事，说春秋时期晋国的国君晋文公外出打猎，误入大泽迷了路。碰到了一位渔夫，文公就对他说："我是你们的国君，请你送我出去，我将重重地赏赐你。"渔夫遂把晋文公送出大泽。晋文公要记下渔夫的名字，以便随后给予赏赐。渔夫说："何必记我的名字，只要国君慈爱万民，薄赋敛，轻租税，我也就从中受益了；如果国君不敬天地，不重社稷，对外失礼于诸侯，对内违背民心，致使百姓流亡，今天就是给我厚赐，也不能保留下来。"渔夫坚辞不受赏赐而去。太宗说："卿言是也。"①从此更加兢兢业业。

贞观六年以来，连续几年丰收，一些地方官和朝臣大力称颂太宗功德，屡次请求到泰山封禅。唯魏徵认为不可贪图虚名，主张不搞封禅大典。太宗很不高兴。魏徵耐心对他进行劝告，魏徵说：国家刚刚恢复了一点元气，就好像久病的人一样，病情虽有好转，但尚未完全复原，这时便让他背着一石米日行百里，必然不能做到。国家经过隋末战乱，经济虽然有所恢复，但国力尚未充实，陛下东去封禅，周围各国必然要派人参加，"今自伊、洛以东，暨乎海岱，灌莽巨泽，苍茫千里，人烟断绝，鸡犬不闻，道路萧条，进退艰阻"。在这种情况下，引入夷狄，"示以虚弱"，恐对国家不利。加之封禅大典，耗费资财、人力颇多，"庸夫横议，悔不可追"。②太宗听后，怨气全消。

其三，重德行，讲信义。魏徵劝谏太宗重德行，讲信义之事颇多，这里只举一例。贞观二年，皇后长孙氏访知郑仁基有个女儿，只有十六七岁，美丽绝伦，遂请太宗召入宫中，太宗十分高兴，下诏聘为充华（妃嫔名，九嫔之一）。魏徵听说此女已经许配给陆爽，急忙入宫劝阻，说："陛下为人父母，子爱万姓，当忧其所忧，乐其所乐。""今郑氏之女，久已许人，陛下取之不疑，无所顾问，播之四海，岂为民父母之义乎？"太宗闻言，乃令将此女归还其原夫。但房玄龄、温彦博、

① 《贞观政要集校》卷五《论忠义》，第265—266页。
② 《旧唐书》卷七一《魏徵传》，第2560页。

王珪等人认为聘礼已行，不便中途而废。陆爽本人也上表说："其父康在日，与郑家还往，时相赠遗资财，初无婚姻交涉亲戚。"又说："外人不知，妄有此说。"太宗实际上也想要此女入宫，便问魏徵："群臣都说并无许婚之事，陆氏本人也这样说，你的说法从何而来？"魏徵指出："陆氏今日虽得陛下宽容相待，却担心以后暗中遭受谴罚，所以反复推辞，不足为怪。"太宗遂又一次下诏："今闻郑氏之女，先已受人礼聘，前出文书之日，事不详审，此乃朕之不是，亦为有司之过。授充华者宜停。"①太宗此举赢得一片赞誉之声，使皇帝在百姓之中的威望进一步提高。

其四，慎罚恤刑。魏徵认为刑赏的作用在于惩恶劝善，帝王执法贵在公平，不以贵贱亲疏而有所轻重。他上书太宗指出："今之刑赏，未必尽然。或屈伸在乎好恶，或轻重由乎喜怒。遇喜则矜其情于法中，逢怒则求其罪于事外。"由于执法不公，致使小人之恶不惩，君子之善不劝。魏徵还指出："顷者责罚稍多，威怒微厉，或以供帐不赡，或以营作差违，或以物不称心，或以人不从欲，皆非致治之所急，实恐骄奢之攸渐。"②太宗非常赞同魏徵的批评意见，表示愿意接受。后来太宗在召见大理寺卿孙伏伽时，一再强调要防止一些执法官员为了沽名钓誉，而"利在杀人"，要求执法"务在宽平"。③

其五，劝纳谏，戒骄奢。在这个方面魏徵谏奏得最多，他一再告诫太宗要广开言路，力戒骄奢，引经据典，反复论证，真可谓孜孜不倦。魏徵之所以反复强调这个问题，是因为这是帝王最容易犯的通病，尤其是当帝王取得一些成就后，往往骄傲自满，故步自封，生活由俭到奢，听不进去意见。就是唐太宗这样颇有自知之明的君主，也难免染上这种毛病，所以魏徵不得不经常敲敲警钟。对于魏徵的进谏，太宗曾下手诏表示愿意虚怀接纳，他还以晋武帝与何曾的故事来表彰魏徵。大意是说晋武帝平吴统一全国之后，只顾骄奢，不再留心政事。太傅何曾退朝对

① 《贞观政要集校》卷二《直言谏争附》，第113—114页。
② 《贞观政要集校》卷八《论刑法》，第440—441页。
③ 《贞观政要集校》卷八《论刑法》，第446页。

他的儿子司徒何劭说："我每次见到陛下，不议论治国大事，只谈论家常之语，像这样下去，恐怕子孙难保了。"他接着说："你也许可以免于被杀。"又指着孙子说："你们肯定会遇到战乱而死。"果然，到了其孙何绥时，逢八王之乱，何绥被诛而死。前史对何曾多有称赞，说是其有先见之明。太宗对此颇不以为然，认为何曾不能及时进谏，匡救其恶，没有尽到做大臣的职责。"今乃退有后言，进无廷诤，以为明智，不亦谬乎！"太宗这种看法是有道理的。他对魏徵的进谏非常重视，"公之所陈，朕闻过矣"。[1]表示要将这些谏书，置于几案，时时警策自己。还说他有魏徵就像刘备之有孔明一样，如鱼得水。

太宗的确对魏徵非常器重，需要他时时匡正朝政之失。贞观八年，太宗向诸道派遣黜陟使，以察官吏，省风俗。诸道皆已确定好人选，只有关内道尚未选定派谁充使，右仆射李靖认为此道事大，"非魏徵莫可"。太宗认为自己将要出幸九成宫，每次出行都离不开魏徵，以便自己能随时匡正过失，分辨是非，这也是一件大事，怎么能派他出使？他质问李靖说："公等能正朕否？"[2]于是派李靖充使于关内道。

太宗毕竟是一位英武过人之君，平时折节下士，虚心纳谏，但是这并不等于其刚猛之气已消磨殆尽。有时魏徵当着众人之面犯颜直谏，搞得太宗下不了台时，他也恼怒异常。有一天，太宗退朝回到内宫，怒容满面地说："我一定要杀掉这个庄稼汉！"长孙皇后问道："是谁顶撞了陛下？"太宗说："除了魏徵还有谁？他经常当廷辱我，使我无法下台。"长孙皇后遂郑重地换上朝服，向太宗拜而称贺，太宗非常吃惊地问："你这是为了何故？"长孙皇后回答说："我听说主圣臣忠，今陛下圣明，所以魏徵才敢于直言，我怎么能不向陛下道贺呢？"太宗恍然大悟，转怒为喜。

有一年冬天，太宗获得了一只极其漂亮的鹞子，非常喜爱。一次他正在把玩，突然看见魏徵来了，恐怕又遭批评，就赶紧把鸟藏到怀中。

① 《贞观政要集校》卷一《君道》，第19页。
② 《贞观政要集校》卷五《论忠义》，第264页。

这次魏徵奏事时间较长，太宗"素严敬徵，欲尽其言"^①，等到魏徵奏事完毕，那只鹞子竟闷死于怀中。又有一次，太宗打算外出狩猎，行装、军队都已准备好了，突然又宣布不去了。魏徵问太宗为何又不去狩猎了？太宗说原来是打算去的，后来怕爱卿知道了不高兴，就取消不去了。

由于魏徵与太宗相处17年，尽心尽力，知无不言，言无不尽，为国家的治理呕心沥血，太宗甚至说贞观时期政绩的取得，"皆魏徵之力也"^②。贞观十七年，魏徵病死。太宗非常悲痛，亲自为其撰写碑文，并说："以人为镜，可以明得失。"^③今魏徵故去，使其丧失了一面镜子。^④

四、广开言路　勇于纠错

（一）激励臣下谏诤

太宗即位之初，就鼓励臣民积极进谏，当时上封事者甚多。所谓封事，就是官员提出的治理国家的建议，因要密封后上达，所以称之。为了消除进谏方面的障碍，太宗时时注意修正自己的言行，采取了一些办法以保证臣下敢于开口讲话，尤其是讲真话。

太宗威容严肃，气势逼人，百官觐见时，多举止失措，无敢于谏诤的勇气。太宗知道后，马上改变态度，每见臣僚必和颜悦色，希望能够听到谏诤，"知政教得失"。^⑤并且强调："人欲知道自己是否整洁，必须借助于明镜；君主欲要了解自己的过失，必须借重于忠臣。君主如果总自以为圣明，臣下就不便于谏诤匡正，这样没有不失败的。"太宗态度如此诚恳，臣下自然也就敢于开口谏诤了。

---

① 《隋唐嘉话》卷上，第7页。

② 《贞观政要集校》卷五《论诚信》，第290页。

③ 《贞观政要集校》卷二《任贤》，第63页。

④ 关于魏徵生平，参见卢华语：《魏徵传》，重庆：重庆出版社，1999年。

⑤ 《贞观政要集校》卷二《求谏》，第83页。

　　太宗还有一个习惯，就是当别人上书或谏诤时，自己认为不大妥当，往往当面质问不留情面。臣下本来就对皇帝心怀畏惧，一见如此场面，无不战战兢兢，搞得非常狼狈。刘洎向太宗提出批评意见，认为这样搞"恐非奖进言者"①。太宗当场表示一定要改正这种态度。后来他总结自己纳谏经验时说："其义可观，不责其辩；其理可用，不责其文。"②这样的态度便消除了谏臣的顾虑，有利于他们畅所欲言。

　　君主既然要臣下说话，鼓励谏诤，就要做好忠言逆耳的思想准备，克服自己心理上、认识上的障碍。太宗自己在这方面做得较好，他说："逆耳之辞难受，顺心之说易从。彼难受者，药石之苦喉也；此易从者，鸩毒之甘口也。"③因为有这样的认识，所以太宗始终能做到虚心纳谏，而不计较谏诤者的态度与言辞是否尖锐。不仅如此，对于直言极谏的大臣，他还"拭目以师友待之"④。这样的胸怀与态度，理所当然地赢得了臣下的信赖，对广开言路有明显的激励作用。

　　为了鼓励谏诤，太宗还采取了重奖言事者的措施。太宗欲处死一人，法官孙伏伽进谏说，据法罪不至死。太宗觉得孙伏伽的进谏使自己避免了一次错误，遂赐给他一座园囿，价值百万钱。马周、张玄素、皇甫德参、姚思廉、王珪等许多人都受到过太宗的奖励，其中魏徵获奖的次数最多。奖赏多者绢数百匹，少者也有数十匹，这种措施对鼓励臣下积极谏诤起到了促进作用，数十匹绢固然不多，但对臣下来说却是一种莫大的荣耀和激励。

　　正如太宗在用人上不分贵贱一样，在纳谏方面也同样强调"言之而是，虽在仆隶刍荛，犹不可弃也"⑤。"有人上封事，献直言，能益于时，以裨政要者，朕倾耳而听，拭目而览；合于务者，不以舆皂而废其

---

① 《贞观政要集校》卷二《纳谏》，第110页。
② 《帝范》卷二《纳谏》，见文渊阁《四库全书》，第696册，第602页。
③ 《唐太宗全集校注·去谗篇》，第609页。
④ 《贞观政要集校》卷一《政体》，第49页。
⑤ 《帝范》卷二《纳谏》，见文渊阁《四库全书》，第696册，第602页。

言也。"①不因人废言，广纳博采各类人的意见，是"贞观之治"形成的又一重要因素。

（二）贵在知错能改

太宗倡导臣下积极谏诤，自己虚心纳谏，如果只是做给别人看，并不打算认真实施，也无承认和改正错误的勇气，那么就会使谏诤流于形式。从太宗即位以来的情况看，他在这方面做得非常好，只要发现自己做错的事，就都能当着臣下的面勇于公开检点过错，从不文过饰非，作为一个帝王来说，这是十分难能可贵的。

贞观二年，太宗与王珪闲坐交谈，旁边有一位美人②侍立侍候。这位美人本是庐江王李瑗的姬妾，李瑗因谋反被诛，这位姬妾被官府籍没送入宫中充作美人。太宗指着这位美人对王珪说："庐江王不道，杀掉了这个人的丈夫而夺人之妻，哪有不败亡的道理！"王珪反问太宗："陛下以为庐江王杀人夺妻是对还是不对？"太宗说："哪有杀人而娶其妻的道理，公这么问是什么意思？"于是王珪就对太宗讲了一段历史，春秋时齐国国君桓公到了郭国，问当地父老郭国因何故而亡？父老回答说："郭君因喜善而恨恶，导致灭亡。"桓公说："若以你们的说法，郭君应是一位贤君，何至于灭亡呢？"父老说："郭君喜善而不能用，恨恶而不能铲除，所以才灭亡。"接着王珪话锋一转，对太宗说："现在这个妇人仍在陛下宫中，我以为陛下口头上说庐江王杀人夺妻不对，而心中却认为对，如果陛下真的认为不对，那就和郭君一样明知恶而不能改正。"太宗听到这里才知道王珪是在批评自己。他认为王珪的话很有道理，十分高兴地将这位美人送出宫去，交给了她的亲属。

贞观四年，太宗下诏征召民工修建洛阳乾元殿，以备巡幸。给事中张玄素上疏切谏，措辞尖刻，慷慨激昂，认为太宗还不如隋炀帝，太宗

---

① 《册府元龟》卷一〇二《帝王部·招谏》，第1120页。
② 美人，为唐朝妃嫔之一，共置九员。

反问张玄素："卿认为我不如隋炀帝，那么，比桀、纣何如？"张玄素理直气壮地回答："如此殿建成，将与桀、纣一样同归于乱！"太宗叹息说："我不思量，遂至于此。"下令罢役，并对房玄龄说："以卑犯尊，有古就不易做到，如果不是玄素忠直，如何能如此激烈地谏诤？"遂命赐绢200匹，连魏徵都感慨地说："张公论事，遂有回天之力。可谓仁人之言，其利博哉！"①

贞观十一年，马周上疏指出：近年以来徭役增多，兄去弟还，首尾不绝，远者往返数千里以服劳役。虽然陛下每有减免徭役的诏令颁下，但是营建工程却未停止，官吏为了完成营建，仍然需要动用民夫，致使诏书等于一纸空文。当前京师与益州制造供奉器物及诸王、妃嫔、公主的服饰，议者皆认为这是不节俭的表现。贞观初年，生产荒废，一匹绢才换一斗米，然天下安宁，人无怨言；近几年来，连年丰收，一匹绢可换10余石粟，而百姓却颇有怨嗟之言。根本原因就是营建渐多，劳役渐重。而且目前所营造的都是不急之物，像这样下去如果有人乘机挑唆煽动，将会有不测之事发生。太宗看了奏疏后说："近来下令造一些小的随身器物，没有想到会引起百姓的怨嗟不满，这是朕的过失。"遂下诏停止营造，罢去劳役。

贞观十一年，太宗东巡洛阳，途中居于显仁宫，因守宫官及当地官员贡奉之物及献食不精，太宗大为震怒，对官吏大加责罚。魏徵进谏说："往昔隋炀帝因郡县官吏献食不精责罚，致使各地官员竭尽民力而贡奉，故海内叛乱接踵而起。这是陛下亲眼所见，为何此次还仿效他呢？"太宗大惊，说："非公不能听到这样的忠告。"回过头来又对长孙无忌说："朕往昔也经过这里，当时是买饭而食，租房而宿，也没有感到不舒服。现在如此贡奉，如何能再嫌不足呢？"太宗当场表态，以后再也不会有此类事发生。

这年十月，太宗在洛阳郊外狩猎，有一群野猪突然从树林中冲出，太宗连发4箭，射死4头，仍有一头野猪冲到太宗马前，已经触及马镫。

---

① 《唐语林校证》卷一《言语》，第39页。

民部尚书唐俭此次也陪同太宗狩猎，他早年曾充任过天策上将府长史，是秦王府集团中的旧人。他见情况危急，急忙下马去与野猪搏斗，这时太宗已抽出佩剑斩杀了野猪。太宗回头得意地对唐俭说："天策长史不见上将击贼耶！何惧之甚？"唐俭正色地说："汉祖以马上得之，不以马上治之；陛下以神武定四方，岂复逞雄心于一兽。"[1]唐俭的意思是太宗应以文德治天下，不该冒险与一兽相搏，最根本的还是反对太宗外出狩猎。太宗觉得唐俭的话很对，遂罢猎返回城中。

太宗有一匹骏马，特别珍惜，命专人在宫中精心饲养。一天，马突然无病而死，太宗大怒，下令将养马人斩首。长孙皇后知道后谏云："往昔齐景公因马死杀人，晏子罗列养马人的罪状说：'你养马而死，这是第一条罪状；使国君因马死而杀人，百姓听说后必然要埋怨国君，这是你的第二条罪状；此事让各国诸侯闻知后，必然要轻视我国，这是第三条罪状。你身犯三罪，必死无疑。'齐景公听后醒悟，遂释放养马人。陛下也曾读过此书，难道忘了吗？"太宗听后怒气全消，下令赦免了养马人。

太宗知错能改，成为千古美谈。为了使自己少犯或不犯错误，他希望大臣们积极谏诤，"每见有不是事，宜极言切谏，令有所裨益也"。[2]他坚决反对臣下盲目"承旨施行"，明知不对也不谏诤。为了保证政事不至于存在弊端，太宗规定重要的军国大事，都要先交百司讨论，把意见汇总于宰相，宰相认真研究后，"方可奏行"。太宗还十分重视谏官的作用，规定宰相入阁议事，谏官一定要参与，以便随时谏诤。门下省是审议、封驳机关，但是有些官员不敢行使封驳之权，凡有诏敕，皆不加审议，唯知签署照发，使门下省成为一个行文书的机构。为此太宗于贞观三年专门强调，中书、门下为机要之司，权任甚重，只有贤才才能胜任，如果只是行行文书，谁人不会？要求他们一定要认真履行职责，敢于谏诤，敢于负责。

---

① 《旧唐书》卷五八《唐俭传》，第2307页。
② 《贞观政要集校》卷四《教戒太子诸王》，第212页。

（三）一代谏风形成

在太宗的倡导与鼓励下，20多年间逐渐形成了官吏积极谏诤的良好风气，仅史籍记载的前后向太宗进谏的就多达数十人，至于没有提到姓名的所谓上封事者不知还有多少。参与谏诤的人也比较广泛，上至皇后、太子、宰相、妃嫔、大臣，下至一般官员、胥吏，形成了自古以来从未有过的良好政治风气，这种风气是一种开明政治的体现，是一份珍贵的历史遗产。

贞观时期的谏诤风气有着不同于其他历史时期的特点，在这种风气的感染下，一些不敢谏诤的人积极参与进谏，甚至一些隋朝旧臣也一改原来的阿谀谄媚态度，向太宗进谏，并且提出了一些有益的建议。最典型的就是裴矩的变化。

裴矩，河东闻喜（今山西闻喜东北）人，在大业年间历任民部侍郎、黄门侍郎，参与朝政。他见炀帝好大喜功，遂撰《西域图记》三卷，献给炀帝，又诱炀帝西巡，裴矩还游说西方诸族，许以厚利，让他们都来朝见炀帝，"盛服珠玉锦罽，焚香奏乐，歌舞相趋，谒于道左"，"复令武威、张掖士女盛饰纵观，骑乘填咽，周亘数十里，帝见之大悦"。此举不仅使朝廷花费了巨额资财，动用了大量民夫，也给河西百姓带来了沉重的负担，"中国骚动焉"。[1]大业六年（610），炀帝巡幸东都，裴矩以蛮夷朝贡者多，劝炀帝盛饰街市以夸富。旧史记载："先命整饰店肆，檐宇如一，盛设帷帐，珍货充积，人物华盛，卖菜者亦藉以龙须席。胡客或过酒食店，悉令邀延就坐，醉饱而散，不取其直，给之曰：'中国丰饶，酒食例不取直。'胡客皆惊叹。"[2]裴矩揣测炀帝心思，事先奏请，一味地以谄媚皇帝为能事。炀帝对裴矩非常满意，对身边大臣说："裴矩大识朕意，凡所陈奏，皆朕之成算，朕未发顷，矩辄以闻。自非奉国用心，孰能若是？"[3]隋炀帝骄矜自负，曾公开

---

① 《旧唐书》卷六三《裴矩传》，第2407页。

② 《资治通鉴》卷一八一，隋炀帝大业六年正月，第5649页。

③ 《旧唐书》卷六三《裴矩传》，第2407页。

表示："我性不欲人谏。"①所以裴矩从不向皇帝进谏，反而挖空心思讨好皇帝，唆使炀帝纵欲。隋炀帝对高丽发动大规模的战争，就是在裴矩建议下发动的，致使国内社会矛盾迅速激化，农民起义爆发，隋朝统治最终崩溃。炀帝在江都时，从驾兵士时有逃亡，裴矩又向炀帝献计，掠取民间妇女配给军士为妻，说这样可以防止继续逃亡。炀帝从其计，致使江淮一带百姓妻离子散，人民怨恨。

就是这样一位所谓佞臣，在太宗时期却发生了很大的变化。早在武德九年太宗即位之初，太宗因诸司胥吏多受贿赂，欲加惩治，密令左右贿赂以试探，结果刑部司门司一位小吏受绢一匹，太宗下令处死。当时裴矩任民部尚书，知道此事后认为太宗处置不当，遂进谏说："胥吏受赂，罪本应死，但是陛下派人送物给他，这是故意诱使人犯法，与孔子所说的'道之以德，齐之以礼'的说教大相径庭。"太宗听后十分高兴，为此专门召集五品以上朝官，告诉他们："裴矩遂能廷折，不肯面从，每事如此，天下何忧不治？"②太宗此言不仅是表彰裴矩，也是通过此事鼓励百官大胆谏诤。

裴矩前后判若两人，表现截然不同的历史现象，也引起了史家的关注，宋代著名史学家司马光评论说："古人有言：君明臣直。裴矩佞于隋而忠于唐，非其性之有变也；君恶闻其过，则忠化为佞，君乐闻直言，则佞化为忠。是知君者表也，臣者景也，表动则景随矣。"③司马光的这些见解确有合理之处，在专制极权时代，君权至高无上，君主的素质如何的确在很大程度上决定一个时代的政治风貌。

在贞观谏诤风气的影响下，皇太子也加入谏诤之臣的行列中。太宗曾因苑西监穆裕有罪，盛怒之下命于朝堂斩杀。太子李治认为穆裕罪不至死，遂犯颜进谏。太宗对自己的儿子能当面进谏非常高兴。长孙无忌说："自古太子之谏，或乘间从容而言。今陛下发天威之怒，太子申犯颜之谏，诚古今未有。"太宗认为人相处已久，自然会互相影响。自

① 《隋书》卷二二《五行志上》，第634页。
② 《旧唐书》卷六三《裴矩传》，第2409页。
③ 《资治通鉴》卷一九二，唐高祖武德九年十二月臣光曰，第6029页。

从即位以来，虚心接纳谏言。魏徵朝夕进谏，自魏徵死后，刘洎、岑文本、马周、褚遂良等又继续讽谏，皇太子自幼在其膝上，见到其诚心接纳谏诤者，"因染以成性，故有今日之谏"。①

贞观二十二年（648），充容②徐氏见这一时期屡次发动战争，兴建宫室，百姓劳役颇重，遂上疏进谏，指出近年以来，"力役兼总，东有辽海之军，西有崑丘之役，士马疲于甲胄，舟车倦于转输"。"虽除凶伐暴，有国常规，然黩武玩兵，先哲所戒。"又说："夫珍玩技巧，为丧国之斧斤；珠玉锦绣，实迷心之酖毒。"③批评太宗大兴土木，穷兵黩武，耗费国力。太宗颇善其言，赏赐甚厚。

贞观谏诤之风的盛行还表现在低级官吏也纷纷加入谏臣行列中。贞观八年，陕县县丞皇甫德参上书进谏，太宗认为是讪谤。魏徵进言说："自古以来上书多措辞激切，若不激切则不能引起君主重视。激切与讪谤很难区分，望陛下详加可否，不要轻下结论。"太宗醒悟，遂赐皇甫德参帛20段。由于太宗勉励谏诤，贞观十四年，又有一位县丞上表谏诤，这年冬十月，太宗准备到栎阳狩猎，县丞刘仁轨因收获未毕，恐车驾出动扰民，遂前往行宫上表切谏。太宗接受意见，下令罢猎，并提升刘仁轨为新安县令。

贞观时期谏诤成风对于天下大治的形成有积极的作用，对于改变吏风、发展生产、提倡文教、健全法制、轻徭薄赋等，都产生了很好的影响，使国家机构能沿着正常的轨道运转。谏诤之风的形成固然与以魏徵为首的一批谏臣积极进谏有关，更重要的还是出于太宗的倡导作用。魏徵自己也说："陛下导臣使言，臣所以敢言。若陛下不受臣言，臣亦何敢犯龙鳞、触忌讳也。"④可见君主在这里发挥了主动作用，从这个意义上看，可以说没有唐太宗也就没有魏徵这样的谏臣，是太宗促成了贞观谏诤之风的形成。

---

① 《贞观政要集校》卷二《纳谏》，第111页。

② 充容，妃嫔名，九嫔之一。

③ 《贞观政要集校》卷九《议征伐》，第492—493页。

④ 《贞观政要集校》卷二《任贤》，第62页。

五、以古为镜可知兴替

（一）说古论今的风气

太宗有一句名言，即"以铜为镜，可以正衣冠；以古为镜，可以知兴替；以人为镜，可以明得失"①。他大兴谏诤之风，就是以人为镜；而以古为镜，则是从历史中吸取有益的经验，以利于国家的治理。历史经验有正反两个方面，这两个方面的经验都对国家的治理有借鉴作用，太宗既重视吸取正面的成功经验，也注意吸取反面的失败教训，后一方面往往是太宗君臣借鉴的主要方面。

为了更好地吸取历史经验，太宗在政务之暇用功读书，有时候甚至一个人读书至深夜乃寝。不仅自己学习，还要求群臣多读古籍，提倡群臣"事之闲，宜观典籍"。有一次，太宗送给凉州都督李大亮一部《汉纪》，要求其从中了解历史。他还命萧德言、魏徵、虞世南、褚亮等人，撰成《群书治要》一书。这部典籍从上起五帝，下迄魏晋的各类书籍（包括六经、诸子之书）中，撷取最精粹的治国理政智慧，汇集而成。魏徵为该书作序，他在序言中说古代为君之得失，书中莫不备载，目的在于"以著为君之难"，"以显为臣不易"，鉴前古之兴替。②显然是为当时的统治提供可借鉴的政治经验。书成之后，太宗下令给诸王各赐一部，以供学习。

为了交流学习历史的经验，太宗经常与群臣论今说古，房玄龄、杜如晦、魏徵、虞世南、王珪、刘洎、马周等贞观名臣，无不与皇帝"商榷古今"，检讨现实。贞观群臣向太宗谏诤时，也多引用历史鉴戒进行劝勉。论今说古风气之广，甚至也染及皇后、妃嫔、太子。众人都纷纷

---

① 《贞观政要集校》卷二《任贤》，第63页。
② 《全唐文》卷一四一魏徵《群书治要序》，第1431页。

引古论今，讽喻朝政。太宗曾说过："贞观已来，手不释卷，知风化之本，见理政之源。行之数年，天下大治。"①可见太宗从历史中的确吸取了不少有益的经验，并且用于国家的治理，取得了良好的效果。

太宗君臣在说古论今时，也不是盲目地迷信古人、古书，而是采取了去谬存实的态度。旧史说太宗与群臣论及古事，"必诘难往复"。说明他们非常注意古书记事的真实性、可靠性，要做一番考证，以辨其真伪。比如太宗因《五经》年代久远，文字讹谬颇多，遂命颜师古考定《五经》。颜师古完成考定后，太宗还不放心，又令房玄龄召集诸儒加以评议，以保证文字准确，述事不谬。

太宗君臣学史论史还注意处理好今与古的关系，即历史上好的经验不一定就适用于现实，也就是说不能照搬照抄历史经验。李百药讲了上古结绳而治的历史，说明历史是发展的，社会是前进的，永远不会停留在同一个水平上，后世帝王也不会倒退到结绳而治的阶段去，而是采用了书契。说明学习历史的目的是温故知新，而不是照搬，一味泥古，若是不懂得变通的道理，小则闹出笑话，大则贻误国事。他还讲了"刻舟求剑"的故事，对食古不化者进行讽刺。太宗对这个道理十分清楚。在讨论刑法时，太宗说："古者断狱，讯于三槐、九棘"，②目的在于防止冤滥。但是太宗并没有恢复三槐、九棘之官，而是采取完善司法制度，精选执法官员的办法，来达到"用法须务存宽简"的目的。③

太宗君臣学习历史在于以古喻今。他们通过学习、讨论，看到古今有许多相似之处，古代经验所蕴含着的道理，对后人往往有许多启示作用，所以他们经常通过讲典故、打比方等方法形象地说明某个具体问题和观点。比如太宗任魏徵为太子太师时，就引用了汉高祖以"四皓"为太子辅佐的故事，希望魏徵像"四皓"一样尽心教导太子。魏徵为了谏太宗要对臣下以礼相待时，就引用了晏子对待齐庄公被弑态度的故事，说齐庄公被崔杼所杀，晏子既无逃亡又无殉死，只是伏尸而哭后离去。

---

① 《贞观政要集校》卷一〇《论慎终》，第533页。
② 《新唐书》卷五六《刑法志》，第1411页。
③ 《贞观政要集校》卷八《论刑法》，第428页。

原因是国君不是为社稷而死，而是为一己私欲而死，这样只有与国君亲昵之人才有必要去殉死，除此之外，"谁敢任之"。最后引用孟子的话说明"君视臣如手足，臣视君如腹心；君视臣如犬马，臣视君如国人；君视臣如土芥，臣视君如寇仇"的道理。①

在贞观时期，更多的是以古讽今，即借鉴历史经验，批评时政。太宗曾对褚遂良说："朕行有三：一，监前代成败，以为元龟；二，进善人，共成政道；三，斥远群小，不受谗言。"②把"鉴前代成败"放在第一位，足见太宗对历史借鉴作用的重视程度。贞观名臣以古为镜，评论政事，在当时是非常普遍的现象，这方面的例子举不胜举。总之，贞观君臣重视学习历史，善于总结历史经验，古为今用，在治理国家方面取得不少成就，这一做法至今仍有一定的现实意义。

（二）以隋亡为殷鉴

太宗君臣借鉴历史，主要是以隋亡为鉴。太宗对群臣说："炀帝骄暴而亡，公辈所亲见也。公辈常宜为朕思炀帝之亡。"③魏徵也多次说："臣愿当今之动静，思隋氏以为鉴，则存亡治乱，可得而知。"④贞观君臣之所以一再强调以隋亡为殷鉴，是因为他们大都亲眼看到一个国力兴盛、兵甲甚强的隋朝，仅历时短短的数十年时间就很快覆亡了。这个历史教训太深刻了，又为他们的亲身经历，要总结历史经验，必然就要先从近代史中总结。

太宗总结隋朝历史经验主要是从反面入手，吸取经验教训。那么太宗君臣从隋亡中吸取了哪些经验教训呢？大体可以分为如下四个方面。

其一，骄奢亡国。太宗说："昔在有隋，统一寰宇，甲兵缰盛，三十余年，风行万里，威动殊俗，一旦举而弃之，尽为他人之有。"并

---

① 《贞观政要集校》卷七《论礼乐》，第404页。
② 《新唐书》卷一〇五《褚遂良传》，第4025页。
③ 《资治通鉴》卷一九四，唐太宗贞观六年十二月，第6100页。
④ 《旧唐书》卷七一《魏徵传》，第2554页。

不是隋炀帝厌恶天下久安，不想国家长久，故意行施暴虐之政，以取灭亡。而是"恃其富强，不虞后患"。以天下之物力满足个人私欲，广纳海内女子，求取远方珍异，修建宫苑台榭，致使徭役繁重，干戈不息。"遂以四海之尊，殒于匹夫之手，子孙殄绝，为天下笑，可不痛哉！"①之后太宗还多次谈到隋炀帝骄奢亡国的教训，如贞观九年，太宗对侍臣说："当年兴起义兵，攻下长安时，看到宫中美女珍玩，无院不满，炀帝仍不满足，征求无已，再加上穷兵黩武，百姓不堪忍受，遂至于灭亡。"他进一步总结说，治国好比栽树，根部不摇，则枝叶茂盛，百姓就是国家的根本，只要百姓安乐，国家自然稳固长久。有一次太宗对魏徵说："隋炀帝初到甘泉宫，对楼台泉石都非常称心，只是感到夜晚无萤火是个遗憾，遂下令捉取萤火虫为宫中照明。官吏急派数千人外出捕捉，送500箱到宫内。小事都是这样荒唐，何况大事呢？"贞观十一年，太宗到达东都洛阳，住在隋炀帝修建的宫殿里，泛舟于积翠池上，对侍臣说："这些宫观池沼皆隋炀帝兴建，精美华丽，穷奢极欲，驱使人民如马牛，结果这一切都不能保守得住，身死国灭，宫苑池沼皆为我所有。"对于隋炀帝好巡行的恶习，太宗评论说："炀帝性好巡行，遂广造宫室，以备不时之用。从长安到洛阳，乃至并州、涿郡，离宫别馆，相望于道。又修筑了宽数百步的驰道，两旁还要种上树。民力不堪忍受，相聚为盗。大业末年，国内到处反叛，尺土一人，皆非所有。就此而看，广宫室，好巡幸，竟有何益？这些都是我亲眼所见，亲耳所闻，应当深以此自戒。"太宗吸取这个教训，"故不敢轻用人力，惟令百姓安静，无有怨叛而已"。②

其二，暴虐亡国。隋炀帝统治残暴，动辄杀人，不仅以残酷的手段对付劳动人民，对于手下官吏也是稍不如意，就加以惩处，甚至诛灭全族，致使百姓怨恨，上下离心。贞观四年，魏徵对太宗说："隋炀帝志在无厌，惟好奢侈，所司每有供奉营造，小不称意，则有峻罚严刑。上之所

① 《贞观政要集校》卷一《君道》，第16页。
② 《贞观政要集校》卷一〇《论行幸》，第512页。

好，下必有甚，竟为无限，遂至灭亡。"太宗说："劳弊之事，诚不可施于百姓。"①炀帝残暴，"臣下钳口，卒令不闻其过，遂至灭亡"。②所以太宗时时提醒自己，善待臣下，努力做到君臣合契，共治政事。

其三，拒谏亡国。隋炀帝刚愎拒谏，自以为尧、舜也不能与他相比，尤其"讳亡憎谏"。他曾经说过："有谏我者，当时不杀，后必杀之。"③隋末天下大乱，到了这个地步炀帝仍然不改初衷，尤其憎恶有人向他反映农民起义的情况。留守东都的越王杨侗曾派元善到江都告急，反映瓦岗军围攻东都的情况，炀帝大怒，认为既然东都被困，你元善是如何来到江都的，必是诳骗自己，逼令元善外出催运，借起义军之手将其杀死。有个宫女也因不知趣地向皇帝说"外闻人人欲反"而被杀。重臣苏威想让皇帝了解一下"天下多盗"的情况，遂婉转地稍有表示，竟也引起炀帝极大不满，骂苏威为老革，"老革多奸，将贼胁我。欲搭其口，但隐忍之，诚极难耐"。④炀帝还对虞世基说："我生性就不喜欢人谏，如果是位尊望重的人谏我，以求取好名声，更使人难以忍耐；如是卑贱之士谏我，虽然可以稍加谅解，但是我也不加理睬。"炀帝还生性猜忌，专信邪道，对胡人尤为忌惮，于是就改胡床名为交床，胡瓜为黄瓜，又修长城以防胡族。后又怀疑李姓将有天下，诛杀了李浑，"及诸李殆尽，卒何所益？"⑤所以唐太宗反其道而行之，"恐人不言，导之使谏"⑥，从谏如流，极为重视臣下的意见，终贞观之世从未发生过因谏诤而诛杀官吏的事。

其四，不恤下而亡国。隋文帝开皇十四年（594），天下大旱，百姓饥困。当时国家仓库粮食充盈，文帝竟不许开仓赈济百姓，而是放任百姓逃荒。由于文帝不爱惜百姓而惜仓库，到其统治末年，天下仓库的

---

① 《贞观政要集校》卷六《论俭约》，第320页。
② 《贞观政要集校》卷二《求谏》，第83页。
③ 《新唐书》卷一三二《吴兢传》，第4527页。
④ 《隋书》卷六七《裴蕴传》，第1576页。
⑤ 《贞观政要集校》卷六《慎所好》，第333页。
⑥ 《贞观政要集校》卷二《直言谏争附》，第142页。

积贮可以供给五六十年之用。"炀帝恃此富饶，所以奢华无道，遂致灭亡。"太宗吸取这个历史教训，总结出一条经验，即"凡理国者，务积于人，不在盈其仓库"。意思是说治理国家，应该让百姓富足，家有积储，而不在于国家仓廪是否充盈。"但使仓库可备凶年，此外何烦储蓄！"①贞观二年，关中大旱，百姓饥乏，甚至有卖儿鬻女者。太宗见此情况对侍臣说："水旱不调，皆为人君失德，朕德之不修，天当责朕，百姓何罪，而多困穷！"②这种观点虽不科学，但作为一个皇帝，遇到灾情能主动从自身角度检查并承担责任，的确难能可贵。太宗不但迅速对饥民进行赈济，还派御史大夫杜淹巡视灾情，出内库金宝将民间出卖的男女赎回，交还其父母。

（三）重视历史教育作用

太宗重视学习历史，讲究学以致用。他本人早年习练弓马，青年时东征西讨，戎马倥偬，没有时间读书，当了皇帝以后，他明白了武功只能平定天下，文德才能治理天下的道理，遂埋头于经史之中，努力学习，不断充实自己。他说："君臣父子，政教之道，并在书内。"③他还深有体会地说："通过读史，回头再去想自己少小做过的事，才发现错误不少。"有一次，太宗与魏徵讨论治国之道，魏徵向太宗讲了春秋时楚国隐士詹何与楚王的故事。楚王钦佩詹何大才，遂把他请入宫中，请教治国之术，詹何却大谈修身之术。楚王感到所答非所问，就再一次询问如何治国，詹何回答说："还没有听说过君主加强自身修养、勤政爱民，而其国反倒衰落混乱的事。"魏徵接着说："陛下治国先正自身，这种做法与刚才讲的这个道理完全相合。"说明太宗君臣是非常重视历史的教育作用的。

太宗不仅对自己要求很严，对其臣下也注意加强历史教育，要求他

---

① 《贞观政要集校》卷六《论奢纵》，第354页。
② 《贞观政要集校》卷六《论仁恻》，第328页。
③ 《贞观政要集校》卷六《论悔过》，第349页。

们知书达礼，精通史籍、经书。在科举考试中就列有"一史""三史"等科目，以选拔精通史学的人才。贞观二年，太宗问王珪为什么近代君臣治国多不如上古时代，王珪认为古代所任用的大臣，多为饱学之士，比如汉代宰相至少要精通一部儒家经典，而近代重武轻文，致使官风大坏。太宗十分赞同王珪的看法。"自此百官中有学业优长，兼识政体者，多进其阶品，累加迁擢焉。"①学识优良者升官快，这个杠杆的作用还是很大的，推动了官员的学习积极性。

太宗还十分重视对子弟的历史教育。因为皇家子弟生于深宫，长于妇人之手，不知稼穑之艰难，容易昵近小人，疏远君子。太宗下令要求他们认真研读《群书治要》，增长历史知识，吸取历史经验，搞清治乱之道。魏徵编成的《自古诸侯王善恶论》一书，太宗令他们要人手一册，认真研读。这本书主要采录秦汉、魏晋时期的历史资料，加上编撰者所论述的道理，可使皇家子弟从中受到教育，无疑是一部皇家子弟的政治历史教科书。

除此之外，太宗还善于把历史教育与政事处理有机地结合起来，对照历史检查自己理政的得失。如太宗读《晋书·刘聪传》，说十六国时期的汉国主刘聪将要为其妻刘后修建一座宫殿，廷尉陈元达上表劝谏，刘聪大怒，下令将其斩首。刘后知道后竭力劝阻，认为现有宫室已经不小，应该爱惜民力，廷尉的谏诤有利于国家，现在为了我修建宫殿而斩杀贤臣，使天下人以我为罪人，我如何担当得起这么大的罪名？刘聪听后十分惭愧，当面向陈元达谢罪，并改其堂名为愧贤堂，以牢牢记住这次教训。太宗对此深有感触，他对侍臣说："人之读书，欲广闻见以自益耳。朕见此事，可以为深诫。"②这时太宗正打算新修一殿，已从蓝田采伐大树，材料基本齐备，对照刘聪之事，在无人谏诤的情况下，太宗自觉地罢去了此次营建。

太宗读史多联系实际进行评论，从不空谈，他对梁武帝父子亡国

---

① 《贞观政要集校》卷一《政体》，第29页。

② 《贞观政要集校》卷六《论俭约》，第321页。

之事感触颇深。他曾经对侍臣说："梁武帝父子崇尚浮华，平生迷信于佛教与玄学。武帝在他统治末年多次驾临同泰寺，亲自宣讲佛经，百官乘车扈从，终日听他谈论苦、空等佛理，不把军国大事放在心上。等到大将侯景发动叛乱时，尚书郎以下不会骑马，只好狼狈步行，因此死于战乱者相继于道路。梁武帝和他的儿子简文帝，一个被侯景幽禁而死，一个被逼下台而死。武帝第七子孝元帝被西魏军队围困在江陵城中时，仍然宣讲《老子》而不停，百官都全副武装地去听讲。这些人最后都没有好下场。"太宗由此得出结论，作为皇帝不能沉溺于个人爱好，因为它的影响实在太大了，所谓："下之所行，皆从上之所好。"太宗鉴于此，公开宣布他的喜好就是尧、舜之道，周公、孔子之教，而且已经到了"以为如鸟有翼，如鱼依水，失之必死，不可暂无耳"的程度。[①]想通过这种办法去影响臣下努力钻研治国理政，改变重武轻文的倾向。

太宗还以古人为榜样努力团结那些曾经反对过自己，但忠于自身职责的人。太常寺卿韦挺曾上疏谈到这个问题，太宗在答复他的书信中表示："卿所论的都是非常正确，使我感到十分欣慰。"太宗举例说，春秋时，齐国大乱，公子小白（即齐桓公）欲抢先回国即位。管仲为了使自己辅佐的公子纠能得以即位，曾想用箭射死小白，后来小白即位，认为管仲有才，不计前嫌，仍然任命他为相。晋献公听信谗言，派勃鞮去杀儿子重耳，即后来的晋文公，重耳逾墙而逃，勃鞮追上，一刀削去重耳的衣襟，重耳侥幸逃脱。重耳回国即位后，他的仇人图谋暗害他，勃鞮知道后打算告诉重耳，重耳不愿接见。勃鞮说臣不敢以贰心对待国君，以前我奉命杀您是听从国君之命，现在我揭发此事也是忠于国君。于是重耳愉快地接见了他。太宗通过这些历史事件来说明那些反对过自己的人，"若能克全此节，则永保令名"；如果做不到这一点，"可不惜也"。[②]从太宗对待魏徵、王珪、薛万彻的态度看，他在这方面丝毫不比古人逊色。

---

① 《贞观政要集校》卷六《慎所好》，第331页。
② 《贞观政要集校》卷二《纳谏》，第102页。

第九章

统一边疆的赫赫武功

一、东突厥的覆灭

（一）渭桥之盟

太宗在未即位之前，挟突厥以自重，高祖因国力尚待恢复，无力平定突厥，便对突厥采取和亲政策。玄武门之变后，太宗即位执政，突厥为了获得金帛、子女，仍连年入寇，骚扰边境，如何解除边患便成了摆在太宗面前的一个突出问题。由于太宗已经夺取了帝位，突厥便不再是他政治斗争中的一个砝码，但是要马上扫平突厥，却不具备相应的国力，所以在即位初期只能沿袭以往对突厥的政策。

武德九年八月，太宗刚刚即位，东突厥颉利可汗与突利可汗合兵10余万骑进攻武功，京师戒严。接着又进攻高陵，太宗派尉迟敬德率军阻截于泾阳，斩杀千余级，获小胜。由于突厥军力强盛，这些小胜根本不能阻止其向前推进，颉利可汗还是很快地攻到了渭水便桥之北。颉利派其亲信执失思力到长安去见太宗，一方面窥视唐朝虚实，另一方面对太宗进行威慑。执失思力对太宗说："颉利、突利两位可汗统兵百万，已经逼近长安。"太宗谴责说："我与你们的可汗曾结盟和亲，前后赠送金帛不计其数。你们可汗背盟负约，领兵深入我疆土，难道对我无愧吗？你们虽是戎狄之人，也有人心，如何能全忘大恩，自夸强盛？我今天先斩了你再说！"执失思力畏惧，请求宽恕，太宗遂将他扣押于门下省。萧瑀、封德彝都出面，请求对执失思力以礼相待，遣送回去。太宗认为如果遣送回去，突厥一定认为自己畏惧胆怯，将会更加肆无忌惮。当时唐朝征调的诸州军队尚未开到，"长安居人胜兵不过数万"，[①]形势非常危急。在这种形势下，如果太宗礼待执失思力，突厥就会从太宗的态度上断定长安空虚，而太宗态度强硬，使突厥摸不清虚实，不敢贸然

---

① 《资治通鉴》卷一九一，唐高祖武德九年八月引《考异》，第6020页。

进兵。关键时刻显示出太宗的深谋远虑。

太宗扣押执失思力后，出玄武门直奔渭水便桥，与颉利隔河答话，谴责他背盟负约。旧史说："突厥大惊，皆下马罗拜。俄而诸军继至，旌甲蔽野，颉利见执失思力不返，而上挺身轻出，军容甚盛，有惧色。上麾诸军使却而布阵，独留与颉利语。"[1]当时，萧瑀认为太宗轻敌，劝阻不让其前去，太宗说："我已经考虑成熟，突厥敢倾国而来，直抵长安郊外，以为我国有内难（指玄武门之变），我刚刚即位，不能抗御之故。我若示弱，闭门拒守，突厥必纵兵大掠，以后更加不好抵御。所以我轻骑独出，使其摸不清虚实。突厥深入我国境内，必有畏惧之心，与其战则必胜，和则必固。制服突厥，在此一举。"当日，颉利遣使请和，太宗同意，遂返回宫中。"乙酉，又幸城西，斩白马，与颉利盟于便桥之上。突厥引兵退。"[2]

关于史籍的这一记载，不实之处甚多。突厥既然起倾国之兵，已经打到长安郊外，即使唐朝援军已到，恐兵力仍居劣势，在这种形势下又如何肯轻易退兵呢？太宗君臣经常说突厥见利忘义，贪图子女金帛，其又无攻破长安，在郊外虽可能掠得一些财物，但必定有限，10余万大军千里行军，这点财物肯定不抵行军之费，如此被太宗三言两语打发回去，似乎不合常理。

事实是太宗这次退去突厥大军，付出了不小的代价。他在军事上采纳了李靖的建议，一面征集诸州军队到长安，准备抵御突厥军队，一面派李靖、长孙无忌率军迅速赶到豳州，切断突厥军的归路。由于当时唐朝国力较弱，太宗准备争取以政治手段解决问题，即和亲定盟，多赠金帛。关于定盟之事，我们已经论到，对于赂遗金帛之事，刘𫗧《小说》载："倾府库赂以求和。"[3]太宗自己也说："啖以玉帛。"[4]可见唐朝这次花费了大量的资财，再由太宗与颉利单独密谈，大概是求和，最

---

① 《资治通鉴》卷一九一，唐高祖武德九年八月，第6019页。

② 《资治通鉴》卷一九一，唐高祖武德九年八月，第6020页。

③ 《资治通鉴》卷一九一，唐高祖武德九年八月引《考异》，第6020页。

④ 《新唐书》卷二一五上《突厥传上》，第6033页。

后颉利接受条件，遂引兵退回。《旧唐书·李靖传》说："靖率兵倍道趋幽州，邀贼归路，既而与虏和亲而罢。"李靖之军不敢在归途邀击突厥军，使其顺利退出唐境，说明当时唐朝对突厥的基本国策仍是以和为主，万不得已才兵戎相见。

突厥退去后，太宗却对群臣发表一通议论，以掩饰自己求和示弱的不光彩行为。他说："我观突厥之众虽多却不严整，其君臣的志向唯在求取赂遗，当他求和之时，可汗单独在渭河以西，其贵臣显官都来谒见我，我若乘机把他们擒获，然后乘势进军袭击，势如拉朽。又命长孙无忌、李靖伏兵于幽州，突厥败回时，伏兵阻其归路，大军从后追击，不难击败突厥军队。之所以不战，是因为国家未安，百姓未富，一旦与其交战，结怨必深，长期对抗，对国家不利。故啖以玉帛，突厥得利则退，志骄意满，对我朝不加戒备，然后积蓄力量，一举可灭。这就叫作将欲取之，必先予之。"太宗的这一番大话有虚有实，说他此次能轻易击败突厥，属实是为了皇帝的面子，自我掩饰；说国家、百姓未富，不宜和突厥发生战争，倒是比较明智的话，也是实话。至于积蓄力量，等待时机，最后扫平突厥，是太宗未来的打算。应该说太宗此次对突厥采取的策略是现实的，符合唐朝当时的国力现状，正因为有此次求和，才有了之后彻底扫平东突厥的伟大胜利。

（二）养精蓄锐

自从突厥兵从渭水退军后，太宗励精图治，发展生产，训练士卒，积极备战，决心早日消除边患。他亲自率诸卫将士在宫中习射，"中多者赏以弓、刀、帛，其将帅亦加上考"。[①]他常对将士们说："戎狄侵扰，历代皆有，这些并不可怕，可怕的是当皇帝的贪图享乐，忘记奋战，致使戎狄来侵而不能抵御。今日我不让你们挖池筑苑，而是要求你们专心习练弓矢，我闲暇无事则为你们的老师，突厥入寇时则为你们的

---

① 《资治通鉴》卷一九二，唐高祖武德九年九月，第6021页。

统帅，只有这样中国之民才可以获得安宁。"对于太宗此举，群臣认为不利于皇帝的安全，纷纷进谏劝阻，太宗不听，他认为皇帝应视海内如一家，四海之内都是皇帝的子民，应该以诚相待，为什么要对宿卫之士加以猜忌呢？"由是人思自励，数年之间，悉为精锐。"①

从贞观元年至二年，东突厥内部发生了一系列变化，严重削弱了它的实力，使双方力量对比的天平逐渐向唐朝一方倾斜。颉利可汗信任汉族士人赵德言，委以重任，主持政务。赵德言遂改变突厥原有的行政机制，"政令烦苛，国人始不悦。"②引起了许多人的不满。颉利由此更加疏远突厥人，反倒信任诸部胡人。这时适逢大雪，雪深数尺，杂畜多死，百姓饥馑，冻饿而死者不少。颉利可汗因国用不足，重敛于诸部，致使内外叛离，军事力量受到严重削弱。

东突厥势力强盛时，回纥、薛延陀、都播、拔野古、骨利幹、契苾等部，皆归其统辖。颉利可汗向诸部重敛，薛延陀、回纥、拔野古等部相率叛离，颉利派侄子欲谷设率10万骑讨伐，回纥首领菩萨以少胜多，大败突厥兵，一直追到天山，获得了大片土地，回纥的势力遂逐渐强盛。加之薛延陀也连败突厥，颉利势力更加衰弱。颉利害怕唐朝乘机进攻，以会猎的名义，领兵抵达朔州，实际上是防备唐朝军队。这时鸿胪卿郑元璹出使突厥返回长安，建议太宗乘突厥灾荒严重，诸部叛离之机，进兵突厥。太宗认为时机还不成熟，没有采纳他的建议。

突利可汗建牙于幽州之北，管辖突厥东部数十部落，颉利在屡次败于薛延陀、回纥后，又派突利率军讨伐，结果突利也大败而回。颉利大怒，将其拘押10余日，然后才放回。突利因此深恨颉利，打算叛离他。颉利因国内叛乱频繁，屡次向突利征兵，而突利不发一兵一卒，向唐朝上表请降。颉利遂率军进攻突利，突利遣使向唐朝求救，太宗却以与颉利有盟约为借口，没有出兵援救突利，实际上坐观突厥内战，以收渔人之利。

---

① 《资治通鉴》卷一九二，唐高祖武德九年九月，第6022页。
② 《资治通鉴》卷一九二，唐太宗贞观元年七月，第6037页。

太宗虽未出兵讨伐颉利，却乘突厥势力衰弱不能庇护梁师都的机会，出兵讨伐。突厥出兵来救，被唐朝大将柴绍击败，唐军包围梁师都于朔方（今陕西靖边白城子）。围城日久，城中缺粮，梁师都被堂弟梁洛仁杀死，归降了唐朝。

在这两年中，太宗一方面养精蓄锐，做好与突厥决战的准备；另一方面拉拢分化突厥力量，结好于西突厥，不使其支持颉利，又拉拢薛延陀，封其首领夷男为真珠毗伽可汗，以形成对东突厥南北夹攻的态势。夷男大喜，遣使入贡于唐。这一时期薛延陀利用东突厥势力衰弱、无力控制之机，扩展势力，原来隶属于东突厥的诸部族纷纷脱离颉利，不是归附于唐朝，就是归属于薛延陀。东突厥内外交困，唐朝大举出兵，扫平东突厥的时机已逐渐成熟。

（三）阴山大捷

贞观三年八月，代州都督张公谨上表陈述突厥可以被攻取的理由，他认为讨伐突厥有六个有利的条件，即颉利穷凶残暴，诛杀忠良，宠信奸佞，为第一个；薛延陀、回纥、同罗等部相继叛离，颉利势力削弱，为第二个；突利、欲谷设等离心离德，内部分裂，为第三个；塞北连年发生雪灾和旱灾，粮草缺乏，为第四个；颉利疏远同族，亲近诸部胡人，大军一到，必然发生内变，为第五个；属于塞北的汉族人数众多，他们多占据险要，大军出塞，必能得到他们的响应，为第六个有利条件。张公谨的分析详尽周密，有理有据。加之唐朝经过多年的恢复发展，政局已完全稳定，这一年"关中丰熟"，百姓归乡复业者甚多，唐朝的经济实力有所增强，太宗出兵讨伐的内外部条件完全成熟。

同年十一月，太宗命李勣为通漠道行军总管，李靖为定襄道行军总管，柴绍为金河道行军总管，薛万彻为畅武道行军总管，李道宗为大同道行军总管，卫孝节为恒安道行军总管，六总管共计统率大军10余万，由李靖统一指挥，分六路向东突厥发动大规模进攻。

任城王李道宗在灵州大败突厥兵，俘获人畜甚多。突利可汗与郁射设、阴奈特勤等率所部投降唐朝。

贞观四年正月，李靖率精锐骑兵从马邑进军至恶阳岭，当夜袭破定襄（今内蒙古和林格尔西北土城子）。颉利可汗没有料到李靖突然攻到此处，以为是唐朝大军全部到达，不敢抵敌，遂撤退到碛口。颉利亲信唐苏密携隋炀帝萧皇后和其孙杨政道投降了唐朝。太宗获知李靖大胜的消息后，十分高兴，称赞李靖说："以骑三千，蹀血虏庭，遂取定襄，古未有辈，足澡吾渭水之耻矣！"①

李勣出云中（今内蒙古包头市土默特右旗），在白道（今内蒙古呼和浩特西北）截击突厥。白道为河套东北通往阴山以北的要道，颉利败兵从定襄退到此处时，突遭唐军截击，颉利率残部逃往铁山（阴山之北），其部众5万余人投降李勣。

颉利此时尚有残兵数万，见自己已无力抗拒唐朝，遂遣执失思力到长安向太宗谢罪，并请求举国内附。太宗派鸿胪寺卿唐俭前往抚慰，又命李靖率军迎接颉利入朝。"颉利外为卑辞，内实犹豫，欲俟草青马肥，亡入漠北。"②李靖领兵到白道与李勣会合，商议对策。他们认为颉利虽败，部下军队仍有不少，如果北逃与拔野古、薛延陀、回纥等联合，道路险阻，难以追上。如今朝廷使节已在颉利处，其一定不会严加戒备，不如挑选精锐骑兵1万，带20日粮草，迅速出击，可一战而擒。他们把这个计划告诉张公瑾，张公瑾认为诏书已经允许其投降，何况朝廷使者在颉利处，如此行事定会危及使者的安全。李靖说："当年韩信围攻齐国，郦食其前往说降，韩信乘对方不备，一举攻破齐国。我今日仿效韩信之计，唐俭之辈何足惜！"遂率军乘夜色朦胧出发，李勣在后继进，行到阴山（今内蒙古阴山山脉），遇到突厥人千余帐，将其俘获随军行动，以免走漏消息。李靖命苏定方率200骑为前锋，利用大雾掩护行

---

① 《新唐书》卷九三《李靖传》，第3814页。

② 《资治通鉴》卷一九三，唐太宗贞观四年二月，第6072页。

至离颉利牙帐7里路时，突厥人才发现唐军攻到。颉利缺乏防备，无法抵御，仓皇骑马逃走，唐俭见突厥人大乱，乘机脱身而走。由于突厥军无人指挥，混乱一团，唐军斩首万余级，俘获男女10余万人，杂畜数十万头，并杀死颉利妻隋义成公主，擒获其子叠罗施。

颉利率万余人打算逃往漠北，到达碛口时，又被事先守御于此处的李勣拦住去路，颉利无法通过，只好落荒逃走，随行部众大多投降唐朝。至此，阴山北直至大漠，皆为大唐疆土，时在贞观四年二月。

同年三月，颉利逃到位于灵州西北的小可汗苏尼失处，打算从这里再逃往吐谷浑。大同道行军总管李道宗率大军逼近苏尼失领地，命令他献出颉利。颉利遂率数骑连夜逃走，藏匿于荒谷之中，苏尼失畏惧唐朝制裁，派兵追赶，抓获颉利。李道宗派副总管张宝相率军包围苏尼失的牙帐，迫使他献出颉利，并归降唐朝。至此，东突厥势力基本被扫清，"漠南遂空"①，严重威胁唐朝北方的边患基本上解除了。

唐太宗对东突厥的伟大胜利，意义非凡。自隋末以来，突厥连年侵犯，"蹂践禾稼，骇惧居民"，"亏废生业"，②使北方沿边地区的社会生产不但得不到恢复，而且每年要动用大量的人力、财力防御突厥骚扰。解除这个严重的边患后，北方百姓"始就农亩"③。正因为如此，唐朝对突厥的战争不仅仅是为了扩张疆土，而是具有反对侵扰，保卫社会经济顺利发展的正义性。

同年四月，颉利可汗被押送到长安，太宗在顺天楼举行献俘之礼，他当面谴责颉利可汗说："你凭借父兄之基业，纵暴逞强，自取灭亡，这是你的第一条罪行。数次与我大唐定盟又数次背盟，是第二罪。恃强好战，致使尸骨累累，生民涂炭，是第三罪。蹂践我国稼禾，掠取我子女，此第四罪。我赦你大罪，允许你的政权存在，你却拖延不来朝见，是第五罪。然而自从在渭水便桥定盟以来，再没有大规模入寇，这是我饶你不死的根本原因。"颉利哭谢而退。太宗下令将其暂安置在太仆

① 《唐会要》卷九四《北突厥》，第2002页。
② 《唐大诏令集》卷一〇七《修缘边障塞诏》，第552页。
③ 《贞观政要集校》卷九《议安边》，第504页。

寺，厚加供给，后任他为右卫大将军，"赐美田宅"①。贞观八年，颉利死，太宗赠归义王，按照突厥的风俗，为他举行火葬，埋葬在灞水之东，并命中书侍郎岑文本为他撰写墓碑，立于墓前。

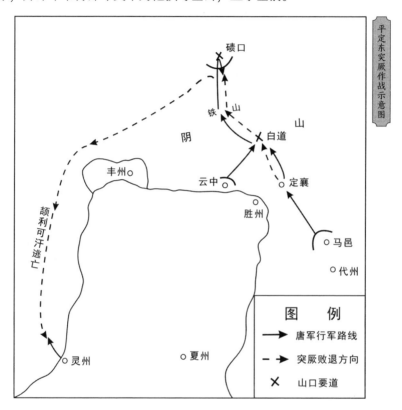

平定东突厥作战示意图

图　例

→　唐军行军路线

--→　突厥败退方向

×　山口要道

二、吐谷浑的平定

（一）两国交恶

吐谷浑是我国西北的一个古老民族，在隋唐之际，其主要活动于今青海及四川西北一带。②隋唐之际，其王慕容伏允在位，号步萨钵，一

---

① 《新唐书》卷二一五上《突厥传上》，第6036页。

② 周伟洲：《吐谷浑史》，桂林：广西师范大学出版社，2006年，第6—8页。

度进攻隋朝边境，被隋炀帝击败，慕容伏允只带少数人投靠党项。隋末动乱，伏允乘机恢复故地。唐高祖统治时，伏允请求进攻割据河西的李轨，以此换回在长安为人质的儿子（隋炀帝时入为人质），高祖同意。伏允如约率军进攻李轨，高祖遂放回他的儿子慕容顺，号大宁王。

太宗时，伏允遣使者到长安通好，使者尚未返回，就出兵攻掠唐朝边境，引起了太宗的极大不满，遂派使谴责，并召伏允入朝，伏允以有病为借口拒绝到长安，却又为其儿子向唐朝求婚，以试探太宗的态度。太宗同意和亲，要求伏允亲自来迎亲，但又一次遭到他的拒绝，太宗遂中止了婚约。

太宗重视与吐谷浑的关系，一是为了通往西域的道路畅通无阻，因为吐谷浑曾多次骚扰河西诸州，威胁着唐朝与西域的交通安全和经济交流。另一个想法是打算在吐谷浑建立一个亲唐的政权，以扼制势力逐渐强大的吐蕃。从当时吐谷浑的内部情况看，大多数上层人士都是倾向吐蕃，也有一部分人亲唐，如大宁王慕容顺。他从内地返回国后，伏允已经立他的弟弟为太子，他"自以失位"[1]，心情郁闷，想借助唐朝的力量复位。由于吐谷浑内部矛盾重重，伏允不知整顿内部，反而屡次向唐朝挑衅，最终的失败在所难免。

贞观八年五月，伏允派兵进攻兰（今甘肃兰州）、廓（今青海化隆西南）二州，又扣留了唐朝使者赵德楷，太宗前后10次派人交涉，伏允始终不觉悟。太宗亲自接见吐谷浑使者，"谕以祸福，伏允终无悛心"[2]。这时，伏允年事已高，其相天柱王执政，伏允宠信不疑，在天柱王的主持下，吐谷浑与唐朝关系愈加恶化。加之唐朝国内缺乏耕牛、良马，鄯州刺史李玄运建议：吐谷浑的良马都在青海一带放牧，如以轻兵掩袭，"可致大利"[3]。于是，太宗决定对吐谷浑大举用兵。

六月，太宗命左骁卫大将军段志玄为西海道行军总管，左骁卫将军樊兴为赤水道行军总管，率党项、契苾及边军进攻吐谷浑。段志玄等大

---

① 《新唐书》卷二二一上《吐谷浑传》，第6226页。

② 《资治通鉴》卷一九四，唐太宗贞观八年五月，第6106页。

③ 《旧唐书》卷一九八《吐谷浑传》，第5298页。

败吐谷浑兵，追击800余里，距青海30余里时，得知吐谷浑已将其牧马驱赶转移，遂回军而返，副将李君羡率精锐骑兵尾随追袭，"得牛羊二万还"[①]。这仅是战争的序幕，大战还未开始。

（二）伏允之死

贞观八年十二月，太宗命李靖为西海道行军大总管，兵部尚书侯君集为积石道行军总管，刑部尚书李道宗为鄯善道行军总管，凉州都督李大亮为且末道行军总管，岷州都督李道彦为赤水道行军总管，利州刺史高甑生为盐泽道行军总管，诸军皆受李靖统一指挥，出动边军及突厥、契苾等部族军，分数路大举进攻吐谷浑。

贞观九年正月，先前归附唐朝的党项人纷纷叛唐，归附于吐谷浑。三月，洮州（今甘肃临潭）的羌人叛变，杀死了刺史孔长秀，逃入吐谷浑。太宗急命盐泽道行军总管高甑生镇压叛变的羌人，迅速将他们击败。四月，鄯善道行军总管李道宗率军深入吐谷浑境内，在库山击败吐谷浑军。伏允见唐军来势凶猛，知道难以力敌，于是放火焚烧野草，迅速退入戈壁深处，想以此削弱唐军战斗力。针对敌情的变化，李靖召集诸将商议对策，大多数人认为战马无草，疲瘦无力，不可深入。侯君集坚决主张进兵，他认为去年段志玄讨伐吐谷浑，撤退时军队刚刚回到鄯州，吐谷浑军也很快抵达城下，这是其有生力量依然保存的缘故。这次大败后，吐谷浑内部人心离散，"君臣携离，父子相失，取之易于拾芥"[②]，如果舍弃这次机会，将来一定会后悔。李靖认为侯君集的分析很有道理，决定继续进军。他把唐军分为两路，李靖与薛万均、李大亮从北路进军，侯君集与李道宗等率军从南路进兵。李靖亲率的北路军长驱直入，在曼头山上追上吐谷浑，李靖部将薛孤儿大败其军，斩杀其名王数人，缴获大批杂畜，用以补充唐军粮食的不足，使唐军得以继续挺

① 《新唐书》卷二二一《吐谷浑传》，第6225页。
② 《资治通鉴》卷一九四，唐太宗贞观九年四月，第6111页。

进。不久，在牛心堆（今青海西宁西南）大败吐谷浑。接着又在赤水源再次击败逃窜的吐谷浑军。侯君集、李道宗率军行经2000余里的无人区，途中有的地方无水，人啃冰、马吃雪，天气变化无常，盛夏降霜雪，历经千辛万苦，终于在乌海（今青海兴海西南苦海）追上伏允，双方展开了一场殊死决战，吐谷浑军大败，伏允落荒而逃。

李靖等所率的北路军在赤海与天柱王所率的吐谷浑军展开激战。薛万均、薛万彻兄弟率轻骑先进，被吐谷浑军包围，薛氏兄弟受伤，战马死去，徒步与敌军拼杀，部下骑兵战死者达十分之六七。左领军将军契苾何力领骑兵奋力向前，解救被围唐军，薛氏兄弟突围反击，内外夹击，反败为胜，天柱王率残兵退去。李靖命诸将穷追不舍，李大亮在蜀浑山击败敌军，俘获名王20人。将军执失思力又在居茹川大败吐谷浑。李靖率诸军经积石山（今青海东南部积石山脉）黄河源头，到达且末（今新疆且末），这里是吐谷浑的西部边境。得知伏允已逃至突伦川（今塔里木盆地南部），并准备逃往于阗（今新疆和田）。契苾何力选精锐骑兵千余，直趋突伦川，薛万均率军随后继进。在沙漠中唐军缺水，士兵刺马饮血，终于越过茫茫沙海，袭击伏允牙帐，斩首数千级，缴获杂畜20余万头，俘获伏允妻子，伏允本人逃走。同时侯君集等率领的南路唐军越过星宿川（今青海鄂陵湖西），返回柏海（今青海鄂陵湖与扎陵湖），与李靖会合。至此，唐军征伐吐谷浑的战争取得了彻底的胜利。

李靖击破吐谷浑，其国人皆怨天柱王，伏允子慕容顺遂杀死天柱王，率残部投降唐朝。伏允见内部混乱，率千余骑逃走。沿途部众散失，其走投无路，为其部下所杀。[1]伏允死后，众人遂推慕容顺为主，经太宗同意，唐政府授慕容顺为西平郡王、趉胡吕乌甘豆可汗，并恢复其政权。太宗考虑到慕容顺难以服众，遂命李大亮率精兵数千支持慕容顺。命李靖率大军回国。

---

① 《资治通鉴》卷一九四，唐太宗贞观九年五月，第6113页。又据《新唐书》卷二二一《吐谷浑传》载，伏允为自杀，第6226页。

　　慕容顺久在内地为人质，人心不服，最终还是被部下所杀，其子诺曷钵继立为主。诺曷钵年幼，大臣争权，国中大乱。太宗命侯君集率军进入吐谷浑，先派人抚谕劝解，有不听命令者，再出动大军讨伐，终于平息了吐谷浑混乱的局势。贞观十年（636）三月，诺曷钵遣使到长安，请求颁赐历法，用唐朝年号。为了表示对唐朝的忠顺之心，他又要求派子弟入侍长安。太宗一一答应，并封诺曷钵为河源郡王、乌地也拔勒豆可汗。诺曷钵亲自入长安朝见太宗，献牛马羊万头，表示对唐朝的感谢。不久，又请求与唐通婚，太宗封宗室女为弘化公主，嫁于诺曷钵，命淮阳郡王李道明与右武卫将军慕容宝为使，护送公主成亲。吐谷浑大相欲作乱，图谋劫持公主与诺曷钵逃往吐蕃，被唐朝出兵镇压。从此，吐谷浑归顺于唐朝，年年遣使朝贡。唐朝对吐谷浑平乱的胜利，保证了河西走廊交通的通畅，同时又对吐蕃势力的扩张起到了短暂的遏制作用。

三、薛延陀的兴亡

（一）薛延陀的崛起

　　薛延陀是我国古代北方的一个少数民族，本是铁勒的别部。铁勒在北朝又称高车，隋唐之际，突厥势力强盛，铁勒诸部散居于大漠之北，薛延陀只是其十五部之一。"自云本姓薛氏，其先击灭延陀而有其众，因号为薛延陀部。"[1]其在铁勒诸部中最为雄健，风俗与突厥大体相同。薛延陀长期受突厥的压迫，一度分裂为东西两部，贞观二年，东部的薛延陀乙失钵可汗亡，其孙率7万部帐归附于东突厥颉利可汗。太宗为了削弱东突厥的势力，遂封薛延陀另一首领夷男为真珠毗伽可汗，夷男大喜，遣使入贡。

　　东突厥灭亡后，其原居住地空虚，夷男乘机率部东移，从郁督军山（又称乌德鞬山，今蒙古鄂尔浑河上游杭爱山的东麓）迁到都尉犍山独

----

① 《旧唐书》卷一九九下《铁勒传》，第5343页。

逻水（今蒙古境内土拉河）之南。原臣属于突厥的诸部族如回纥、拔野古、阿跌、同罗、仆骨等纷纷归附于薛延陀，使其拥有精锐骑兵20万。夷男势力强大后，遂把其所占据的广大地区分为南北二部，由他的两个儿子分别统治。这样，薛延陀就取代了原来的东突厥地位，成为唐朝北方的一个大国。唐太宗消灭了东突厥，不料却使薛延陀崛起，这是他非常不愿看到的事，双方的矛盾便不可避免地激化了起来。

从贞观五年以来，薛延陀年年派使者入朝进贡，双方关系表面上比较平静，实际上太宗对薛延陀的逐渐强大忧心忡忡，深感不安。贞观十二年，太宗下诏封夷男二子为小可汗，表面上是对他们的优宠，"实欲分其势也。"①就是想通过这种办法来促使薛延陀内部发生分化，以达到削弱其势力的目的。次年，鉴于之前发生的突厥降将阿史那结社率叛兵袭击九成宫的事件，太宗君臣讨论后决定把归附内迁的突厥人迁往漠南，恢复其政权，以防御薛延陀的南下。太宗封突厥首领、右武候大将军、怀化郡王李思摩为乙弥泥俟利苾可汗，命他率安置在沿边诸州的突厥及粟特人，渡过黄河，到漠南居住。但突厥人都惧怕薛延陀势力强大，不肯出塞。太宗遣司农卿郭嗣本出使薛延陀，转告此次唐朝决定让突厥复国的消息，并表示薛延陀受册封在前，突厥在后，前者为大，后者为小，以此安抚夷男。太宗还告诉夷男，薛延陀在漠北，突厥在漠南，应"各守土疆，镇抚部落。其逾分故相抄掠，我则发兵，各问其罪"。②划分两国疆界也是为了制约薛延陀的扩张。薛延陀此时尚未做好反对唐朝的军事准备，故不敢违背太宗的旨意，尽管"夷男恶之"③，即对此事非常不满，还是忍气吞声地承认了既成事实。于是李思摩率众渡河，建牙于定襄城。

突厥此时复国，实力当然不可与过去同日而语，只有3万户人、马9万匹、军队4万，这样的实力不可能与薛延陀相对抗。贞观十五年，李思摩上奏太宗，表示愿意子子孙孙为国家一犬，防守唐朝北方，"若薛延

① 《旧唐书》卷一九九下《铁勒传》，第5344页。
② 《资治通鉴》卷一九五，唐太宗贞观十三年七月，第6149页。
③ 《新唐书》卷二一七下《回鹘传下》，第6135页。

陀侵逼，请从家属入长城"①。太宗同意。这说明李思摩对自己所负的使命非常清楚，只是因为实力不如人，才奏请太宗，留下退路。

（二）诺真水大捷

贞观十五年，太宗欲往泰山封禅，率百官抵达洛阳。夷男认为太宗东封泰山，边防空虚，乘此机会攻伐突厥如摧枯拉朽，乃命其子大度设率同罗、仆骨、回纥、靺鞨等部军队，共计20万，进入漠南，屯驻于白道川，占据善阳岭（今山西朔州北），进击突厥，李思摩兵少无法抵御，遂退入长城，进入朔州防守，同时遣使向唐朝告急。

太宗接到突厥告急书后，于十一月命营州都督张俭率所部军队，从东面进攻薛延陀；命兵部尚书李勣为朔州道行军总管，率步骑6万，进驻朔州；命右卫大将军李大亮为灵州道行军总管，率步兵4万、骑兵5000，屯灵武；命右屯卫大将军张士贵率兵1.7万人，为庆州道行军总管，出云中；以凉州都督李袭誉为凉州道行军总管，从西面进击薛延陀。诸将辞行时，太宗告诫他们说："薛延陀自以为强盛，远程奔袭数千里，马已疲瘦。用兵之道，见利则速进，不利则速退。薛延陀长途进击，不能击李思摩于不备，李思摩入长城后，他们也不急速退去。我已命李思摩焚烧秋草，若薛延陀粮草用尽，将得不到补充。最近有消息来报，说其马匹已将树木之皮啃食殆尽，可见已经困乏。你们不要速战，等其将要退兵之时，奋力出击，一定能取得胜利。"太宗这套策略乃是他多年用兵经验的总结。李勣此次出兵实际并未按这个策略办，而是根据军情变化采取了迅速急击的战法，取得了胜利。

唐朝大军出动后，薛延陀预感形势不妙，急派使者到长安表示愿意与突厥讲和，但是太宗决心要教训一下薛延陀，遂不予理睬。

大度设率军南下，见突厥人已入长城，无法与之作战，乃派人登长城大骂，欲激突厥人出战，李思摩不理会。不久，李勣率领唐朝大军

---

① 《资治通鉴》卷一九六，唐太宗贞观十五年正月，第6165页。

赶到，尘土冲天，声势浩大，大度设恐惧不敢战，率军急忙退走。李勣选唐军及突厥精锐骑兵6000人，随后急追，一直追到青山。大度设连日奔走，到达诺真水（今内蒙古艾不盖河）时，估计无法摆脱唐军，遂在此地列阵10里，与唐军决战。李勣先命突厥骑兵冲击其阵，却因不敌而纷纷退走。大度设乘胜追击，遇到唐军截击，薛延陀军万箭齐发，射死了不少唐军战马。李勣命士兵下马，手执长槊，向前冲击，薛延陀军不敌，溃散四逃。早先薛延陀与西突厥军交战时，是以步兵取胜的，于是他们盲目地认为以步兵作战优于骑兵，在这次进攻突厥前，专门训练了步战之法。基本办法是：以5人为一伍，其中1人牵马，其余4人向前作战，如果战胜则乘马追击。在唐军与薛延陀军激战之时，副总管薛万彻率部分骑兵迂回攻击薛延陀的牵马者，将他们与马匹一齐俘获。薛延陀军战败后，失去马匹，无法远逃，被唐军斩杀3000余人，俘虏了5万余人。大度设率残余军队北逃，薛万彻追赶不及。这部分残兵到达漠北时，恰逢大雪天气，人畜冻死者十之八九。此战使薛延陀的实力大损，夷男不敢再战，只好再次向唐朝谢罪求和。

这时，薛延陀的使者还在长安，太宗对他说："我曾规定你国与突厥以大漠为界，有互相侵扰者，我则出兵讨伐。你们可汗自恃其强，越过大漠进攻突厥。这次李勣所率军队才不过数千骑兵，你们就如此狼狈！回去告诉你们可汗，以后若有所举动，一定要慎重考虑后果。"遂将使者打发回国。

贞观十六年九月，夷男派其叔父沙钵罗泥熟俟斤来到长安，一则谢罪，二则请求与唐朝和亲，并献马3000匹、貂皮3.8万张、玛瑙镜1面。太宗与群臣商议如何应对薛延陀的请求。房玄龄力主和亲，他认为隋末动乱以来的疮痍尚未完全恢复，能不战则尽量争取不战。太宗说："然。朕为民父母，苟可利之，何爱一女！"[①]于是，许新兴公主为夷男妻。贞观十七年闰六月，夷男派其侄突利设入朝，献马5万匹、牛羊10余万头，太宗亲自召见，奏十部乐，给薛延陀赏赐甚厚。

① 《资治通鉴》卷一九六，唐太宗贞观十六年十月，第6180页。

右骁卫大将军契苾何力请求太宗不要与薛延陀通婚，太宗说："我已允许和亲，哪有为天子而自食其言的道理？"契苾何力说："臣并非要陛下立即断绝婚事，只是希望拖延下去。自古有亲自迎亲之礼，若要求夷男亲迎公主，虽然到不了京师，也应到灵州来；如果夷男不敢来，就有绝婚的借口了。夷男性情刚戾，与其部下不和，内部迟早必发生动乱，那时就可以很容易地制服薛延陀了。"契苾何力之所以反对此事，一则是因为其部族叛乱，将他送入薛延陀，差一点被杀，幸亏太宗派人到漠北同意和亲，才将他接回，因此深恨夷男；二则是因为他在薛延陀期间对其情况比较了解，认为薛延陀内部矛盾重重，有机可乘。

太宗同意契苾何力的建议，下诏要求夷男亲到灵州迎亲，届时太宗将亲往灵州，与夷男相会。夷男大喜，打算亲自到灵州去迎亲，他的部下却劝他不要亲往，防止被唐朝扣押。夷男说："吾闻唐天子有圣德，我得身往见之，死无所恨，且漠北必当有主。我行决矣，勿复多言！"①太宗连派三使，接受薛延陀所献杂畜（聘礼）。薛延陀是游牧民族，国家没有库藏，夷男只好从诸部征调杂畜，向唐朝输送。往返万里，道路遥远，途中又有沙碛，缺乏水草，牲畜死亡大半，致使不能按期交接。于是太宗便以薛延陀聘财未能备足为由，与其绝婚，并追还三使。

对于太宗这个举动，褚遂良颇不以为然，他上书指出："陛下许与薛延陀通婚，天下百姓，无不知晓，四方夷狄，均皆晓谕，今日一朝生改悔之心，国家声誉大受损害，应当有始有终。且大漠以北，部落无数，诛杀不尽，当怀之以德，使失信者在彼不在华夏。"当时许多大臣都纷纷上言，主张不可失信于戎狄，"更生边患。"②太宗见群臣纷纷反对，只好把自己的真实想法告诉大家，以平息舆论。他说："你们皆知古而不知今。往昔匈奴强盛，汉朝力弱，故饰子女，送金帛，以换取边境安宁。而今我朝强盛，戎狄衰弱，我朝步兵1000，可敌胡骑数万，薛延陀之所以屈服于我，不敢骄慢，是因为其新为可汗，杂姓部族众多，

---

① 《资治通鉴》卷一九七，唐太宗贞观十七年闰六月，第6200页。
② 《资治通鉴》卷一九七，唐太宗贞观十七年闰六月，第6201页。

欲借我朝的势力威服诸部。这些杂姓部族如同罗、回纥、仆骨等10余部，各自拥兵数万，如果联合起来，不难攻灭薛延陀。诸部不敢进攻，主要是顾虑他是我朝所立的可汗，害怕我朝讨伐。我若嫁女给他，他必然自恃大国之婿，杂姓谁敢不服！戎狄人面兽心，一旦稍不如意，必然反目骚扰我朝，今日我断绝其婚姻，追回使者，杂姓部族得知我的态度，不日将瓜分割裂薛延陀。"太宗的这席话表明了他的和亲政策的真实目的，一切都以政治利益为基础，这倒也符合政治家的思维习惯。

（三）薛延陀的灭亡

贞观十八年，太宗下诏征伐高丽。早在李勣击败薛延陀时，李思摩就已率突厥部众北渡黄河，又一次迁移到漠南，薛延陀可汗夷男恐其下属诸部人心浮动、与突厥往来，准备发兵攻击，太宗下诏制止，夷男不敢不服从，但是双方小规模的冲突仍然不断。这次太宗征伐高丽时，李思摩由于不善于抚御其众，其部众大都舍弃李思摩南渡黄河，居于胜州与夏州之间。群臣皆认为在东征高丽之际，安置突厥人在黄河以南距京师不远的地方，恐不妥当，请求太宗留镇洛阳，另派大将征伐高丽。太宗不听。不久，李思摩因部众逃归黄河之南，其无法在漠南立足，遂率轻骑入于长安，太宗任其为右武卫将军。

太宗伐高丽时，薛延陀可汗夷男派使者朝见太宗，请求派军队协助唐朝征伐高丽，以试探太宗对他的态度。太宗对其使者说："归语尔可汗，我父子东征，能寇边者可即来。"[1]夷男惶恐，始终不敢妄动。贞观十九年八月，太宗攻入高丽境内，连败高丽军。高丽派靺鞨人去游说夷男，让他出兵进攻唐朝边境，并赠以厚礼，夷男还是不敢动。同年九月，夷男病死，太宗下诏为他发丧。

夷男曾请求让其庶长子曳莽为突利失可汗，统辖东方诸杂姓部落，让其嫡子拔灼为肆叶护可汗，统辖西方的薛延陀部落。太宗一一答应，

---

[1] 《新唐书》卷二一七下《回鹘传下》，第6137页。

册封其二子为可汗。夷男死后不久，他的两个儿子果然为争夺可汗之位而发生内讧，拔灼杀其兄长，自立为颉利俱利薛沙多弥可汗。多弥可汗认为太宗征高丽未还，有机可乘，遂领兵进攻唐朝边境。其实太宗早已命右领军大将军执失思力率突厥兵在夏州以北屯守，防御薛延陀进扰，这时又命左武候中郎将田仁会率军配合执失思力迎击。执失思力假装力量不足，不敢硬战，率军退去，引诱薛延陀深入。当薛延陀军进入夏州境内时，唐军反击，薛延陀大败，唐军追击600余里，胜利而归。

多弥不甘失败，再次调动大军进攻夏州。这时太宗已从高丽撤军回到国内，遂命李道宗率大军屯守朔州，薛万彻与左骁卫大将军阿史那社尔屯胜州，胜州都督宋君明与左武候将军薛孤吴率军屯灵州，又令执失思力率突厥兵配合以上诸军，准备打击薛延陀。薛延陀兵到达唐朝边境，发觉唐军早有准备，不敢战，急忙退去。

多弥可汗性多疑，好猜忌，把其父的元老重臣全都罢免，换上自己的亲信，又刻薄少恩，多有杀戮，国人不附。回纥酋长吐迷度遂联合仆骨、同罗等部，共同进攻多弥可汗，多弥大败。逢薛延陀内部纷争之际，太宗于贞观二十年（646）六月，命江夏王李道宗、左卫大将军阿史那社尔为瀚海安抚大使，又命执失思力率突厥兵，契苾何力率凉州兵及胡兵，代州都督薛万彻、营州都督张俭等各率本部军队，分道进攻薛延陀。

太宗派校尉宇文法出使轪鞨等部，遇到薛延陀阿波设的军队，宇文法率轪鞨兵将其击败。残兵逃回国内，散布唐军已到的消息，引起了薛延陀人的惊慌，诸部大乱。多弥见国内大乱，率数千骑兵去投靠阿史德时健部落，遭到回纥兵的攻击，多弥被杀，回纥大杀其宗族，遂占据其故地。薛延陀残余部7万余口向西逃走，共立夷男侄子咄摩支为可汗，不久又去可汗之号，遣使奉表，请求唐朝允许他们在郁督军山以北居住。太宗派兵部尚书崔敦礼前往安抚。

铁勒诸部酋长得知咄摩支要来，非常恐惧，太宗也怕咄摩支吞并这些部落后继续与唐朝为敌，遂命李勣率军前去讨伐。太宗告诫李勣说：

"降则抚之，叛则击之。"①李勣率军抵达郁督军山，咄摩支表面上好言乞降，暗中却加紧准备与唐军决战。李勣识破其谋图，纵兵进攻，斩首5000余级，俘获男女3万余口。咄摩支落荒而逃，李勣派通事舍人萧嗣业前去招抚，咄摩支走投无路，只能投降，到长安后，太宗授他右武卫将军的官职。至此，薛延陀灭亡了。

八月，李道宗率领的唐军把薛延陀阿波达官率领的数万人击败，斩首千余级，余众溃散，薛延陀的最后一支残余力量也失败了。然后李道宗与薛万彻分遣使者招谕铁勒诸部，其酋长纷纷表示愿意归顺唐朝，并自请入朝。太宗北上到达泾阳，回纥、拔野古、同罗、仆骨、阿跌、契苾、多滥葛等11个部落各遣使入贡，朝拜太宗，表示愿意归命于天子，并要求在其地设置官署。太宗大喜，设宴奏乐款待各位使者，赐予他们官职，对于其酋长，太宗另外赐以玺书。九月，太宗到达灵州，铁勒诸部酋长遣使相继到达灵州的多达数千人，都说："愿得天至尊为奴等天可汗，子子孙孙常为天至尊奴，死无所恨。"太宗自然非常得意，赋诗云："雪耻酬百王，除凶报千古。"②从驾公卿大臣遂把此诗刻石，立于灵州。

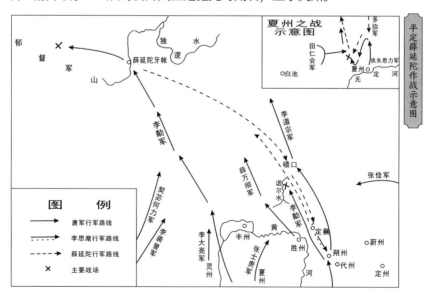

① 《新唐书》卷二一七下《回鹘传下》，第6138页。
② 《资治通鉴》卷一九八，唐太宗贞观二十年九月，第6240页。

四、讨伐高昌之役

（一）丝绸之路的阻断

高昌是西域诸国中的强国，辖区大体相当于今新疆吐鲁番市，这一区域是通往天山南、北路的出口，是古代中西交通丝绸之路的必经之地。高昌的统治者麴氏是汉人，已传数世，管辖22城，拥兵万人。在隋朝统治时期，高昌王是麴伯雅。武德二年，麴伯雅死，其子麴文泰继位，当时唐高祖曾派使者前去吊唁，高昌也向唐朝贡献过拂菻狗。太宗即位后，其贡献玄狐裘，太宗也回赠甚厚。贞观四年，麴文泰到长安朝见太宗，太宗以很高的礼仪予以接待，其妻宇文氏请求加入唐朝宗籍，太宗遂赐李姓，封为常乐公主。这一时期，双方关系还算融洽。

高昌长期在汉族人的统治下，受汉族的影响，其政治、经济、文化与内地差异不大，"有文字，知书计"①。境内土地肥沃，谷麦一年可以两熟，盛产葡萄和各种水果。

唐与高昌关系的恶化，主要与丝绸之路的中断和西突厥势力在高昌的渗透有关。隋末动乱，西域与内地的另一通道碛路闭塞，西域朝贡者皆经高昌进入内地，这样就给高昌带来了许多经济利益。贞观六年，焉耆（今新疆焉耆西南）王龙突骑支要向唐朝进贡物品，请求开通碛路，以方便该国通往内地。太宗同意了这个请求。高昌王麴文泰得知此事，非常恼怒，派兵进攻焉耆国。麴文泰之所以恼怒，是因为此路一旦开通，天山以南各国将不用再经高昌到内地，其经济利益会受到很大损害，也会影响过境贸易。高昌王麴文泰深知仅凭本国力量不足以抗衡唐朝，于是与反对唐朝的西突厥乙毗咄陆可汗结盟，凡西域朝贡者途经该国，均遭到掠夺，使这个丝路交通的中转站大不如以前通畅。伊吾（今

---

① 《旧唐书》卷一九八《高昌传》，第5294页。

新疆哈密）曾经臣属于西突厥，这时又归顺于唐朝，高昌与西突厥遂联合起来进攻伊吾，掠其人畜财物。

这些事引起了太宗对高昌的极大不满，下诏严厉谴责麹文泰，并命他把大臣阿史那矩派到长安，商议协调双方关系，麹文泰不听，另派其臣麹雍入朝谢罪。东突厥灭亡时，原在东突厥的汉人，一部分逃到高昌，太宗要求麹文泰放回内地，麹文泰拒不从命。太宗对其使者说："高昌数年以来，拒不朝贡，所置官员称号，与天朝相同，这是大逆不道的行为。我的使者在高昌听到麹文泰说：'鹰高飞于天，雉低伏于蒿草，猫在厅堂游转，鼠深藏于洞穴，各得其所，岂有不能生存的道理！'又遣使对薛延陀（此时薛延陀还未灭亡）说：'既然你们也称可汗，那就与天子一样，何必见到唐朝使者行拜见之礼！'高昌如此猖狂，哪有不诛之理！明年一定发兵扫平你国。"时在贞观十三年二月。这便是向高昌正式宣战了。

（二）高昌国的覆灭

贞观十三年十一月，太宗仍希望高昌王麹文泰能够悔过，遂再一次颁下玺书，晓以利害，命他入朝，麹文泰称病不来。

十二月，太宗派交河道大总管、吏部尚书侯君集率薛万彻、牛进达等将出兵讨伐高昌。群臣认为万里行军难以成功，即使攻下高昌，距离内地路途遥远也难以守住。太宗不听，促令迅速进兵。麹文泰本以为唐朝对他无可奈何，曾对左右说："我以前入朝，看到秦、陇一带城邑残破，社会萧条，和隋代的情况大不相同。唐朝出兵攻我，兵多则粮草运输困难；兵若在3万以下，我则无所畏惧，有办法对付。高昌距唐朝7000里，其中2000里为流沙戈壁，地无水草，寒风凛冽，商贾能到这里的百不及一，岂有大兵能安抵城下？即使能到高昌，必然筋疲力尽，屯兵于坚城之下，粮食一旦用尽，军士溃散，将为我所俘虏。"当他听到唐朝大军安然抵达碛口的消息后，又惊又怕，不知所措，发病而死。高昌群臣遂立他的儿子麹智盛为王。

贞观十四年八月，侯君集率领大军到达柳谷（今新疆吐鲁番北），这时候侦察骑兵来报，说高昌王麹文泰已死，近日将要举办丧礼，如果出动轻骑2000人袭击，定会获得成功。薛万均、姜行本等人也力主出兵袭取。侯君集说："天子因高昌傲慢，命我们率军进行惩罚，如乘其在墓地举丧而袭取，这不是问罪之师所应做的。""遂按兵以待葬毕，然后进军"。[①]

侯君集首先进攻田地城（今新疆善鄯西南鲁克沁）。从早晨开始攻城，中午城破，俘获男女7000余人。接着命中郎将辛獠儿为前锋，直取高昌都城（今新疆吐鲁番东南）。高昌王麹智盛派军队阻击，被唐军击败。唐军直抵城下，把高昌都城团团围住。麹智盛致书于侯君集，大意是说得罪天子的是先王，他现在已经故去，智盛即位未久，又未有过失，希望能够见谅。侯君集回答说："假如你真的愿意悔过，当束手自投于军门。"麹智盛不愿就此投降，唐军遂猛烈攻城，飞石雨下，城中人皆躲进屋中不出。唐军在柳谷屯驻时，副总管姜行本"依山造攻械，增损旧法，械益精"[②]。所造巢车高10丈，可以俯瞰城中，指示唐军抛射箭石，高昌城危在旦夕。

西突厥与高昌王麹文泰有盟约，互相援助，故西突厥派一位叶护率军屯驻可汗浮图城（今新疆吉木萨尔北破城子），为高昌声援。唐朝大军一到，西突厥闻讯向西撤退了千余里，叶护遂以城降唐，使高昌的外援完全断绝。麹智盛见此情况，知道无法继续防守，只好开城投降。此战，唐军共获得高昌3州5县22城，户口8000、人口3万、马4000匹。

（三）设置安西都护府

太宗接到灭亡高昌的捷报后，十分高兴，下诏褒奖功臣，并设宴

---

① 《贞观政要集校》卷九《议征伐》，第477页。

② 《新唐书》卷九一《姜謩传附行本传》，第3792页。

庆祝胜利。侯君集在高昌刻石记功，然后押送高昌君臣到长安，献俘于观德殿。太宗又下诏将高昌豪杰、贵族全部迁入内地，在高昌设置西昌州，下辖诸县，将这块土地纳入了大唐版图。

对于太宗此举，唐朝内部意见并不统一，以魏徵为首的部分朝臣坚决反对在高昌设置州县，于是展开了一场争论。魏徵反对设置州县，主要出于以下原因：其一，太宗即位之初，高昌王麹文泰夫妇率先入长安朝谒。之后虽有断绝商路、无礼于朝廷使者的事件发生，但罪在一人，不应株连其子孙，而应善抚其民，立其子为王。其二，如在高昌设置州县，必然常年留兵驻守，数年一换，长途往来死亡者不少，军费开支也是一笔较大的负担，使朝廷在高昌不但得不到经济收益，反而要为此支付不少粟帛。黄门侍郎褚遂良也是一个反对者，他认为太宗平突厥，灭吐谷浑，都没有在当地设置州县，而是另立可汗，那么在高昌另立新王，并非没有前例，"此所谓有罪而诛之，既服而存之"。主张另择新君，使其为唐朝藩属国，"传之子孙，以贻永代"。①对于这些意见，太宗一概不听。贞观十四年九月，太宗把西昌州改为西州，又把原西突厥占据的可汗浮图城改为庭州，不久，在原属高昌的交河城（今新疆吐鲁番西北雅尔湖村附近）设置安西都护府，留兵镇守。

太宗这次一反对魏徵言听计从的态度，坚持将高昌纳入唐朝版图，其主要目的是确保中西交通孔道的畅通与安全，防止西突厥卷土重来。同时太宗还有进一步经营西域的打算，在这里设置州县，建立安西都护府，有利于加强中西经济、文化的交流，在西域扩大唐朝版图。贞观十六年，太宗任命郭孝恪为安西都护、西州刺史，并将罪人发配到这里与镇兵共同戍守。尽管这里远离内地，往来不便，戍兵困苦，但郭孝恪推诚相待，倾心抚慰，"尽得其欢心"②，巩固了唐朝在这里的统治。高昌的平定，使"西域大惧"③，唐朝国威远扬，为以后与西突厥的斗争创造了有利条件。西州、庭州及安西都护府的设立，为唐朝在西域扩大版

① 《贞观政要集校》卷九《议安边》，第508页。
② 《新唐书》卷一一一《郭孝恪传》，第4132页。
③ 《唐会要》卷九五《高昌》，第2016页。

图，恢复汉代旧土，建立了桥头堡，其意义非同一般。

五、统一焉耆、龟兹

（一）平定焉耆

焉耆是西域小国，东接高昌，西邻龟兹，故城在今新疆焉耆西南。全国有户4000、兵2000人，盛产葡萄，有渔盐之利，"常役属西突厥"。[1]贞观六年，始遣使向唐朝朝贡。因为焉耆王要求开通碛路，以便朝贡，得罪了高昌，高昌便发兵攻掠其边境。西突厥内乱，莫贺设投奔焉耆，焉耆遣使入朝贡献名马，并向太宗反映了西突厥的混乱情况。太宗遣中郎将桑孝彦为使，入西突厥安抚，并册立同娥设为沙钵罗咥利失可汗。咥利失可汗遂感谢焉耆，双方建立了比较密切的关系，互相倚为声援。咥利失之后，双方关系又逐渐疏远。

贞观十二年，西突厥处月、处密等部与高昌联合，攻陷焉耆5城，掠去1500口人，并焚毁其庐舍。侯君集率军围攻高昌时，派人通知了焉耆，焉耆王龙突骑支大喜，遂派兵协助唐军攻城。高昌灭亡后，唐朝归还了所俘的焉耆人口和城邑，龙突骑支也派使者入朝致谢。

西突厥为了拉拢焉耆，其重臣屈利啜为自己的弟弟娶了龙突骑支之女为妻，"由是相为唇齿，朝贡遂阙"。[2]这是唐朝所不能容忍的事，为了打击西突厥在西域的扩张，惩罚焉耆的叛唐行为，安西都护郭孝恪上奏太宗，请求出兵讨伐焉耆，太宗准奏。贞观十八年九月，郭孝恪率军3000讨伐焉耆。这时，焉耆王的弟弟颉鼻、栗婆准等人来到西州，投降唐朝，郭孝恪就以他们为向导，领兵向焉耆杀奔而来。焉耆都城，四面环水，"自恃险固，不虞于我。"[3]唐军昼夜兼行，迅速抵达城下，郭

---

① 《新唐书》卷二二一《焉耆传》，第6228页。

② 《旧唐书》卷一九八《焉耆传》，第5302页。

③ 《旧唐书》卷一九八《焉耆传》，第5302页。

孝恪命将士乘夜晚无人防守之机，浮水而过，天亮时唐军已登上城头，"鼓角齐震，城中大扰。"①唐军斩杀千余人，俘获焉耆王龙突骑支。郭孝恪留栗婆准暂掌国事，自己返回西州。唐军撤回3日后，西突厥才发兵来救，为时已晚，遂扣押栗婆准，派5000骑兵追赶唐军，郭孝恪回军反击，大败西突厥军。西突厥派一吐屯（突厥官名）暂管焉耆国事，并遣使到长安入贡，太宗大怒，对西突厥使者说："焉耆是我朝发兵攻下的，你们是什么人，竟然敢称王？"吐屯害怕唐军再来攻打，便返回本国。于是焉耆国人立栗婆准的堂兄薛婆阿那支为王，继续依附于西突厥。如此一来，唐朝在焉耆仍然没能建立亲唐政权。直到贞观二十二年，太宗派阿史那社尔进攻龟兹，阿那支独自难以抵挡唐军，遂率众退到龟兹，与龟兹合力抵抗唐军。阿那支负责防御龟兹东部边境，被唐军击败擒获，阿史那社尔斩阿那支，另立龙突骑支之弟婆伽利为焉耆王。太宗为了巩固在这里的统治，遂在焉耆设立了焉耆都督府，至此这块土地便进入了唐朝版图。

（二）统一龟兹

龟兹在西域诸国中为大国，在焉耆之西，都城是伊逻卢城（在今新疆库车）。龟兹以农牧业为主，盛产稻麦、葡萄、黄金，居民信仰佛教。"学胡书及婆罗门书、算计之事"，"其王以锦蒙项，著锦袍金宝带，坐金狮子床"。②唐朝建立时，龟兹王苏伐勃駃曾遣使到长安，朝见高祖。他死后其子苏伐叠继位，号时健莫贺俟利发。贞观四年，遣使到长安献马，太宗赏赐甚厚，自此每年进贡不断。同时，龟兹又称臣于西突厥，郭孝恪讨伐焉耆时，龟兹随同西突厥出兵援助焉耆，从此向唐朝的进贡便日渐稀少。苏伐叠死后，他的弟弟诃黎布失毕继位，采取一边倒的政策，完全倒向西突厥，彻底断绝了与唐朝的往来，并出兵"侵渔

---

① 《旧唐书》卷一九八《焉耆传》，第5302页。

② 《旧唐书》卷一九八《龟兹传》，第5303页。

邻国"①。这时唐朝已结束了对高丽的战争，薛延陀也已经灭亡，太宗遂把注意力移向西域，决心扩大唐朝在西域的影响，与西突厥一决高低。龟兹是西域大国，位置又紧靠焉耆，唐朝要西进，打击的首要目标必然是龟兹。

贞观二十一年（647）十二月，太宗以左骁卫大将军阿史那社尔为崑丘道行军大总管，右骁卫大将军契苾何力为副总管，率安西都护郭孝恪、司农卿杨弘礼、左武卫将军李海岸等部以及铁勒十三部、突厥、吐蕃、吐谷浑等部军队，共计10余万骑，兵分5路，大举讨伐龟兹。龟兹虽为西域大国，然实力毕竟有限，唐朝动用如此之大的军事力量，显然不仅是用于对付龟兹，还包括西突厥在内。

唐军首先击败西突厥处月、处密等部，擒杀焉耆王，从焉耆西面绕道进攻龟兹北境，龟兹没有料到唐军从这个方向进攻，守城诸将纷纷弃城逃走，唐军顺利抵达距其都城300里的碛口。阿史那社尔命伊州刺史韩威率千余骑为前锋，右骁卫将军曹继叔率军继进，直攻多褐城。龟兹王与其相那利、羯猎颠等率军5万前来拒战，战斗一开始，韩威领兵败退，引诱龟兹兵来追，未及30里，龟兹兵遭到曹继叔率领的唐军截击，韩威之军回戈猛烈反击，龟兹兵大败，唐军乘胜追击80里，龟兹王退守都城不出。阿史那社尔指挥大军猛攻其城，龟兹王诃黎布失毕见唐军势大，知道此城难以守护，遂率轻骑出城向西逃走。唐军入城后，阿史那社尔命安西都护郭孝恪守城，又命沙州刺史苏海政、尚辇奉御薛万备率精锐骑兵追击龟兹王。二人率兵紧紧追赶600里，龟兹王见无法摆脱追兵，遂进入拨换城（今新疆阿克苏），据城防守。唐军围攻40日，于贞观二十二年（648）闰十二月攻破该城，俘获龟兹王诃黎布失毕和其相羯猎颠。

龟兹相那利在拨换城被攻破之际，逃脱投奔西突厥，引西突厥及残余的龟兹兵共计万余人，袭击郭孝恪驻守的龟兹都城。当时郭孝恪率千余人驻扎在城外，有些龟兹人告诉他那利率军要袭击唐军，郭孝恪不

① 《资治通鉴》卷一九八，唐太宗贞观二十一年十二月，第6250页。

信。当那利的军队攻来时，他急忙率众向城中退去，那利的部分军队已先唐军一步入城，在城中胡人的配合下向唐军发起攻击，郭孝恪所率唐军人数寡少，抵敌不过，最终郭孝恪战死于西门。这时城中大乱，唐仓部郎中崔义超仓促之间召集200余人，保护城中的唐军军资财物，与龟兹兵在城中拼杀，驻在城外的唐军曹继叔、韩威部从北杀进城中，经过一夜的苦战，斩杀敌军3000余人，那利才率残兵退去。10余日后，不甘心失败的那利，又一次聚集了万余人进攻龟兹都城。这一次唐军不敢大意，早就做好防范，不待那利攻城，曹继叔就率精锐出城迎战，大败那利军，斩首8000余级，那利单枪匹马仓皇逃跑，被厌战的龟兹人抓获，送交唐军。至此，唐军讨伐龟兹之战结束，共夺得大城5座、小城700余处，俘获男女数万人。阿史那社尔奉太宗之命，立龟兹王诃黎布失毕之弟叶护为王，"龟兹人大喜"[1]。

（三）建立安西四镇

疏勒为西域小国，都城迦师城（今新疆喀什），居民信仰祆教，有军队2000人。国王姓裴，自号阿摩支，娶突厥女为妻。贞观九年，疏勒王遣使者到长安贡献名马。十三年，又来长安贡献土产方物。尽管疏勒与唐朝建立了较密切的关系，然而由于其国小民寡，无法抵御西突厥的强大压力，只好依附于西突厥以求生存。

于阗在龟兹以西，都城西山城（今新疆和田西南），其国盛产美玉，种桑养蚕，有军队4000人。贞观六年，于阗王遣使到长安贡献玉带。贞观十三年，于阗王又遣子到长安入侍，实际是作为人质。于阗的情况与疏勒大体相似，虽然与唐朝有所往来，但实际仍在西突厥的控制之下。

阿史那社尔率唐军平定龟兹，西域各国震动，西突厥、于阗、安国

---

① 《资治通鉴》卷一九九，唐太宗贞观二十二年十二月，第6265页。

等慑于唐军威力，"争馈驼马军粮"①。西域各国乘机摆脱西突厥的控制，臣属于唐朝，于阗除了向唐军馈献驼马外，其国王伏阇信还随唐军的行军长史薛万备一同入朝。太宗为了加强对西域的治理，遂把安西都护府从西州迁到龟兹，下辖龟兹、疏勒、于阗、碎叶（今吉尔吉斯斯坦北部托克马克城）4个军事重镇，史称"安西四镇"。这四镇的设置有效地控制了天山以南广大地区，保护了商路，有利于中西交通孔道丝绸之路的畅通，为以后唐朝在西域的进一步发展奠定了基础。

唐高宗时期，打败了西突厥，在庭州设立了北庭都护府，管理天山以北广大地区，最终完成了统一西域的大业。从吐鲁番阿斯塔出土的唐代文书看，太宗以后唐朝在西域也推行过均田制和租庸调法，在军事上实行府兵制，在西州至少设置过4个折冲府。唐朝在全国各地的交通要道设有关、镇、戍、津，行人往来要凭"过所"（通行证）。在发现的吐鲁番文书中就有不少"过所"，说明唐朝的交通法规在西域同样实施。唐政府的商业管理制度，也在西域推行。这一切均反映了唐朝和西域不是单纯的从属关系，而是中央政府与地方之间的关系，说明这一地区是唐朝版图中重要的组成部分。这一切都与唐太宗对西域的积极经营政策分不开，是他的重要历史功绩之一。太宗派军平定高昌时，高昌人民中就流传着"高昌兵马如霜雪，汉家兵马如日月。日月照霜雪，回手自消灭"②的歌谣。当地官员捕捉歌唱者，竟无法获得。反映了高昌人民反对割据，拥护统一的心声。

---

① 《资治通鉴》卷一九九，唐太宗贞观二十二年十二月，第6265页。
② 《旧唐书》卷一九八《高昌传》，第5296页。

第十章

天可汗与开明的民族政策

一、从被尊为天可汗说起

贞观四年，唐军横扫大漠，平定东突厥，解除了来自北方最严重的边患。这一战争的胜利使唐朝声威远播，各国、各族纷纷遣使到长安朝贡，他们服饰不同，面貌各异，汇集长安，唐太宗命当时的著名画家阎立德绘《职贡图》，"异方人物诡怪之质，自梁、魏以来名手，不可过也。"①这幅作品生动地反映了各国、各族使者云集长安的热闹、隆重的场面。三月，四夷君长请求尊唐太宗为"天可汗"，太宗说："我为大唐天子，又下行可汗事乎！"群臣及各族酋长皆呼万岁。从此以后以玺书赐西北各国、各族君长时，"皆称天可汗"。②

贞观二十一年正月，这时唐朝已平定薛延陀，铁勒各部皆臣属于唐朝，太宗在回纥、仆骨、拔野古、阿跌、契苾，以及同罗、多滥葛、浑、思结、奚结、斛薛等部居住地分别设立了羁縻府州，以诸部酋长为都督、刺史。"各赐金银缯帛及锦袍"，酋长们大喜，"捧戴欢呼拜舞，宛转尘中"。太宗还在天成殿设宴，招待各族酋长，并演奏十部乐。于是，诸族共同请求在回纥以南、突厥以北开辟一条道路，"谓之参天可汗道"，沿途共设置68处驿馆，备有马匹及酒肉以供给过往使者。每年以貂皮充作租赋，并请求派给各族能文之人，"使为表疏"。③太宗一一答应。次年，平定龟兹，沉重打击了西突厥在西域的势力，"西域震骇"④，各国纷纷朝贡。面对这一片大好形势，太宗十分高兴，他兴奋地对群臣说："人生有几种不同乐趣：修土城骑竹马，儿童之

① 〔唐〕朱景玄撰，温肇桐注：《唐朝名画录》，成都：四川美术出版社，1985年，第8页。
② 《资治通鉴》卷一九三，唐太宗贞观四年三月，第6073页。
③ 《资治通鉴》卷一九八，唐太宗贞观二十一年正月，第6245页。
④ 《旧唐书》卷三《太宗纪下》，第62页。

乐；饰金翠穿罗纨，妇女之乐；兴贩易聚钱财，商贾之乐；求高官得厚禄，士大夫之乐；胜强敌克城池，将帅之乐；百姓安居，四海统一，帝王之乐。朕今日可谓大乐矣！"这是太宗晚年对自己一生成就的总结，真可谓春风得意，踌躇满志。客观地看，太宗在处理各国、各族关系方面的成就的确非常突出，在中华民族形成的过程中，这位非凡的古代帝王所成就的事业，可以说达到了前所未有的高度。

太宗能取得如此非凡的成就，究其根源和他所制定的开明民族政策密切相关。统观太宗的民族政策，具有如下几个特点。

太宗所制定的民族政策，实质上仍是古代传统"怀柔"政策的继续，所不同的是在太宗的思想观念中民族偏见较淡薄，对这个政策的执行更加彻底。他曾问群臣："自古帝王多不能服四夷，我才智未必就比古人高，何以成功了呢？"众臣回答多不得要领，他便自己总结说："自古皆贵中华，贱夷、狄，朕独爱之如一，故其种落皆依朕如父母。"①这是他晚年对自己一生执行这一政策的总结，并非自夸之辞，早在贞观十八年，他就说过类似的话："夷狄亦人耳……不必猜忌异类。盖德泽洽，则四夷可使如一家；猜忌多，则骨肉不免为仇敌。"②太宗对入朝的各族酋长都予以优待，授予官职和爵位，与汉族官员一样对待，死后令子弟袭职。有的赐姓李，作为宗室看待，如东突厥突利可汗自请入朝，被封为西平郡王、右卫大将军，并允许他统治其故地，死后致祭，并让其子袭爵。契丹酋长窟哥归唐后，太宗赐姓李，在其地置松漠都督府，让他出任都督，并授以左卫将军的武职，封无极县男。奚族酋长可度者归唐，太宗在其地置饶乐都督府，授以右领军将军兼都督之职，封楼烦县公，赐姓李。就是对那些曾与唐朝为敌被俘获的各国、各族君长，太宗也同样给予优待。如东突厥颉利可汗被俘后，太宗虽谴责了他的反复无常、屡为边患的行为，但仍归还他的家属，让他们一家团聚，授予他右卫大将军之职，赐给田宅，死后按本民族的风俗依礼安

① 《资治通鉴》卷一九八，唐太宗贞观二十一年五月，第6247页。
② 《资治通鉴》卷一九七，唐太宗贞观十八年十二月，第6215—6216页。

葬，并赠归义王的爵号。高昌王麴智盛被俘后，太宗授他左武卫将军之职，封金城县公。龟兹王诃黎布失毕被俘，仍得到右武卫翊府中郎将的官职。太宗所做的这一切比起历史上有些帝王一味地杀戮俘虏，不知要高明多少倍。

对待各国、各族贵族如此优待，对待广大各族人民又如何呢？请看如下史实：唐平定高昌后，对被高昌所掳掠去的焉耆人全部发还焉耆。唐军攻破薛延陀后，对原被薛延陀掳掠去的室韦、靺鞨和乌罗护人也全部赎还。太宗征高丽时，诸军所掳掠的高丽人多达1.4万口，本来是打算当作奴婢分给有功将士，太宗悯惜其父子、夫妇离散，命令有关官员评估其价钱，由政府出钱赎为良民，"欢呼之声，三日不息"。太宗车驾离开时，"高丽民迎于城东，拜舞呼号，宛转于地，尘埃弥望"。①可见太宗的这一政策，令各国、各族人民受惠不少，并且得到他们的衷心拥护。这是太宗民族政策的第一特点。

太宗在统一各民族的过程中，并不是一味地靠武力征服，而是根据不同情况采取不同的方针政策，大体可分为三种方式。

第一，采取招抚方式。比如东北的许多民族，在唐朝建立不久就主动遣使入贡，受到了唐高祖的盛情接待，奚、契丹、室韦、靺鞨等都属此类情况。太宗统治的贞观年间，往来更加频繁，其与内地的经济、文化交流得到了发展。对于有些民族，唐太宗主动遣使招抚，如贞观三年，经唐朝招抚，党项酋长封步赖率部内附，太宗在长安接见了他，宴赐甚厚，并授予刺史之职。通过这种方式争取了不少民族归附。薛延陀平定后，原来臣属于它的许多铁勒部落，都是采取了招抚的方式，使他们归附于唐朝。

第二，采取和亲的方式。在唐高祖李渊时期就对突厥采取了这一政策，但那时是在唐朝力量较弱的情况下，不得已而采取的权宜之计，是一种被动的行为。太宗统治时期国力大为增强，但也不恃强而轻易动武，仍然沿袭了这一政策，但这一时期和亲的政治意义不同于以往，更

① 《资治通鉴》卷一九八，唐太宗贞观十九年十一月，第6231页。

多地体现了民族平等、民族和解的精神。[1]最典型的事例便是文成公主进入吐蕃，唐蕃和亲的佳话千古流传。从此唐朝便与吐蕃建立了舅甥关系，这对促进吐蕃经济、文化的发展起到了积极作用。

第三，采取了争取分化的方式。太宗对一些实力强大严重威胁唐朝安全的民族，并不是把他们统统视为敌对力量，而是区别对待他们内部的不同势力，争取一部分力量站在唐朝一边，只对坚决与唐为敌的部分势力动用武力。如太宗对待东突厥的突利可汗就与对待颉利可汗明显不同。平定薛延陀时，对臣属于它的其他部落也采取了比较温和的抚慰政策，并没有因这些部落曾追随薛延陀侵扰过唐朝边境就不加区别地使用武力镇压。在同吐谷浑的战争中，太宗仍延续了这一方针，在其君长被杀后，册封其子为王，实际上也是在扶持亲唐势力。

采取灵活的民族政策，不一味地穷兵黩武，是其民族政策的第二个特点。

太宗把儒家的"仁政"思想用于民族政策之中。他说："非威德无以致远，非慈厚无以怀民，抚九族以仁……此为君之体也。"[2]所谓"抚九族以仁"，就是推行仁政于少数民族，使他们能够安居乐业，从而缓和民族矛盾。太宗既然被推尊为天可汗，他自己便把少数民族与汉族一样都看成是自己的子民，视为一个统一体。他曾形象地把中国（指汉族）百姓比作树的根与干，把四夷（少数民族）之民比作同一棵树的枝和叶，认为本根动摇树不能活，反之亦然。他自己既然是天可汗，就有使各族人民安居乐业的责任，用他的来说："我今为天下主，无问中国及四夷，皆养活之。不安者，我必令安；不乐者，我必令乐。"[3]在这样的思想驱动下，唐太宗做了不少有利于少数民族发展的事情。太宗能自觉地实施这一政策，也是他善于总结历史经验的结果。汉武帝也是一个完成统一大业的杰出皇帝，但是在对待少数民族方面，重在用兵，偏于

---

① 任崇岳、罗贤佑：《试论唐代的和亲政策》，《中央民族学院学报》1981年第1期，第48页。

② 《唐太宗全集校注·君体篇》，第595—596页。

③ 《册府元龟》卷一七〇《帝王部·来远》，第1891—1892页。

威服，而较少推行仁政，结果是费力大而收效小。太宗吸取了这个历史教训，转而推行德化，实施仁政，结果取得了非凡的成就。在他晚年，目睹各国、各族君长争相入朝的盛况，他高兴地对大臣说："汉武帝穷兵三十余年，疲弊中国，所获无几；岂如今日绥之以德，使穷发之地尽为编户乎！"[1]这是太宗民族政策的又一个特点。

太宗民族政策还有一个显著特点，就是根据民族地区社会结构、生产方式、语言文化、地理交通等不同情况，采取不同的统治方式。[2]对汉人较多、汉化较深的地区，则同内地一样设立州县，直接派官管理。如高昌，本是汉车师前王庭，东汉戊己校尉故地，北魏时就已设立了郡县，后又为汉人麹氏所统治，当地汉人多，接受汉文化较早，所以太宗在这里设置了西州，在附近的可汗浮图城设置了庭州。在突厥、吐谷浑、薛延陀、回纥、奚、契丹、靺鞨以及西域小国，由于生产方式不同，语言文化各异，距离内地遥远，不便直接设置县州管理，太宗则在这些地方设置了许多羁縻州府，任命本族酋长为都督、刺史，让他们按本民族的传统习惯去管理当地，都督、刺史皆可世袭，颇有一些民族自治的色彩。

太宗民族政策的实施使唐朝发展成为一个"东西九千五百十里，南北万六千九百十八里"的多民族国家，同时还促进了各民族之间的融合，有助于各民族的友好相处和共同发展。但是，太宗的民族政策也不是一切都好，也存在一些阴暗面，在他的思想中多少还有大汉族主义的意识存在，并在日常言论中有所流露。此外，在对一些民族的战争中，仍有掠夺行为存在，如大掠吐谷浑的牲畜；在实施和亲政策时，索取薛延陀大批的羊马，造成了对方的沉重负担。这些现象在今天看来都是不可取的。[3]

---

① 《资治通鉴》卷一九八，唐太宗贞观二十二年二月，第6253页。

② 魏国忠：《试论唐太宗的民族政策》，《黑龙江民族丛刊》1986年第1期，第33页。

③ 参见胡如雷：《唐太宗民族政策的局限性》，《历史研究》1982年第6期，第55—80页。

二、文成公主与唐蕃和亲

（一）松赞干布的求婚

公元7世纪松赞干布统一了西藏高原上的许多部落，[1]平定了内部纷争，建立起了吐蕃王朝。在唐初两国并无往来，贞观八年，松赞干布派使者到长安，这是双方第一次发生官方关系。作为答礼，太宗也派冯德遐到逻些（今西藏拉萨）报聘。松赞干布见到唐朝使者非常高兴，听说吐谷浑与突厥都娶了唐公主，十分羡慕，遂遣使与冯德遐一同到长安，"多赍金宝，奉表求婚。"[2]但太宗并没有同意和亲。吐蕃使者返回后向松赞干布汇报说：初到长安时，大国对我们接待非常周到，也同意嫁给公主。后来吐谷浑的使者来到长安，"有相离间"[3]，因此不同意和亲。根据文献记载，吐谷浑在贞观十一年曾向唐朝贡献过羊马1.3万头，很可能贡献的使者从中进行离间，破坏了唐蕃和亲。当时，吐蕃统一不久，正是蒸蒸日上之时，对相邻的吐谷浑构成较大的威胁，吐谷浑不愿意看到唐朝与吐蕃和亲，让局势对自己更加不利，因此从中阻挠。

松赞干布得知这一情况后，遂于贞观十二年八月大举出兵，进攻吐谷浑。与此同时，他还派人致书唐朝，声称若不嫁公主，当亲率5万大军，杀向唐朝，夺取公主。吐蕃大军很快攻入吐谷浑境内，大败其军，吐谷浑王不能抵挡，退至今青海湖附近，大批的人口和牲畜被吐蕃掠去。接着吐蕃又出兵击败党项及白兰诸羌，强迫他们参加吐蕃军队，动员军队共计20余万，进攻唐朝的松州（今四川松潘）。松州守将韩威战败，忙向长安告急。太宗遂任侯君集为当弥道行军大总管，

---

① 唐人称松赞干布为弃宗弄赞。
② 《旧唐书》卷一九六《吐蕃传上》，第5221页。
③ 《旧唐书》卷一九六《吐蕃传上》，第5221页。

执失思力为白兰道行军总管，牛进达为阔水道行军总管，刘兰为洮河道行军总管，各率大军援救松州。牛进达军首先到达松州，夜袭吐蕃军营，大败吐蕃军，斩首千余级。在这之前，吐蕃大臣曾劝松赞干布退兵返国，但他迫切希望能与唐朝和亲，不听。吃了败仗，使他认识到唐朝军力的强大，不是武力可以压服的，同时松赞干布的目的在于和亲，也无意扩大战争，看到局势比较严峻，遂率军撤退，并遣使谢罪，再次向唐朝求婚。

贞观十四年十月，松赞干布派来的求婚使者吐蕃大相禄东赞①到达长安，并献上黄金5000两及珍玩数百。唐太宗在上次战争后，也接受了教训，不愿两国因此再动干戈，遂同意了吐蕃的请求，答应把文成公主嫁给松赞干布为妻。太宗与禄东赞交谈时，发现他应答得体，机敏强干，对他非常满意，就任命其为右卫大将军。这是一个很高的武职官，太宗初次与禄东赞见面，就授以如此之高的官职，既表明对禄东赞十分欣赏，同时也体现了对唐蕃关系的重视。太宗还要把琅琊公主的外孙女段氏嫁给禄东赞为妻，禄东赞推辞说："臣在家乡已经有了妻子，是父母所聘，不敢抛弃。何况赞普②尚未见到公主，下臣如何敢先娶妻子！"太宗因此对他更加欣赏，再三劝说，禄东赞始终没有同意。

贞观十五年正月，太宗命礼部尚书、江夏王李道宗为使，送文成公主入吐蕃。松赞干布得到这一喜讯，十分高兴，亲自到柏海（今青海鄂陵湖与扎陵湖）迎接公主，在河源（今青海兴海东南）遇到李道宗一行人等，"执子婿之礼甚恭"，③并对唐朝的服饰礼仪之美大加赞叹。松赞干布对自己能娶到唐朝公主感到十分荣幸，他对身边的大臣说："我父祖未有通婚上国者，今我得尚大唐公主，为幸实多。"④

---

① 这是唐人的称呼，吐蕃人称他为噶尔。

② 吐蕃人称王为赞普。

③ 《旧唐书》卷一九六《吐蕃传上》，第5221页。

④ 《旧唐书》卷一九六《吐蕃传上》，第5221—5222页。

（二）文成公主入藏

李道宗在河源与松赞干布见面，完成了护送文成公主的使命，遂告别返回长安。松赞干布陪着文成公主经过长途跋涉，到达了逻些。以前，松赞干布是住帐篷的，为了和公主结婚，"遂筑城邑，立栋宇以居处焉"[①]。当时的吐蕃人有以赭色涂饰面部的习俗，文成公主对此很不习惯，松赞干布就下令禁止。松赞干布为了适应公主的生活习惯，也换去毡裘，穿上了汉人的丝绸衣服，"渐慕华风"[②]。

文成公主远嫁吐蕃，太宗为她准备了丰厚的嫁妆，根据藏族典籍记载，嫁妆包括各种日用器具、珍宝、金玉、丝绸、服饰和多种食品、饮料，金鞍玉辔，还有中国古代的历史、文学和记载各种生产技术的书籍——《艺林三百六十法宝鉴》和《工艺六十法》，卜筮经典300种，治疗404种病的医方百种，诊断法5种，医疗器械6种，医学论著4种，一个乐队和许多工匠，芜菁种子和一尊释迦佛像。这些嫁妆后来对吐蕃的经济、文化发展都起到了重要的作用。

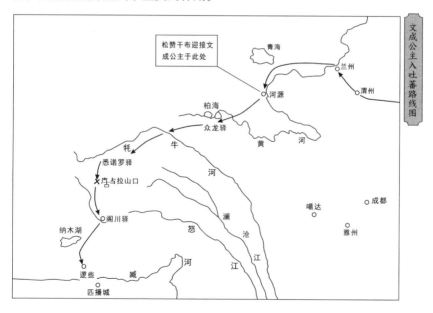

① 《旧唐书》卷一九六《吐蕃传上》，第5222页。

② 《旧唐书》卷一九六《吐蕃传上》，第5222页。

　　文成公主本人信仰佛教，在她入藏以前，佛教已经传入了吐蕃。松赞干布根据文成公主的意愿，在逻些修建了一座大寺院，这便是著名的大昭寺，是西藏最大的佛教寺院之一。关于这座寺院的修建，至今在藏族人民中间还有一些美丽的传说。如传说大昭寺是填湖为寺址的，当时有一只通灵的山羊来帮忙。大昭寺门前有几棵柳树，当地人叫"唐柳"或"公主柳"，据说是文成公主亲手栽种的，也有传说是公主的头发变的。公主带来的那尊佛像也供奉在大昭寺里。

　　文成公主的入藏促进了吐蕃经济、文化的发展。在农业方面，公主入藏时带去了一些谷物与芜菁种子，随行的汉族工匠帮助当地人打制了新的生产工具，教会他们按照新的耕作方法种植谷物。之后文成公主与松赞干布派人到唐朝要来蚕种和一批造酒、碾、硙、纸、墨的工匠，加上以前带来的各种工匠，就把唐朝的冶金、纺织、建筑、制陶、酿酒、造纸、制墨、农具制造等各种技术都传入了吐蕃。吐蕃人在掌握这些技术后，不仅促进了农业和手工业的发展，也使他们的生活起居发生了很大变化。过去吐蕃人都住帐篷，此时上层人物基本住进了新建的房屋。过去吐蕃人都穿毡裘，此时有的已换上绫罗绮纨。有了碾、硙等工具，谷物加工有了很大的进步。有了制陶技术，饮食生活更加方便。

　　吐蕃原来没有文字，采用刻木、结绳来记事。随着经济、文化的发展，创制自己的文字就显得尤为重要，因此，文成公主劝说松赞干布创造文字。松赞干布派遣贵族子弟到天竺留学，让一位名叫吞米桑布札的大臣负责此事。后来吞米桑布札根据吐蕃语的特点，参考梵文和古于阗文，创制了30个藏文字母和拼音造句的语法。松赞干布郑重地把新创制的文字刻在宫殿的石崖上，便于人们学习。从此，吐蕃有了文字，开始了使用文字记载自己历史的新纪元。同时，有了本民族的文字也便于翻译汉文典籍和工艺书籍，佛教经典也于此时开始翻译。加上从唐朝引进的造纸和制墨技术，吐蕃的文化发展如虎添翼，突飞猛进。吐蕃过去没有历法，"不知节候，麦熟为岁首"①，即以麦子成熟时节为一年的开

---

① 《旧唐书》卷一九六《吐蕃传上》，第5220页。

始。文成公主入藏时，带去了天文历法书籍，以后的藏历也采用了汉族农历依十二生肖及六十甲子来计算时日的方法。历法对农业生产的发展具有重要意义。

文成公主对唐、蕃文化交流做出了很大贡献。她入藏时带去了一批汉文书籍，之后促使松赞干布派一批贵族子弟到长安学习，"请入国学，以习《诗》《书》"。[①]又请求唐朝派能文之人到吐蕃，"典其表疏"。[②]这一切都对汉文化在吐蕃的传播起到了积极作用。

文成公主入藏时，还带去一个乐队，这对丰富吐蕃音乐有很大的作用。这个乐队的乐器至今仍遗存50多件，保存在拉萨大昭寺中，绝大部分是弹拨乐器，制作非常精美。这些乐器平时保存十分严密，只有在每年藏历二月三十日的"亮宝会"上，才取出来供人们鉴赏。这些乐器也是我国音乐史上的一笔宝贵财富。

文成公主在吐蕃共生活了40年，于唐高宗永隆元年（680）病死。据《敦煌古藏文文献》记载："文成公主降嫁吐蕃赞普。公主于吐蕃修建一所极大伽蓝，并献与土地、奴仆、牲畜。全体比丘来至此处，生活均由公主供养，吐蕃之境大乘佛法更为弘扬光大。十二年间，比丘众与俗人民户虔信佛法，幸福安康，忽有群魔侵扰，黑痘等症盛行。文成公主罹染黑痘之灾，痘毒攻心而薨。"[③]根据这个记载，文成公主当是死于痘症。

文成公主死后，吐蕃人民对她十分怀念，至今拉萨布达拉宫中还有她和松赞干布的塑像。藏族还规定了两个节日用来纪念她，一个是藏历四月十五日的"萨噶达瓦节"，为文成公主到达拉萨的纪念日；另一个是藏历十月十五日，相传这一天是文成公主的生日。每逢这两个节日，藏族人民都要穿上盛装，载歌载舞，举行盛大的活动或到寺院祈祷。至今在青海、西藏都有许多关于文成公主的传说。西藏的许多戏剧中演绎着她的故事，民间还有一些关于她的动人诗歌在流传。

---

① 《旧唐书》卷一九六《吐蕃传上》，第5222页。

② 《旧唐书》卷一九六《吐蕃传上》，第5222页。

③ 王尧：《文成公主死于痘症》，《历史研究》1982年第4期，第76页。

（三）唐蕃和亲的影响

自从文成公主入藏以后，唐、蕃关系一直非常友好，松赞干布对唐太宗始终恭敬地履行子婿的责任。贞观十九年（645），唐太宗征伐高丽，他派遣禄东赞入朝来贺，奉表称婿，并献上一只制作精美的金鹅，高7尺，中可盛酒3斛。在表文中说："天子自将度辽，隳城陷阵，指日凯旋，虽雁飞于天，无是之速。夫鹅犹雁也，臣谨冶黄金为鹅以献。"[①]即以此物来预祝太宗迅速获得胜利。贞观二十二年（648），唐朝使者王玄策出使天竺，遭到中天竺抢掠，吐蕃与泥婆罗借兵给王玄策，击败了中天竺。文成公主还对过往吐蕃到天竺的唐朝僧人给予资助和照顾。如唐朝僧人玄照去天竺求经，途经吐蕃，"蒙文成公主送往北天"。返回唐朝时，经泥婆罗（今尼泊尔加德满都谷地）到吐蕃，"重见文成公主，深致礼遇，资给归唐"。[②]贞观二十三年，太宗病逝，松赞干布非常悲伤，遣使吊祭，"并献金珥十五种以荐昭陵"。[③]

高宗即位后，封松赞干布为驸马都尉、西海郡王。松赞干布致书于长孙无忌，表示天子新即位，若臣下有怀不忠之心的，"愿勒兵赴国共讨之。"[④]高宗对松赞干布的美意非常赞赏，遂晋封为賨王，赐赠甚多。永徽元年（650），松赞干布病逝，高宗为他举哀，并派右武候将军鲜于臣济持节及高宗玺书前往逻些吊祭。

从此以后，历代吐蕃赞普多自认是唐朝的皇室外甥，无论哪一代赞普去世，照例都要向唐朝报丧，新立的赞普也要向唐朝报聘。唐中宗时，吐蕃赞普尺带珠丹向唐朝求婚，唐中宗遂把金城公主嫁给了他。景龙四年（710），金城公主入藏时，带去了数万匹的绢帛绫罗，还有大批工匠和龟兹乐。唐中宗亲自送公主赴藏，并举办了盛大的送别宴会，召王公、宰相及吐蕃使者参加，他还仿照太宗送文成公主的成例，命左卫

① 《新唐书》卷二一六上《吐蕃传上》，第6074页。
② 〔唐〕义净撰，王邦维校注：《大唐西域求法高僧传校注》卷上《太州玄照法师》，北京：中华书局，1988年，第10页。
③ 《新唐书》卷二一六上《吐蕃传上》，第6074页。
④ 《新唐书》卷二一六上《吐蕃传上》，第6074页。

大将军杨矩为使，护送公主入藏。后来公主又派人求取了《毛诗》《礼记》《左传》《文选》等书籍，使得汉文化和生产技术进一步传入了吐蕃。唐穆宗长庆元年（821），唐蕃两国共同建立了"长庆会盟碑"。当时共刻了3块碑，一块立在长安，一块立在两国交界处，一块立在逻些。现在前两碑已经佚失，只有立在逻些的碑至今仍屹立在大昭寺门前。碑文说为了长远利益，彼此要消除旧怨，不再动兵革，珍惜甥舅亲密关系，互相援助，患难与共。唐蕃的这种亲密关系，为之后建立一个统一的多民族国家打下了基础。

然而也要指出，在唐蕃的交往中既有友好往来，又有兵戎相见，一度给双方百姓带来许多苦难，这是那个时代难以避免的事，从历史发展的主流看，吐蕃与唐朝的往来没有疏远反而更加密切、更加频繁，吐蕃受唐朝经济、文化的影响越来越大，这一切有力地促进了这一地区的社会发展与进步。

三、民族内迁与胡汉融合

（一）诸族内迁

在唐高祖、唐太宗时期，民族迁徙以北方诸族居多，南方诸族相对较少。这一时期引起民族迁徙的原因，大体上可分为两个方面：其一，在与唐朝的战争中战败，被唐政府有计划地安排内迁；其二，少数民族之间发生纷争，失败的一方被迫内迁。如何安置内迁民族便成了唐朝统治者必须妥善解决的一个重要问题。

贞观四年，东突厥灭亡，颉利可汗被俘。当时，有10万多户突厥人归附了唐朝，针对如何安置这些突厥降户，在唐朝内部展开了一场争论。中书令温彦博建议仿照汉武帝，把投降的匈奴人安置在五原（今内蒙古包头西北），把突厥降户安置在黄河以南，保持原有部落，不改变其游牧生活方式，"因而抚之，一则实空虚之地，二则示无猜之心，故是含育之道也"。但是魏徵坚决反对，认为安置在黄河以南，靠近京畿地区，一旦有所变故，将非常危险。两人辩论得十分激烈，给事中杜楚客等支持魏徵的意见。魏徵主要出于夷狄乃异类的偏见，认为"遣居河南，所谓养兽自遗患也"。①太宗最后接受了温彦博的意见，把突厥降户安置在黄河以南的夏州、胜州之间，设置4个都督府管理，迁到长安的突厥降户近万家。此外在今河北北部及宁夏北部也安置了不少突厥人。

贞观十三年，太宗驾幸九成宫，遭到突厥人结社的突然袭击。事情的起因是，突厥突利可汗降唐时，他的弟弟结社随行一同入朝，太宗授结社以中郎将之职。结社不求上进，"居家无赖"，遭到兄长的训斥，心生怨气，就向太宗诬告其兄谋反，太宗由此看不起他的人品，所以久不能升迁。结社遂将怨气转移到太宗身上，趁太宗离开长安居于九成宫之机，勾结原部落40余人，想乘晋王李治四更出宫之时，冲入宫内，谋害太宗。那一夜刮大风，晋王没有出宫，结社担心夜长梦多阴谋败露，遂冒险向行宫发起攻击，乱箭齐发，射死卫士数十人，后被宿卫军队击败，逃亡途中被追获，斩首。

这一事件的爆发，在唐朝廷内部引起了很大震动，群臣纷纷上言，认为把突厥人留在河南终究不便，主张迁往漠南。原来主张内迁河南的人见发生如此严重的事件，便也不敢再坚持原议了。于是，太宗下诏将突厥降户迁往漠南故地，册封李思摩为可汗，建牙于定襄城。其实太宗将突厥降户迁往漠南，不仅仅是因发生了结社事件，主要还是想利用突厥人制约正在崛起的薛延陀，在唐与薛延陀之间重新建立突厥政权，将其作为一个缓冲地带。但是突厥大都惧怕薛延陀势力的强大，不肯北上，后来虽然被迫北迁，但相当部分的突厥人仍没有迁走。根据史籍记载，此次李思摩北迁所率军队4万，户3万，而当初南迁时却有近10万户，即使不考虑人口自然增长的因素，也可以证明有相当部分的突厥人并没有迁走。后来李思摩由于不善于抚众，加之突厥人不愿再与薛延陀作战，纷纷逃回黄河以南的居住地，唐朝政府也只好听之任之。这些突

① 《贞观政要集校》卷九《议安边》，第499页。

厥人在黄河以南既可以受到唐朝政府的有效保护，免受异族骚扰，又保持了旧俗，继续过游牧生活，所以生活较为安定，户口羊马日渐增多，与汉族的关系也更加密切。

党项人的内迁是由唐朝的招谕和吐蕃的压力而引起的。贞观三年，南会州都督郑元璹派人招谕党项，其酋长细封步赖举部内附。此后，"诸姓酋长相次率部落皆来内属，请同编户"[①]，太宗派官厚加抚慰，一一妥善安置，设羁縻州县管理。贞观五年，唐朝设置了16州47县用于安置党项降户，这些均为羁縻州县。到贞观六年，唐朝共安置党项人34万，共设32个羁縻州，皆归属于松州都督府。安置区域大致在今青海阿尼玛卿山以东，四川黑水、松潘以西的范围内。此外，贞观时还在陇右道设置了静边州都督府，下辖14个州，也用来安置内迁的党项人。据《新唐书·地理志七》的记载，静边州都督府后来又迁到庆州境内。由于受吐蕃的威胁，党项诸部自请内迁。其他州县还有一些内迁的党项人，但人数不详，估计不多。贞观以后，吐蕃人击败吐谷浑人，导致吐谷浑大举内迁的同时，党项人为躲避吐蕃奴役也再次迁徙，主要迁到陇右道的洮（今甘肃临潭）、秦（今甘肃秦安西北）等州及关内道的庆、灵（今宁夏吴忠西）、夏、胜、银（今陕西榆林市横山区东党岔）等州。

除了这些较大规模的内迁外，其他民族在唐初也有迁徙活动。如薛延陀灭亡后，铁勒诸部中也有部分人内迁，被唐朝安置在北方沿边地区。太宗以后铁勒人内迁的规模逐渐扩大，主要安置在河套南北一带。长安在唐初是各族迁入最多的一个城市，除了东突厥灭亡时迁入了万余家外，唐朝每平定一国都要迁入一批贵族。加上各族、各国遣子入侍，使这里的外族人数迅速增加。这些入侍的质子，有的后来放还回去，有的入籍定居下来。还有经商、留学的各国、各族人也不在少数，如唐初在国子监学习的各族贵族子弟及高丽、百济、新罗、高昌等诸国人就有

---

① 《旧唐书》卷一九八《党项羌传》，第5291页。

很多，"升讲筵者至八千余人。"①这些经商、留学者中，有不少人定居下来，永远加入了唐朝。

南方少数民族在唐初内迁的不多，但也绝非没有，如贞观十三年，渝州（今重庆）人侯弘仁出邕州（今广西南宁），接受蛮、俚降人2.8万余户，安置到今广西北部一带。贞观二十二年，巂州都督刘伯英上奏说群蛮反叛，请求出兵讨伐。太宗派右武候将军梁建方率巴蜀13州之兵讨伐，群蛮大败，前后归附的达70余部、10.93万户。梁建方以其酋长为县令，予以集中安置，"各统所部，莫不感悦"。②

高祖、太宗统治时期是唐朝民族迁徙的开端，除东突厥迁徙规模较大外，其他各族规模都较小，但太宗所确立的安置内迁民族的基本原则却为唐朝以后各帝所遵循。

（二）民族融合

唐朝初年的民族融合实际是魏晋南北朝以来民族大融合的继续。民族内迁必然会形成诸族杂居的局面，有些民族虽然政府允许他们保持原有的部落，但与其他民族尤其是与汉族相邻而居，就不免会受到经济、文化以及生活方式上的影响。总之，民族迁徙活动是民族融合的前提，没有民族的迁徙活动就谈不上民族的融合。

唐初内迁的民族除了有些再次迁徙之外，只要是仍然居住在原处的，后来大都与汉族融合。内迁的少数民族虽然唐朝政府允许他们保持原有的生产方式，但同时也采用汉族先进的经济和文化来教育、感染他们，即所谓"教以礼法，职以耕农"③。唐朝统治者特别是唐太宗并不强迫少数民族接受汉族农耕的生产方式，而是采取循序渐进的办法，使他们慢慢地改变原有的生产、生活方式，从事农业耕作，所谓"化胡虏

---

① 《资治通鉴》卷一九五，唐太宗贞观十四年二月，第6153页。
② 《资治通鉴》卷一九九，唐太宗贞观二十二年四月，第6256页。
③ 《新唐书》卷二一五上《突厥传上》，第6037页。

为农民"①。这种办法显然比魏晋统治者把内迁的各族部落强行解散，改变其生产方式，编入州县、征收赋税的政策要高明得多，有利于民族与国家的繁荣昌盛。比如东突厥内迁后，经过一段时期的恢复，开始从事农业生产，社会生产方式的改变是游牧民族与汉族融合的最重要的一步。

通婚也是民族融合的表现形式之一。唐太宗允许少数民族娶汉族妇女为妻，但不许带走，这固然是避免减少人口的措施，客观上却有利于民族融合的加快进行。因此，少数民族在当地娶妻生子，买田宅的很多，这种现象在京师长安比较普遍。②异族通婚不仅在长安，在外地也比较常见，如在敦煌，白树合母姓张、石秀林妻姓曹，卑德意妻姓白，曹思礼母姓孙，程思楚母姓白，卑二郎母姓程，安游璟妻姓张，安大忠母姓屈，康敬仙妻姓石，石秀金妻姓史等。③其中康、安、白、石、曹、史等姓均为昭武九姓胡的姓氏，安西四姓的龟兹白姓人迁到敦煌的也不少。他们有的是与汉族通婚，有的是各族之间通姓，他们绝大多数都是农民，田宅相接，邻里相望，生产生活在一起，社会联系极为紧密，社会上使用的各种文书均是汉文。

至于因降附或其他原因定居在京师长安的各族人，为数更多。仅突厥人在唐朝任职的，人数就不少，所谓"布列朝廷，五品以上百余人"④。太宗对他们备加优容，赏赐丰渥，他们长期定居长安，子孙后代在朝廷世袭为官。从近年出土的唐代墓志看，突厥贵族右卫大将军俾失十囊，死于长安礼泉里之私第；突厥突骑施部匍阿施夫人，死于布政里；阿史那毗伽特勤，颉利可汗的曾孙，其墓志出土于西安西郊枣园村；执失奉节，为执失思力之子，墓志出土于长安郭杜镇大安

① 《资治通鉴》卷一九三，唐太宗贞观四年四月，第6075页。
② 向达：《唐代长安与西域文明》，北京：生活·新知·读书三联书店，1957年，第5—6页。
③ 中国科学院历史研究所资料室编：《敦煌资料》第一辑，北京：中华书局，1961年，第12—119页。
④ 《旧唐书》卷一九四上《突厥传上》，第5163页。

村。这些墓志的出土，说明贞观时内迁长安的突厥贵族后代大多定居于长安。

在唐代上层统治集团中，也有许多少数民族的后裔。《新唐书·宰相世系表》列有唐代宰相及位至三公者，共369人，其中可确定为少数民族者，共33人，分为11族，23姓，约占唐朝全部宰相的9%。[①]值得注意的是，有许多少数民族出身的宰相、三公，往往伪托其祖先为汉族，并与前代汉族显姓连结起来，似乎他们的祖先原本就是汉族，而耻于再说他们的祖先是夷狄。这就说明他们早已世代与汉族通婚，本身已带有汉族血统，故不愿再说祖先是少数民族了。此外，在长安的昭武九姓胡人也不少，波斯人、回纥人也都有不少定居于此。有些人可能在唐代以前就已入居关中或长安了。如唐高祖平定河西李轨，主要依靠安兴贵、安修仁兄弟。他们都是安国人。至于在长安的少数民族商人、僧侣、伎人、流民等，人数就更多。如被太宗所阉的擅弹琵琶的罗黑黑，即出自吐火罗的罗姓。在长安的安、康、曹、尉迟等姓的著名乐舞伎人、画师，大多是来自西域的胡人。

在渭水以北的今陕西蒲城、铜川、宜君、黄陵等地，从魏晋南北朝以来就聚居着许多羌族人。到唐代时，渭北一带的羌村、羌邑的地名仍不少，杜甫的著名诗篇《羌村三首》，就是记诗人在鄜州（今陕西富县）北羌村的生活情况。至今渭北蒲城还有羌白的地名。但是在唐代这些羌村、羌邑已多杂有汉人居住，羌人与汉人通婚也成为普遍现象。连他们的姓氏也多由复姓改为单姓，如屈男氏改为屈氏，罕邘氏改为井氏，同蹄氏改为同氏或周氏，夫蒙氏改为蒙氏或马氏，昨和氏改为和氏等。[②]说明他们大都与关中的汉族融合，成为关中汉族的组成部分。

唐代民族融合的主流虽是汉化，但并不是说内迁各族简单地变成汉族，他们的血统、文化、习俗和体态等也影响着汉族，使汉族不仅在人数上迅速增加，而且也改造了汉族的体质，使汉族更加充满活力。唐代

---

① 周伟洲：《西北民族史研究》，郑州：中州古籍出版社，1994年，第141页。
② 周伟洲：《西北民族史研究》，第142页。

长安、洛阳等地出现的"胡化"倾向，就充分证明了少数民族文化、习俗对汉族产生了很大影响，灿烂的唐代文化风貌正是由于吸取了各族文化的精华，才得以绽放出耀眼的光彩。

（三）经济交流

唐初实行的一系列民族政策，有利于各族间的经济交流。唐朝在贞观时期，社会安宁，农业和手工业发展较快，交通四通八达，货币经济相当稳定。这就为经济交流创造了良好的条件，加上唐太宗鼓励通商，使当时各国、各族与唐朝的经济交流比较频繁。

这个时期的经济交流主要通过官方贸易与民间贸易两种形式来进行。其中属于官方贸易的朝贡形式在当时非常流行，各民族使者入朝时贡献一些珍宝和土特产，表示"臣礼"，而唐朝政府就得"赏赐"许多物品，其价值往往超过贡品。正是出于这个原因，各族对朝贡之事都乐此不疲，来长安的使者接连不断，这种盛况在史籍中有大量记载。尤其是太宗平定薛延陀，打通丝绸之路，征服焉耆、龟兹之后，朝贡达到了高潮。除了朝贡贸易外，官方贸易中还有边境互市的方式。这种贸易在唐朝主要是输入牛马，输出丝织品、瓷器及其他物品。贸易额往往很大，如唐高祖武德八年（625），突厥、吐谷浑请求互市，唐高祖下诏同意。"先是，中国丧乱，民乏耕牛，至是资于戎狄，杂畜被野。"[①]可见这次输入的耕牛杂畜数量巨大。贞观时期太宗也对输入外族牛马很重视，多次进行边境互市。这些牛马的输入对恢复和发展唐初的农业经济起到了一定的积极作用。

唐太宗对于民间贸易也是持鼓励的态度。唐军平定龟兹挫败了西突厥在西域的扩张后不久，安国入长安朝贡，太宗对使者说："西突厥已降服，商旅可以通行无阻了。""诸胡大悦。"唐代的西州（今新疆吐鲁番）是连接内地、中亚、漠北的交通枢纽，也是丝路上的一个重要商

① 《资治通鉴》卷一九一，唐高祖武德八年正月，第5994页。

业中心。太宗在西域军事上的胜利,保证了丝路的畅通,使得西州作为交通枢纽和商业中心的地位更加突出。内地的丝绸、瓷器和其他商品大量进入这里,再运往西域及中亚各地;西域的大批羊毛、牛马、药材、珠宝等,也经西州运入内地。像西州这样的商业城市,在丝路沿途还有不少。

内迁的各少数民族与周围的汉族之间也存在着贸易关系。他们以自己的牛羊马驼及其他牲畜产品交换汉族的丝织品、金银、珍珠、生产工具甚至兵器。从唐初以来,当时的商人就习惯与党项人交易马匹,这一习惯一直持续到唐末乃至五代时期,元稹的诗句"北买党项马,西擒吐蕃鹦"[①]反映的就是这种情况。内迁到陕北的突厥人与汉族的贸易也很频繁,甚至有不少内迁民族的商人深入内地各城市从事商业活动,长安、洛阳、太原、幽州等地都有他们的经营活动。各民族间经济交流的发展,促进了唐朝商业的繁荣,使各族与内地经济逐渐一体化,说明他们的经济已纳入唐朝全国经济体系,有利于统一国家的巩固与发展。

四、羁縻府州的设置

(一)羁縻府州的创立

对少数民族实行"羁縻"统治,并非始于唐代。汉武帝时期中央政府对边远少数民族予以招抚,赐其酋长衣冠印绶,以达到开拓疆土、消除边患的目的,就已经包含着羁縻统治的意义了。三国时蜀汉的诸葛亮在南中地区任命蛮夷酋长为令丞,由中央置都督总摄,把一些影响大的首领调入朝廷任官。这种做法比汉武帝又前进了一步,已经具有羁縻统治制度的雏形。唐太宗设置羁縻府州则是对上述统治方式的继承、发展和完善。这一制度是唐太宗民族政策的一个重要组成部分。

---

① 〔唐〕元稹撰,冀勤点校:《元稹集》卷二三《估客乐》,北京:中华书局,2010年,第307页。

唐代这一制度的创立，始于贞观四年东突厥灭亡之后。强大的东突厥政权的灭亡，消除了唐朝最大的敌对少数民族政权，但是如何安置内附的突厥部落，不使其以后再对唐朝构成威胁，就成为太宗必须慎重解决的问题。经征求群臣意见，大体有四种意见：一是多数朝臣主张把内附突厥各部迁到今河南与山东一带，分散其部落，教之以耕织，归当地州县直接管理，即强行使他们转化为唐朝版籍中的农民；二是主张不迁徙突厥各部，分部册立君长，各部互不统辖，由朝廷授予各部酋长王侯之号，在突厥故地设定襄、云中都护府进行管理；三是温彦博提出的把突厥迁到黄河以南安置；四是魏徵主张的纵还原地，不接受其降附。其中对后两种意见的争论十分激烈。太宗实际上是将第二种和第三种意见综合了起来，把突厥降户安置在黄河河套以南及今河北北部、宁夏北部一带，设立了顺、祐、长、化等4个都督府和北开、北宁、北抚、北安等6个州管辖，刺史、都督仍由突厥各部酋长充任，分别统辖旧部。上述羁縻府州由营州、夏州、灵州等3个都督府分别统辖。

这种统治少数民族的方式，就是所谓的羁縻府州制度。这种制度的特点是：各府州的长官必须是本族人，朝廷不再另派官员充任；各府州的长官只统领本部部众，并可保留原有本族旧俗，生活、生产方式不强行改变，部落组织仍然保留；各府州不再统属于朝廷册立的可汗，而是分属不同的都督府或都护府。对于不担任羁縻府州官职的突厥首领，太宗把他们统统安排在朝廷中任职，并授予相应的爵位。

自此制度创立以来，其既能照顾到少数民族的不同特点，又便于唐朝政府的管理，大大提高了唐朝在各族中的威望。此后对内附的少数民族，太宗基本上采用羁縻府州的方式进行统治，这一制度也为太宗之后的唐朝历代皇帝所沿袭，并使这一制度更加完善。

贞观时期太宗曾数次较大规模地创设羁縻州府，薛延陀灭亡后，铁勒诸部约百余万户，散处漠北，太宗于贞观二十一年正月，在当地设置了大批羁縻府州。基本情况是：以回纥部为瀚海都督府，仆骨为金微府，多滥葛为燕然府，拔野古为幽陵府，同罗为龟林府，思结为庐山府，浑部为皋兰州，斛薛为高阙州，奚结为鸡鹿州，阿跌为鸡田州，契苾为榆溪州，思结别部为蹛林州，白霫为真颜州。四月，设置了燕然都护府，任命扬州都督府司马李素立为都护，统一管辖上述诸羁縻府州。李素立抚之恩信，因而受到铁勒各部的拥戴，纷纷献来牛马，李素立只接受了献酒一杯，其余牲畜等物全部送还不受。可见太宗对管理少数民族事务的官员选拔是非常慎重的。

贞观二十二年四月，契丹首领曲据率部归附唐朝，太宗在其居住地置玄州，以曲据为刺史，隶营州都督府管辖。十一月，契丹大首领窟哥与奚族首领可度者率部归附。太宗以契丹部为松漠都督府，以窟哥为都督；又以契丹各部分置峭落、无逢、羽陵、白连等9个州。以奚部为饶乐都督府，以可度者为都督；以奚族各部分置弱水、祁黎、太鲁等5个州。以上诸府州均归营州都督府统一管辖。为了加强对这些少数民族的管理，又特置东夷校尉一职，协助营州都督管理诸族事务。

太宗还零星设置了许多羁縻府州。此外，对已经设置的府州后来仍有所调整，并非一成不变。自从太宗创立这个制度以来，唐朝在周边民族聚居地区，根据民族或者部落的大小，大者为府，小者为州，陆续设置了羁縻府州共计856个，[1]据今人研究大约有1000个。[2]在府州之下还有县一级建制，贞观时期的情况是："界内虽立县名，无城郭居处。"[3]此后的羁縻县大多仍是如此。有些内迁的部族，县治如设在村镇也可能有城堡，至于侨置羁縻州县，不少将其治所就设在本地州县城内，也可以算是有城有郭了。

（二）羁縻府州的组织

羁縻府州的组织机构不同于正州府，各个羁縻府州的组织机构也

① 《新唐书》卷四三下《地理志七下》，第1120页。
② 刘统：《唐代羁縻府州研究》，西安：西北大学出版社，1998年，第29页。
③ 〔唐〕李吉甫撰，贺次君点校：《元和郡县图志》卷三九《陇右道上》，北京：中华书局，1983年，第1001页。

不尽相同。产生这种现象的原因是，唐政府在设置羁縻府州时，除了刺史、都督由中央任命外，各个民族原有的行政机构、政治制度保留不变，如贞观二十一年设置瀚海都督府时，以回纥首领俟利发吐迷度为瀚海都督，"署官吏，壹似突厥"。①回纥原来归突厥管辖，所以其设官仍依突厥旧制。焉耆归附唐朝后，太宗在这里设置了焉耆都督府，册立原国王之弟婆伽利为国王兼都督，原有行政机构一如其旧。这样就使得各个羁縻府州的组织机构也不一致。唐朝的这一政策有利于少数民族地区的稳定，是尊重少数民族风俗习惯的表现。

在太宗时期，唐朝政府始终坚持不向羁縻府州派官的原则。高宗总章元年（668），平定高丽后，在当地设立府、州、县，在任命本国人为都督、刺史、县令的同时，也任命了一批汉族人为地方官员，使高丽人"与华官参治"。②这是唐朝为加强特殊地区的统治而采取的措施。这种情况并不多见，对于大多数羁縻府州来说中央并不派官参治。

各羁縻府州的都督、刺史任命时，与内地地方官员一样，都要发给鱼符、印信、袍带，只有这样才算取得统治本族的合法权力。都督、刺史皆可世袭，但其后嗣袭位仍须经中央批准，并颁发符印冠服和诏敕。在太宗统治时期，对于一些少数民族首领接受中央任命后，仍称"可汗""王"等旧有称号者，太宗并不追究，但其只能在本族内称呼，对外尤其是对中央政府是不能用这一称号的。

在行政领导上，羁縻府州不同于内地正州府，正州府的都督、刺史归中央直接管理，而羁縻府州的长官归所在地区的都督府都督与都护府都护管辖，即唐中央通过边地都督府或都护府对其进行管理。中央政府可以在羁縻府州境内设置军、城、镇、守捉、戍等军事机构，派兵驻守。羁縻府州也可以拥有自己的军队，但必须服从中央调遣。在太宗对四夷的战争中，几乎每次都有"蕃兵"参战，有时参战的军队中"蕃兵"的数量超过汉兵。如征伐龟兹的战争，主要是依靠少数民族的军队。

---

① 《新唐书》卷二一七上《回鹘传上》，第6113页。

② 《新唐书》卷二二〇《高丽传》，第6197页。

　　唐朝规定羁縻府州境内之民犯罪，依本民族的法律审理。关于这一点，《唐律》有明确的规定，"化外人，同类自相犯者，各依本俗法；异类相犯者，以法律论"。①就是说各族内部犯法，按本族传统法律审理；不同民族间的诉讼，才按照《唐律》审理。对于羁縻府州长官的犯法，就得按国家法律由中央政府处理，对破坏统一的反叛活动进行严惩，或流放，或处死刑。

　　在古代社会中，行使国家主权的重要标志之一，就是向中央呈报"版籍"，即呈报户籍，定期奉献"贡赋"。对此羁縻府州也不例外。铁勒诸部在薛延陀灭亡后归顺唐朝，并在当地设立羁縻府州，"岁贡貂皮以充租赋"。②这就充分地说明了这一点。在太宗时期似乎没有统一规定各族百姓应交纳的租赋数额，而是由各族首领按旧有的方式自行征收。但是后来也有所变化，唐朝明确规定："凡诸国蕃胡内附者，亦定为九等，四等已上为上户，七等已上为次户，八等已下为下户；上户丁税银钱十文，次户五文，下户免之。附贯经二年已上者，上户丁输羊二口，次户一口，下户三户共一口。"③这就说明唐朝把他们与汉人一样也划分为九等户，只不过这个税率大大低于汉人的标准，这也是唐朝对少数民族优惠政策的体现。如果是不产羊的地区，唐朝规定可以折价交纳其他物品或现钱。对于岭南的"夷獠之户"，唐朝规定其户税按汉人税率的一半征收。对内附以后少数民族所生之子，"即同百姓，不得为蕃户也"。④所谓"即同百姓"，就是说按汉族百姓来对待，不能再享受优惠政策了。

　　少数民族也要服兵役，"自备鞍马"。如果服役期超过30日，"免当年输羊"。⑤唐朝对高丽人、百济人在政策上还要更优惠一些。规定：

①《唐律疏议笺解》卷六《名例律》，第478页。

②《资治通鉴》卷一九八，唐太宗贞观二十一年正月，第6245页。

③〔唐〕李林甫等撰，陈仲夫点校：《唐六典》卷三《尚书户部》，北京：中华书局，1992年，第77页。

④《唐六典》卷三《尚书户部》，第77页。

⑤《唐六典》卷三《尚书户部》，第77页。

"诸州、高丽、百济应差征镇者，并令免课、役。"①一般蕃户服兵役在30人以上，仅免除户税，而高丽和百济人除了免除全部的徭役和赋税外，还不限服兵役时间的长短。尽管唐朝对少数民族也课以赋税，但总体来说，负担较轻，政策的优惠性很明显。这种变化的出现，说明随着羁縻府州设置得越来越多，唐朝经济、文化的发达，整个社会进入鼎盛阶段，唐朝政府对少数民族地区的政策也逐渐内地化，使得政令更加统一，这是多民族统一国家日益巩固的表现。

羁縻府州的广泛设置，加强了少数民族地区与唐朝中央政府的政治关系，有利于多民族统一国家的巩固。唐朝政府不单纯是这些地区的统治者，同时也是保护者，每当发生外来侵扰时，唐朝政府都要发兵抵御，以保护边疆地区的安全，如对大食东侵的抗击等。各个民族之间发生纠纷，都要请求中央政府给予裁决，使他们互相之间不再像以往那样兵戎相见。相互攻伐的减少，有利于民族地区的社会安宁，从而为发展社会经济和文化创造了良好的社会环境。边疆地区的安宁稳定，同时为内地特别是靠近边疆地区的社会发展提供了一个较好的社会条件。羁縻府州大量设置的历史作用，还表现在使各民族间的经济、文化交流更进一步得到发展。各族纷纷派遣子弟到内地学习，使汉文化在少数民族地区得到进一步的传播，促进这些地区的社会进步与发展。同时，少数民族地区的文化如乐舞、绘画、杂技、饮食等，也大量地传入了内地，甚至少数民族的服饰和习俗也为内地人民所喜爱。这些文化的传入给内地文化注入了新的活力，形成了灿烂辉煌的唐文化。

五、贞观时期的蕃将

（一）重用蕃将

唐朝使用汉族以外的其他民族人为军事将领，始于唐高祖和唐太

① 《唐六典》卷三《尚书户部》，第77页。

宗。唐高祖时期所使用的蕃将还不十分广泛，到太宗时期就开始大量地使用少数民族将领，这也是太宗开明的民族政策的具体体现。他并不把少数民族视为"异类"，加以猜忌、排斥，而是把他们与汉族将领一样看待，视为心腹，委之以兵权。

武德、贞观时期的蕃将主要有：刘政会，本为匈奴之后裔，参与了太原起兵，建立殊功，是所谓元从功臣之一。武德初年，留守太原，政绩突出。宇文士及，为鲜卑费也头氏之后。史大奈，西突厥特勤（贵族），也参与了太原起兵，由于功劳甚大，高祖曾赏帛5000匹，赐姓史。贞观时期的在朝蕃将主要有：屈突通，奚族屈突氏；丘行恭，鲜卑丘敦氏；侯君集，鲜卑侯伏氏；慕容罗睺，鲜卑慕容氏。阿史那社尔，突厥处罗可汗次子，在东突厥时官职为拓设，统领回纥、仆骨、同罗等部。东突厥灭亡后，他不愿接受薛延陀的统治，率众反抗，失败后投奔西突厥，得不到宽容，遂率众归降了唐朝。唐太宗授他左骁卫大将军之职，并把衡阳长公主嫁给他，备受信赖。执失思力，突厥酋长，贞观中奉命护送隋炀帝的皇后萧氏入朝，东突厥灭亡后，遂留长安，任左领军将军，也是太宗宠信的蕃将之一，其妻为九江公主。契苾何力，铁勒贵族，贞观六年，与其母率部落内附，太宗将其部落安置在甘州（今甘肃张掖）、凉州（今甘肃武威），将他本人留居长安，任左领军将军，多次统率大军出征，建立功勋，深得太宗信任。

以上是在朝蕃将的情况，即留居长安或内地，在唐中央政府或地方任职的蕃将。在贞观时期更多的还是在羁縻府州任职的少数民族将领，他们的主要职责是为唐朝守御边疆，这类蕃将可视为在蕃蕃将。

贞观时期的在蕃蕃将主要有：安胐汗，安国大首领，率部5000众内附，太宗在川西置维州（今四川理县），以安胐汗为刺史统领其部。东突厥突利可汗降唐，太宗以其为顺州都督，以统领其部。仆固歌滥，铁勒仆骨部首领，贞观二十一年被太宗任命为金微都督府都督、右卫大将军。他家世代为金微都督，其三代孙仆骨怀恩，在平定安史之乱中建立殊功，率领唐军直捣河北安史巢穴，从而结束了长达8年的叛乱战争。

浑阿贪支（又称浑潭），铁勒浑部首领，贞观二十一年，太宗建立皋兰州，任其为刺史、右领军大将军，统领本部之众。他的五世孙浑瑊，是中唐时期的著名大将，在平定藩镇割据和抗击吐蕃的战争中，建立大功。阿跌贺之，铁勒阿跌部大首领，贞观二十一年，太宗以阿跌部为鸡田州，任命他为刺史，充定塞军使。他家世代为鸡田州刺史，他的曾孙李光颜，为平定李锜之乱的著名大将。后来在平定淮西镇吴元济的叛乱中发挥了关键作用，建立奇功。以往人们只知李愬雪夜袭蔡州（今河南汝南），却不知李光颜统率唐军主力在正面屡败吴军，迫使吴元济把精锐军队全部调往正面战场，蔡州空虚，才使李愬偷袭成功。吐迷度，回纥大首领，归驸唐朝后，太宗任他为瀚海都督府都督。贞观二十二年，吐迷度被其侄乌纥杀害。唐朝政府擒杀乌纥，另册封他的儿子婆闰为大俟利发、左骁卫大将军、瀚海府都督。阿史那贺鲁，西突厥叶护（突厥官名），太宗于贞观二十三年（649）设置瑶池都督府，任命他为都督、左卫将军。

贞观时期的在朝和在蕃蕃将还有不少，有的是在朝蕃将因需要又变为在蕃蕃将，也有在蕃蕃将后又被抽调入朝。总之，在朝或在蕃都是以是否有利于边疆安宁和国家统一为原则的。

为了加强民族团结，巩固多民族的统一国家，唐朝政府采取了一系列措施，归纳起来主要表现在如下几个方面。

其一，嫁公主，结婚姻。除了阿史那社尔尚衡阳长公主、契苾何力尚临洮县主、执失思力尚九江公主外，贞观十四年，吐谷浑慕容诺曷钵尚弘化公主。贞观二十三年，吐谷浑慕容忠尚金城县主。贞观中，突厥贵族出身的阿史那忠尚定襄县主。这些蕃将一旦娶到公主，无论公主是否是皇帝的亲生女儿，身份都会随即发生变化，作为皇帝的乘龙快婿，自然要为唐朝的巩固竭尽全力。

其二，赐姓。早在唐高祖时期就已开始采用这一办法。如武德七年（624），东突厥夹毕特勤阿史那思摩入朝，高祖赐爵和顺郡王，并赐姓李。太宗统治时期，赐姓蕃酋之风颇盛。靺鞨酋长突地稽于武德四年

（621）率部内附，以战功封耆国公，贞观初，赐姓李，任右卫将军。党项酋长、西戎州都督拓跋赤辞，赐姓李。契丹酋长、松漠都督府都督窟哥，原姓大贺氏，赐姓李。奚族酋长、饶乐都督府都督，赐姓李。对蕃将赐以国姓，标志着皇帝把他们已列入皇室宗亲，地位自然非同一般。

其三，陪葬帝陵。古代大臣死后能陪葬帝陵是莫大的荣耀，只有功臣、近臣才能享此殊荣。唐朝从太宗时起，开始了让在蕃蕃将陪陵的制度。根据文献记载，陪葬太宗昭陵的蕃将主要有：横野军都督拔拽，为铁勒拔野古部酋长；都督浑大宁，即铁勒浑部酋长，世代为皋兰州刺史或都督。浑大宁为开元时人，陪葬昭陵，按照唐朝父祖陪陵者，"子孙从葬者，亦如之"①的制度，可推知大宁的祖先必有陪葬昭陵的。在朝蕃将陪葬昭陵的还有：阿史那社尔、阿史那忠、阿史道真、史大奈、阿史那步真、阿史那德昌、李思摩、契苾何力等。

根据唐朝陪陵制度，只有功业卓著、匡佐时政的人，才可在身亡之后享受陪葬帝陵的权利。允许他们死后陪葬昭陵，以示君臣一体，并推恩子孙也可在帝陵附葬。凡陪陵者，丧葬所需之物由天子赐予，享受国葬待遇。

至于封爵位，任高官，赏赐大量钱财、宅第，更是寻常之事。因为太宗实施这些特殊的措施，绝大多数少数民族首领被团结起来，他们对唐朝忠心不贰，不仅有利于民族团结，民族融合，对保障边疆地区的稳定与安宁也起到了积极作用。

太宗如此优待少数民族将领，他们对唐朝也是倾心竭力，忠贞不贰。这方面的事例很多，如契苾何力在朝为官，贞观十六年（642），太宗同意他前往凉州探视母亲。契苾何力兄弟归附唐朝后，太宗把其部落安置在甘、凉二州，任命契苾何力的弟弟沙门为都督统领其部众。当时薛延陀势力尚强，契苾部的一些酋长发动叛乱，胁持契苾何力的弟弟、母亲欲投奔薛延陀，并要求契苾何力也一同前去。契苾何力说："天子对待你们有大恩，对我也非常重用，为什么还要造反？"拒绝去

---

① 《唐会要》卷二一《陪陵名位》，第479页。

薛延陀，叛乱者遂强行将他押送到薛延陀。薛延陀可汗要他归降，契苾何力不屈，拔刀向东方大呼说："岂有唐烈士而受屈虏庭，天地日月，愿知我心！"[1]并割下自己的左耳，以表示决不叛唐的决心。可汗欲杀他，左右谏劝而止。太宗得知契苾部叛逃之事，对左右说："这件事一定不是契苾何力的主张。"群臣说："戎狄气类相亲，何力入薛延陀，如鱼趋水耳。"太宗不同意这种看法，认为："何力心如铁石，必不叛我。"[2]不久有唐朝使者从薛延陀回来，谈到契苾何力的情况，"上为之下泣"[3]。于是命礼部尚书崔敦礼出使薛延陀，同意把新兴公主嫁给其可汗，并要求放回契苾何力。契苾何力返回长安后，太宗对他更加信任，提升他为右骁卫大将军。这件事所体现的不仅仅是太宗与契苾何力个人之间的关系，它更是太宗民族政策成功的具体表现。

（二）蕃将的作用

在高祖、太宗时期，蕃将在统一战争和巩固边疆的事业中做出了卓越贡献。在创建唐朝的过程中，蕃将就曾发挥过重要作用。比如史大奈，大业七年（611）随突厥处罗可汗归附隋朝，炀帝安排其所统部众到楼烦郡居住。李渊在太原起兵时，史大奈遂就近率部投入李渊麾下。李渊的军队进攻河东时，隋军夜袭其营，三处营垒被攻破2处，形势十分危急，史大奈与新归附的关中义军首领孙华率部攻击隋军阵后，隋军大败，挽救了危局。唐朝建立后，他又跟随秦王李世民先后平定了薛举、王世充、窦建德、刘黑闼等割据势力，功勋卓著。贞观初，被封为窦国公，食封300户。

在这个时期建立功勋的还有西域胡人安兴贵兄弟，西域胡商何潘仁，胡人史万宝，靺鞨酋长突地稽以及蛮酋冯盎等人。其中冯盎为十六国之一北燕天王冯弘的同宗后裔，北燕冯氏本是汉人，在岭南与当地

---

① 《资治通鉴》卷一九六，唐太宗贞观十六年十月，第6180页。
② 《资治通鉴》卷一九六，唐太宗贞观十六年十月，第6180页。
③ 《资治通鉴》卷一九六，唐太宗贞观十六年十月，第6180页。

蛮夷互通婚姻，经过将近200年的融合，已经成为越族人。武德五年（622），冯盎以岭南20余州的地盘投降了唐朝，使唐朝不费一兵一卒，尽得岭南之地。此后，他又数次镇压岭南獠人的反叛，为维护国家的统一和岭南的社会安宁做出了巨大贡献。

在太宗对边疆少数民族政权用兵过程中，蕃将发挥了非常重要的作用。贞观九年，太宗在征服吐谷浑的战争中，动用的军队中就有不少突厥和契苾兵，分别由执失思力和契苾何力统率。在战争中他们都立有很大功劳，尤其是契苾何力，他曾突破重围救出了唐朝大将薛万均、薛万彻兄弟。又说服薛万均，自率轻骑袭击吐谷浑可汗伏允的牙帐，取得很大战果。执失思力也在居茹川战役中立有大功。难能可贵的是，薛万均不愿自己的功劳在契苾何力之下，在向朝廷派来的使者报功时，把契苾何力的战功统统算在自己身上。太宗得知此事，大怒，要解除薛万均的官职转授给契苾何力。契苾何力劝解说："如果这样做，恐四夷闻知，以为陛下重夷狄而轻汉人，将会导致诬告增多。另外，这样做容易使四夷之人产生汉族将领都是冒功之辈的误解，有损国家的威望。"契苾何力识大体、顾全局的胸怀使太宗更加器重他，于是命他负责玄武门的宿卫。在平高昌、征高丽的战争中，契苾何力都出力甚大，并受过重伤。

在征服薛延陀、焉耆、龟兹的战争中，均出动了大量的少数民族军队，蕃将为统帅的也大有人在。在李勣击败薛延陀后，薛延陀残余势力仍在漠北一带活动，于是太宗派阿史那社尔为瀚海安抚大使，率突厥、契丹、奚、契苾等部军队，追讨薛延陀余部，"延陀遂灭，漠北以空"。[①]阿史那社尔在平定薛延陀余部的同时，招抚铁勒诸部百余万户，使他们归附唐朝，使唐朝的北部边疆扩大至西伯利亚。在征服龟兹、打击西突厥的战争中，阿史那社尔作为唐军统帅又一次建立功勋，扩大了唐朝在西域的疆土和影响力。

唐太宗亲自征讨高丽时，动员了契丹、奚、靺鞨、突厥等族的军

① 胡元超：《昭陵墓志通释·阿史那忠墓志铭》，西安：三秦出版社，2010年，第571页。

队参加战争，一批著名蕃将如阿史那社尔、契苾何力、李思摩、阿史那忠、阿史那弥射以及契丹酋长于勾折、奚族酋长苏支、靺鞨首领李元正等，甚至新罗王金善德、百济王扶余义慈都参加了讨伐战争，所谓"北狄、西戎之酋，咸为将帅"①。这些蕃兵和蕃将在战争中作战勇敢，屡建殊功。如阿史那社尔，"频遭流矢，拔而又进"。②契丹、奚、靺鞨等族首领，"各率其众，绝其走伏"。③李思摩力战强敌，身中流矢。契苾何力腰中槊伤，"束疮而战，骑士齐奋贼乃退。"④尽管这次战争没有最终获胜，但蕃兵、蕃将们舍生忘死，甘冒矢石，所表现出的忠于大唐的精神，连唐太宗本人都非常感动，亲自慰抚受伤将卒，奖励有功将士。

太宗以后的各个历史时期都有不少蕃将立功杀敌、舍身报国，无论是抵御外侵，保卫边疆，还是平定内乱，扫平割据，他们都建立过丰功伟绩。在高祖、太宗时期他们主要是活动在军事舞台上，后来便慢慢地介入政治领域，参政意识不断增强，在政治上同样也有不少上佳表现。这些现象的出现使得多民族统一国家不断强大、不断巩固。

① 《唐大诏令集》卷一三〇《破高丽诏》，第707页。
② 《旧唐书》卷一〇九《阿史那社尔传》，第3289页。
③ 《唐大诏令集》卷一三〇《亲征高丽诏》，第704页。
④ 《册府元龟》卷三九六《将帅部·勇敢三》，第4471页。

第十一章

废立太子的风波

一、失宠太子李承乾

（一）少年李承乾

李承乾为长孙皇后所生，是太宗的嫡长子。武德二年（619），其生于长安承乾殿，因而得名。他1岁时，就被唐高祖封为常山王。[1]武德七年（624），又改封为中山王。太宗即位后，因是嫡长子，遂立为皇太子。幼年的李承乾聪明活泼，太宗十分喜爱。唐高祖逝世，太宗居丧期间，命李承乾监国裁决政事，这时他年仅17岁，但是处理政事"颇识大体"[2]。太宗对此十分满意，以后每次外出巡幸，都留他在长安居守监国。

为了把太子培养成合格的皇位继承人，太宗非常注意对李承乾的教育，选择德高望重、学识渊博的大臣为太子的师傅。太宗认为自古以来为太子选择师傅最难，周成王因为有周公、召公为太傅、太保，后来成为圣君；秦二世以赵高为师傅，暴虐无度，很快亡国。贞观四年，太宗任命李纲为太子少师，以儒家君臣父子之道教育太子。李纲正色立言，对太子要求颇严，李承乾这时年仅12岁，还是个孩子，对这样的严师当然畏惧恭敬，不敢放松学业。次年，太宗又命李百药为太子右庶子，加强对太子的教育和匡辅。李百药针对太子留心典籍但嬉戏过度的特点，专门作了一篇《赞道赋》，列举古今帝王成败的教训，劝谏太子近君子，远小人，尚节俭，戒奢侈。太宗得知此事，大加赞扬，要李百药善始善终辅弼太子，并赐良马1匹、彩绢300段。这一时期担任过太子辅导之官的还有杜正伦、于志宁、房玄龄、孔颖达、张玄素等人。他们都能尽心竭力匡正太子过失，如于志宁曾作《谏苑》20卷，对太子进行讽谏。孔颖达每次进谏，不留情面，太子的乳母遂安夫人认为太子已经不

---

[1] 《旧唐书》本传记为恒山王。

[2] 《旧唐书》卷七六《恒山王承乾传》，第2648页。

小了，"何宜屡致面折？"孔颖达说："蒙国厚恩，死无所恨。"①谏诤更加频繁，更加严厉。有一次李承乾让孔颖达撰《孝经义疏》，他利用撰书的机会，把讽谏之意贯穿于注疏之中。太宗知道后，赏赐于志宁、孔颖达帛各500匹、黄金各5斤。

太宗为了培养太子的政治才干，让他参与诉讼之事，并处理一些政事。他还让一些富有政治经验的重臣辅佐太子处理政事，"太子每亲政事，太宗必令（李）纲及左仆射房玄龄、侍中王珪侍坐"②。这样做也是为了随时匡正太子之失。杜正伦为太子右庶子时，太宗对他说："我儿有疾病，这不要紧，还可以医治；如不敬贤好善，私下接近的全是小人，问题就严重了。希望你认真观察，若劝谏不听，可来告诉我。"太宗把太子的政治缺陷看得比生理缺陷更为严重，无疑是正确的。他始终认为只要是中等之才，就可以通过教育使其变为有用的人才，所以他不放松对太子的教育，并要求臣下多多举荐贤良以辅佐、训导太子。直到贞观十六年，即废去太子的前一年，太宗还为如何教育好太子而煞费苦心。他问群臣说："当今国家什么事最急迫？请你们每个人都谈一下各自的意见。"众人纷纷发表各自的见解，都不能得到太宗的赞同，唯有谏议大夫褚遂良的话得到太宗的首肯。褚遂良说："目前天下太平，四方归心，只是太子、诸王应有定分，使他们各安其位，这是当今最急之务，需要尽快处理。"褚遂良是看到太子地位动摇，怕诸王争位引起政治危机，所以才委婉地提醒太宗重视这个问题。太宗是何等样人，自然明白褚遂良的言下之意，他说："此言很对，我既以长子位居东宫，诸弟与诸子之数将近40人，心中常为此事而忧虑。但是，自古以来嫡子也好，庶子也好，如无贤良辅佐，何尝不倾败家国？你们应该为我访求贤德之才，以辅弼太子及诸王。诸王府的官员，不应该让他们任职太久，时间长了不免和诸王情义深厚，非分的企图多是由此而诱发的。今后王府官员，任职不要超过四考③。"从这些话看，太宗到这时仍没有放弃对李承

① 《旧唐书》卷七三《孔颖达传》，第2602页。
② 《旧唐书》卷六二《李纲传》，第2377页。
③ 唐制，一年考核一次称小考，三四年一次为大考。这里是指小考。

乾的教育，作为父亲，太宗对儿子可谓尽心竭力了。

（二）屡教不改的太子

李承乾长大以后，生长于深宫之中，缺乏艰苦的生活磨炼，全无社会阅历，加之身居皇太子的尊贵地位，生活舒适而散漫，使他染上了喜好声色、漫游无度的纨绔子弟习气。他知道父亲对其要求严格，所以总是把自己伪装起来，背着太宗去干一些荒唐的事。他每次临朝处理政务和接待大臣，"必言忠孝之道，退朝后，便与群小亵狎"[1]。东宫中辅佐之臣进谏之时，他事先就已猜到他们要说什么，便正襟危坐，主动引咎自责，口齿伶俐，态度诚恳，搞得谏臣答拜不暇，"故人人以为贤而莫之察"。[2]

但是，假象只能瞒哄人一时，时间久了总要露出马脚。当李承乾的所作所为败露后，太宗派去的辅佐之臣因为责任所在，不能不有所劝谏，李承乾不但不听，反而恶语相加。如贞观十三年，李承乾因游猎而废学，右庶子张玄素上书劝谏，李承乾不听，张玄素再次上书力谏，李承乾大怒，斥责说："庶子患了疯狂症吗？"不久，李承乾又在宫中击鼓玩乐，声音传到宫外。张玄素听到后，遂去见太子，直言极谏，李承乾当着张玄素的面将鼓毁掉，暗中却派人谋害张玄素。太子派人乘张玄素早朝之时，在途中伏击，用马树猛击张玄素，差一点使他丧命。

贞观十四年，太子詹事于志宁因太子广造宫室，奢侈过度，又沉溺于声色，上书劝谏，李承乾不听。次年，正在农忙之时，太子广召民夫充役，又不许分番，直接影响生产，人怀怨苦。他还私引突厥人入宫，于志宁又一次上书进谏。李承乾大怒，密遣刺客张师政、纥干承基前往于志宁家中刺杀他。当时，于志宁正在为母服丧，被太宗起复为太子詹事。于志宁恪守礼法，二人潜入其宅，看到他睡在芦草之上，神色憔悴，知道他是大孝之人，不忍伤害而返。

---

① 《旧唐书》卷七六《恒山王承乾传》，第2648页。

② 《新唐书》卷八〇《常山王承乾传》，第3564页。

太子还命人造了一口大鼎，召逃亡奴隶偷盗民间牛马，亲自宰杀烹煮，与左右亲近之人共食。他还喜好突厥语、突厥服饰，选左右面貌像突厥人者，每五人为一部落，穿羊裘梳发辫，让他们放牧牛羊。他又命人制作了突厥的五狼头纛及旗幡，设置帐庐，李承乾自居帐中，宰羊烹煮，仿照突厥人的方式，抽佩刀割肉而食。他曾对左右说："我学作可汗死，你们可仿效突厥丧仪，哭祭于我。"于是僵卧在地，左右皆剺面号哭，跨马绕"尸"而走。他还说："有朝一日，我当了皇帝，当率数万骑畋猎于金城之西，然后散发为突厥人，投身于阿史那思摩部下，当一位领兵之设[①]。"

有一位太常寺的乐人，十几岁，长得十分美貌，善歌舞，太子对他非常宠幸，取名叫称心，与他同食同睡。道士秦英、韦灵符也持左道而得宠于李承乾。太宗得知此事，大怒，把称心等人全部处死，连坐诛死者数人。太宗把太子召去，严加谴责。李承乾不思悔改，心中思念称心不已，在东宫中修建一室，供上他的图像，并在禁苑为他修筑坟墓，朝夕祭奠，痛哭徘徊，私赠官爵。他越想越愤恨，竟然称病，数月不朝见太宗。

太宗的异母弟汉王李元昌，行为不法，多次受到太宗的谴责，因此对太宗非常不满。太子李承乾却与他臭味相投，关系十分亲密，两人朝夕相处，游乐玩耍。他们有一次把左右分为两队，太子与李元昌各领一队，披毡甲，操竹稍，布阵大呼交战，击刺流血，以为娱乐。有人"作战"不力，被捆上手足用树枝抽打，甚至有被活活打死者。太子还说："假使我今日做天子，明日就在禁苑设置万人营，与汉王分别统率，观看他们互相战斗，岂不乐哉！"他还公然叫嚷："我做了天子，当纵情欢乐，想干什么就干什么，有敢于进谏的，就杀掉，不过杀数百人，就无人再敢阻挡我了。"

太子李承乾生理上有缺陷，即病足，也就是说他可能是个跛子。虽然如此，太宗也没有因此而废去他的太子之位，但是李承乾的这些行径确实使太宗非常痛心。尽管太宗想尽一切办法来教育他，挽救他，无奈

---

① 设为突厥官职，贵族领兵者称设。

李承乾不知悔改，遂使太宗渐渐地疏远了他，并有了改立太子的想法。

二、恩宠逾制的李泰

（一）急于夺嗣的魏王

太子李承乾的失宠，使他的兄弟滋生了夺取东宫之位的欲望，其中最迫切也最有希望的便是魏王李泰。

李泰是太宗的第四子，也为长孙皇后所生。武德三年（620），封宜都王，次年改封卫王，太宗即位后，封越王，贞观十年，封魏王。李泰从小勤奋好学，文章写得很好，又喜好招贤纳士，和李承乾形成鲜明对照，因而很得太宗的宠爱。贞观十年，太宗大封诸王为都督、刺史，并于当年二月命他们各自离京赴任，李泰被任命为相州（今河南安阳）都督，却不赴任所，继续留在京师。"太宗以泰好士爱文学，特令就府别置文学馆，任自引召学士。"①这种做法和太宗当年在秦王府置文学馆如出一辙，所以元代著名史学家胡三省在注释《资治通鉴》时，特地在这一条下注明"为泰图东宫张本"②。这说明从贞观十年起，太宗已有了改立太子的想法。

贞观十一年，太宗又以礼部尚书王珪为魏王李泰师，这是一种辅佐、教导亲王的官职。太宗还对李泰说："汝事珪当如事我。"③李泰知道自己的父亲把这样的朝廷重臣派来辅佐自己意味着什么，所以每次见到王珪总要先拜，王珪也以老师而自居。太宗因李泰身胖腰圆，行走不便，特令允许他乘小舆入宫朝见，"其宠异如此"。④

贞观十二年，魏王府司马苏勖以自古贤王皆招士著书，劝李泰奏

① 《旧唐书》卷七六《濮王泰传》，第2653页。
② 《资治通鉴》卷一九四，唐太宗贞观十年二月胡注，第6119页。
③ 《资治通鉴》卷一九四，唐太宗贞观十一年三月，第6127—6128页。
④ 《旧唐书》卷七六《濮王泰传》，第2653页。

请修撰《括地志》。"于是大开馆舍，广延时俊，人物辐凑，门庭如市。"①经李泰奏请，太宗批准，当时朝臣中参与该书编撰的有著作郎萧德言、秘书郎顾胤、记室参军蒋亚卿、功曹参军谢偃等。李泰奏请修撰《括地志》的目的有二：其一可以借修撰书籍为自己捞取好声誉，为夺取太子之位创造条件；其二可以借机扩充势力，招纳一批人到魏王府集团中。太宗对此事大力支持，下诏命卫尉寺供帐，光禄寺供食。《括地志》共计550卷，历时4年编成，于贞观十六年奏上，太宗命藏于秘阁，赐李泰绢帛万段，赐给参与编撰的萧德言等人大批彩帛。《括地志》是一部大型地理类典籍，它是以贞观十三年的簿书，全国358州为准绳，叙述了这些州郡的建置沿革、山河形势、风俗物产、人口古迹等。该书大约在两宋之际失佚，今仅有辑本8卷传世，这是非常可惜的。《括地志》的修成，确实为李泰带来众多美誉，赞誉之声不绝，对李承乾形成了很大威胁，也引起了李承乾的嫉恨。

李泰以驸马都尉柴令武、房遗爱等20余人为心腹，又以韦挺、杜楚客总摄魏王府事，让这两人暗中交结朝中大臣，"津通赂遗"。"文武群官，各有附托，自为朋党。"②李承乾恐被废去太子之位，对其弟李泰恨之入骨。太常乐人称心被太宗处死，李承乾怀疑是李泰告密，心中更加痛恨。他命太子左卫副率封师进与刺客张师政、纥干承基等人，设法刺杀魏王，由于李泰防范甚严，无法得手。李承乾见一计不成，遂命人冒充魏王府典签官，到玄武门上封事，告发李泰的种种罪行。太宗知道这是有人故意诬告，下诏搜捕上书人，结果没有捕获。太子李承乾的这些做法是黔驴技穷的表现，非但于事无补，反而引起李泰的警惕和太宗对他的反感。

（二）太宗的扶持宠异

在太子李承乾的过失日渐暴露的情况下，让他继续当太子，将来继

---

① 《资治通鉴》卷一九六，唐太宗贞观十六年正月，第6174页。
② 《旧唐书》卷七六《濮王泰传》，第2655页。

承大统显然是不合适的。但是，自古以来嫡长子承继皇位的观念根深蒂固，轻易改换太子为历代之大忌，尽管李承乾不成器，但要把他断然废去，也是一件大事，太宗也不敢轻易做出这样的决定。于是采取了扶持魏王李泰的办法，逐步地创造条件，以便在时机成熟的情况下使李泰登上太子之位。

太宗扶持宠异魏王的具体做法是：增加魏王的月料，使其超过了太子的月料标准。又令李泰迁居于宫中武德殿，以便父子随时相见。有一次，太宗亲临魏王府，赏赐给魏王府官员大批财物，赦免长安死罪犯人，并免除魏王府所在的延康坊民户一年的租赋。长安城以南北走向的朱雀大街为界，东为万年县，西为长安县，延康坊的位置在长安县所管区域内。太宗赦免长安死刑以下罪犯和免除延康坊的租赋，用意是非常明显的，实际上是替魏王收买人心。

太宗为了抬高李泰地位，曾借机发挥压制那些不支持李泰的大臣。有人反映说三品以上的大臣皆轻蔑李泰，"意在谮毁侍中魏徵等，以激怒太宗"。太宗于是在齐政殿召三品以上大臣入见，大发雷霆地说："我有一言，向公等道。往前天子是天子，今时天子非天子耶？往年天子儿是天子儿，今日天子儿非天子儿耶？我见隋家诸王，达官一品已下，皆不免被其踬顿。我之儿子，自不许其纵横，公等所容易过，得相共轻蔑。我若纵之，岂不能踬顿公等！"①房玄龄等人见太宗如此震怒，吓得战栗不已，连连拜谢，却不料遭到魏徵的反击。魏徵很严肃地反驳了太宗，认为当今群臣并无人轻蔑李泰。他说："今三品以上大臣，都是朝廷公卿，连陛下您都非常尊重，就是小有不是，亲王如何可以随便折辱？如果国家纲纪混乱，当然就谈不上这些了，而今正是圣明之时，魏王岂能如此放肆？隋文帝不知礼义，放任诸王，使其无礼于臣下，不足以效仿。"这些话义正词严，使太宗无法反驳，何况太宗是圣明之君，岂能不知魏徵的话是有道理的？于是他转怒为喜，赏赐了魏徵1000匹绢，才算结束了这个尴尬的局面。

---

① 《贞观政要集校》卷二《直言谏争附》，第135—136页。

　　魏徵还反对魏王居于武德殿，认为太宗爱自己的儿子可以理解，但应防止其骄奢，也不应违背礼法。太宗只好让李泰搬回魏王府。除了魏徵之外，褚遂良也反对太宗对待魏王的一些做法。太宗给魏王的月料超过太子，褚遂良认为与制不符，上疏坚决反对，认为"庶子虽爱，不得过嫡子"[①]，这是自古以来的礼法，否则将会导致祸乱的发生。太宗迫于舆论压力，不得不表示接受意见。到贞观十六年时，关于太宗废立太子的传闻越来越多，据载："时太子承乾失德，魏王泰有宠，群臣日有疑议。"[②]从"群臣日有疑议"一句看，当时对废去李承乾太子之位持不同观点的大臣人数还不少。在这种压力下，太宗不得不明确表态自己并不打算废去太子。他对群臣说："方今群臣，忠直无逾魏徵，我遣傅太子，用绝天下之疑。"[③]于是太宗在这年九月正式任命魏徵为太子太师。魏徵称病，上表推辞。太宗下手诏说："周幽王、晋献公都是由废嫡立庶而导致亡国危家的，汉高祖几乎废去太子，赖有四皓辅佐太子而平安。我今日的举动，目的也在于此。"一直到贞观十七年正月，太宗还对群臣一再表白说："外间有些人看到太子脚有毛病，魏王聪颖，又时常跟随我游幸，遂产生废立太子的议论，一些侥幸投机之徒，已经投靠于魏王。太子虽然脚有毛病，但还可以行走。《礼》曰：'嫡子死，立嫡孙。'太子的儿子已经5岁，我决不以庶子代替嫡长子，以免开启窥窬之源！"同月，魏徵病危，太宗还和李承乾一同到其府上看望他。太宗这一举动也是为了向外界表明自己并无废去太子之意。

　　太宗既然已经在扶持魏王李泰，并有废立太子之意，为什么还有以上这些举动呢？主要原因是群臣反对废太子的人不少，其中还有一些像魏徵这样的重臣，这就使太宗不能不慎重地对待这个问题。其次是李承乾虽然失德，但并无反逆行为，充其量不过行为荒唐，还没发展到非废不可的地步。李泰夺嗣的行动过分暴露，加之恃宠而骄，引起了一些

---

① 《新唐书》卷八〇《濮王泰传》，第3570页。
② 《资治通鉴》卷一九六，唐太宗贞观十六年八月，第6177页。
③ 《资治通鉴》卷一九六，唐太宗贞观十六年八月，第6177页。

大臣的不满，何况他本人也没建立什么功业，难使众人信服。在这种情况下废长立幼显然时机不成熟，太宗从古代礼法出发，只能做以上的姿态，以平息舆论的压力。

但是，太宗做这样的姿态，并不表示他已彻底放弃废立太子的打算，这一点与他的经历和思想有关。太宗本人就不是以嫡长子的身份登上帝位的，因而他并不一定要坚持嫡长子继承制。从思想上看，他曾经说过："国家立太子者，拟以为君。人之修短，不在老幼。"[①]可见太宗的思想深处，还坚持立贤而不一定立长。平心而论，这种思想是比较明智的，这样做对政权的长治久安有益处。然而这种想法与礼法极不吻合，对于一个口口声声要大兴礼法的皇帝来说，是不便说出口的，当反对废立太子的大臣们用礼法做武器进行反击时，太宗只能妥协退让了。贞观十七年三月，齐王李祐发动叛乱被镇压，李祐本人被赐死。同月，投靠李承乾的将军李安俨上疏说："皇太子及诸王，陛下处置，未为得所。太子国之本也，伏愿深思远虑，以安天下之情。"[②]太宗只好再次表示决不废长立幼。太宗此前已经多次公开表态，为什么还有人要继续提这个问题？可见太宗虽然口头上表态了，但实际行动上并没有改变亲近魏王、疏远太子的立场。否则就不会有人再提这个问题了，李承乾也不会愚蠢到在这年四月还阴谋发动政变。即使李承乾愚昧无知，须知他的周围还有一批老谋深算的大臣，如果太宗真的改变了立场，这些人也不会冒险参与政变，假如李承乾坚持冒险，他们也会主动劝阻。

三、一次流产的政变

（一）政变集团成员

李承乾集团中人数虽然不少，但大都地位不高，没有多大的影响

---

① 《贞观政要集校》卷七《论礼乐》，第401页。

② 《唐会要》卷四《储君》，第45页。

力。朝臣中反对废立太子者，并不一定投靠了他，他们只不过是为了维护礼法，认为不应轻易废长立幼而已，没有讨好或投靠李承乾的意思。这个集团中主要人物有如下数人：汉王李元昌、吏部尚书侯君集、洋州刺史赵节、驸马都尉杜荷、左屯卫中郎将李安俨等。连东宫系统中的主要官员都没投入这个集团，如左庶子张玄素、右庶子赵弘智以及令狐德棻、于志宁等，可见李承乾集团是多么孤立。

汉王李元昌是唐高祖第七子，太宗的异母弟。此人勤于学习，善于绘画，隶书写得很好，行书也不错。《书断》说他的字"洒落可观"，然"过于奔放"。[1]他的画"颇得风韵，自然超举"[2]，尤擅画马羊、禽鹰。但其政治才干平庸，在华州刺史、梁州（今陕西汉中）都督任上，做过不少不法之事，太宗曾下手诏谴责之。他非但不知悔改，反而心怀怨愤。贞观十六年，他回到京师，便投入李承乾集团，参与密谋。李元昌曾对李承乾说："我希望殿下早当天子。近日入宫，看到陛下身边有一美人，擅弹琵琶，事成之后，希望能赏赐给我。"李承乾欣然同意。

洋州（今陕西西乡）刺史、开化公赵节，是赵慈景的儿子，他的母亲是唐高祖之女长广公主，也算是皇亲贵戚。赵慈景早年受唐高祖之命率军进攻河东，被尧君素所杀。赵节自以为他家功劳甚高，不满意现有地位，投入李承乾集团，想在政治上捞取更多的好处。

李安俨曾是李建成的部下，玄武门之变时，他率军与秦王府军队拼死力战。后太宗认为他能忠于故主，也算是忠义之人，故没有治其罪，反而让他掌典宿卫之兵。李安俨不但不感恩戴德，反而投入李承乾麾下，欲对太宗行不轨之事。究其原因与他不满自己官职低下有关，到贞观十七年时，他仅是一个正四品下的中郎将，而与他同时的薛万彻等人地位却远远在他之上。

驸马都尉杜荷是宰相杜如晦的次子。杜如晦早死，太宗念其功大，

---

① 〔唐〕张彦远著，范祥雍点校：《法书要录》卷九引《书断》下，北京：人民美术出版社，2016年，第256页。

② 〔元〕夏文彦：《图绘宝鉴》卷二，见文渊阁《四库全书》，台北：商务印书馆，1983年，第814册，第554页。

把女儿城阳公主嫁给杜荷，任命他为尚乘奉御，封襄阳郡公。但杜荷"性暴诡不循法"，不知感恩，与李承乾气味相投，往来亲密，并利令智昏地为他出谋划策。

李承乾集团中最值得一提的是侯君集。他本是太宗手下的得力大将，早年投入秦王府，跟随太宗南征北战，屡立战功。玄武门之变时，侯君集积极出谋划策，并参与了诛杀李建成、李元吉的行动，所以太宗即位不久，就升任他为右卫大将军。贞观四年，升任兵部尚书、参议朝政。后作为李靖的副手征服了吐谷浑，作为统帅领兵平定了高昌。侯君集后来口口声声说他平定二国，即指此事。由于侯君集功大，所以他的画像也被悬挂于凌烟阁中，这样一位重臣为什么却要投入李承乾集团中，甘冒杀身破家的风险呢？这还要从他平定高昌说起。贞观十四年，侯君集率军攻破高昌国，未奏请太宗，就擅自配没无罪之人，又私取该国珍宝。部下将士见主帅如此，也纷纷盗窃财物，侯君集怕牵连出自己，因而不敢追究查处。回到长安后，有人告发此事，太宗遂将他交给司法部门查处。中书侍郎岑文本认为功臣大将不可轻易地加以羞辱，命将出师，重要的在于克敌取胜，如能克敌，虽贪可赏；若吃败仗，虽廉可诛。岑文本上疏太宗主张不要追究侯君集的罪过，太宗遂下诏释放了侯君集。侯君集自以为功劳甚大，而被捕下狱，心中对此极为不满。贞观十七年二月，太子詹事张亮外出任洛州（今河南洛阳东）都督。侯君集以为张亮对这个任命也不满意，就去见张亮，问他道："你这次出京，知道是何人排斥的吗？"张亮说："不是你是谁呀！"侯君集回答说："我平定一国以来，受到了很大的冤枉，处处受到斥责，如何还能排斥别人！"他鼓动张亮与他一同造反。张亮遂将此事密奏太宗。太宗说："你与君集都是功臣，君集对你说这话时，又无他人听见，如将他下狱审问，他肯定不会承认，两人相证，事未可知，你不要再说了。"太宗对待侯君集与以往一样，不久又将他与其他功臣的画像同列于凌烟阁。侯君集不知悔改，依然如故。

侯君集的女婿贺兰楚石任东宫千牛，侍奉太子，李承乾从他那里得知侯君集心怀怨愤，就多次令贺兰楚石引侯君集入东宫，向他请教保全太子之位的办法。侯君集认为李承乾懦弱，就劝他造反，并举起自己的手说："此好手，当为殿下用之。"[1]他还告诫李承乾，魏王为陛下所爱，恐怕殿下有被废黜的危险，以后如有敕召见殿下，应早作准备，不要到时手足无措。李承乾认为侯君集说得很对，遂厚加赏赐，视为心腹。

太子李承乾所依赖的这些人，或为狂妄之徒，或为野心家，无一老成持重的正人贤士。他们不识时务，在唐初社会刚刚稳定，生产有所发展，百姓向往安乐太平的情况下，逆社会潮流而动，妄图大搞动乱，失败自然是难以避免的。

（二）政变阴谋的破产

李承乾既已决定发动政变，于是召集同谋者，割破手臂，用帛蘸血，然后烧成灰倒入酒中，同饮而尽，"誓同生死。"[2]他们打算领兵袭击大内，杀害太宗。太子李承乾听到齐王李祐在齐州造反的消息后，对纥干承基说："我宫西墙距大内不过20步，与卿等谋大事，岂是齐王所能比的！"他们就是利用东宫紧靠太宗所居太极宫的方便条件，图谋发动突然袭击，一举成功。杜荷说："琅玡人颜利仁善观天象，他说天象有变，陛下当为太上皇。"劝李承乾尽快起事，以应天象。他还献策说："请称疾，上必临问，可以得志。"[3]就是建议李承乾假称暴病危急，利用太宗前来东宫探视病情之机，发动政变。

贞观十七年四月，李承乾集团的政变计划还未来得及实施，就在偶然之间被揭穿了。在审理齐王李祐反叛的案件时，牵连到了纥干承基，遂将他逮捕下狱，并判处死刑。纥干承基为了活命，于是就供出了太子李承乾谋反的计划。太宗没有想到自己的儿子竟会如此大逆不道，感到非常震惊，遂命长孙无忌、房玄龄、萧瑀、李勣等重臣会同大理寺及中

---

① 《资治通鉴》卷一九六，唐太宗贞观十七年三月，第6191页。

② 《资治通鉴》卷一九六，唐太宗贞观十七年三月，第6192页。

③ 《新唐书》卷九六《杜如晦传附杜荷传》，第3860页。

书省、门下省查处此案。经过认真调查和审理，证明谋反确属事实。太宗与群臣商议如何处治李承乾，没有人敢首先提出处理意见，最后通事舍人来济提出处理原则，即"陛下不失为慈父，太子得尽天年，则善矣！"[①]实际上是不要对李承乾处以死刑。这个意见正符合太宗的心意，于是下诏把李承乾废为庶人，暂时幽禁于右领军府。后来流放到黔州（今重庆彭水），贞观十九年（645）死。

太宗还想免去汉王李元昌的死罪，群臣坚决反对，太宗只好赐他于家中自尽。对于侯君集、李安俨、赵节、杜荷等人，太宗就无所顾忌了，将他们统统处死。左庶子张玄素、右庶子赵弘智以及令狐德棻等人，因为不能及时谏诤，全部免官为庶人。于志宁因为数次犯颜直谏，受到太宗的褒勉，没有被牵连进去。纥干承基因为揭发李承乾的阴谋有功，被任命为折冲都尉，封平棘县公。

四、渔翁得利的李治

魏王李泰一心想夺取太子之位，李承乾被废，太子之位空虚，正是他入主东宫的好时机，自然不能轻易放过。于是，李泰每天入宫侍奉太宗，显得非常殷勤孝顺。太宗本来就宠爱李泰，李承乾被废后，长孙皇后亲生的儿子就只剩下魏王李泰和晋王李治二人了，其他均为妃嫔所生的庶子。在李泰和李治二人中，李泰排行第四，李治排行第九，李泰为长，所以太宗当面向李泰许愿，同意立他为太子。此外，岑文本和刘洎两位重臣也劝太宗早日立魏王为太子，似乎魏王的太子之梦已经快要成真了。不料宰相长孙无忌坚决反对立李泰，力主晋王李治为太子，他的出面又使这一问题复杂化了。长孙无忌是李泰与李治的亲舅父，按理他对两人不应有亲疏之别，为什么却支持一个反对另一个呢？要搞清这一问题，还要从两位皇子的自身说起，晋王李治性格懦弱，平日与外臣

---

① 《资治通鉴》卷一九七，唐太宗贞观十七年四月，第6193页。

极少交结，这时仅十五六岁，还不大懂得权术与政治之类，当然也使人对他没有什么不好的印象。而李泰就不同了，他早在开文学馆时就网罗了一股势力，以后因为太宗宠爱，有夺嗣的可能，遂使一批文武官员投身其集团之中，加上他自己主动拉拢，已经形成了一股政治势力。长孙无忌既是皇亲国戚，又是元老重臣，长期担任宰相，在贞观后期权势很大，他要想长期执政，保持自己的权位不动摇，就必须从两位外甥中选出一位更有利于自己扩张权势的人作为储君。选李泰显然不大合适，因为李泰有属于自己的政治势力，一旦上台当皇帝，肯定要重用自己的亲信，而且其年纪较大，有一定的政治能力，不好控制。再加上李泰自恃有太宗的扶持，大概没有去求助于长孙无忌，显得有些冷落了这位舅父。而李治就不同了，他没有自己的政治势力，且为人懦弱，扶持他当储君便于将来操控政权，所以长孙无忌极力主张立李治为太子。此外，支持李治并非仅长孙无忌一人，还有房玄龄、李勣、褚遂良等人。这大概是李泰平日傲慢，与三品以上公卿争礼造成的后果。正因为有这样一批重要大臣的反对，才使太宗不敢轻易下诏立魏王为太子。

　　太宗并不就此放弃自己的主张，他决定再试试朝臣的态度。有一天，太宗对群臣说："昨日青雀投我怀中，说他今日重生一样，成为天子的儿子。他有一个儿子，他死之日，一定将其杀死，然后传位于晋王。人谁不爱自己的儿子，我见他这样说，心中甚是怜悯。"青雀是李泰的小名。所说重生等语，当是太宗又一次表示要立他为太子，故李泰才说出这一番话来讨好太宗。其实，太宗对李泰这些话并非完全相信，太宗是何等英明的人物，岂能被李泰这些假话所蒙蔽？他不过是借李泰的话去堵那些反对者的口。你们不是要立李治吗？那好，等魏王死了以后再传位给他吧！太宗的话立即遭到褚遂良的反驳，他说："陛下此言大误，希望认真想一想，哪有陛下万岁之后，魏王当了皇帝，肯杀自己的爱子，传位给晋王的道理？陛下以前既立承乾为太子，却又宠异魏王，供给礼遇皆超过承乾，结果造成今日这样的局面。前事不远，足以为鉴。陛下今日要立魏王为太子，请先安置好晋王，这样才能安全。"

所谓"前事不远，足以为鉴"，指的就是玄武门之变兄弟相残之事。这番话触到了太宗痛处，使他难以妥善处理这个问题。太宗当场就流了泪，说"我不能尔"，^①也就是说他还没有找到儿子间不互相残杀的好办法。

接着又发生的两件事，终于促使太宗改变了立魏王为太子的初衷。第一件事是：魏王李泰看到立自己为太子的事出现了障碍，而这个新障碍在他看来就是自己的弟弟李治，于是他决定利用李治平日与汉王李元昌关系较为亲密的事实，去恐吓李治，让他自动退出竞争。李泰找到李治，对他说："汝与元昌善，元昌今败，得无忧乎？"^②李治本就懦弱胆小，经李泰这样一问，果然十分恐惧，唯恐李元昌参与谋反的事牵连到自己，整日忧心忡忡。这种情况被太宗看到，感到很奇怪，经过再三询问，李治才把李泰对他讲的话都告诉了太宗，"上怃然，始悔立（李）泰之言矣"。^③太宗之所以有些后悔，是因为他从李泰对李治的话中隐隐地感到了一股寒气，他认识到褚遂良的话不幸言中了。这里不仅涉及晋王李治将来的安全问题，同时也牵涉李承乾能否活下去的问题。

太宗把李承乾囚禁起来后，有一次把他招来当面谴责。李承乾说："臣为太子，复何所求！但为泰所图，时与朝臣谋自安之术，不逞之人遂教臣为不轨耳。今若泰为太子，所谓落其度内。"^④平心而论，这些话还真合情合理。同时也提醒太宗，自己生前可以赦免李承乾不死，一旦将来李泰继承了皇位，因为争夺储位之事埋下了仇恨，就很难保证李承乾能继续生存下去了。

为了避免兄弟相残的事再度发生，现在只剩下一条路可走，那就是放弃李泰改立李治为太子。对于这一点，太宗自己讲得非常清楚："我若立泰，则是太子之位可经营而得。自今太子失道，藩王窥伺者，皆两弃之，传诸子孙，永为后法。且泰立，承乾与治皆不全；治立，则承乾

---

① 《资治通鉴》卷一九七，唐太宗贞观十七年四月，第6195页。
② 《资治通鉴》卷一九七，唐太宗贞观十七年四月，第6195页。
③ 《资治通鉴》卷一九七，唐太宗贞观十七年四月，第6195页。
④ 《资治通鉴》卷一九七，唐太宗贞观十七年四月，第6195页。

与泰皆无恙矣。"①太宗的这一决定对日后政局的稳定有较大的好处，避免了可能发生的纷争与混乱。

实际上太宗在公布自己的最后决定时，为了避免再发生争论，还是动了一番脑筋的。据载，太宗在两仪殿坐朝，散朝时留下长孙无忌、房玄龄、李勣、褚遂良等人，对他们说："我三子一弟，所为如是，我心诚无聊赖！"三子一弟指李承乾、李泰、李治与李元昌。"因自投于床，无忌等争前扶抱；上又抽佩刀欲自刺。"②长孙无忌等急忙上前抱住太宗，夺下佩刀交给晋王李治。他们问太宗为何如此难过，到底想干什么。太宗回答说："我想立晋王为太子。"长孙无忌连忙说："谨奉诏，有异议者，臣请斩之。"太宗对晋王说："你舅父许你为太子，还不赶快拜谢。"晋王下拜以谢长孙无忌。太宗对长孙无忌等人说："公等已同意此事，只是不知其他人的意见如何？"长孙无忌回答说："晋王仁孝，天下久已归心，请陛下召见百官，肯定不会有异议。如若不然，臣愿以性命担保。"太宗于是在太极殿召见六品以上文武官员，对群臣说："承乾大逆不道，李泰也很凶险，皆不可立。朕打算从诸子中另选一人为太子，谁可担此大任，请众卿明言。"群臣皆呼曰："晋王仁孝，应当为嗣。"这件事终于确定下来了。太宗抽佩刀欲自刺的举动，的确不成体统，尤其还当着晋王李治的面讨论立嗣之事，似乎不大可能。其实这正是太宗独出心裁的举动，试想皇帝为了立晋王竟闹到要自杀的地步，在这种情况下，即使是原来支持李泰的大臣，也不敢再出面争论了，谁能负得起这样大的责任？谁又敢冒这样的大不韪？太宗以自己的智慧制止了一场激烈的争论，使立嗣问题顺利地解决，有利于政局迅速地稳定。在立晋王的问题上没有发生争论，不能不说与太宗的这一举动有直接的关系。

《新唐书·濮王李泰传》载："长孙无忌固欲立晋王，帝以太原石文有'治万吉'，复欲从无忌。"这一记载不大可信。太宗从来都重人

---

① 《资治通鉴》卷一九七，唐太宗贞观十七年四月，第6196—6197页。

② 《资治通鉴》卷一九七，唐太宗贞观十七年四月，第6196页。

事，轻迷信，对谶语之类的东西尤其反对，如何会因一块石头上有这么几个字就轻易改变自己的立场？这是高宗当了皇帝以后，有些旧史官为了抬高其地位，编造的所谓顺应天命的谎言。此类东西，在历史上层出不穷，并非什么新鲜的把戏。

在确定晋王为太子的当日，李泰还不知道这一变化，率百余骑至大内南门永安门，被把守宫门的官员阻挡住，只许他一人入宫，根据太宗的敕令，将他幽禁于内苑。数日后，下诏免去李泰一切官职，降爵为东莱郡王，迁于均州郧乡县（今湖北十堰市郧阳区）安置。魏王府官员凡与李泰亲近的全部流放岭南，杜楚客免官为庶人，给事中崔仁师因奏请过立李泰为太子而降为鸿胪少卿。

处置李泰后，太宗下诏正式立晋王李治为皇太子，并大赦天下。以长孙无忌为太子太师，房玄龄为太子太傅，萧瑀为太子太保，李勣为太子詹事，后两人皆同中书门下三品，即仍为宰相。又以于志宁、马周为太子左庶子，苏勖、高季辅为右庶子，褚遂良为太子宾客。太宗几乎把朝廷中重要大臣都任以东宫系统的官职，用以辅佐李治，其用心良苦，于此可见一斑。

以上所述，可以清楚地看出李治之所以能登上太子之位，完全是他的两位兄长争夺继承权两败俱伤的结果，并非他本人有什么过人的才智。但是太宗对李治实在不放心，他立李治为太子固然可以避免兄弟相残，然而太子毕竟是未来的皇帝，将来是要统治天下、治理万民的，没有相当的才干与魄力是无法胜任的，搞得不好也不利于政权的长治久安，对于这一点太宗是非常清楚的。太宗曾对长孙无忌说："公劝我立雉奴，雉奴仁懦，得无为宗社忧，奈何？"[1]太宗因吴王李恪有文武之才，"常称其类己"，他的母亲杨妃是隋炀帝女，门第高贵，"甚为物情所向"，[2]又打算改立李恪为太子。李恪是太宗的第三子。此事为长孙无忌所知。"无忌密争之，其事遂辍"[3]。长孙无忌非常忌恨李恪，高宗

---

① 《新唐书》卷八〇《濮王泰传》，第3571页。雉奴为李治小名。

② 《旧唐书》卷七六《吴王恪传》，第2650页。

③ 《旧唐书》卷六五《长孙无忌传》，第2453页。

永徽中，他借故诛杀了李恪，"以绝众望，海内冤之"①。

太宗立李治为太子的目的是想避免兄弟相残，由于李治懦弱，后来立武则天为皇后，武则天为了取代唐室，建立大周政权，大杀唐朝宗室，太宗子孙几乎被诛杀殆尽。这种状况却是太宗所始料未及的。长孙无忌为了李治地位的巩固，冤杀了吴王李恪。据载，李恪临刑时大呼："社稷有灵，无忌且族灭！"②有趣的是，后来长孙无忌的结局不幸让李恪说中了。武则天指示许敬宗诬告长孙无忌谋反，他所极力保护的这位外甥，"竟不亲问无忌谋反所由，惟听敬宗诬构之说"③，下诏免去其一切官爵，不久被赐死，家属亲戚全部流放岭南，子侄或流放，或诛杀。这一结局也是长孙无忌无论如何也想不到的。

五、苦心积虑的父皇

（一）选定辅臣

由于太宗深知李治的缺点与不足，所以在立太子之初，就为他选用了一批元老重臣组成了一个辅臣班子，但是其中最为倚重的是长孙无忌、李勣、褚遂良三人。长孙无忌是李治的亲舅父，自然会尽心竭力辅佐太子。李勣虽然不反对立李治为太子，但他一贯的态度是不参与皇室内部纷争，这次他也是如此，没有积极支持魏王李泰，对立李治为太子之事采取了随大流的态度，远没有长孙无忌、褚遂良那样积极。既如此，太宗为什么特别倚重他呢？主要是出于以下想法：首先，太宗认为李勣忠诚可靠，他曾对李勣说过这样的话："朕求群臣可托幼孤者，无以逾公，公往不负李密，岂负朕哉！"④太宗从李勣当年对李密的态度

---

① 《旧唐书》卷七六《吴王恪传》，第2650页。
② 《新唐书》卷八〇《郁林王李恪传》，第3566页。
③ 《旧唐书》卷六五《长孙无忌传》，第2456页。
④ 《资治通鉴》卷一九七，唐太宗贞观十七年四月，第6197—6198页。

判断他一定不会辜负自己的托孤期望。其二，李治为晋王时曾兼领并州大都督，李勣长期充任并州大都督府长史，太宗以他们是上下级故旧关系，认为李勣必然能尽到辅弼的责任。他对李勣说："我儿新登储贰，卿旧长史，今以宫事相委，故有此授。"①

贞观十七年，李治为太子之初，太宗即以褚遂良为太子宾客。次年，又擢升其为宰相，仍兼太子宾客。太宗倚重褚遂良与他积极地支持立李治为太子的态度有密切关系。太宗还命刘洎、岑文本、褚遂良、马周等人，每日轮流到东宫与太子游处、谈论，以督促其勤奋学习，增长见闻。

（二）示范教育

太宗知太子李治懦弱，对他的培养仅靠书本教育是不行的，所以采取与以往不同的教育方式。他首先注意对太子实际理政能力的锻炼，在他执政的最后几年中，多次让太子亲自参与处理政事。太宗亲自率军征伐高丽时，索性将国内政事全部交给太子执掌。当时李治看到太宗将要离他而去，哭泣了数日，一则是舍不得离开父亲，二则也是心中无底、手足无措的表现。太宗对他说："今留你镇守国内，以俊贤相辅，就是要天下之人见识你的风采与能力。治国的秘诀，就在于进用贤能，黜退奸恶，赏罚分明，至公无私，你应当努力按照这个方针去做，为何要哭泣呢？"太宗命高士廉、刘洎、马周、张行成、高季辅等人辅佐太子，共掌机务。太宗走后，太子引高士廉同榻视事，又为高士廉在宫中设置几案，高士廉怕太宗怪罪，坚辞不受。从这些行为看，李治的确懦弱少才，缺乏帝王的气度，但在这些辅臣的辅佐下，总算没出什么大错。太宗征高丽回国后，由于身体多病，遂下诏命百官依旧向皇太子请示政务，但大事仍须太宗亲自决断。直到太宗病重卧床时，才将国事交给太子，命他于金液门听政。尽管李治懦弱，经过这几年的实际锻炼，治国

---

① 《旧唐书》卷六七《李勣传》，第2486页。

的实际能力也有了一定的提高。

此外，太宗还根据不同的情况，随时随地对太子进行教育。他说：
"古有胎教世子，朕则不暇。但近自建立太子，遇物必有诲谕。"①当
皇帝自然没有时间在后妃怀孕之时对子女进行胎教，采取"遇物必有诲
谕"的教育方式也不失为一种灵活的办法。如他看到太子吃饭，就问你
知道饭是怎么来的？太子说不知，他就开导说种庄稼是很辛苦的，只有
不滥用民力，不夺农时，你才能常有饭吃。太宗看到太子骑马，就问你
了解马吗？回答说不了解。他就说马可以供人骑乘，使人可以免去跋涉
之苦，骑上马还可以迅速传递消息，只有善于用马，不使它过分劳累而
死，则可以常有马骑。看到太子乘船，又问道你了解船吗？船好比君
主，水好比百姓，"水能载舟，亦能覆舟。"你将来要做君主，应该知
道这其中的关系。见到太子在弯曲的树下休息，就问道你知道此树吗？
此树虽然弯曲，在能工巧匠的手上则可以使其变直；"为人君虽无道，
受谏则圣。"②这句话希望你牢牢记住，引以为鉴戒。太宗的这些话虽然
是从帝王的角度出发的，主要是为了教育自己的儿子，但也充分地反映
了他一贯的治国思想，他主张君主少用民力，重视纳谏的观点，是一种
有利于发展生产，稳定社会的宝贵经验。他把自己一生治国的经验融于
日常衣食住行的生活中，生动地对太子进行教育，这种教育方法灵活轻
松，又寓以深刻的治国道理，也不失为一种创新的教育方法。

太宗还结合现实政治，对太子进行现场说法。贞观十八年（644）十
月，郭孝恪生擒了焉耆王龙突骑支及其妻子，送到了长安。太宗利用这
个时机对太子进行教育，他对李治说："焉耆王不重用贤臣，不采纳忠
谏，结果自取灭亡，被他人捆绑擒获，漂流万里，离乡背井。人应该以
此为鉴戒，知道什么是最可恐惧的，只有常知畏惧才可长保平安。"

太宗在晚年时为了使唐朝长治久安，使太子能够继承和继续贯彻
贞观政策，专门撰写了《帝范》一书。该书共12篇，太宗把自己的全部

---

① 《贞观政要集校》卷四《教戒太子诸王》，第213页。
② 《贞观政要集校》卷四《教戒太子诸王》，第213页。

统治经验用书面形式写下来，交给太子李治学习。这12篇是：《君体》《建亲》《求贤》《审官》《纳谏》《去谗》《戒盈》《崇俭》《赏罚》《务农》《阅武》《崇文》。他对太子李治说："修身治国，全都在这部书中，一旦我死去，就没有别的话再嘱咐你了。"他还要求李治不要学习自己，而要以上古的贤明君主为榜样。要严格要求自己，标准要高，因为"夫取法于上，仅得其中；取法于中，不免为下"①。他总结自己一生的成就，认为自己统一国家，发展生产，造福于百姓，功大过小，然而从尽善尽美的角度要求，却还有许多不足。他认为李治没有自己这样的功勋，却享受了无穷的富贵，继承了帝业，只有力行善政，国家才可以安定；如骄奢淫逸，则自身难保。他一再告诫李治，国家"成迟败速"；皇位"失易得难"，"可不惜哉！可不慎哉！"②

从唐太宗对李治的教育看，可谓苦心孤诣，孜孜不倦。他不仅从父亲对儿子的关怀爱护的角度教育李治，更多的还是以一位合格皇帝的标准去要求李治，对他寄予很高的期望。后人评论说：太宗以自己的缺点和不足来警戒太子，"可谓至矣，然太子病于柔弱好内，乃无一言及此以警策之，人莫知其子之恶，信矣！"③这种批评有一定道理，太宗主要从君道的角度对太子进行教育，对太子性格上存在的问题确实说得较少，但说太宗对李治的弱点没有觉察却不是事实。此外，李治作为储君虽不是十分合适的人选，但毕竟不是荒淫残暴之君，在他统治的数十年中，继续了贞观时期的政策，社会经济和人口都有进一步的增长，李治作为一个守成之君基本还是合格的。从这个角度看，太宗对李治的选拔和教育还算是成功的。

---

① 《资治通鉴》卷一九八，唐太宗贞观二十二年正月，第6251页。
② 《资治通鉴》卷一九八，唐太宗贞观二十二年正月，第6251页。
③ 《资治通鉴》卷一九八，唐太宗贞观二十二年正月胡注，第6251页。

第十二章

宫闱生活与晚年的蜕变

一、贤德的长孙皇后

长孙皇后13岁嫁给李世民，当时李世民也不过16岁，可谓少年夫妻。长孙皇后从小好读诗书，贤惠知礼，对唐高祖非常孝顺，很得高祖的喜爱。玄武门之变时，她亲自慰勉战士，"左右莫不感激"[1]。

她当了皇后以后，生活节俭，性格和顺，妃嫔以下生病，她都要亲自看视慰抚，甚至把自己的药和饭食送给患病的妃嫔。有时太宗脾气上来，无故责罚宫人，长孙皇后就要求由她负责惩处，让太宗不必为此劳心，过一段时间等太宗平静下来后，再为受罚妃嫔申诉，因此宫中"刑无枉滥"[2]。太宗的女儿豫章公主从小丧母，长孙皇后将她收养，关爱超过了自己亲生的儿女。由于长孙皇后善于处理宫内的各类事务，不仅太宗省心，还赢得了宫中上下的赞扬与爱戴。

长孙皇后对自己的儿子要求很严，经常教育他们要节俭、谦和。太子李承乾的乳母告诉皇后，东宫器用之物比较少，请求增置，遭到拒绝。长孙皇后告诉她："为太子，患在德不立，名不扬，何患无器用邪！"[3]皇后的亲生女儿长乐公主特别为太宗珍爱，她出嫁时，太宗准备的嫁妆甚至超过了长公主，即超过了太宗的姐妹。魏徵上疏反对这种做法，太宗遂将此话告诉了长孙皇后。长孙皇后听后非常感慨，说："我常听陛下赞扬魏徵，但不知什么缘故，今日听到此谏，真可谓社稷之臣。"遂劝太宗接受了魏徵的意见。长孙皇后的这些品德都十分可贵。

长孙皇后还多次向太宗进谏。太宗因魏徵直谏，屡次使他下不了台，十分生气，经皇后巧妙地劝解后，使他对魏徵一如既往。太宗欲重

---

[1] 《旧唐书》卷五一《长孙皇后传》，第2164页。
[2] 《资治通鉴》卷一九四，唐太宗贞观十年六月，第6120页。
[3] 《资治通鉴》卷一九四，唐太宗贞观十年六月，第6120页。

用皇后的兄长长孙无忌，皇后认为外戚不可使之权重，坚决反对。太宗不听，任命长孙无忌为宰相。皇后又密遣长孙无忌苦求辞让，太宗不得已，只好同意。长孙皇后有一异母兄长孙安业，好酒无赖，在他父亲死后，把年幼的长孙无忌与长孙皇后赶出家门，因此长孙无忌兄妹二人是在舅父高士廉家中长大的。太宗当了皇帝后，长孙皇后并不怨恨以往之事，劝太宗加以任命，使长孙安业官至监门将军。后来，长孙安业因罪被捕，太宗按律将处以死刑，长孙皇后叩头流涕为他请命，认为按照长孙安业的罪行，确实应予诛杀，只是这样做了以后，天下之人还以为是因以往旧事而对其处以极刑，这不仅对她的声誉有影响，而且也将影响朝廷的声誉。太宗遂免去了长孙安业的死罪。

贞观八年，长孙皇后病重。太子李承乾对其母说："所有的医生都已看过，各种药物都已服过，只是病情不见减轻，不如请求赦免囚徒，渡人入道教，也许福佑降临，病情好转。"皇后认为死生有命，不是人力可以改变的。如果修福可延长生命，我平生就没做过恶事，可见行善无效，还有何福可求？况且赦免囚徒是国家大事，"道、释异端之教，蠹国病民，皆上素所不为"，①岂可因我一人而乱天下之法！你的话不可听从。李承乾一听母亲这样说，不敢去对太宗说，遂私下告诉房玄龄，由房玄龄上奏太宗。太宗听后，打算下诏实施此事，也为长孙皇后所阻止。从这件事来看，长孙皇后不仅识大体、顾大局，颇有超越常人的风范，而且是一个不迷信佛道之教的女政治家，她的言行比历史上那些尊崇佛道、劳民伤财的皇帝不知要高明多少倍。

长孙皇后病危时，还对太宗进行谏诤。她见房玄龄因为小过而被勒令回家待罪，便对太宗说："玄龄事陛下久，小心慎密，奇谋秘计，未尝宣泄，苟无大故，愿勿弃之。"②太宗听了她的话，又把房玄龄召入朝中。她临终时还再三叮嘱太宗，不要给外戚授以太多的权力，只有这样才可保全其子孙。她告诫太宗亲君子、远小人，纳忠谏、去谗言，省徭

① 《资治通鉴》卷一九四，唐太宗贞观十年六月，第6120页。
② 《资治通鉴》卷一九四，唐太宗贞观十年六月，第6121页。

役、停游猎。

长孙皇后曾将古代妇女得失之事汇集起来，编成《女则》一书，共10卷，①又亲自为此书作序。她自认为此书编撰缺乏条贯，主要是为戒约自己的言行而编，要求左右不要告诉太宗。直到她死后，太宗才得知此事，阅读后感慨颇深，他对侍臣说："皇后此书，足可垂于后代。"并认为皇后能经常规谏自己的过失，她的死去，"是内失一良佐，以此令人哀耳！"②长孙皇后还写了一篇文章，批驳汉章帝的母亲马太后，认为马太后虽然制止了章帝对外戚封爵，却没有抑制其发展势力；只是告诫外戚生活不要奢侈，却没采取任何措施，这样做不过"是开其祸败之源而防其末流也"③。这些话都不乏真知灼见。

长孙皇后还反对厚葬，提倡薄葬。她临终之时，告诫太宗不要厚葬她。她认为自己生前没有做过多少有益的事，死后不可以厚葬害人。自古圣贤，都崇尚薄葬，唯有无道君主才大修陵墓，祸害天下之人，为有识之士所嘲笑。她留下遗言要求"因山而葬，不须起坟，无用棺椁，所须器服，皆以木瓦，俭薄送终"。④她甚至要求送葬之时儿女辈不必参加，以免他（她）们哭哭啼啼。她的这些要求得到太宗的支持，其墓室修筑仅动用百余人，数十日完工，"不藏金玉、人马、器皿，皆用土木，形具而已"⑤。作为一位皇后，仅动用这点人力在如此之短的时间内修成陵墓，确实比较少见。长孙皇后生前生活节俭，死后薄葬，其对政治与生活的见解精辟，不要说在古代皇后中很少有人能比，就是在古代妇女中也是属于杰出的女性之一。

长孙皇后死于贞观十年六月，终年36岁，十一月，葬于昭陵。长孙皇后与太宗伉俪情深，她的去世使太宗思念不已，太宗为此在禁苑中修

---

① 《旧唐书》卷五一《长孙皇后传》，第2166页。又据《资治通鉴》卷一九四，唐太宗贞观十年六月条载，《女则》为三十卷。

② 《旧唐书》卷五一《长孙皇后传》，第2167页。

③ 《资治通鉴》卷一九四，唐太宗贞观十年六月，第6121页。

④ 《旧唐书》卷五一《长孙皇后传》，第2166页。

⑤ 《资治通鉴》卷一九四，唐太宗贞观十年六月，第6122页。

建了一座高楼，以便望见昭陵。有一次，太宗又想起了皇后，遂和魏徵一同登楼，北望昭陵。魏徵说："臣眼睛昏花，没有看见。"太宗真以为他没有见到，遂为他指示方位。魏徵说："臣以为陛下是在望献陵，如果是昭陵，则我早就看到了。"太宗听后不觉眼泪直流，遂下令毁去此楼。献陵，是唐高祖的陵墓。魏徵这样做是有意讥讽太宗只惦念妻子而忘了父亲，太宗毁楼是怕担上不孝的名声。对于此事，魏徵不免失之于偏颇，太宗虽是皇帝，但也具有常人一样的感情，爱妻新丧焉能不思念？何况思念亡妻并不等于就一定会忘掉亡父，两者之间不是对立关系。魏徵如此作为，倒叫人觉得他缺少一点人情味，远不如太宗显得感情真挚，令人可敬可佩。至于太宗毁楼，也并非绝情，因为他曾大力提倡礼仪、孝道，作为皇帝更要做好表率，既然魏徵已经提出这个问题，如果他仍无动于衷，将会严重影响到他和朝廷的声誉，所以毁楼是不得已的行动，并非出自太宗意愿。可见要成为一位明君，往往要受到许多方面的制约，有时也得做一些违心的事情。

二、所谓"乱伦"之讥

在我国古代社会中，每一个王朝都制定了本朝的后宫妃嫔制度。唐朝沿袭隋制，规定在皇后之下置四夫人，即贵妃、淑妃、德妃、贤妃各1人，皆正一品；昭仪、昭容、昭媛、修仪、修容、修媛、充仪、充容、充媛各1人，称为九嫔，正二品；婕妤9人，正三品；美人9人，正四品；才人9人，正五品；宝林27人，正六品；御女27人，正七品；采女27人，正八品。此外，宫中还有大批女官，分掌宫内各种事务。她们都是皇帝的妃嫔，均有侍奉皇帝的责任和义务。事实上，宫中的大批宫女，只要是皇帝相中的，都可算到这个范围中来。因此，皇帝妻妾众多，是古代制度所规定的，不管是昏君还是明君都如此。

唐太宗的后妃除了长孙皇后外，能知道姓氏的还有杨妃（李恪母）、阴妃、燕妃、徐妃、韦妃、李福母王氏、杨氏、武才人等人。以上诸人除徐妃、武才人外，都是因生了皇子才留下了姓氏，其他妃嫔全都湮没无闻了。

以上妃嫔中的杨氏就是李元吉的妃子，李元吉在玄武门之变中被杀后，因杨氏美丽贤淑，太宗就将她纳入宫中，成为自己的妃嫔。杨氏入宫后为太宗生了一个儿子，即第十四子李明，贞观二十一年，封为曹王。杨氏深得太宗宠爱，尤其是长孙皇后死后，就更加宠爱于她，并打算立其为皇后。这件事遭到魏徵的反对，遂作罢。魏徵对太宗说："陛下方比德唐、虞，奈何以辰嬴自累！"①辰嬴即春秋时秦穆公的女儿怀嬴。晋国公子圉在秦国为人质，秦穆公就将怀嬴嫁给他，后来公子圉逃回国做了国君，临走时要怀嬴跟他一块逃走，怀嬴不愿擅自离开自己的国家，拒绝未行。以后晋国公子重耳又到秦国避难，秦穆公遂把怀嬴嫁给重耳，并派兵护送重耳回国夺得国君之位，这就是历史上著名的晋文公。晋文公叔侄同娶一位妻子，"秦晋之好"的成语，说的就是重耳与怀嬴的联姻。这件事在当时是被允许的，只是为后来的封建礼法所不容，说什么"辰嬴嬖于二君"②，嬖，宠幸之意，含有贬义。魏徵如此一讲，便把太宗吓了回去，从此不再提立后的事了。太宗虽没有把杨氏立为皇后，然终其一生不再另立皇后，大概也是出于对杨氏的爱恋吧。由于太宗在玄武门之变后，把其弟李元吉的几个儿子全部诛杀，致使元吉无后，遂于贞观二十一年封李明为曹王后不久，便让他作为李元吉的继子，以承嗣其后。

对于唐太宗纳杨氏为妃嫔这件事，在唐代当然无人敢说什么，自宋代以来就不断受到人们的批评与责难，视之为"乱伦"。如编撰过《资治通鉴》的史学家范祖禹就说过："太宗手杀兄弟，曾不愧耻，而复纳元吉之妃，恶莫大焉。"③在范祖禹看来太宗发动政变，手杀兄弟尚可谅解，纳弟妇则是莫大的恶行。近世以来，尤其是近些年来，不少学者多

---

① 《资治通鉴》卷一九八，唐太宗贞观二十一年八月，第6249页。

② 《资治通鉴》卷一九八，唐太宗贞观二十一年八月胡注引贾季语，第6249页。

③ 〔宋〕范祖禹：《唐鉴》卷六，北京：商务印书馆，1958年，第52页。

从李唐家族的血统上寻找太宗纳弟妇的历史根源，认为李唐皇室具有较多的鲜卑血统成分，又受到突厥人的深刻影响，突厥有"父兄死，子弟妻其群母及嫂"①的婚俗，李氏家族受这种婚俗影响，故在其家族中多次出现"乱伦"现象是不足为奇的。其实，所有这些说法都是对南宋理学家朱熹的"唐源流出于夷狄，故闺门失礼之事不以为异"②观点的诠释，并非什么新创见。

李唐先祖是否出于夷狄的问题姑且不论，仅从他们血统中具有胡族成分或受突厥人的影响，来解释太宗纳李元吉妃这一现象，显得比较牵强。因为人们的生活习俗是由社会环境决定的，并随社会环境的改变而改变，并不是由血统来决定的，更何况李氏家族仅有部分异族血统，并非全部为胡族血统。至于说受突厥人影响更是显得牵强，在唐代的长安等地确实有一些人喜好胡风，那也只是在生活的某个方面追求新奇而已，谈不上对汉族人基本生活方式和社会习惯的影响。从历史上看，在民族杂居地区往往是少数人受社会中绝大多数人的影响，而不是绝大多数人受少数人的影响。突厥人在唐朝内地毕竟是少数，他们只能受汉族人的影响，最后融合于汉族之中，而绝不是相反。唐太宗大兴礼乐，尊崇儒学，提倡仁德、孝道，其文治成就超过了以往许多帝王。一个接受儒家传统思想如此彻底的帝王，却偏偏在婚俗上接受胡族的影响，使人难以理解。如果唐太宗和李唐诸帝真的接受了胡族的"妻其群母及嫂"的婚俗，那就应该在后宫妃嫔制度上有所体现，然而史籍中并无这方面内容的记载。从唐太宗和其他诸帝的婚姻状况看，没有一位皇帝的正妻是其兄弟之妻，充其量只是妃嫔，且唐代只有个别皇帝这样做过。既如此，如何能说李唐皇室接受了胡族婚俗呢？突厥婚俗是父兄死妻其嫂或庶母，都是作为正妻，如隋朝义成公主先嫁启民可汗，启民死，其子始毕可汗"表请尚公主，诏从其俗"③。于是，义成公主又嫁启民之子始毕

---

① 《隋书》卷八四《突厥传》，第1864页。
② 〔宋〕黎靖德等编：《朱子语类》卷一三六《历代三》，见文渊阁《四库全书》，台北：商务印书馆，1983年，第702册，第741页。
③ 《隋书》卷八四《突厥传》，第1876页。

可汗。既然是"诏从其俗",可见内地没有这种婚俗,所以才作为特例批准。

唐德宗女咸安公主嫁给回纥可汗,后数次改嫁,也都经过唐政府的批准,并且作为正妻。唐太宗虽纳李元吉妃杨氏为妃嫔,却未能立为皇后,说明唐朝婚俗必定不同于胡族。皇后与妃嫔从广义上讲,都是皇帝的配偶,但地位相差悬殊,就如同普通人家的妻与妾一样,前者必须是明媒正娶,后者就比较随便了,甚至可以通过买卖、赠送而获得。唐朝的法律规定:"诸有妻更娶妻者,徒一年。"①但不禁止多妾。可见妻妾在名分、地位上是多么悬殊。正因为如此,唐太宗纳杨氏为妃嫔,魏徵没有表示反对,当要将她扶正为皇后时,魏徵就出面干预了。因为在魏徵看来,皇帝多一个妃嫔,如同常人多纳一个妾一样,至于这个妾的身份如何都无关紧要,但是要将其扶正为妻,那就不同了,就要仔细调查其家庭、门第、身份等,看够不够做正妻的资格。历史上经常有这样的情况,有人纳妓为妾,人们不觉得有什么不可以,但要将其扶正或直接娶妓为妻,就要遭到父母、亲属、朋友的反对,甚至遭到社会舆论的谴责或嘲弄。这样的例子在唐代也是很多的。杨氏曾是太宗弟弟的妻子,再要成为太宗的正妻,从身份上看显然不合适,与中国传统的婚姻习俗相违背,故遭到魏徵的反对,太宗本人经提醒后也认识到问题的严重性,所以不再坚持原来的意见。

唐高宗纳武则天为妃嫔,没有遇到什么阻力,但当他要把武则天立为皇后时,性质就不同了,遭到了大多数元老重臣的坚决反对,数次商议都没能通过,阻力之大、斗争之激烈都是空前的。好在高宗是万民之主,具有绝对的权力和地位,一意孤行臣下也没有办法,但不等于有这样的结果就一定有这样的婚姻习俗。唐玄宗纳杨玉环为妃嫔,尽管宠爱异常,却从未有过将她册立为皇后的打算,直到马嵬之变杨玉环被缢死时,她也只是个贵妃身份。出现这种现象,根本原因就在于她们以前的特殊身份,使她们不便于被扶正。这些史实充分说明由于妻妾名分

---

① 《唐律疏议笺解》卷一三《户婚律》,第1014页。

与地位的悬殊，皇帝纳妃与常人纳妾一样，要求并不严格，但对于册立皇后则不同了。总之，由于妾（妃嫔）在家庭（族）中地位低下，微不足道，使当时的人们对于诸如此类的"乱伦"现象，能够容忍和谅解。

其实，在唐以后的各朝妻妾同样存在着地位悬殊的问题，为什么这些王朝的统治者"乱伦"现象没有唐朝这样多呢？要回答这一问题必须先解决唐代的"乱伦"到底是受胡族的影响，还是另有历史根源？关于前一问已在前面做过论述，不再多说了，现在探讨一下是否还受其他历史影响。从汉族的婚俗渊源看，我国先秦时期曾普遍存在着像唐代那样的所谓"乱伦"现象，比如前面提到的辰嬴之事，这种例子举不胜举，而且对这些婚俗赋予了特定的名称。如子娶父之妻妾的婚制，叫作"烝"；孙娶祖父的妻妾，叫作"因"；侄娶伯叔妻妾的婚制，叫作"报"；等等。这一切在当时都是正常的社会现象，不为社会舆论所谴责。随着社会的发展，思想观念的改变，这些现象尤其遭到后世儒家的谴责，人们也逐渐改变了这种婚俗。但是，其残余影响却始终存在，不要说唐代，在唐以后的各朝中仍然存在此类现象，只是人们不再把它视为正常现象，要受到社会舆论的谴责罢了。李唐皇室中的这种所谓"乱伦"现象，实际上就是这种残余影响的反映。唐太宗的所谓"乱伦"，并不仅此一例，如太宗叔父庐江王李瑗谋反被杀，太宗便纳其爱姬崔氏为妃。弟娶兄妻的例子也很多，如唐中宗女安乐公主先嫁武崇训，武崇训死后，又嫁其弟武延秀。还有婚姻不计辈分的现象，如唐肃宗之女郯国公主嫁给肃宗张后之弟张清，即外甥女嫁给了舅父。以上这些现象在官员和民间中也不少，如李仁钧娶表侄女崔氏为妻。[①]就算李唐皇室有胡族血统，因而婚俗有胡族之风，那么其他人并无这种血统，如何也存在这些现象呢？可见从血统的角度是解释不了这些现象的。直到清代时，甘肃不少地区还保存着上古婚俗的残余，据载："甘省多男少女，故男

---

① 〔宋〕李昉等：《太平广记》卷一六〇《秀师言记》，北京：中华书局，1961年，第1148—1149页。

女之事颇阔略。兄死妻嫂，弟死妻其妇，比比皆是。……有兄弟数人合娶一妻者。"①这种现象又是受何种民族的影响呢？这种习俗不仅甘肃有，我国地域广阔，各地发展不平衡，加之其他一些原因，近代以来不少地方还都保存着这种婚俗。因此，与其说唐太宗纳弟妇是受胡风胡俗的影响，毋宁说是汉族传统婚俗残余的反映。既然为当时的社会舆论和习俗所允许，也就算不上唐太宗个人生活的"污点"了，不应以后世的思想观念和习俗去苛求历史人物。

唐代能够宽容一些在后世看来不可允许的婚姻现象，简单地说，与唐代所处的历史阶段与社会特点有关。唐代处于古代社会的上升、繁荣时期，社会风气比较开放，表现在政治制度、民族政策、外交关系、社会风尚、民间礼俗以及婚姻制度上，禁忌都比较少，约束人性的封建礼教尚未发展到后世那么严酷的程度，致使唐代婚俗呈现出少有的开放特点。如妇女贞节观念淡漠，允许妇女再嫁，离异束缚较少，可以异辈通婚，允许转房婚，等等。在这样一种社会风气下，只要不影响社会的稳定和人口繁衍的数量与质量，一些古老婚俗的残余影响虽然存在，但也能得到宽容与默许。这种情况经五代直到北宋前期，仍或多或少地存在。北宋后期及南宋以来，礼教渐趋严酷，加上理学家的推波助澜，人们的思想观念变化较大，②许多地方把规范婚嫁之事都写进了乡规民约，要求人们严格遵守，延至明清更达到登峰造极的地步，遂使社会风气大变，唐太宗纳弟妇之事也就得不到宽容，成为被嘲弄讥讽的对象。

三、喜爱书法与诗文

太宗喜好书法是出了名的，曾在科举取士中设有明书一科，以收

---

① 〔清〕赵翼撰，李解民点校：《檐曝杂记》卷四《甘省陋俗》，北京：中华书局，1982年，第76页。
② 张邦炜：《婚姻与社会（宋代）》，成都：四川人民出版社，1989年，第98—120页。

揽书法人才。同时他还十分注重培养书法人才，弘文馆和国子监所辖学校中都招收和培养书法人才。唐代在科举考试被录取后，授官时还要进身、言、书、判的考试，其中最主要的便是书、判考试，可见唐政府对书法要求之严，这一切都与唐太宗重视与爱好书法有密切的关系。

学习书法的第一步就是临摹前代书法家的字迹，临摹得法与否，是学书成功的关键。太宗对这一点有独到的见解，他说："今吾临古人之书，殊不学其形势，唯在求其骨力；及得其骨力，而形势自生耳。然吾之所为，皆先作意，是以果能成也。"①这种见解深得学书之要领。太宗还认为初学书时，要做到心神正、志气和，"心神不正，字则倚斜；志气不和，字则颠仆"②。太宗还根据自己长期学习书法的体会，总结了一套笔法要诀，对字的点、划、擎、竖、戈、环、波等笔画的写法都有自己独到的看法和体会。太宗还认为任何技艺都没有学不精的道理，要害在于能否专心致志，用心苦练则可以取得成就。他认为学习书法一味苦练不行，还必须多动脑筋思考，不断总结经验。他说："学书之难，神彩为上，形质次之。"③就是说学习前人书法重在神似，次要才是形似，只要做到形神兼备，便可达到古人的水平。

太宗最为推崇的前代书法家便是晋人王羲之，他一生搜集了许多王羲之的墨迹，《唐会要》记载说，得钟、王真迹"一千五百一十卷"④。《宣和书谱》说："雅好王羲之字，心慕手追，出内帑金帛，购人间遗墨，得真、行、草二千二百余纸来上。万机之余，不废模仿。"⑤太宗为了得到王羲之最著名的作品《兰亭序》，不惜采取欺骗的手段，从而留下了一段趣事。据载，《兰亭序》自南朝梁末动乱以来，从宫廷中流入民间，陈朝天嘉（560—566）年间，为僧永所获，后将其献给陈宣

① 《法书要录》卷四《唐朝叙书录》，第134页。
② 《全唐文》卷一〇《笔法论》，第123页。
③ 《全唐文》卷一〇《笔意论》，第123页。
④ 《唐会要》卷三五《书法》，第754页。
⑤ 〔宋〕佚名：《宣和书谱》卷一《历代诸帝》，杭州：浙江人民美术出版社，2019年，第2页。

帝。隋朝平陈，《兰亭序》便为隋炀帝所得。炀帝对它并不珍惜，僧果向他借去拓摹，炀帝当了皇帝以后，竟把此事忘记了，没有索讨。僧果死后，其弟子僧辩得到了《兰亭序》。太宗当秦王时，曾见过《兰亭序》的拓本，十分惊喜，便命人高价求购真迹，终未得到。后来得知在僧辩手中，便派肖翼前往越州（今浙江绍兴）设法将其搞到手，于武德四年送到秦王府。太宗得到《兰亭序》以后，十分珍惜，放在身边，在处理完政事后，悉心观览。太宗死后，遂将《兰亭序》作为殉葬品埋入昭陵。关于此事有两种不同的记载，一种是宰相褚遂良奏请将其藏入昭陵，①另一种说法是太宗因喜爱《兰亭序》，生前嘱咐高宗李治，在他死后一定要将它藏入昭陵。②

太宗学习书法主要还是师从虞世南。虞世南曾师从智永，智永是王羲之的七世孙，他在山阴永欣寺为僧，人称"永禅师"。他擅长楷书与草书，继承王氏家法，精熟过人。"而虞世南师之，颇得其体。"③实际上智永的成就不如虞世南，唐人对此已有评论。但由于他是王氏后裔，唐太宗又酷爱王羲之的书法，因此其名气甚高，求书者踏破"铁门限"。

太宗随虞世南学书，虞世南死后，褚遂良深得王氏书法真谛，故又任太宗侍书，经常侍候太宗一同研究书法。太宗在练习书法时，对"戈"字经常写不好。有一次太宗写"戬"字，只写了一半，留下了"戈"偏旁未写，命虞世南补全此字，然后让魏徵评论。魏徵说："今窥圣作，惟'戬'字'戈'法逼真。"④太宗对他眼光非常钦佩，从此更加勤奋练习。

由于太宗勤学苦练，加之方法得当，又有名家指点，因此书法水平提高很快。房玄龄说太宗的笔力超过前代的名家钟繇、张芝，这话有

---

① 《隋唐嘉话》卷下，第54页。

② 〔唐〕李绰：《尚书故实》，见上海古籍出版社编：《唐五代笔记小说大观》，上海：上海古籍出版社，2000年，第1158页。

③ 《宣和书谱》卷一《历代诸帝》，第2页。

④ 《宣和书谱》卷一《历代诸帝》，第2页。

些夸大，但太宗的书法水平较高，却是不争之事实。《唐朝叙书录》说太宗的"笔力遒劲，为一时之绝"。《唐会要》卷三五说其"笔势惊绝"，可见他水平还是比较高的。正因为如此，太宗时常以自己的书法作品赠人。如他曾在贞观十八年五月，用飞白书写了"鸾凤""蟠龙"等字于扇面之上，赐给长孙无忌、杨师道二人。飞白是枯墨用笔的一种书体，笔画中微微透白，故名飞白。此外，太宗还用飞白书写了"凤鸾冲霄，必假羽翼；股肱之寄，要在忠力"①赐给马周，对大臣或寄予厚望，或予以勉励。太宗的行书也写得很好，代表作有《温泉铭》《晋祠铭》，并流传至今。

由于太宗书法水平高超，他的字竟成为当时人们追求的对象。贞观十八年二月十七日，太宗在玄武门设宴，三品以上的官员参加。太宗一时高兴操笔作飞白之书，当时群臣乘着酒兴，争相从太宗手中抢夺，刘洎竟然登上御床，抢先夺得。那些没有抢到的大臣纷纷指责刘洎擅登御床，罪当死，请求太宗把他交给法司惩处。太宗笑着说："昔闻婕妤辞辇，今见常侍登床。"②本是君臣同乐，太宗当然不愿因人一时的失误去扫众人之兴。

太宗还十分喜欢诗文，仅《全唐文》就收录了他的文章7卷，《全唐诗》收录他的诗69首。所收诗作均为太宗作品，但《全唐文》所收文章不一定都是他的作品。这些文章大体可分赋、诏敕、册文、书、序、祭文、令、政论、书论等类型，其中诏敕、册文、书、祭文等大都不是出自太宗手笔，而是有关官员以太宗的名义撰写的，其他类型应为太宗撰写，比如赋（5篇）、政论、书论、序文、铭文等。太宗的这些文章全为骈文，语多用典，讲究对仗、押韵，辞藻华美，还未摆脱六朝绮丽文风的影响，这些方面都无可称道。然而太宗毕竟是一代开国之君，这些文章的内容比较充实，尤其是政论文章，议论精辟，言之有物，多为他长期执政的政治经验总结。《金镜》一文，对历史上的治乱成败进行了

① 《唐语林校证》卷五《补遗》，第432页。
② 《旧唐书》卷七四《刘洎传》，第2608页。

详尽的分析，从而总结出了值得借鉴的经验教训，其中不乏名言警句。《帝范序》《后序》《政本论》《谕侍臣绝谗构论》等篇，都是不可多得的政论文章。

宋人评论唐太宗的文风时说，太宗功业雄卓，然而所撰文章，纤靡淫丽，"嫣然妇人小儿嘻笑之声"①，与其伟大的功业大不相称。这是受时代局限性的表现，太宗个人是难以突破的。但是客观地看，太宗文章也不是无可取之处，如他所撰的《小山赋》《小池赋》等篇，气势纤巧，与一位叱咤沙场的统帅风度很不相称，然其中也不乏刻画细致，辞藻典雅的段落。如《小山赋》中有："松新翠薄，桂小丹轻。……才有力以胜蝶，本无心而引莺。半叶舒而岩暗，一花散而峰明。"《小池赋》云："牵狭镜兮数寻，泛芥舟而已沉。涌菱花于岸腹，擘莲影于波心。减微涓而顿浅，足一滴而还深。"这些句子都得到后人的高度评价，所谓"渲染小字，工妙乃尔，可见才大者心必细"②。

唐太宗的诗与文章一样，仍摆脱不了南朝风气的束缚，做起诗来循规蹈矩，逐句相对，与普通文士无异，缺乏创业英主的豪迈气概。从《全唐诗》所收的太宗诗来看，大体上为咏物、写景、述怀、巡幸、君臣唱和、宫廷生活等类。这些作品从总体上看，均为五言诗，矫揉造作，宫廷气息较浓，缺乏社会生活气息，这和他的帝王身份及生活环境有关，当然不可能创作出贴近社会生活的诗篇。从艺术形式看，这些诗作风格单一，形式拘谨，缺乏感人的艺术魅力。但仔细分析，太宗的诗作也并非一无是处。首先是太宗诗的内容政治性较强，不少诗句都体现了他的治国惠民、明慎刑赏、察善纳谏、节用惜费、发展生产的一贯思想。如他的《咏雨》诗有"和风吹绿野，梅雨洒芳田""花沾色更鲜，对此忻登岁"等句。③从绵绵春雨联想到农业生产，把一位帝王期盼丰年

---

① 〔宋〕王应麟撰，〔清〕翁元圻辑注：《困学纪闻注》卷一四《考史》，北京：中华书局，2016年，第1725页。

② 〔清〕陈鸿墀：《全唐文纪事》卷四《帝制一》引《赋话》，上海：上海古籍出版社，1987年，第44页。

③ 〔唐〕徐坚等：《初学记》卷二《天部下·雨》，北京：中华书局，2004年，第26页。

的心情表现得淋漓尽致。再如《登三台言志》诗："未央初壮汉，阿房昔侈秦。在危犹骋丽，居奢遂役人。岂如家四海，日宇罄朝伦。"①指出了暴秦摧残人民，营作不息，致使天下鼎沸，社稷倾颓的历史教训，贯穿了他的轻徭薄赋、与民休息的治国思想。

太宗诗作的另一特点，即某些诗篇抒发了他指挥千军万马，扫平割据，统一全国的不凡气概，气势雄伟，有较强的感染力。如《经破薛举战地》中的"移锋惊电起，转战长河决。营碎落星沉，阵卷横云裂"②等句，一扫往日辞藻纤丽、缺乏气势的缺点，无论措辞还是气魄都有很大的变化。他的《饮马长城窟行》气势雄壮，视野宽阔，悲凉慷慨，为太宗诗作中难得的佳作，其中"塞外悲风切，交河冰已结。瀚海百重波，阴山千里雪"与"悠悠卷旆旌，饮马出长城。塞沙连骑迹，朔吹断边声"等句③，写得最好，没有边塞战争经历的人，很难写出这样的诗句。

总之，太宗诗文不少，其中不乏一些较好的作品，但总的来看，水平不是很高，尤其是缺乏宏大的气魄，与他的政治、军事成就不可等量齐观。当然，要求一位皇帝创作出艺术水平上乘的作品，不免有些苛求。然而像太宗这样功业卓著的英主，又是驰骋沙场的伟大统帅，所谓文如其人，总得表现出一些不凡的气概吧。如汉高祖的"大风起兮云飞扬，威加海内兮归故乡，安得猛士兮守四方"④和宋太祖的"未离海底千山黑，才到天中万国明"⑤的雄伟气概，在太宗作品中是表现不出来的。不过太宗也有自知之明，贞观十一年（637），著作佐郎邓世隆上表请编太宗文集，被太宗以"虽有词藻，终贻后代笑"⑥为由拒绝。

---

① 〔清〕彭定求等编：《全唐诗》卷一《登三台言志》，北京，中华书局，1960年，第6页。

② 《全唐诗》卷一《经破薛举战地》，第4页。

③ 《全唐诗》卷一《饮马长城窟行》，第3页。

④ 〔汉〕司马迁：《史记》卷八《高祖本纪》，北京：中华书局，1959年，第389页。

⑤ 〔清〕何文焕辑：《历代诗话》引宋陈师道《后山诗话》，北京：中华书局，2004年，第302页。

⑥ 《贞观政要集校》卷七《论文史》，第388页。

四、嗜好良弓与骏马

马匹是古代最重要的军事装备之一，它不仅是驮运给养的重要工具，也能供战士骑乘，保证军队的最大机动性，在一定意义上，马匹就是战斗力。唐政府对马匹的供给与繁衍十分重视，从太宗时期起就建立了完整的马政系统，并开始了大规模的国家养马业。唐朝的国家牧场设在幅员辽阔的陇右地区，其种马大都来自周边国家和少数民族地区，主要通过贸易、贡献、和亲聘礼等方式获得，此外唐朝通过战争手段也掠取不少良马。唐朝把引进的良马统称为胡马或番马，为了便于区分和管理，对不同的马要烙上不同的马印，仅《唐会要》卷七二《诸番马印》条就留下了约35种不同来源外来马的马印实图。可见唐朝对外来马的引进非常成功。

太宗建立国家马政，是从国家武备必须依赖大批战马的需要出发的，也是长期战争实践给他的启示。太宗本人就拥有许多匹良马，他为了获得良马是不惜代价的。隋文帝时，大宛国进贡了一匹千里马，号"狮子骢"，据说早上从长安出发，下午就可奔驰到洛阳。隋朝末年，天下大乱，这匹马就不知所踪了。太宗即位后，下令天下各地寻访这匹马的下落，后来被宇文士及从朝邑一家磨坊找到，此马已经是皮焦尾秃，失去了往日的丰采。太宗得知找到狮子骢的消息，按捺不住喜悦的心情，亲自到长安城东的长乐坡去迎接。由于此马已老，牙齿脱落，太宗命以钟乳饲养，"仍生五驹，皆千里足也"。[①]

太宗的战马中最著名的，当属他亲冒矢石与群雄逐鹿时骑乘的"六骏"。据研究，这六匹战马都是来自西北的胡马，从"特勒骠"的命名

---

① 〔唐〕张鷟撰，赵守俨点校：《朝野佥载》卷五，北京：中华书局，1979年，第120页。

可知，它是来自突厥的良马。这些马屡立战功，因此太宗非常喜爱它们，曾命著名大画家阎立本把它们画成图本，太宗题写了图赞。这六匹骏马的名字及太宗的赞语如下：

"拳毛䯄：黄马黑喙，平刘黑闼时所乘。前中六箭，背二箭。赞曰：月精按辔，天驷横行，弧矢载戢，氛埃廓清。"

"什伐赤：纯赤色，平世充、建德时乘。前中四箭，背中一箭。赞曰：瀍涧未静，斧钺伸威，朱汗骋足，青旌凯归。"

"白蹄乌：纯黑色，四蹄俱白，平薛仁杲时所乘。赞曰：倚天长剑，追风骏足，耸辔平陇，回鞍定蜀。"

"特勒骠：黄白色，喙微黑色，平宋金刚时所乘。赞曰：应策腾空，承声半汉，入险摧敌，乘危济难。"

"飒露紫：紫骦骝，平东都时所乘，前中一箭。赞曰：紫骦超跃，骨腾神骏，气詟山川，威凌八阵。"

"青骓：苍白杂色，平窦建德时所乘，前中五箭。赞曰：足轻电影，神发天机，策兹飞练，定我戎衣。"①

后来太宗命人将"六骏"的图像雕刻在石头上，太宗死后就将这些石雕陈列昭陵之侧。现四骏陈列在西安碑林博物馆内，供人们欣赏，另两件真品被盗往美国，现仍藏于宾夕法尼亚大学博物馆中。这些雕刻均为浮雕，造型粗犷，雄健有力，动感强烈，形态各异。石雕中马的鬃毛都已经过修剪或是捆扎成束，如齿状的雉堞。这种形式最初可能起源于伊朗，后来流传于中亚和西伯利亚，并传到了中国，但汉代以后又湮没无闻了。"六骏"齿状鬃毛的再现，是这些马来源于突厥的又一证明。②

太宗对良马的喜爱还表现在他对黄骢马的怀念上。这匹马是他讨伐窦建德时所乘过的战马，骢指青白色的马，"六骏"之一的青骓为"苍白杂色"，也是他讨伐窦建德时乘过的，因此这两匹马很可能是同一匹。黄骢说明青白色中杂有淡黄毛，青骓的毛色中明确记载有杂色，从

---

① 《全唐文》卷一〇《六马图赞》，第124—125页。

② ［美］谢弗著，吴玉贵译：《唐代的外来文明》，北京，中国社会科学出版社，1995年，第152页。

这个特征看也应是同一匹马。这匹马后来在征伐高丽的战争中死去了，太宗非常惋惜，命乐工谱写了《黄骢叠曲》，来寄托自己的哀思。①

贞观二十一年八月，骨利干遣使贡献良马百匹，太宗从中挑选了十匹骏马，总号"十骥"，并亲自为它们命名，即腾云白、皎雪骢、凝露骢、悬光骢、决波骢、飞霞骠、发电赤、流金弧、翔麟紫、奔虹赤。这些马来自贝加尔湖以北，是一批筋骼壮硕、强健有力的骏马，虽然它们都是当时难得的骐骥，但都是在太宗末年进贡的，相互之间缺少一种生死与共的亲密关系，所以它们没有获得"六骏"那样的地位和荣誉，知名度也没有"六骏"高，但这并不能说明这些马健硕程度差，只是缺少建立功绩的机会而已。从上面这些情况看，太宗直到晚年仍未改变爱马的癖好。

太宗精于骑射，所以弓箭也是他平生喜爱的武器之一。在太宗的争战生涯中，多次发挥他长于骑射的技艺，击败强敌，获取胜利。他擅用强弓、大箭，弓和箭的尺度比普通弓箭大一倍，故威力极大，加上他精于射术，命中率高，为敌人所畏惧。太宗平定刘黑闼时，"为突厥所窘，遂亲发箭射退贼骑。突厥中得此箭传观，皆叹伏神异"②。太宗任天策府上将时，制造了许多规格超常的强弓大箭，说明其部下将士在他的训练下，涌现了一批擅射能手。太宗死后，"后余大弓一，长矢五，藏之武库，世宝之，每郊丘重礼，必陈于仪物之首，以识武功云"③。房玄龄曾赞扬太宗"箭穿七札，弓贯六钧"④，看来并非溢美之词。太宗自己也说："朕以弧矢定四方，用弓多矣。"⑤太宗喜爱弓箭还表现在他把自己的爱好写进了文学作品中，他的《咏弓》诗中有"上弦明月半，激箭流星远"⑥之句，没有精于射术的切身体验，是写不出这样确切的诗句

---

① 《新唐书》卷二一《礼乐志十一》，第471页。

② 《尚书故实》，见上海古籍出版社编：《唐五代笔记小说大观》，第1158页。

③ 《新唐书》卷八六《刘黑闼传》，第3718页。

④ 《旧唐书》卷六六《房玄龄传》，第2465页。

⑤ 《贞观政要集校》卷一《政体》，第26页。

⑥ 《全唐诗》卷一《咏弓》，第19页。

的。喜爱弓马是英雄本色的体现，也是创业英主不忘国家武备的表现，一些腐儒将这种现象与文治对立起来，实在是一种陈腐的偏见。

五、晚年的蜕变与内耗

（一）政治上的蜕变

太宗在政治上的建树主要体现在贞观前期，到了后期逐渐减少，很少有大的政治建树。可以说贞观后期他在政治上是在下坡路上滑行的，而且越滑越快，因此有人说假如唐太宗能活得更长一些，那么后人对他的评价也许会是另外一种情况。

太宗在贞观前期能够实行轻徭薄赋、慎刑恤罚的政策，任人唯贤、从谏如流，有一个根本的原因，就是他吸取了隋亡的历史教训，深恐"水可覆舟"。随着时间的推移，社会经济恢复并有所发展，长期的升平生活使他慢慢地淡忘了隋末大动乱的那场噩梦，逐渐滋生了骄傲的情绪。另外，皇帝的至高地位以及几乎不受限制的权力，久而久之，难免不被它们所异化。这种情况在贞观前期就有苗头，如贞观六年（632）十二月四日，太宗上朝时，"有诫惧之言"。中书令温彦博当场就指出："陛下为政若贞观之初，则无忧于不治矣。"太宗反问道："难道我懈怠了吗？"魏徵接着指出了太宗近期的变化情况，他说："贞观之初，陛下锐情思政，从谏如流，每因事触类为善，志存俭约，无所营求。比者造作微多，至于谏争，时有忤色，以此为有异耳。"①可见此时太宗已有拒谏和奢侈的苗头。只是由于这一时期政府的仓廪尚不充实，周边地区还不安宁，太宗还不敢过分放纵自己，所以当他听到魏徵的批评意见后，马上承认自己确有这些问题存在。然从这件事上可以看出太宗思想深处的确存在着某些劣根性，由于他本人的有意压抑和贞观重臣

---

① 《魏郑公谏录》卷一《谏所行事与贞观初有异》，见文渊阁《四库全书》，第446册，第167页。

的谏诤，使其尚未完全暴露而已。

贞观十年，魏徵上疏指出，随着唐朝"威加海外，万国来庭，仓廪日积，土地日广"，在一片赞扬称颂声中，太宗的骄傲情绪越来越严重，"由乎待下之情未尽于诚信，虽有善始之勤，未睹克终之美故也。"①魏徵已经在批评太宗不能前后一致，善始善终了。魏徵还指出：在贞观初期，太宗闻谏则喜，见善则赞叹；到贞观八九年间，还能乐于纳谏；从此以后，逐渐不愿再听直言，有时虽勉强接受，但远不如往昔那样爽快、自如。甚至有把忠于国事者视为擅权，把正直进谏者视为诽谤的现象，导致了"正人不得尽其言，大臣莫能与之争"②的情况出现。

次年，魏徵又一次上疏，指出太宗喜听顺己之说，不悦逆耳之言。有些小事怕外臣知道，故作威怒，以吓唬阻止臣下进谏。魏徵进一步指出："若所为是也，闻于外，其何伤？若所为非也，虽掩之，其何益？"③可见太宗拒谏已经到了何等严重的程度。在法制方面，也出现较大的变化，"取舍在于爱憎，轻重由乎喜怒。爱之者，罪虽重而强为之辞；恶之者，过虽小而深探其意"④。规定五品以上官员犯罪都要上奏，本来是为了察其情状，不至于出现宽滥，而今专挑其小节，加重惩处，甚至对某些犯罪，法律中没有加重惩处的条文，于是"求之法外，所加十有六七"。致使近年的犯法者害怕奏闻，而以能得到司法部门的判处为"多幸"⑤。马周也上疏太宗，对当时政治状况提出了委婉的批评，希望能恢复到贞观初年的状况去，如果那样"则天下幸甚"⑥。

这种情况越到太宗晚年就越严重，尤其是魏徵于贞观十七年（643）死后，朝廷谏诤之声日渐稀少，谀悦之言慢慢增多。贞观十八年（644）四月，太宗自己也感到"人臣顺旨者多，犯颜则少"，于是要求群臣直

---

① 《贞观政要集校》卷五《论诚信》，第309页。
② 《贞观政要集校》卷五《论诚信》，第309页。
③ 《贞观政要集校》卷五《论诚信》，第297页。
④ 《贞观政要集校》卷五《论诚信》，第294—295页。
⑤ 《贞观政要集校》卷五《论诚信》，第295页。
⑥ 《贞观政要集校》卷六《论奢纵》，第359页。

言他的过失。长孙无忌等人皆说陛下没有过失。唯刘洎与马周婉转地提了一点意见，刘洎说："顷有上书不称旨者，陛下皆面加穷诘，无不惭惧而退，恐非所以广言路。"马周指出："陛下比来赏罚，微以喜怒有所高下，此外不见其失。"①说话的语气和从前已大不相同，但从中也可以看出这两方面的问题，恰恰是魏徵早在贞观十一年就已经指出的，说明太宗这些年来一直是这么做的，丝毫没有改变。此后不久，太宗依然如故，"群臣言事者，上引古今以折之，多不能对"②。这种态度实际上是变相地拒谏，上书者非不能对，而是不敢对，因为双方地位相差悬殊，没有相当的胆略谁敢轻犯君威？这年八月，太宗又一次征询众臣，问自己到底有什么过失。长孙无忌回答说："陛下武功文德，臣等将顺之不暇，又何过之可言！"③长孙无忌的这种阿谀的态度，连太宗都已觉察到了。太宗一再征询自己的过失，群臣除了顺旨谀悦外，极少有人犯颜直谏，这种状况和贞观初年形成了鲜明的对照。这种局面的形成与太宗的逐渐改变有极大关系，换句话说，太宗的拒谏饰非直接导致了这种局面的产生。太宗拒谏的根源还是骄傲情绪的日益滋长，这一点徐贤妃已经指出来了，她说："守始保末，圣哲罕兼，是知业大者易骄。"④就是说事业的成功往往是骄傲情绪滋长的土壤。

（二）贞观末的内耗

贞观前期，太宗励精图治，当时朝廷内外朝气勃勃，基本不存在内耗问题。随着太宗政治上的蜕变，在贞观后期逐渐出现了内耗现象，主要表现在两个方面：其一是随着太宗政治上骄傲情绪的滋长，越来越容不下臣下对他的丝毫不敬，同时有了猜忌之心，不信任臣下的情绪不断滋生。其二是贞观朝臣内部的摩擦出现了，原先那种和睦团结的关系逐

① 《资治通鉴》卷一九七，唐太宗贞观十八年四月，第6208页。
② 《资治通鉴》卷一九七，唐太宗贞观十八年四月，第6209页。
③ 《资治通鉴》卷一九七，唐太宗贞观十八年八月，第6210页。
④ 《贞观政要集校》卷九《议征伐》，第492页。

渐产生裂痕。这一切都使统治集团的内耗不断加重，造成很不好的历史影响。

魏徵是太宗曾经最为信任的大臣，死后太宗亲自为其起草碑文。魏徵生前曾密荐中书侍郎杜正伦与吏部尚书侯君集有宰相之才，后杜正伦为太子右庶子屡次向太子李承乾进谏，李承乾不听，杜正伦在无可奈何的情况下，就对李承乾说，如再不改过，就将向太宗上奏，并说这是太宗对他叮嘱过的。此事被太宗知道，认为杜正伦泄露秘情，将他贬官。侯君集因参与太子李承乾谋反之事被诛。于是太宗怀疑魏徵"阿党"，即搞小集团。魏徵又曾将他前后进谏的言辞拿给当时的史官褚遂良看，太宗知道后，更加不高兴。遂下令推倒了魏徵墓前的碑石，又撕毁答应把衡山公主嫁给魏徵之子魏叔玉的婚约。后来，太宗征伐高丽失败，损失很大，十分后悔，认为魏徵如果活着，一定不会让他有这次行动，遂命人再次立起推倒的碑石，并赏赐了魏徵的家属。

唐俭跟随太宗30年，一向忠心耿耿，太宗十分赏识，曾将豫章公主嫁给唐俭之子唐善识。太宗晚年自尊心极强，有一次他与唐俭下棋发生了争执，这本是游戏之道，不必认真对待；但是太宗认为这是唐俭轻视于他，大怒，将他从吏部尚书贬到潭州（今湖南长沙）去做地方官。太宗还不解恨，要尉迟敬德去访察唐俭是否有怨言，准备借故杀死他。幸亏尉迟敬德实事求是，否则唐俭早已成了刀下冤魂。据《朝野佥载》记载："唐俭事太宗，甚蒙宠遇，每食非俭至不餐。数年后，特憎之，遣谓之曰：'更不须相见，见即欲杀。'"[1]这正是太宗晚年心态的真实写照。

像房玄龄这样的名相，为太宗夺得帝位和贞观之治的促成，都建立了不朽的功勋。在贞观后期也多次因小事被太宗赶回家中赋闲，经人劝解，又数次任用。在这样的政治气氛下，不少朝臣战战兢兢，唯恐大祸临头。贞观十八年，岑文本被任命为中书令（宰相），回家以后面带忧色，他母亲询问何故如此愁苦？岑文本说："非勋非旧，滥荷宠荣，位

---

① 《朝野佥载·补辑》，第172页。

高责重，所以忧惧。"亲戚、朋友得知岑文本升任宰相，皆来祝贺，岑文本说："今受吊，不受贺也。"①岑文本的弟弟岑文昭，只不过是一个正九品上的校书郎，此人喜欢结交宾客，太宗听到后很不高兴。他对岑文本说，要将其弟贬到地方去做官。岑文本再三哭求，说他母亲年事已高，特别珍爱其弟，从小未离开过身边，如贬到外地，老母忧愁，肯定会不久于人世。太宗这才收回成命，把岑文昭召入宫中，严厉谴责，不许其再与人交往。岑文昭不过是一个小小的校书郎，即使结交一些朋友，也搞不出大名堂，太宗之所以如此看重此事，关键在于对岑文本的防范，担心岑文本通过其弟培植个人势力。太宗晚年疑心之重，于此可见一斑。正因为如此，一些元老功臣晚年大都杜门不出，以防猜忌。如尉迟敬德，晚年"谢宾客不与通"②。李勣也深为太宗所忌，太宗晚年几乎要杀死他。

刑部尚书张亮好收认假子（义子），曾收养500人之多。太宗认为他图谋不轨，遂将他下狱并命马周等人推按此事。张亮不服，太宗说："亮有义儿五百，畜养此辈，将何为也？正欲反耳。"③命百官商议这件案子，群臣不敢违背皇帝的意见，遂都说张亮谋反应当诛杀，唯独将作少匠李道裕认为张亮谋反的证据不足，罪不当死。但太宗刚愎自用，根本听不进去正确的意见，遂将张亮处死，并抄没家产。不久，太宗又后悔错杀张亮，遂将李道裕提升为刑部侍郎。

最为荒唐的是，贞观二十二年处死左武卫将军李君羡之事。这一时期太白星屡次于白天出现，主管天文的官员说这预示着女皇帝将昌盛。同时民间又流传着"唐三世之后，女主武王代有天下"的谶语，太宗听到后十分厌恶。有一天，太宗在宫中设宴款待武臣，"行酒令，使各言小名"。李君羡自言他的小名叫五娘，太宗听后不觉一惊。又因李君羡官名带有一"武"字，他的封爵是武连县公，又有一"武"字，遂怀疑李君羡是否将来会取代李唐的社稷。于是将李君羡贬为华州刺史，然后

---

① 《旧唐书》卷七〇《岑文本传》，第2538页。
② 《新唐书》卷八九《尉迟敬德传》，第3755页。
③ 《旧唐书》卷六九《张亮传》，第2516页。

借故诛杀，抄没其家。①太宗还不死心，要杀所有怀疑的人，经太史令李淳风劝解，才免使更多的人被冤死。此类事情本是无稽之谈，太宗为此诛杀大将实在不可取。

太宗晚年不仅对朝臣大加猜忌，对地方官员亦不能完全信任。贞观二十年，他派大理卿孙伏伽等22人分赴全国各地巡察，使一大批刺史、县令受到贬黜。这些人不服，纷纷赴阙称冤。太宗亲自处理了此事，"以能进擢者二十人，以罪死者七人，流以下除免者数百千人"②。如此之多的地方官一次被贬黜，实在令人吃惊，如果当时真有这么多的地方长吏贪暴不法的话，那么贞观后期的唐朝社会将是多么黑暗，贞观之治又从何说起呢？从本来被贬黜的地方官中，经太宗亲自过问后又反倒提升了20名的事实看，可以断言这其中的冤滥之事还不少。

贞观后期朝廷大臣中的互相攻击、互相构陷的内耗也不少，仅举两例，就可见一斑。崔仁师直言敢谏，深得太宗信任，贞观二十二年，被提升为中书侍郎、参知机务，即宰相。当时的中书令是褚遂良，他见自己的副手也成为宰相，心中甚是不平。史载："时仁师甚承恩遇，中书令褚遂良颇忌嫉之。"③正好有人赴阙上诉，崔仁师不奏，被太宗除名，流放到远州，至高宗时才遇赦返京。这件事本不是大事，却得到很重的惩处。当时太宗对崔仁师正在信任之时，担任宰相也仅1月有余，不是有人从中挑唆，决不会这么快就遭贬逐，此人极可能就是褚遂良。

这一时期最冤枉的是宰相刘洎的被诛之事，太宗征高丽时，留刘洎辅佐太子李治，并兼太子左庶子，"总吏、礼、户部三尚书事"，权力之重前所未有。太宗临行时对刘洎再三叮嘱，要他尽心辅佐太子。刘洎为了使太宗放心国内之事，遂表示说："愿陛下无忧，大臣有罪者，臣谨即行诛。"太宗听后心中不快。贞观十九年，太宗病重，刘洎探视后，"色甚悲惧"，担心太宗可能会死去，对同僚说陛下病情如此沉重，实在令人担忧！"或谮于上曰：'洎言国家事不足忧，但当辅幼主

---

① 《资治通鉴》卷一九九，唐太宗贞观二十二年六月，第6259页。

② 《资治通鉴》卷一九八，唐太宗贞观二十年正月，第6234页。

③ 《旧唐书》卷七四《崔仁师传》，第2622页。

行伊、霍故事，大臣有异志者诛之，自定矣。'上以为然。"①太宗遂下诏赐刘洎自尽。这里没有说明是谁诬陷刘洎的。据《旧唐书·刘洎传》，原来此人是褚遂良。此书还记载说，太宗病好后，曾亲问刘洎，"洎以实对"，又说马周在场可以证明，太宗又问马周，马周回答与刘洎"所陈不异"。"（褚）遂良又执证不已，乃赐洎自尽。"②马周既已做了证明，太宗仍然坚持要置刘洎于死地，固然与褚遂良从中起作用有关，更重要的是太宗此时已对刘洎心存猜忌，必欲置其死地。宋代史学家司马光认为褚遂良是忠直之臣，必不会干此等之事，认为这是许敬宗修《贞观实录》时故意归咎于褚遂良的。从褚遂良妒忌崔仁师之事看，他完全可能这样干。贞观后期褚遂良依附于长孙无忌，又百般取悦于太宗，故提升极快，太宗临终又成为顾命大臣之一。后来他追随长孙无忌反对高宗立武则天为皇后，被贬黜到外地后，又上书乞求宽恕，如此软骨头，如何谈得上"忠直"二字？当然也不能否认他的确提出过一些有益的建议，有不少建树，然并不能以此就将其曾做过的错事、坏事一笔勾销。人是复杂的，不可能一好百好，一丑皆丑，历史人物亦是如此。

（三）生活上的奢侈

太宗在贞观前期生活比较节俭。贞观十一年，马周在上疏中就已指出太宗近来营作过多，百姓徭役负担过重，并认为后宫妃嫔及诸王妃服饰奢华，说明太宗已经开始改变一贯的节俭作风。贞观十三年，"魏徵恐太宗不能克终俭约，近岁颇好奢纵"③，遂上疏进谏。魏徵的这次上疏虽主要谈节俭问题，但同时涉及不少政治问题，这里仅就他指出的太宗奢纵之事，分条列举如下：其一，求骏马于万里，购珍奇于域外，又好追求各种新奇物品，"见轻于戎狄"。其二，忘记节俭，轻用人力，营建不息，还强词夺理说百姓无事则骄逸，经常劳役则容易管理。其三，

---

① 《资治通鉴》卷一九八，唐太宗贞观十九年十二月，第6233页。
② 《旧唐书》卷七四《刘洎传》，第2612页。
③ 《贞观政要集校》卷一〇《论慎终》，第536页。

喜好畋猎，致使"鹰犬之贡远及于四夷"。其四，徭役繁重，工匠上番期满又以和雇的名义留用不放，兵士上番不从事军事活动却派作其他驱使。其五，生活骄奢日益严重，口头上说要节俭恤民，心里头却不忘追求享乐。心欲营建，不愿人谏，"乃云：'若不为此，不便我身。'人臣之情，何可复争？"①目的在于堵塞谏者之口。从魏徵的上疏中可以看出，从贞观十一年到十三年，太宗生活作风的变化是很大的，尤其值得注意的是，他还采取两面手法，说的一套，做的又是另一套。又想尽种种办法，找各种借口，杜绝群臣对他的进谏，这是一个非常危险的倾向。

不过在这一时期太宗尚能听取臣下的一些进谏，虽有奢侈行为但还不算过分，贞观后期才有所加重。太宗的营建活动主要有：修葺了洛阳宫苑，在东都禁苑兴建了飞山宫、元圃苑，在汝州西山兴修了襄城宫。在关中修建了汤泉宫，天宝时改名华清宫。修葺了九成宫，兴建了翠微宫和玉华宫等。其中汤泉宫兴建于贞观十八年，由左屯卫大将军姜行本和将作少匠阎立德奉诏建造。翠微宫兴建于贞观二十年，位在终南山上，太宗就崩于该宫的含风殿。玉华宫兴建于贞观二十一年，位于宜君县（今陕西宜君）凤凰谷，为太宗晚年避暑之用的行宫。②以上几处行宫规模都较大，耗费了不少人力、财力。其中玉华宫在兴建时，太宗"务令俭约"，"然备设太子宫、百司，苞山络野，所费已巨亿计"。③由于这几处宫室接连兴建，所谓"北阙初建，南营翠微，曾未逾时，玉华复兴"④，徭役屡兴，给关中人民带来了很大的苦难。修建襄城宫时，"役工一百九十万，杂费称是"⑤。花费如此之大，太宗只住了数日，就因当地天气暑热而废去，并将负责工程的阎立德罢官。

唐太宗虽多次批评隋炀帝奢纵亡国，但在内心却对其豪华的生活

① 《贞观政要集校》卷一〇《论慎终》，第536—541页。
② 《类编长安志》卷二《离宫》，第67—69页。
③ 《资治通鉴》卷一九八，唐太宗贞观二十二年正月，第6253页。
④ 《唐会要》卷三〇《玉华宫》，第647页。
⑤ 《唐会要》卷三〇《诸宫》，第652页。

极为羡慕。他盛饰宫殿，明燃灯烛，仿效隋炀帝那样过夜生活，然后将炀帝的萧后请来一同观赏，并问她："朕施设孰与隋主？"萧后笑而不答，再三询问，她才说炀帝不过是亡国之君，陛下是开基之主，奢侈与俭约，本不相同。太宗又问炀帝到底奢华到什么程度？萧后说："隋主每当除夜（至及岁夜），殿前诸院设火山数十，尽沉香木根也。每一山焚沉香数车，火光暗则以甲煎沃之，焰起数丈，沉香甲煎之香，旁闻数十里。一夜之中，则用沉香二百余乘，甲煎二百石。又殿内房中不燃膏火，悬大珠一百二十以照之，光比白日。又有明月宝夜光珠，大者六七寸，小者犹三寸，一珠之价，直数千万。妾观陛下所施，都无此物。殿前所焚，尽是柴木，殿内所烛，皆是膏油。但乍觉烟气熏人。"太宗听了萧后的这番描述，好长时间不说话。"口刺其奢而心服其盛"①这句话是对太宗心理活动的真实描述。

关于唐太宗晚年的这种变化，他自己也不否认，他曾对太子李治说："吾居位已来，不善多矣，锦绣珠玉不绝于前，宫室台榭屡有兴作，犬马鹰隼无远不致，行游四方，供顿烦劳，此皆吾之深过，勿以为是而法之。"②太宗在晚年能认识到这些不足的方面，算是对自己有一个客观的总结，说明太宗毕竟不同于一般的庸主，并没有完全被成功冲昏了头脑，这还是难能可贵的。

以上从3个方面对太宗在贞观后期的变化做了评述，但并不是说他已经蜕化到质变的程度，我们这样评述他，只不过是为了更全面地评价一个历史人物。客观地看，太宗是功大过微，优点仍然占主要地位。说他后期文过饰非，不愿纳谏，主要是和前期比较而言，不那么主动求谏了，并非如隋炀帝那样任何话都听不进去。他直到临终前不久，还奖励了徐贤妃的进谏。在贞观后期朝廷中，忠臣与良臣还是占绝大多数，奸佞小人毕竟是极少数，吏治和政治风气仍比较好。生活上的奢侈情况，也不很严重，这主要是因为太宗虽然十分向往豪华的生活，然而他同时

① 李时人编校：《全唐五代小说》外编卷三《隋炀帝》，北京：中华书局，2014年，第3629页。
② 《资治通鉴》卷一九八，唐太宗贞观二十二年正月，第6251页。

认识到一味地追求奢侈将可能带来的严重后果，所以不敢过分放纵自己。总之，对唐太宗的评价必须坚持客观、公正、实事求是的原则，既不掩饰其过失，一味美化，又不夸大缺点，言过其实。

六、征伐高丽的失败

（一）征辽背景

唐太宗发动进攻高丽的战争，是他晚年的又一大失误。早在战国时期朝鲜半岛上的朝鲜与真番就臣属于燕国。汉武帝曾出兵平定朝鲜，在当地设立了4个郡。汉代的长城，以浿水（今朝鲜大同江）为东界。汉衰，在朝鲜半岛出现了夫余和高句丽两个政权，但东汉一代，高句丽仍一直是东汉的臣属国。魏晋南北朝时期高句丽虽然一直与中国保持着朝贡关系，但是又念念不忘想占据辽东地区，曾先后被曹魏和前燕击败，其都城丸都城（今吉林集安）被毁。在这种形势下，他们只好南下攻取平壤，将其作为新的都城。后燕慕容熙时，高句丽乘后燕衰败之际，夺取了辽东部分地区，把疆土扩展到辽水一线，成为东亚的一个强国。

高丽（高句丽的简称）占据辽东以后仍不满足，又想向辽西扩展。隋文帝开皇十八年（598）二月，高丽王高元出兵万余骑进攻柳城（今辽宁朝阳），隋文帝出动30万大军伐高丽，高元畏惧，撤兵并遣使求和，隋军由于运粮困难，发生了疾疫，故同意其求和，罢兵而返。由于这些原因，双方的关系出现了裂痕。后来隋炀帝3次征伐高丽，公开的理由就是要收复辽东的中国故土，因此这场战争又称征辽战争。

唐朝建立后，高丽仍对唐朝保持着臣属关系。但是唐朝君臣并没有忘记辽东之地为中国故土，从武德时期的重臣温彦博对唐高祖的一段话中，就可以清楚地了解这一点，他说："辽东之地，周为箕子之国，汉家之玄菟郡耳。魏、晋已前，近在提封之内。"[①]在隋唐时期，隋文帝、

---

① 《旧唐书》卷六一《温大雅传附彦博传》，第2360页。

隋炀帝前后出兵4次，唐高宗又相继2次征伐，一个重要的原因，就是要恢复中国旧土。

唐朝初年，高丽、百济、新罗三国的矛盾越来越激化，互相之间不断发生战争，三国虽都与唐朝保持着臣属关系，但由于新罗占据着汉江口，开辟了与中国贸易的直接通道，与唐朝的关系更为紧密。高丽与百济的联合，使新罗在朝鲜半岛更加孤立，于是它就更加依赖于唐朝支持，以便与对方抗衡。贞观前期，新罗数次遣使要求唐朝出兵讨伐高丽，太宗因国内经济尚未恢复，不愿劳民伤财，没有答应出兵。贞观十六年高丽大臣泉盖苏文发动政变，杀死了其王高建武，另立高建武侄子高藏为王，自己为莫离支，[①]擅权专政。唐营州都督张俭将此事上奏给太宗，有人建议出兵讨伐，太宗认为泉盖苏文弑主，罪大恶极，本应出师讨伐，但山东（指太行山以东）地区社会经济的残破状况尚未完全恢复，不忍出师劳民。次年，百济联合高丽攻下新罗40余城，新罗遣使向唐朝求救，太宗派相里玄奘为使，入高丽调解三国关系，告诫其不得再向新罗进攻，否则将出兵讨伐。但泉盖苏文拒不接受唐朝的调解，遂使其与唐朝的关系急剧恶化。

贞观十八年，相里玄奘返国向太宗汇报了有关情况，太宗大怒，决定出师讨伐。当时，褚遂良等人反对向高丽用兵，李勣等武臣却支持用兵，意见很不统一。反对用兵者的理由主要是担心一旦出师不利，损兵折将，有损于国威，这主要还是隋军兵败的余悸未消。而主张用兵者则认为高丽小夷，竟敢抗拒天子旨意，泉盖苏文弑主罪恶极大，必须讨之。虽然这两种意见都未提到辽东土地问题，但并不等于这个问题不存在。古代用兵讲究师出有名，泉盖苏文弑主与拒绝天子调解其与新罗的关系，在当时人看来都是以下犯上的行为，出兵讨伐当然师出有名，而高丽占据辽东之地乃是前代之事，当然此时不便作为用兵的理由。相里玄奘入高丽调解时，泉盖苏文以新罗在隋朝进攻高丽时曾夺去高丽土地

---

① 《旧唐书》卷一九九上《高丽传》：莫离支，"犹中国兵部尚书兼中书令职也"，第5322页。

500里为由，拒绝接受唐的调解。相里玄奖说："既往之事，焉可追论！至于辽东诸城，本皆中国郡县，中国尚且不言，高丽岂得必求故地。"①可见唐朝并未忘记辽东故土，只是不便明言而已。

这年七月，太宗命将作大匠阎立德在洪（今江西南昌）、饶（今江西鄱阳）、江（今江西九江）等州造大船400艘，以运军粮。命营州都督张俭率唐军及契丹、奚、靺鞨等部兵，先进攻辽东。命太常寺卿韦挺、户部侍郎崔仁师为馈运正副使，从陆路运输军需物资；太仆寺少卿萧锐负责从海路运输军粮。唐朝将大举出兵的消息传出后，高丽十分恐惧，于九月派使入朝贡献白金，太宗拒绝接受，并扣押了其使者，表明太宗拒绝了高丽的求和请求。

十一月，太宗任命张亮为平壤道行军大总管，率领江淮、岭峡等地兵4万，又从长安、洛阳招募勇士3000余人，分乘战舰500艘，从莱州（今山东莱州）越海直趋高丽；命李勣为辽东道行军大总管，率步骑6万及兰（今甘肃兰州）、河（今甘肃和政西北）二州内迁的诸族胡人，进攻辽东。太宗以为隋炀帝以暴虐对待其下，高丽王仁爱其民，故炀帝不能成功。他这次出师有五个有利条件，即一以大击小，二以顺讨逆，三以治乘乱，四以逸待劳，五以悦当怨，焉能不成功。其实太宗有些盲目乐观，唐军长途行军，运输困难，以逸待劳之说从何而来？这次出兵朝中不少大臣都反对，广大百姓就更不用说了，以悦当怨之条件也不存在。至于以大击小，唐朝虽是大国，但这次出兵不过10余万，兵力上也不占优势，和隋炀帝的百万大军不可同日而语，如何能保证必胜呢？

临出师时，宰相房玄龄病重，仍上表反对用兵。房玄龄为人谨慎，对太宗从来都是逆来顺受，他能出面反对太宗的决定，可见他对战争的前途非常担忧。李大亮临死前也上表反对出师。此外，唐军的平壤道行军大总管张亮也是一个反对用兵者。这么多人反对，太宗仍一意孤行，这在以前还比较少见，其原因太宗自己说得很清楚，

① 《资治通鉴》卷一九七，唐太宗贞观十八年正月，第6206—6207页。

即"辽东本中国之地，隋氏四出师而不能得；朕今东征，欲为中国报子弟之仇，高丽雪君父之耻耳。且方隅大定，惟此未平，故及朕之未老，用士大夫余力以取之"①。说明太宗用兵高丽，一是为夺取辽东故地，二是好大喜功，欲耀武扬威于异域，在自己未老之前，为自己的生平再添上浓墨重彩的一笔，因此不惜耗费民力财力，不顾众人反对一意孤行，御驾亲征。

（二）铩羽而归

贞观十九年四月，李勣率大军从营州出发，在怀远镇（今辽宁沈阳西南）一带大张旗鼓，做出将从这里渡过辽水的假象，却引兵向北，从上游的通定镇渡过辽水，高丽大惊，诸城邑皆闭门自守。营州都督张俭率胡族军队为前锋，直趋建安城（今辽宁营口东南），大破高丽兵，斩首数千级。②李勣与李道宗率唐军主力攻下盖牟城（今辽宁盖州），然后率军渡过200里沼泽地，直攻辽东城（今辽宁辽阳）。五月，高丽军步骑4万从国内城等处来救辽东城，江夏王李道宗率4000骑兵迎击。部下众将认为众寡悬殊，主张深沟高垒防守不战，等待太宗所率大军来援。李道宗认为敌军自恃人多，有轻我之心，应当利用其长途行军疲惫之机，迅速出机。李勣也支持他的主张。交战之时，由于总管张君乂畏敌退走，致使唐军失利，幸赖李道宗与李勣率众力战，才击败高丽军，斩首千余级。不久，太宗亲至辽东城下，督率诸军四面围攻，昼夜不息，大战20日，放火烧毁西南城楼，大火一直延烧到城内，唐军乘势登城，攻下辽东城。此战斩首万余级，俘获兵士万余人、男女4万余口。遂以其地为辽州。

这时张亮所率的唐军也从海上登岸，进攻卑沙城（今辽宁大连市金州区东大黑山）。该城形势险要，三面为绝壁，只有西门可入城，唐军

---

① 《资治通鉴》卷一九七，唐太宗贞观十九年三月，第6217—6218页。
② 《资治通鉴》卷一九七，唐太宗贞观十九年四月，第6218—6219页。此条两《唐书·高丽传》未载，若《资治通鉴》所记不误，则张俭军必是从辽水下游渡过。

夜袭该城，将其迅速攻破，俘获男女8000余口。张亮的部下总管丘孝忠率军抵达鸭绿水，耀武扬威。

唐军进攻白岩城（今辽宁抚顺南），高丽乌骨城（今辽宁丹东西北）派兵万人前来增援。唐将契苾何力率800余骑迎击，由于人数寡少，契苾何力身受重伤，幸赖薛万备死战救出。契苾何力为太宗麾下勇将，不服其败，回营束疮，又再次率兵出击，击败高丽军，追赶数十里，因天色黑暗而返。六月，唐军攻破白岩城，在这里设置了岩州，以盖牟城为盖州。

接着唐军乘胜进攻安市（今辽宁辽阳西南），太宗亲临城下指挥作战。此战是这次战争的关键战役，泉盖苏文非常重视，派高延寿、高惠真率15万大军增援安市。太宗分析敌情时，指出敌方有上中下三策，上策是与安市连兵，据高山之险，骚扰唐军后路，使唐军进不能攻破安市，退为泥沼、沼泽所阻，困乏疲惫唐军；中策是接应安市之军共同退走；下策是率军直接与唐军决战。他估计敌军必用下策，这样必为唐军所破。当时高丽有一老臣建议高延寿屯兵不战，旷日持久，分兵切断其粮道，唐军缺粮，可一战获胜。高延寿不听，领军直进，距安市40里扎营，准备与唐军决战。这样的部署与太宗事先的估计完全一致，失败是难免的了。

太宗还担心高延寿不敢进兵，命大将阿史那社尔率突厥兵与其交战，伪装力不能敌，撤兵败走。高丽诸将果然中计，以为唐军战斗力不强，竞相率军直进，到安市城东南8里，依山列阵，准备决战。太宗命李勣率步骑1500人于西面列阵，命长孙无忌率精兵1.1万人为奇兵，出山北从敌阵后方攻击，太宗自率精兵4000人，偃旗息鼓，登上安市北山，约定诸军听到鼓声一齐出击。高丽军只看到李勣独自列阵，欺唐军人数不多，纵兵出击。太宗在山上望见长孙无忌所率之军尘埃大起，知道他已经到了敌军后方，遂举旗帜，鸣鼓角，各路唐军齐出，杀向敌军。高延寿这时才知陷入重围，正准备分兵迎击，然阵容已乱，唐兵勇猛冲击，高丽兵溃不成军，斩首2万余级。高延寿率残军退到一座山头，坚守不出。太宗命诸军四面围住，撤去桥梁，切断其退路。高丽军困守孤山，无兵援助，不得已高延寿、高惠真率残兵3.68万人向唐军投降。太宗十分得意，对二高说："东夷少年，跳梁海曲，至于摧坚决胜，故当不及老人，自今复敢与天子战乎？"①此战唐军全歼高丽大军，缴获马5万匹、牛5万头、铁甲万领，其他军械物资无数。高丽举国震动。

唐军歼灭高丽援军后，遂包围了安市城，四面攻打。城上人望见城外的天子旗盖，鼓噪不止，太宗大怒，命令李勣攻破城后，把全城男女全部坑杀。安市人听到这个消息，更加坚定了守城的决心，力战不降，致使城池久攻不下。江夏王李道宗督率唐军堆土山于安市城东南，高丽军也加高城墙以防御。唐军用冲车炮石摧毁城堞，高丽军遂用木栅堵塞缺口，战斗十分激烈，李道宗也受了伤。唐军见冲车炮石攻击无效，遂加快堆筑土山，日夜不息，历时两月，终于使土山的高度超过城墙。李道宗因为脚部受伤，命果毅都尉傅伏爱率兵在山顶作战，土山突然倾倒，压垮城墙，正好傅伏爱擅自离部，高丽军从城缺口杀出，争夺土山，唐军无人指挥，致使土山被高丽军夺去，挖深沟防御，唐军失去了攻取安市的最好时机。太宗大怒，将傅伏爱斩首，命诸将奋力攻城，大战三日，城不能克。

九月末，辽东一带气温急剧下降，草木枯黄，冰雪遍野，唐军粮食即将用尽，太宗遂下令撤军。唐军在撤退途中遇到暴风雪，人马冻死冻伤者甚多，太宗命沿路燃火以防将士继续冻伤，克服不少困难，于十月撤到营州。此战，唐军共攻下辽东地区10座城邑，斩杀高丽军4万余人，俘获者不在其内，唐军战死2000余人，但冻死伤者甚多，战马损失了十分之七八。面对如此局面，太宗这才后悔没有听从群臣劝谏，发动了这场战争。

此战虽然唐军没有取得胜利，但唐朝毕竟是大国，高丽惧怕唐军再次来攻，遂于贞观二十年遣使入唐谢罪。太宗对此次战争的失败心有不

---

① 《资治通鉴》卷一九八，唐太宗贞观十九年六月，第6226页。

甘，遂于贞观二十二年遣右武卫大将军薛万彻率军进攻高丽，薛万彻攻破泊灼城（今辽宁丹东东北）后，撤军而返，没有取得大的战果。太宗仍不死心，又命在川蜀造大船，准备再次伐高丽。由于徭役繁重，致使雅（今四川雅安）、邛（今四川邛崃）、眉（今四川眉山）三州獠人因不堪重负而起义，太宗命右卫将军梁建方率大军2万才镇压下去。太宗于是又命在潭州造船，由蜀人出庸绢。州县催逼甚急，"民至卖田宅、鬻子女不能供，谷价踊贵，剑外骚然"。①为了防止发生规模更大的起义，太宗才下诏免去蜀人庸绢，改由政府拨款。可见在贞观末年部分地区的社会矛盾已经有所激化。由于太宗于次年逝去，这场战争才暂时平息了。

（三）失败原因

太宗征伐高丽失败的原因，从客观上看，地理、气候条件的恶劣是一个重要的因素。我国东北的冀辽一带每年农历九十月至来年二三月为寒冻期，六七月间又为雨季。唐军必须在寒冻过后，雨季来到之前取得胜利，否则雨季泥泞，寒期冰冻，运输中断，战争将无法进行。然而唐军想在如此之短的时间内迅速获胜似乎不大可能，且太宗事先也没有充分地估计到这些困难，故无法取胜。

从主观方面看，太宗此次作战在战略上错误甚多，又不能虚心听取别人意见，采取了稳扎稳打、步步为营的错误战法，致使战争旷日持久。早在太宗围攻安市之前，李道宗见高丽调集15万大军来援，估计平壤守御兵力虚弱，向太宗建议由他率领一支队伍，袭击平壤，太宗不听。击败高丽的15万大军后，太宗认为安市地形险要，守将又善于防守，提出先攻取建安，建安兵弱粮少，可以迅速攻下，这样就可使安市失去策应力量、陷入孤立无援的地位。李勣不同意这种战法，认为越过安市攻建安，如安市之敌切断唐军粮道，局势将不利于唐军。太宗错误

---

① 《资治通鉴》卷一九九，唐太宗贞观二十二年九月，第6261—6262页。

地接受了李勣的意见。李勣之所以不愿采纳太宗的意见，主要是因为自己是前线统帅，如冒险失利，将会置天子于危险境地，他不敢承担这样大的责任。

在唐军围攻安市不下时，高丽降将高延寿、高惠真又向太宗提出建议，认为安市城坚，一时难下，而乌骨城守将年老，防御薄弱，应先攻取，其余小城必望风而下；然后收其资粮，直趋平壤，可获大胜。群臣也都认为张亮之军在卑沙城，命其直趋乌骨城，配合大军攻城，可以迅速攻下，然后进取平壤，不可屯兵于安市坚城之下。这些建议又遭到长孙无忌的反对，他认为天子亲征，不同于诸将，不可冒险以图侥幸，坚持先破安市后攻建安，步步推进的战法才是万全之策。遂又一次拒绝了这些正确的意见。元代史学家胡三省说："太宗之定天下，多出奇取胜，独辽东之役，欲以万全制敌，所以无功。"①明清之际的著名学者王夫之评论说："夫世勣、无忌岂不知困守坚城之无益，而阻挠奇计，……唯天子亲将，胜败所系者重，世勣、无忌不敢以万乘尝试，太宗亦自顾而不能忘豫且之戒也。"②这些评论都非常精辟，可谓一针见血。那么太宗是否认识到战争失败的原因呢？似乎没有。他事后曾向李靖征询战争失利的原因，李靖说李道宗对此有见解。太宗又问李道宗，李道宗遂将自己建议乘虚进取平壤的话又复述一遍，太宗回答说自己已记不得有这个建议了。可见在他的主观意识中，从来就没有从自己身上寻找过失败原因。当了皇帝以后，太宗在军事上对自身的安全考虑多了些，已经丧失了当年的胆略、魄力和果断，加上骄傲轻敌，战略指导上的错误，遂使这位常胜统帅竟以晚年一次败仗结束了自己的军事生涯。

① 《资治通鉴》卷一九八，唐太宗贞观十九年八月胡注，第6229页。
② 《读通鉴论》卷二〇《太宗二三》，第613页。

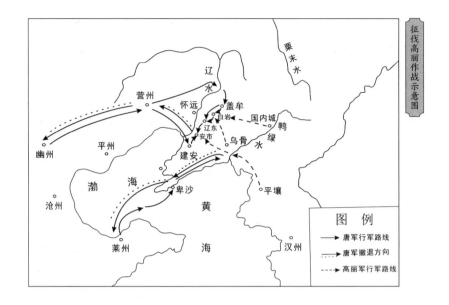

七、服食丹药的恶果

（一）嗜食丹药

　　唐太宗死于贞观二十三年（649）五月，终年53岁，对于一位驰骋疆场多年，又平生喜好畋猎的皇帝来说，这个年龄死去似乎有些过早，究其原因，完全是嗜服丹药的恶果。太宗早年曾嘲笑秦始皇追求神仙长生之术，并认为人的寿命长短，"皆得之于自然，不可以分外企也"[①]。又说："忠良可接，何必海上神仙乎？丰镐可游，何必瑶池之上乎？"[②]说得如此冠冕堂皇，不想在晚年竟也重蹈他曾经嘲笑过的人的覆辙，真是一个莫大的讽刺。

　　太宗早年患有"气疾"，但是对健康影响不大，从他经常外出畋猎就可以证明这一点。贞观十七年，太子李承乾与魏王李泰之间的政争，

---

① 《旧唐书》卷三《太宗纪下》，第47页。
② 《唐太宗全集校注·诗赋编·帝京篇》，第3页。

对他精神上的打击很大。征伐高丽的失败，使这位战无不胜的皇帝郁郁寡欢，回国后大病一场。据载，贞观十九年十一月，太宗在定州一度病情严重，几乎丧命，经过抢救后扶病急返京师。次月，到并州，病情好转，百官皆贺，于是在当地休养，直到次年三月才返回长安。回长安后因病未痊愈，需要继续疗养，遂命太子李治处决军国机务。从此以后太宗的健康每况愈下，关于他患病的记载接连出现。在这种情况下，太宗可能逐渐迷信金石丹药，希望真的有灵丹妙药能够发挥奇效，使自己长生不老。史籍中有太宗从此之后，直到贞观二十三年丧命为止，连接不断的患病记载，这和他服食丹药有极大的关系。这样做不仅没有恢复他的健康，反而使其病情更加恶化，最终因此而丧命。

　　贞观二十一年正月，高士廉病逝，太宗欲亲往哭祭，长孙无忌劝谏说："陛下饵金石，于方不得临丧，奈何不为宗庙苍生自重！"①可见太宗在此之前已开始服食方士丹药了。大概太宗因服食中国方士的丹药无效，于是转而服用外国术士的丹药，以求获得长生。《续世说》卷九载："太宗俘虏天竺国人，就其中得方士那罗迩娑婆寐，自言二百岁，云自有长生之术。"这个天竺人就是王玄策所俘获的众多天竺人中的一个，应当是在贞观二十二年五月到达长安的。太宗对他深加礼敬，"馆之于金飙门内，造延年之药"。并且命令兵部尚书崔敦礼监督此事，命天下各地采集奇药异石，供其炼制丹药。"药成，服竟不效"②。

　　太宗的直接死因就是服食了这位天竺人所制的丹药。高宗时东台侍郎郝处俊说："昔贞观末年，先帝令婆罗门僧那罗迩娑寐依其本国旧方合长生药。胡人有异术，征求灵草秘石历年而成。先帝服之，竟无异效，大渐之际，名医莫知所为。"③宪宗时的朝臣李藩也说："文皇帝服胡僧长生药，遂致暴疾不救。"④这些都可证明太宗是死于此人所制之药。根据史籍记载，这个天竺人炼制长生药大约花费了将近一年时间。他是贞观

① 《资治通鉴》卷一九八，唐太宗贞观二十一年正月，第6244页。
② 《旧唐书》卷一九八《天竺传》，第5308页。
③ 《旧唐书》卷八四《郝处俊传》，第2799页。
④ 《旧唐书》卷一四《宪宗纪上》，第432页。

二十二年五月到的长安，太宗死于次年五月，正好一年时间。据记载，太宗在贞观二十二年四月行幸翠微宫，此宫建在终南山上。此山相传是神仙、修炼之士经常出没的地方，太宗到这里来可能是为了找一个适当的场所服食长生药。另外，此时太宗虽然患病，但病情似乎还不重，因为在这之前，因久旱降雨，太宗还扶病到显道门外大赦天下，如果是病危就不会有这种举动，也不会离开长安到山中的一座行宫去。五月，太宗病情突然加剧，腹泻不止，大约是服食了这种丹药所致。御医束手无策，太宗很快就与世长辞了。因为太宗死在长安之外，为了以防万一，"乃祕不发丧"，返回长安时，"侍卫如平日"。[1]说明太宗的确是突然死亡，才使当时的将相如此紧张，到了长安才正式宣布皇帝驾崩。一位富有才干、文治武功、显赫一时的皇帝，最后竟死于一剂丹药，实在可悲。

这位夺去太宗生命的天竺人，按律当处以重罪，结果竟然平安地被放回国。出现这种不正常现象的原因，据载是唐朝政府担心如果诛杀此人，将遭到夷狄取笑，有损于唐朝的体面，因此不敢追究此人的罪行。[2]一位害人性命的凶手竟被无罪释放，唐太宗的生命如此不值钱，大概是他无论如何也不会想到的，历史和这位一代英主开了个大玩笑。

（二）临终遗命

唐太宗病危之时，仍然没有忘记玩弄权术，他对太子李治说："李世勣才智有余，但是你对他并无恩惠，恐怕他很难服你。我现在将他贬黜，他如果迅速离京而去，等我死后，你可以任命他为仆射（宰相）；如果他犹豫不愿服从，应当立即处死。"于是，太宗就将李勣从宰相任上贬为叠州（今甘肃迭部）都督。李勣接到诏令，没有回家就直接出京赴任去了，可见他对太宗的用心洞察得非常清楚。后人对太宗这种做法大有异议，认为他不能以诚待人，反而以权术对待臣下，故李勣也以权

---

① 《资治通鉴》卷一九九，唐太宗贞观二十三年五月，第6267页。

② 《旧唐书》卷八四《郝处俊传》，第2799页。

术对待高宗。这也是太宗晚年疑心太重的表现，和贞观前期形成鲜明对照。一个月后，高宗即位，遂命李勣为检校洛州刺史、洛阳宫留守，不久，又任命他为宰相。

太宗临终时，召长孙无忌与褚遂良入寝殿，将太子李治托付给他们，并嘱咐太子："无忌、遂良在，汝勿忧天下！"[1]这实际上是让李治一定要重用这两人，以便保证贞观政治得以继续推行，并命褚遂良起草遗诏。通观这篇遗诏，除了一些官样文字外，有几点内容值得注意：其一，诸王任都督、刺史者，都可以入长安奔丧，唯独不许李泰入京赴丧。太宗这样做是为了保证太子李治能顺利即位，并非他不喜爱李泰。其二，宣布停止征伐高丽的一切准备工作。说明太宗在临终时终于对这个问题有所认识，不愿为此再劳民伤财、大动干戈了。其三，宣布停止一切营建活动。[2]说明太宗对自己晚年追求奢侈生活始终保持着清醒的认识，并在实际行动上有所体现。最后，要求丧事及陵园修建从简。

在长孙无忌、褚遂良等人主持下，太子李治在长安太极殿即位，史称唐高宗。据载，太宗驾崩的消息宣布后，周边各国、各族在长安任职者和来长安朝贡者数百人，非常悲痛，按照各自民族的不同习俗，有的剪发、有的劓面、有的割耳，流血洒地，以表达他们悲痛怀念之情。阿史那社尔、契苾何力等蕃将请求杀身殉葬，高宗不许。这一切都说明太宗在各国、各族人民中威望是非常高的，深受他们的爱戴。

八、巍巍昭陵　长眠英主

（一）宏伟的昭陵

唐太宗的昭陵位于今陕西礼泉县东北45里的九嵕山上。昭陵是太宗生前亲自选定的陵址，他早年带兵作战以及在后来的畋猎中，对九嵕山

---

① 《资治通鉴》卷一九九，唐太宗贞观二十三年五月，第6267页。
② 《唐大诏令集》卷一一一《太宗遗诏》，第67页。

一带地形非常熟悉，他对侍臣说九嵕山孤耸迥绝，可将陵址定在此处。说明太宗看中了九嵕山的形势雄伟，因而才定为陵址的。

唐高祖的献陵是堆土成陵，即在高阜之地深凿墓室，堆土夯筑成高大的封土堆，称为"山陵"。而太宗的昭陵却与此不同，是"因山为陵"，即在山势险峻的九嵕山上，从旁凿石洞为地宫，绕山筑城，虽无封土，却利用了自然的山峰，比封土为陵显得更为宏伟高大。昭陵最早营建于贞观十年，当时长孙皇后病故，太宗命在九嵕山凿石为陵，动用了百十名工匠，数十日而毕。据《唐会要》卷二〇《陵议》条载，贞观十八年太宗下诏在九嵕山傍凿石室，二十三年八月十八日完工。历时5年，才最后完工，固然不如秦汉时期花费十几年乃至数十年时间修建一座帝陵，但也绝不是太宗在诏书中所说的"务从俭约"，"足容一棺而已"。有关昭陵情况目前尚无考古发掘资料可以参考，仅从文献记载看，其华丽堂皇的程度也已非常惊人了。昭陵"因九嵕层峰，凿山南面，深七十五丈，为玄宫"。玄宫即墓室。"缘山傍岩，架梁为栈道，悬绝百仞，绕山二百三十步，始达玄宫门。顶上亦起游殿。文德皇后即玄宫后，有五重石门，其门外于双栈道上起舍，宫人供养，如平常。"① 这些栈道在太宗葬入玄宫后，即被拆除。五代时，温韬任静胜军节度使，在镇7年，将唐朝诸帝陵在其境内的全部挖掘，其中昭陵封固最严密，温韬花费了很大气力，才得以进入玄宫，"见宫室制度闳丽，不异人间，中为正寝，东西厢列石床，床上石函中为铁匣，悉藏前世图书，钟、王笔迹，纸墨如新"②。这还不包括规模宏伟的地面建筑，可见太宗"务从俭约"的说法不过是官样文章而已。

太宗的昭陵开始了唐代帝陵"因山为陵"的制度。太宗为什么要凿山为陵，而不沿袭秦汉以来的封土为陵呢？用太宗自己的说法，有两条理由，其一是"今为此制，务从俭约"。就是说"因山为陵"比封土为陵更加节省人力财力。其二是殉葬之物不用金玉珍宝，可使"奸盗息

① 《唐会要》卷二〇《陵议》，第457—458页。
② 《新五代史》卷四〇《温韬传》，第441页。

心"。太宗生前几次讲到汉文帝的霸陵，依山为陵，不堆土为坟，不藏金玉，节俭为美。但是"因山为陵"比封土为坟的工程更为复杂，难度更大，并不节省人力物力，但墓道封固得的确比较严密。因此所谓俭约之说并不能成立，而后一理由才是其真正的目的，即深埋密封，防止盗掘。太宗自己在采用这一制度的同时，并要求子孙永遵此法，故自太宗之后的诸帝大都采用这一制度。

昭陵除了玄宫深在九嵕山峰之中外，还在地面绕山建造了如同皇宫一样的城墙、门阙、宫殿。在九嵕山之南有献殿，山之北有祭坛，西南面有下宫，山顶有神游殿，四周有城墙，城墙的四边中央设门，东为青龙门，西为白虎门，南为朱雀门，北为玄武门，城墙的四角建有角阙，驻有兵士以作警卫。

山顶上的神游殿位在玄宫之上，以供墓主灵魂游乐之用。

献殿也叫"寝宫"，主要供上陵朝拜或举行重要祭祀典礼之用。献殿是陵区内的主要建筑，规模宏大。据考察资料，献殿在朱雀门内，遗址约40米见方，东西面有庑房、阙楼以及门庭，中间有一条龙尾道通献殿。献殿除了供上面所说的活动外，还陈列墓主的神位和生前服御之物，史载："高力士于太宗陵寝宫见小梳箱一、柞木梳一、黑角篦一、草根刷子一，叹曰：'先帝首建义旗，新正皇极十有余载，方致升平，随身服用，惟留此物。将欲传示孝孙，永存节俭。'"[1]可证其事。

祭坛位于山北，其主体建筑是寝殿，中有神位，是进行日祭和时祭的场所。在位的皇帝对其父皇之陵要每日派人祭奠，叫日祭；朔望或节日祭祀，叫时祭。因此，寝殿周围建有供留守官员和宫人居住的房舍。寝殿本来设在山上，因供水困难，加之屡次失火有所烧毁，遂移到山下瑶台寺旁。献殿和寝殿分别设置，是为适应上陵朝拜、举行重大典礼活动，守陵官吏、宫人日常祭祀及饮食生活的需要，这样就使得重大祭奠典礼显得更加庄重。

据文献记载，太宗葬后，高宗李治为了弘扬其父皇的赫赫武功，命

---

① 〔唐〕郭湜：《高力士外传》，上海：上海古籍出版社，1985年，第115页。

令将各族、各国归附唐朝的君长形象，雕刻成石像，并题刻了每座石像官名、人名，连同昭陵六骏石雕，"列于陵司马北门内，九嵕山之阴，以旌武功"①。这些石像分别是：

突厥颉利可汗、右卫大将军阿史那咄苾。

突厥突利可汗、右卫大将军阿史那什钵苾。

突厥乙弥泥孰侯利苾可汗、右武卫大将军阿史那思摩。

突厥都布可汗、右卫大将军阿史那社尔。

薛延陀真珠毗伽可汗。

吐蕃赞普松赞干布。

新罗乐浪郡王金贞德。

吐谷浑河源郡王、乌地也拔勒豆可汗慕容诺曷钵。

龟兹王诃黎布失毕。

于阗王伏阇信。

焉耆王龙突骑支。

高昌王、左武卫将军麹智盛。

林邑王范头黎。

天竺帝那伏帝国王阿罗那顺。

这14尊石像分立寝殿门内东西两侧，其中西侧7个石像题名石座仍然存在，东侧置石像处早已坍塌，石像及石座也不知何时失去了。这些石像早已毁坏，仅残存几躯残体和几件残头石块，从残块看石像有深眼高鼻者，有满头卷发者，有辫发缠于头者，有头发中分向后梳拢者，有戴兜鍪者。现存西侧7个石像题名座分别是阿史那社尔、阿罗那顺、高昌王麹智盛、于阗王伏阇信、松赞干布、焉耆王龙突骑支、薛延陀真珠毗伽可汗。②此外，陈列昭陵六骏的位置，不在文献所载的东西庑房，经考察应在寝殿前的白石台基上。③

———————————

① 《唐会要》卷二〇《陵议》，第458页。

② 孙迟：《昭陵十四国君长石像考》，《文博》1984年第2期，第57—63页。

③ 李全：《昭陵祭坛勘查整理后记》，见人文杂志丛刊编委会编：《唐太宗与昭陵》，1985年自印本，第112页。

昭陵石刻在唐代诸帝陵中不算多，但在品类、造型及题材方面却有着独特的意义。首先是题材不取祥瑞、辟邪之类，也不取仪卫之形，而是选取太宗生前骑乘过的六匹骏马和十四国君长，使其具有弘扬武功，象征民族团结、国家统一的政治意义。其次，昭陵石刻采取写实与浮雕技法，具有很强的现实主义特色。各国君长石像高不过6尺，连座约9尺许，无论体长或面貌均无夸张之处，属于写实之作。六骏采取浮雕技法，此法以前多见于古青铜器和佛教艺术之中，自从昭陵六骏采用此法后，此后唐诸帝陵的鸵鸟也多采用此种技法。

（二）陪葬的制度

功臣在帝王陵园陪葬的现象，在唐代始于唐高祖的献陵，但制度却是唐太宗确立的。高祖葬于献陵之后，太宗下诏规定："自今已后，（功臣）身薨之日，所司宜即以闻。赐以墓地，并给东园秘器，事从优厚。"[1]以后营建昭陵时，又再次重申"宜令所司，于昭陵南左右厢，封境取地，仍即标志疆域，拟为葬所，以赐功臣。其父祖陪陵，子孙欲来从葬者，亦宜听许"[2]。这些功臣陪葬者丧葬所费皆由官给，有的为其立碑，有的赠粟麦绢帛，有的给仪仗鼓吹。不少人生前就预赐茔地，以便提前营建坟墓。

唐代帝王陵园中的陪葬者以献陵、昭陵为最多，前者陪葬67墓，后者共167墓。其他诸陵多者10余墓，少者数墓。献陵陪葬几乎全是功臣，昭陵约2/3为功臣或少数民族人物。盛唐帝陵陪葬者半数为功臣，以后诸陵的陪葬者几乎全是皇族，逐渐失去了功臣陪陵的意义。

陪陵者的多少关系到陵园的大小，这也是帝王生前功业大小的一个标志。昭陵的陪葬者最多，其陵园规模在唐代也最大，在我国历代帝王陵园中也是数一数二的，占地方圆120里，约30万亩的面积。如此广大

---

① 《唐大诏令集》卷六三《赐功臣陪陵地诏》，第346页。

② 《唐大诏令集》卷六三《功臣陪陵诏》，第347页。

的区域内，由于有众多的陪葬墓显得并不空旷，加上各陪葬墓前立有的石人、石羊、石虎、石柱、石碑之类的点缀，使整个陵园的气势更加宏伟。有些陪葬墓还各具特点，如李靖墓冢像阴山、积石山，李勣墓冢像阴山、铁山、乌德鞬山，阿史那社尔墓冢像葱岭，阿史那（李）思摩墓冢像白道山等，以纪念墓主生前的赫赫战功。这些著名将帅的墓冢，也为昭陵增色不少。

功臣陪陵与皇族陪陵有很大的不同，它表现的是君臣之间的荣辱与共、休戚相关的亲密关系。昭陵陪葬墓众多，既是太宗倡导的结果，也是功臣们忠于君主、乐于陪从的表现。太宗在创建唐朝、统一战争、玄武门之变、开拓边疆以及在开创贞观盛世的伟大事业中，得到了许多贤臣良将的竭力辅佐，互相之间建立了良好的君臣关系。生前太宗妥善安置功臣，使他们保持晚节，死后君臣同葬一地，如同众星拱月一般，这种做法在历史上的确少见。昭陵的布局和众多陪葬墓群所构成的陵园体系，显示了唐太宗的文治武功，礼赞了贞观之治的清明与繁盛。

第十三章

开放的社会风气

一、对外开放与外来文明

（一）外来文化的传入

唐太宗制定了开明的民族政策，重视与各国、各族发展关系，尤其是丝绸之路的重新开通使得交通通畅、社会稳定，为外来文化在中国的传播创造了有利的条件。更为重要的是，太宗对外来文化采取不排斥的态度，推行了兼收并蓄的政策，使得当时的中国社会以博大的胸怀涵容各种文化，使之与中国传统文化互相融合，终于形成了丰富多彩、光辉灿烂的唐文化。唐代有着比中国任何一个历史时期都更加开放的社会风气，这种风气早在高祖、太宗时期就已经形成，尽管中外文化交流的高潮并不在武德、贞观时期，但开风气之先者无疑是从这个时期开始的。

武德、贞观时期外来文化的传播虽算不上丰富，但也取得了不小的成就。这个时期的外来宗教，除了佛教非常盛行外，还有火祆教、景教、摩尼教、伊斯兰教等。火祆教，又称拜火教，流行于中亚波斯等地。拜火教传入内地的时间大约是南北朝时期，当时还不大流行。西域一些小国信仰此教，如疏勒、于阗等，不过于阗人多数还是信仰佛教。太宗将唐朝疆域扩展到西域，丝绸之路的畅通使西域胡人、波斯人大量进入内地，火祆教遂开始流行，主要在长安、洛阳等大都市中的西域、波斯人聚居之地，此时华人尚不信仰火祆教。史载："河南府立德坊及南市西坊皆有胡祆神庙。每岁商胡祈福，烹猪羊，琵琶鼓笛，酣歌醉舞。酹神之后，募一胡为祆主，看者施钱并与之。"[①]贞观五年，太宗批准在长安建了一座祆寺。此外，"凉州祆神祠"[②]，说明祆教是通过丝绸之路传入内地的。

---

① 《朝野佥载》卷三，第64页。

② 《朝野佥载》卷三，第65页。

景教是基督教的一派，贞观年间从叙利亚传入中国。长安的醴泉坊、普宁坊，东都的修善坊，都有大秦寺，即景教教堂。据西安碑林收藏的著名的《大秦景教流行中国碑》载，景教是聂斯托利教徒阿罗本于贞观九年传"至于长安"，后来有所发展，以至"法流十道"，"寺满百城"。[1]说明全国各地都有传播。景教的流传也得到唐太宗的支持。贞观十二年七月，太宗下诏："波斯僧阿罗本远将经（景）教来献上京，详其教旨，玄妙无为，生成立要，济物利人，宜行天下。所司即于义宁坊建寺一所，度僧廿一人。"[2]太宗不但允许在京师建寺度僧，而且主张"宜行天下"，无疑为景教的广泛传播起到了促进作用。

摩尼教为波斯人摩尼创立，又称明教。伊斯兰教是大食（阿拉伯）的国教，为世界三大宗教之一。它们都在唐代得到较为广泛的传播。

音乐、舞蹈方面来自异域的最多，从太宗时确定的十都乐看，绝大部分都是从异域传入的。有的外国学者认为牵线木偶最初是在7世纪时从西域带到长安的。[3]自从太宗打通丝绸之路之后，大批的外来乐人涌入内地，有来自安国的横笛演奏家，于阗的筚篥演奏者，康国、曹国的琵琶名手，石国的胡腾舞高手以及龟兹乐手等，他们都受到普遍的欢迎。他们的到来不仅带来了高超的技艺，更重要的是把当地的乐舞作品传入中国，丰富了唐朝的文化艺术。这一时期许多乐舞表演者都是通过朝贡的形式流入内地的，比如贞观五年，新罗向唐朝贡献了两名绝色的女乐人，太宗怜悯她们远离家乡亲人，遂把她们送了回去。因为这件事是太宗"好德"的表现，故史官将其郑重地记下来，其实更多的乐人还是被唐政府留下来了。

在生产技术方面也有所引进。我国古代早就掌握了制糖技术，但由于技术和生产原料的限制，糖的质量尚不好。据史书记载："西蕃胡国出石蜜，中国贵之，太宗遣使至摩伽陀国取其法，令扬州煎蔗之汁，于

---

① 韩琦、吴旻校注：《熙朝崇正集》卷一景净《景教流行中国碑颂》，北京：中华书局，2006年，第8—9页。

② 《唐会要》卷四九《大秦寺》，第1011—1012页。

③ 《唐代的外来文明》，第115页。

中厨自造焉，色味逾于西域所出者。"①这种新造的叫"沙糖"，使我国的食糖由原来的块状变为颗粒状，质量也有所提高。不过这种糖很可能是一种优质"红糖"，而不是经过提纯的雪白晶体的砂糖，经过提纯的砂糖在我国古代被叫作"糖霜"，宋代才制造成功。

在唐朝以前，中国饮用的酒多为稻麦酿成，很少饮用果酒，至于葡萄酒更是少得可怜，皆为外国进贡。张骞通西域时，将葡萄种子引入内地，但这种葡萄似乎不适宜酿酒，所以之后的内地人很少知道葡萄酒。自从太宗平定高昌后，把一种新的葡萄品种"马乳"葡萄引种到内地，同时葡萄酒的酿造工艺也随之传了进来。这种适合酿酒的"马乳"葡萄引进后，最初在皇家禁苑里栽种，共有两座葡萄园。葡萄酒酿造工艺传入后，太宗还对它进行了改进，因为史书中说："及破高昌，收马乳葡萄实，于苑中种之，并得其酒法，自损益造酒。"大约是利用内地传统的造酒工艺对它进行了改进。用这种新工艺酿造的葡萄酒，"凡有八色"，即8个品种。其味是"芳香酷烈，味兼醍醐，即颁赐群臣，京中始识其味"②。之后，在太原也发展了大片的葡萄园，酿造葡萄酒遂成为太原的一种特殊手工业，每年都要向朝廷进贡大量的美味葡萄酒。自从葡萄酒酿造工艺传入内地后，葡萄与葡萄酒逐渐成为唐代诗人们吟诵的题材之一。

（二）新作物的引进

随着太宗在西北一系列战争的胜利，许多可食用的和其他植物新品种陆续传入中国，其中不少是通过各国、各族使者进贡而来的。有的栽种在皇家禁苑，有的则逐渐为寻常人家所栽种，成为常见之物。贞观二十一年，康国献黄桃，"大如鹅卵，其色如金，亦呼金桃"。③这种金桃当时栽种于禁苑之中。有人说这种金桃没有传播到长安禁苑之外的地

① 《唐会要》卷一〇〇《杂录》，第2135页。
② 《唐会要》卷一〇〇《杂录》，第2135页。
③ 《唐会要》卷一〇〇《杂录》，第2134页。

方，甚至在7世纪以后，就是禁苑中也没有金桃存在。[①]但是，后来有位叫郭橐驼的园丁又重新培育出金桃，他是采用把桃树枝嫁接在柿树上的方法培育出来的，这件事记载在一本他写的名为《种树书》的书中。经有关学者的认定，《种树书》是元朝人所写，因而此事不大可能在唐朝出现。现今我国仍出产一种水果，就叫作黄桃，色彩为金黄色，大如鹅卵，无论果名与色彩、形状都与文献记载的唐朝引进的金桃（黄桃）相同。这种黄桃到底是那时引进的还是后来自行培育的，未有定论，也不能排除前一种情况的可能性。

贞观十五年（641），天竺国贡献郁金香，但不清楚贡献的是郁金香花朵还是整枝郁金香。贞观二十一年，伽毗国献郁金香，"叶似麦门冬，九月花开，状如芙蓉，其色紫碧，香闻数十步，华而不实，欲种取根"[②]。显然此次贡献的是整枝郁金香，从史籍记载的种植方法看，它已经在中国栽种成功了。诗人卢照邻的诗句云："双燕双飞绕画梁，罗帷翠被郁金香。"[③]说明此时已经用郁金香制作的香精来喷洒帷帐、被褥了。

贞观二十一年，伽失毕国（今克什米尔）贡献泥楼钵罗花。"叶类荷叶缺圆，其花色碧而蕊黄，香芳数十步。"[④]这种花即印度睡莲，也称印度青莲。这一年，罽宾国（今克什米尔西北）贡献俱物头花，"其花丹白相间，而香远闻"[⑤]。很可能是一种品种变异的白睡莲。以上这两种植物如果不种植生长，则无法观赏，从史籍记载的详细程度看，在当时肯定进行了试种，并且取得了成功。至于今日北方已不生长睡莲（科研单位也许试种），可能是这两种植物后来并未在中国扎下根。健达国献佛土叶，"一茎五叶，花赤，中心正黄，而蕊紫色"[⑥]。目前尚无法考定

① 《唐朝的外来文明》，第263页。

② 《册府元龟》卷九七〇《外臣部·朝贡三》，第11231页。

③ 〔唐〕卢照邻：《卢照邻集校注》卷二《长安古意》，北京：中华书局，1998年，第78页。

④ 《册府元龟》卷九七〇《外臣部·朝贡三》，第11231页。

⑤ 《唐会要》卷一〇〇《杂录》，第2134页。

⑥ 《唐会要》卷一〇〇《杂录》，第2134页。

这种印度植物到底是何种植物。

贞观十五年和二十一年，印度两次向唐朝贡献菩提树，又名波罗，"叶似白杨"。传说释迦牟尼就是在菩提树下觉悟成佛的，故菩提树被佛教徒视为圣树、智慧之树。菩提树其实在唐以前就已传入中国，但非常罕见，在唐朝以后，佛寺中种植的菩提树就多了起来。

贞观时期外来的蔬菜也不少，大都是贞观二十一年贡献的，主要是通过泥婆罗国（今尼泊尔）传入中国。有波稜菜，即菠菜，史籍记载说："类红蓝花，实似蒺藜，火熟之，能益食味。"这种蔬菜可能源于波斯（今伊朗），道教方士把它称为波斯草，说它可以解除服食丹石带来的不适感，因而使它带有一种神秘的色彩。还有一种蔬菜叫酢菜，"状如菜，阔而长，味如美鲜"。苦菜，"状如苣，其叶阔，味虽少苦，久食益人"。胡芹，"状如芹，而味香"。浑提葱，"其状如葱而白"。它可能是一种青蒜或冬葱。辛嗅药，"其状如兰，凌冬而青，收干作末，味如桂椒，其根能愈气疾"。[1]这显然是一种调味品，又可当作药材用来治病。这些植物大多都不产于尼泊尔，只是其国王获得后当作珍奇的外来物献给了唐朝。

（三）其他珍稀物种（品）的引进

武德、贞观时期还引进了一些外来的珍稀动物。武德七年，引进了罗马犬。这种犬是由高昌国王贡献给唐高祖的，雌雄各一只。这种犬"高六寸，长尺余，性甚慧，能曳马衔烛，云本出拂林国"。有的学者认为这是典型的古代马耳他种犬，即古典时代的巴儿狗。"中国有拂林狗，自此始也。"[2]拂林即东罗马帝国。

贞观十六年，罽宾国遣使贡献褥特鼠，"喙尖尾赤，能食蛇，螫者嗅且尿，疮即愈"[3]据研究这种动物是印度或爪哇产的一种猫鼬，是一

---

① 以上见《唐会要》卷一〇〇《杂录》，第2134页。

② 《旧唐书》卷一九八《高昌传》，第5294页。

③ 《新唐书》卷二二一上《罽宾传》，第6241页。

种印度人家养的小动物。贞观二十一年，波斯国贡献了一兽，名叫活褥蛇，"身长八九寸，能入穴取鼠"。据说这种动物就是白鼬，古希腊人和罗马人早就驯养了它，用来捕捉老鼠和野兔。还有一种说法认为它是鼬鼠，这也是古代西方早已驯养的一种动物，通常都是贵妇人的宠物。史籍上只说它"形类鼠而色青"[①]，因而尚无法确定到底是白鼬还是鼬鼠。还有一种动物也无法确定其是何种动物，这就是西突厥贡献的叫作马蹄羊的动物。文献只说"其蹄似马"[②]，没有记载更详细的特征，很可能是某种稀见的羚羊。

中国不产狮子，在武德、贞观时期，曾数次得到贡献的狮子。贞观九年，康国（今乌兹别克斯坦撒马尔罕一带）向太宗贡献了一头狮子。太宗命虞世南撰写了一篇《狮子赋》，赞美狮子的威武与勇猛。鸵鸟也是古代中国稀见的动物。武德三年（620），西突厥曾遣使贡献过一只鸵鸟，称之为"条枝巨鸟"。以后在唐高宗时，吐火罗（中亚巴克特里亚）又贡献了一只鸵鸟，至今在高宗与武则天合葬的乾陵，还立着这只鸵鸟的石雕像。

贞观四年，林邑国（今越南中南部）贡献火珠，"大如鸡卵，圆白皎洁，光照数尺，状如水精，正午向日，以艾承之，即火燃"[③]。这枚火珠实际就是一枚水晶球，凸透镜可以聚集太阳能而燃火，因此古人把它称为火珠。此外，这一时期流入中国的还有赤玻璃、绿金精、玛瑙、宝石、犀角、象牙、珍珠等大量外来珍奇物品。

这个时期传入中国内地的物品种类繁多，具有实用价值的有必要略做一些介绍。《唐六典》中记载了唐朝盔甲的种类和等级，其中有一种叫明光甲。这种甲是一种铁片盔甲，铁片经过抛光处理而有光泽，因而得名明光甲。明光甲本是百济国（朝鲜半岛西南部）出产的特有产品，在贞观时曾数次向唐朝进贡明光甲。唐太宗征伐高丽，曾一次缴获"明

---

① 《旧唐书》卷一九八《波斯传》，第5312页。

② 《册府元龟》卷九七〇《外臣部·朝贡三》，第11231页。

③ 《旧唐书》卷一九七《林邑传》，第5270页。

光甲五千领"①，遂使这种盔甲流行起来，并成为唐朝军队常备的装备之一。

波斯人生产了一种优质钢，叫作"大马士革钢"。据载这种钢制造的兵器，"坚利可切金玉"。中世纪印度出产的高碳"印度钢"，与大马士革钢有相同的波形条纹，史籍中把它称为"镔铁"。②这些金属早在唐以前已为中国人所认识，在唐人修撰的前代史籍中也多次见于记载，只是未见装备军队，大概是数量少，比较罕见。

此外，还有不少实用的物品如药物、毛织品、香料、毛皮、颜料、器物，通过朝贡或其他途径传入中国。所有这些物品的引进和传入，丰富了人们的物质生活与精神生活，增加了我国的动植物种类，意义非同一般。大批各国、各族使者和商人涌进唐朝，在带来许多外来物品和文化的同时，也将特产和中国文化传入他们本国，加上唐朝使者、僧侣、商人的活动，使中国文化迅速向外扩散。中外文化的互相交流、互相影响，有力地促进了唐代文化的迅速发展。这一切都是唐代开放的社会风气所产生的必然结果，换句话说，没有开放风气创造的社会条件，就不可能有辉煌的唐文化，而这种开放风气的倡导者正是唐太宗。

二、与西域、天竺等国的关系

（一）与西域诸国的关系

唐王朝建立之初，西域有些小国就遣使进贡土产，贞观时逐渐增多，尤其是太宗平定龟兹，击败西突厥，建立安西四镇后，唐朝的影响迅速扩大，旧史说来附者数十国。实际上这些小国和唐朝并没有建立政治性依附关系，所谓"来附"，也仅是遣使朝贡而已。朝贡关系实质是一种贸易关系，接受贡物的一方还要回"赠"或者"赏赐"对方许多财

---

① 《旧唐书》卷一九九《高丽传》，第5325页。

② ［美］谢弗著，吴玉贵译：《唐代的外来文明》，第574页。

物，其价值往往超过贡品许多。所以不少小国才不顾险阻，长途跋涉，目的就在于获取更大的商业利益。当然也不能排除有时朝贡的政治目的大于经济意义。

在武德、贞观时期，西域来唐朝贡献的国家主要有泥婆罗、乌荼、喝盘陀、摩伽陀、罽宾、康国、安国、石国、何国、史国、吐火罗，俱兰、劫国、波斯、火辞弥、章求拔、健达、拂林等国。这些大小国家在高祖、太宗时期皆与唐朝没有政治隶属关系，只有康国在贞观五年请求臣附，因为当时唐朝对西域尚鞭长莫及，所以被太宗拒绝。当唐朝的势力发展到西域以后，太宗对待西域各国的态度便积极起来，派遣使者到各国去抚慰，实际上是建立友好关系。如太宗曾派果毅都尉何处罗拔为使者，携带大批财物前往罽宾、天竺等国抚慰。何处罗拔先到罽宾，其"王东向稽首再拜，仍遣人导护使者至天竺"。①此外，太宗还派使者李义表出使泥婆罗、天竺。在泥婆罗时，其国王那陵提婆大喜，请李义表共同观赏风景名胜阿耆婆沴池。

总之，太宗在西域各国的活动，扩大了唐朝的影响力，为后来双方关系的进一步发展奠定了基础。

（二）王玄策出使印度

唐朝与天竺（古印度）的官方在太宗统治的贞观时期往来频繁，仅王玄策一人就先后三次出使天竺，双方建立了友好关系。

王玄策第一次出使天竺，与唐朝高僧玄奘有一定关系。贞观五年，玄奘抵达中天竺，受到戒日王的接见。玄奘向他介绍了唐太宗平定战乱、四夷宾服的情况，戒日王倾心敬服，表示愿与唐朝建立友好关系。贞观十五年，戒日王自称摩伽陀王，遣使者出使唐朝。太宗认为这是在域外树立大唐声威的好时机，便命云骑尉梁怀璥持节慰抚。戒日王遂再次派遣使者到长安。太宗也必须再次报聘，于是便命卫尉寺丞李义表为

---

① 《新唐书》卷二二一上《罽宾传》，第6241页。

使，融州黄水县（今广西罗城西北）县令王玄策为副使，于贞观十七年三月，出发前往天竺。同年十二月他们到达摩伽陀境内，在完成政治使命的同时，还游览了佛教遗迹、山川风光，并于贞观十九年正月到达王舍城（今印度哈尔邦巴特那之南）。因为这里是释迦牟尼觉悟成佛之地，佛教遗迹很多，他们登上耆崛山，瞻仰圣迹，并在此山刻上铭文，有"欲使大唐皇帝，与日月而长明；佛法弘宣，共此山而同固"[1]之句。戒日王非常友好地接待了唐朝使者，"率其臣下东面拜受敕书，复遣使献火珠及郁金香、菩提树"[2]。李义表、王玄策这次顺利地完成使命，并于贞观十九年底或次年初返回长安。

贞观二十年夏秋之际，[3]太宗又派王玄策、蒋师仁第二次出使天竺，以对其献火珠、郁金香及菩提树进行回访。这时戒日王已死，国内大乱，其臣那伏帝阿罗那顺篡夺了王位，他不顾与唐朝已经建立起来的友好关系，发兵进攻王玄策。当时王玄策所率随从不过数十人，无法抵御，结果全部被俘，天竺各国给唐朝的贡物也被夺去。王玄策与蒋师仁逃走，向吐蕃、泥婆罗等国借兵。这时吐蕃的松赞干布与文成公主结婚后，与唐的关系非常亲密，遂出动精兵1200人，泥婆罗出动骑兵7000人，交给王玄策统率，以讨伐阿罗那顺。王玄策的行动得到广泛的支持，章求拔国也发兵相助，东天竺王尸鸠摩送来牛马3万匹及弓、刀、宝缨珞，迦没路国（今印度阿萨姆邦西部）献上异物和地图。阿罗那顺倒行逆施，在天竺十分孤立，双方大战3日，阿罗那顺军大败，被斩首3000级，赴水淹死者万人。阿罗那顺弃城逃跑，王玄策派蒋师仁率军追赶，将其擒获。此战俘获男女1.2万余人，牛马3万余头。王玄策惩罚了劫掠者，夺回贡物，押送阿罗那顺于贞观二十二年五月返回长安。太宗大喜，献俘于太庙，并感慨地说："若婆罗门不劫掠我使人，岂为俘虏

---

① 〔唐〕释道世撰，周世迦、苏晋仁校注：《法苑珠林校注》卷二九《感通篇》引《王玄策传》，北京：中华书局，2003年，第911页。

② 《旧唐书》卷一九八《天竺传》，第5307页。

③ 莫任南：《王玄策第二次奉使印度考辨》，《南亚研究》1991年第3期，第38—45页。

耶？"①他还列举了古代中山国王贪宝、蜀王贪图金牛而导致灭亡的故事，以此来说明阿罗那顺劫掠唐朝贡物致使被俘的教训。这些事实都说明，王玄策借兵惩罚阿罗那顺是正义的自卫行动。

王玄策此次能从吐蕃借来军队并不难理解，松赞干布作为唐太宗的女婿，自然不会袖手旁观。泥婆罗肯出动7000人的大军，原因有两个：一是其国王那陵提婆的王位被他的叔父篡夺，那陵提婆曾在吐蕃避难，后经吐蕃的帮助才得以恢复王位，故在对外活动上追随吐蕃。二是唐朝使者包括王玄策数次到过泥婆罗，与那陵提婆关系友好，且泥婆罗还想继续发展与唐朝的关系，所以愿意发兵帮助王玄策。另外，阿罗那顺这个劫掠者的存在，将会妨碍吐蕃与天竺、泥婆罗与天竺之间的交往，这也是两国所不愿意的。至于天竺各国对王玄策的支援，说明各国极不满意阿罗那顺的倒行逆施，希望能继续发展同唐朝的友好关系。王玄策没有一兵一卒，能在异国建立功勋，除了他本人胆识过人外，各国愿意与唐朝保持和发展友好关系也是他得以成功的根本原因，王玄策顺应历史潮流，清除各国与唐交往的障碍，深得人心，必然会取得胜利。

数年之后，王玄策第三次奉命出使天竺，这时太宗已经亡去，高宗即位为皇帝，使命仍是发展两国友好关系。他于显庆二年（657）从长安出发，前往泥婆罗国送佛教袈裟。完成使命后，他又于显庆四年到达婆栗阇国。次年，他再次抵达中天竺（摩伽陀），并到摩诃菩提寺访问，受到寺主戒龙的友好接待，给予厚赠；告别时戒龙率众僧饯行相送。龙朔元年（661），王玄策到达罽宾国，遂辗转回国。王玄策三次出使天竺，为发展唐朝与天竺的友好关系和文化交流做出了重要贡献。

一些外国学者说王玄策"干涉""入侵"印度，是没有根据的。持"干涉"论者，认为王玄策可能在戒日王死后"赞助"或"支持"某一势力争夺王位，引起了已经登上王位的阿罗那顺的不满，才引兵袭击

---

① 《旧唐书》卷一九八《天竺传》，第5308页。

他。^①这种论点没有任何史料根据，完全是一种推论，自然站不住脚。何况王玄策奉命出使，身边只有随从数十骑，怎敢去干涉别国内政？至于说王玄策率吐蕃、泥婆罗兵"对印度进行了一次远征"。^②言下之意是"入侵"了印度，更是歪曲史实。王玄策并非从一开始就率领大军进入天竺，而是在遭到劫掠，从人被俘、贡物被掠的情况下，不得已才借兵对劫掠者予以惩罚，这完全是一种自卫行为，如何能说成是"入侵"？难道任其劫掠，不予还击，才是正确的做法？从当时天竺各国纷纷支持王玄策的行动看，那时的人们是多么拥护王玄策的正义行动，如果王玄策是主动"入侵"天竺，难道天竺人民还会欢迎入侵吗？王玄策在这次回国途中又访问了伽没路国，该国派使者随同他到长安贡献，"因请老子像及《道德经》"。^③这一事实很好地说明了王玄策此次出使天竺的目的，到底是为了"入侵"还是为了友好和平、交流文化。

三、玄奘印度取经

玄奘，俗姓陈，名祎，洛州缑氏（今河南偃师市缑氏镇）人。十几岁就出家为僧，先后到长安、成都等地跟从名僧学习佛经。贞观元年，他在长安研究《俱舍》《摄论》《涅槃》等经论，大小乘无不通达，但不能融会贯通，其中有些问题理解不深透，屡向国内诸名师问难质询，都不能得到满足，因此萌发了留学佛教发源地天竺的想法。这时天竺僧人波颇蜜多罗来到中国，说那烂陀寺戒贤法师讲授的《瑜伽师地论》可以总括三乘学说。玄奘遂决心西去天竺研究佛理。

贞观三年，29岁的玄奘开始了他艰难的西行历程，他先到秦州（今

---

① ［印］R.C.马宗达：《印度人民的文化和历史：古典时代》，孟买出版，1954年，第125—126页。

② 苏联科学院：《世界通史》第3卷上册，北京：生活·读书·新知三联书店，1961年，第30页。

③ 《旧唐书》卷一九八《天竺传》，第5308页。

甘肃秦安西北），再经兰州（今甘肃兰州）到达凉州（今甘肃武威）。玄奘此次西行，并未经唐政府批准，纯属个人行为，而当时突厥势力强盛，唐朝对边境管控甚严，不许百姓擅自出境。玄奘只好昼伏夜行，才得以到达瓜州（今甘肃安西东南），又由此抵达高昌国（都城在今新疆吐鲁番东南）。高昌王麹文泰资助玄奘，并配给马匹、随从，终将其送出境外。此后玄奘经今新疆焉耆、库车、阿克苏到达碎叶（今吉尔吉斯斯坦托克马克），这里是西突厥可汗牙帐所在地，可汗派人护送玄奘经锡尔河、阿姆河流域的石国、康国、安国、吐火罗，翻越兴都库什山，经今阿富汗、巴基斯坦的白沙瓦，进入天竺境内。玄奘遍历了五天竺10余国，巡礼佛迹，朝拜名寺，历经4年才到达摩伽陀国那烂陀寺，在这里停留5年之久。这期间玄奘拜戒贤法师为师学习《瑜伽师地论》，同时遍及大小乘《毗昙》各论，又曾前往杖林山师从胜军论师学习《唯识抉择论》。他还研究了四吠陀和《奥义》等天竺原始哲学著作，掌握了天竺佛学的全部要义。他著《会宗论》，疏通《瑜伽》《中观》两家争论，又应戒日王的请求，著《制恶见论》1600颂。戒日王招集五天竺沙门、婆罗门及大小乘僧徒、10余国国王，在曲女城（今印度巴特那）召开无遮大会，揭示玄奘所著二论，允许与会者提出异议。大会开了18天，无一人敢出头诘难，可见玄奘佛学造诣之深。玄奘能战胜五天竺的佛教学者，标志着中国僧人的佛学水平已经超过天竺僧人。

贞观十七年，玄奘离开天竺回国，十九年正月，到达长安。前后出国17年，留学天竺15年之久。因为玄奘此次出国研究佛学成就巨大，为唐朝赢得了很高荣誉，所以回国后受到朝廷隆重接待。当时太宗不在长安，宰相房玄龄派官员把玄奘接进京师，全城士女倾城而出，"瞻仰而立"，烟雾缭绕，盛况空前。

不久，太宗在洛阳召见玄奘，"迎慰甚厚"。太宗还埋怨玄奘走时为何不告知他。太宗对于玄奘此行评价甚高，认为可以"惠利苍生"，并对自己没有能够资助玄奘感到惭愧。玄奘非常客气地说，自己能够完成这次远行，四夷君长纷纷倾力相助，全是仰仗朝廷与陛下天威，所以才能够顺利往返。太宗对此倒是有自知之明，说"此自是师长者之言，朕何敢当也"。太宗又详细地询问了沿途各国的地理、物产、风俗及佛教遗迹。玄奘一一作答，条理清楚，详略得当。太宗非常高兴，并高度评价玄奘，认为他的成就远远超过了前秦高僧道安。太宗建议玄奘撰写一部书，把所见所闻详尽地予以记载，"以示未闻"。[①]太宗还认为玄奘有公辅之才，建议他还俗做官，被玄奘拒绝。

这时太宗正准备讨伐高丽，不能与玄奘尽兴畅谈，遂建议玄奘也随军行动，以便随时叙谈，也被玄奘谢绝。玄奘奏请太宗，要求到嵩山少林寺去翻译带回来的经卷。太宗认为在山中译经多有不便，主张到长安弘福寺去译经。太宗希望玄奘在洛阳好好休息数天，然后再回长安，译经所需的人力、物力都由房玄龄安排，支持玄奘翻译佛经。

玄奘回到长安后，居住在弘福寺，把译经所需要的各类人员、物资、资金及数量，呈报给房玄龄。这时太宗率大军已到达定州（今河北定州），房玄龄派人送太宗审批后，按照太宗旨意尽数供给"务使周备"。[②]后来，玄奘又先后移居大慈恩寺、玉华宫，从事翻译佛经工作。这项工作一共进行了19年，直到他去世前（麟德元年，664年2月5日）一个月才停笔。

玄奘从天竺共搜集梵文佛经657部，全部运回长安。19年中他共译出75部、1335卷，平均每年译出70卷。我国古代翻译佛经的名僧共有4位，即鸠摩罗什、真谛、玄奘、不空。在这四大翻译家中，以玄奘译书最多，译文最精，没有一人能与其相比。以前译经者均由天竺人、胡人充任，鸠摩罗什、真谛都是天竺人，不空是狮子国（今斯里兰卡）人，从玄奘起才开始以中国人担任主译了。外国人虽然精通梵文，但汉语多是到中国后才学习的，因此译文存在不少问题。玄奘留学天竺前后达15年之久，梵文修养极其深厚，又具有造诣高深的佛学水平，同时不存在

---

① 以上见〔唐〕慧立、彦悰著，孙毓棠、谢方点校：《大慈恩寺三藏法师传》卷六，北京：中华书局，2000年，第126—130页。

② 《大慈恩寺三藏法师传》卷六，第131页。

汉语上的障碍，由他主译自然比外国人要好得多。加之太宗大力支持他译经，提供了很好的条件，使这项工作进行得比较顺利。以前译经程序大体是：一是以梵文语法译成汉文，二是再改成汉文语法，三是由笔人修饰文句。由于笔人不一定精通佛法，随意增减文字，往往多失佛经原意。玄奘这次译经组织更加严密，翻译程序共有八九道之多，译出初稿后还要再对照梵文，检查译得是否准确，政府还要派大臣到译场监护。加之玄奘汉文造诣极高，由他宣译时出口成章，笔人随笔抄写，在文字上颇可披玩。这样译出来的佛经，质量当然能够得到保证。玄奘的译经，可以说已达到登峰造极的地步了。

玄奘对佛经的大量翻译，不但丰富了中国的佛教理论，也保存了大量的天竺佛教的珍贵经籍。他创立的法相宗学派，在唐代一度影响很大，丰富了唯心主义哲学思想的内容。玄奘对待翻译工作极其认真，他因积劳成疾，最终为弘扬佛教而献出了自己的生命，就这种精神而言，是值得后人敬仰和学习的。

玄奘回国后，除了译经和讲经外，还撰写了一部名为《大唐西域记》的著作。这部书是奉唐太宗的命令修撰的，全书生动、详细地记载了玄奘游历过的100多个国家、地区和传闻的20个国家的情况，包括历史、地理、物产、风俗、宗教等。这部书影响很大，是研究公元7世纪五天竺及中亚细亚等地区历史、文化的重要著作，受到中外学者的重视。这部书修成于贞观二十年七月，玄奘在给太宗的《进书表》中说："所闻所履，百有二十八国。……今所记述，有异前闻。虽未极大千之疆，颇穷葱（岭）外之境，皆存实录，匪敢彫华。"[①]可见玄奘的写作态度是严谨、认真的，他所写的都是自己真实的所见所闻。太宗曾认真地披览了全书，给予了高度的评价。

玄奘译经能取得如此大的成就，固然与他自身高深的造诣和努力分不开，但也和太宗高宗父子的大力支持有一定的关系。太宗晚年与玄奘关系极为融洽，他在长安紫微殿西专门为玄奘建造了一处住所，号弘法

---

① 《大慈恩寺三藏法师传》卷六，第134—135页。

院。玄奘居住此处译经，闲暇时陪太宗谈话。大慈恩寺修成后，以玄奘为上座，让他在该寺安心译经。玄奘译成《瑜伽师地论》100卷，太宗命秘书省选拔书手抄写新经论9部，天下九州每州一部，使其辗转流通。太宗为新译佛经作序，这就是著名的《大唐三藏圣教序》。太宗还让皇太子李治作《述圣记》一文，记述了玄奘游历天竺诸国取回佛经及翻译经典的盛事。弘福寺圆定法师及京城僧众请求将两序文勒于金石，藏之寺庙，经太宗同意，由怀仁法师等将其刻于碑石，流传至今。太宗读了玄奘所译的《大菩萨藏经》后，大加赞赏，又命太子为其作后序。

高宗继承太宗遗志，在他即位之后，一如既往地支持玄奘译经。玄奘译经过程中发现有些经论天竺没有梵文本，而于阗国却保存完好，遂请求高宗派人从于阗将其取回。玄奘由于年世渐高，不耐长安暑热天气，要求搬到皇家避暑胜地玉华宫去继续译经，也得到高宗的允许，并为他配备助手和卫士，一同移住玉华宫。为了使所译经论文义精确，措辞优美，经玄奘请求，高宗批准，宰相于志宁、来济，礼部尚书许敬宗，太子左庶子薛元超，中书侍郎李义府、杜正伦等人，都参与了对新译经论的文字润色工作。如果需要学士参与，允许玄奘自行选用二三人。玄奘生病期间，高宗命御医数人精心为其治疗，并时常送来各种香食美果供养他。玄奘死后，高宗非常悲伤，为他举行盛大的葬礼，一切费用由政府开支。送葬之日，"都内僧尼及诸士庶共造殡送之仪，素盖、旛幢、泥洹、帐舆、金棺、银椁、娑罗树等五百余事，布之街衢，连云接汉。……而京邑及诸州五百里内送者百余万人"①。如此之多的人参与其丧事，反映了当时的人们对这位不惧艰险、西去求经者的无限怀念及崇敬之情，玄奘不愧是我国著名的高僧、旅行家、学者和翻译家。玄奘赴天竺取经的行动，还起到了加强双方文化交流，尤其是佛学交流的积极作用。他在天竺时看到马鸣的《大乘起信论》，中国有传本，在天竺反而失传了，因此他又把此经翻译成梵文，在五天竺流传。回国后，中天竺高僧智光与慧天法师派僧人法藏，长途跋涉来到中国，给玄

---

① 《大慈恩寺三藏法师传》卷一〇，第226页。

奘送来书信及礼物，表达了他们的崇敬之意。玄奘在法藏返国时带去了自己的回信及礼品。玄奘经唐政府批准后还托人给天竺诸师友送去过袈裟、细绫、绣像彩幡及诸种供养道具之物。所有这一切都是中印文化交流得到加强的表现。在玄奘事迹的感召下，此后中国僧侣西去求经者，一时风起云涌，成为佛教史上西去求经者最为密集的一个时期。

四、与高丽、日本等国的关系

（一）与新罗、百济、高丽的关系

唐朝初年，朝鲜半岛上共有3个国家，即高丽、新罗、百济。这三国均与中国往来较早，受汉文化影响颇大，同样尊奉儒家学说，都与中国的不少制度相同。正因为如此，唐朝建立之始，三国就遣使入唐，与唐朝建立了比较密切的关系。

在隋炀帝统治时期，高丽曾3次遭到隋军的进攻，与隋朝的关系比较紧张。早在唐朝建立之前，其王高元就已死去，由他的异母弟高建武继位。高建武不愿再与唐朝对抗，在唐朝建立后的第二年，即武德二年，尽管唐朝这时仅偏居于西北一隅，尚未统一全国，他还是派使者到长安与唐朝建立了联系。武德四年，李世民一举平定王世充、窦建德，高建武派使于这年七月入长安朝贡，大概也有祝贺之意。唐高祖派人送信给高丽王，相约在唐朝的高丽人由唐朝派人护送回国，唐朝人流落在高丽者也请遣还唐朝。高丽遂在境内搜寻散落的唐朝人，以礼相送，前后共送回万余人。唐高祖对此非常满意，过了几年，遂遣使者入高丽拜高建武为上柱国、辽东郡王、高丽王，并命道士携带老子像，入高丽为其宣讲《道德经》。高建武十分高兴，亲自率臣下听讲，每天达数千人之多。这一时期双方关系比较缓和。武德九年，新罗、百济二国派使入唐，诉说高丽多次派兵攻掠，并阻塞两国使者入唐的道路。高祖派员外散骑侍郎朱子奢为使，入高丽劝其与两国和好。高建武上表谢罪，表示愿意与新罗会盟结好。贞观四年，太宗扫平东突厥，高丽遣使朝贺，并献上本国地图，表示自己为唐朝的属国，实际上是怕唐朝不忘隋朝的失败，再次兴军讨伐。次年，太宗派使者到高丽收埋隋军战死者的尸骨，并毁掉高丽所立京观。①高建武更加恐惧，遂沿边境修筑长城千余里，以防唐军进攻。太宗平定高昌国，更使高丽惊恐不安，于是派太子高桓权入朝贡献方物。太宗厚赐高丽太子，并派使者持节前往慰抚。唐使在高丽受到盛情款待，其大对庐②3次亲临客馆看望唐朝使者，说明隋朝与高丽战争的阴影挥之不去。在这一时期尽管有些唐朝大臣不忘对高丽用兵，但太宗尚能保持比较清醒的头脑，不愿对高丽发动战争，用他自己的话说："然天下甫平，不欲劳人耳。"③

百济国本为扶余之别种，唐初其国王为扶余璋。武德四年，百济遣使朝贡，与唐朝建立了联系。武德七年（624），扶余璋再次遣使入贡，高祖见其殷勤诚恳，遂遣使册封其为带方郡王、百济王，与唐朝正式建立了臣属关系。从此以后，百济年年入唐朝贡，高祖赏赐也非常丰厚。太宗即位以后，见百济与新罗仇怨颇深，赐书百济，要其与新罗和好，不许互相侵扰，扶余璋不敢得罪唐朝，遂奉表谢罪，但实际上仍不断对新罗用兵攻掠。贞观十五年，扶余璋死，太宗为其在玄武门举丧，赠光禄大夫，并遣使册立其子扶余义慈为国王。百济与唐朝的关系虽然亲密，但其野心甚大，不忘吞并新罗，次年就派兵攻下新罗40余城，太宗遣使劝谕也不听。太宗进攻高丽时，百济又乘机攻下新罗10余城，并断绝了对唐朝的朝贡，直到高宗即位后，才恢复朝贡。

新罗国王金真平，也是在武德四年与唐朝建立了联系。武德七年，被唐高祖册封为乐浪郡王、新罗王。新罗因为受到高丽、百济的不断侵扰，为了抵制两国的武力威胁，所以对唐朝一直非常恭顺。贞观五年，金真平死，由于他无子，国人遂立其女金善德为王。太宗赠金真平左光

---

① 隋炀帝伐高丽失败，高丽把战死的隋军尸体聚集起来以为京观。

② 高丽官分十二级，大对庐为最高一级。

③ 《新唐书》卷二二○《高丽传》，第6187页。

禄大夫，并赐予丧葬之物，但却没有立即册封金善德。直到贞观九年，才遣使持节册封金善德为乐浪郡王、新罗王，正式承认了她的国王地位。贞观十七年，新罗在高丽、百济的攻击下，连失数十城，只好向唐朝求救，太宗一面派使者警告两国不得妄动干戈，一面加紧征伐高丽的准备。太宗征高丽时，新罗也奉命出兵相助。贞观二十一年，金善德死，太宗又册立其妹金真德为新罗王。次年，太宗又将新撰成的《晋书》赠予该国。由于新罗始终奉行亲唐政策，高宗时高丽、百济相继被唐朝灭亡，唯独新罗不但生存下来，而且逐渐占有原高丽、百济之地，最终统一了朝鲜半岛。

（二）唐初与日本的关系

日本在武德时期没有和唐朝建立联系。武德六年，早在隋朝时就入中国学习的日本学问僧惠齐、惠光与医师惠日等人，经新罗并在新罗使者的陪同下回到日本。这些日本人回国后向其朝廷建议，日本遣唐的留学生皆已学成，应尽快召回国，唐朝是先进大国，要经常保持联系。这件事被一些日本学者认为是唐朝示意新罗诱使日本遣使入唐。[①]大约日本为了召回学成的留学生回国和继续向唐朝派遣留学生，遂于贞观五年第一次派遣使者到唐朝，太宗考虑日本到中国路途遥远，"诏有司毋拘岁贡"[②]，并派遣高仁表为使前往慰谕。但是这次唐朝与日本的联系并不成功。中国史籍记载说：高仁表"与王争礼不平，不肯宣天子命而还"[③]。日本史籍对唐朝这次派遣使者也有记载：舒明天皇四年（632）八月，高仁表与日本遣唐使及新罗使者等，一同到达日本的对马，十月，到达难波津，在江口受到盛大而隆重的欢迎，并引入

---

① ［日］石母田正：《日本的古代国家》，东京：岩波书店，1971年，第52页。
② 《新唐书》卷二二〇《日本传》，第6208页。
③ 《新唐书》卷二二〇《日本传》，第6208页。

客馆。次年正月，高仁表离日归国。①说明高仁表在难波津停留了3个月，始终未能入朝，一直住在客馆。为什么会出现这种局面呢？关键就在于"争礼"问题上。唐朝使者要对日本天皇宣谕太宗敕旨，必然就存在一个采取什么样的礼仪问题，日本方面不愿接受唐使提出的以卑对尊的中国式礼仪，而高仁表又不愿迁就，所以相待3个月，只好不欢而散。

尽管这次中日的交往不欢而散，但是由于唐朝先进的经济、文化及科学技术毕竟对日本有着很大的吸引力，双方的交往迟早还是要开展的。果然双方关系沉寂了十几年后，贞观二十二年，"又附新罗奉表，以通起居"②。也就是日本通过新罗遣唐使带来表章，希望与唐朝建立友好关系。另据记载，这年入唐的使者是新罗王金真德之子文王与王族金春秋，太宗任文王为左武卫将军，拜金春秋为特进，并赐以内府珍服，回国时命三品以上大臣饯行。③从太宗对新罗使的这种态度看，肯定是唐朝同意了日本的请求。这位金春秋来唐朝前在日本充当过人质，他能充当新罗遣唐使肯定是日本与新罗达成的协议，这样他才能离日赴唐，日本通过金春秋带去给唐朝的表章也就是顺理成章的事了。

日本的这次曲线外交活动取得了成功，于是在数年后，即永徽四年（653），向唐朝派出第二批遣唐使，并有不少学问僧、留学生一同入唐。④从此开始了日本与唐朝之间的文化交流。次年，又派出了第三批遣唐使入唐。以后日本的遣唐使与留学生便源源不断地涌入中国，双方的经济、文化交流达到高峰。中日之间的这种交流，说到底还是太宗亲自奠定的基础，如果没有太宗这种不计前嫌的博大胸怀，日本与唐朝的交往恐怕还要推迟若干年。

---

① ［日］黑板胜美编辑：《日本书纪》卷二三，东京：吉川弘文馆，1971年，第181—182页。

② 《旧唐书》卷一九九上《倭国传》，第5340页。

③ 《旧唐书》卷一九九上《新罗传》，第5335—5336页。

④ ［日］黑板胜美编辑：《日本书纪》卷二五，第253页。

第十四章

辉煌的文化成就

一、发展教育　大兴科举

（一）弘文馆与崇文馆

武德四年，置修文馆，隶于门下省，武德九年九月，改名为弘文馆。精选天下文学之士，虞世南、褚亮、姚思廉、欧阳询、蔡充恭、萧德言等，以本官兼学士，更日宿直，太宗在政事之暇，引入内殿，讨论典籍，商讨政事，有时甚至到夜晚才散。太宗让弘文馆学士参加政事的讨论和朝廷礼仪、律令、制度的议定，这些学士遂兼有太宗顾问的性质。

贞观三年，移弘文馆于纳义门西。九年，又移到门下省南。由于弘文馆藏有大量的国家图书，学士们的另一职责便是校勘、整理这些典籍，此外学士还有奉旨撰修的职责。弘文馆的又一重要职能便是教育高级官员与贵族子弟。贞观元年，太宗颁敕命京官三品以上子弟，有喜好书法并有一定的书法基础者，可以入弘文馆学习书法，当年有24名学生入馆。太宗命虞世南、欧阳询等书法名家，教授楷书，黄门侍郎王珪奏请在学生学习书法之暇，设置博士教授经史，太宗遂命太学助教侯孝遵教授经典，著作郎许敬宗教授史籍。贞观二年，正式为弘文馆学生设置经学博士，学生仍兼学书法，肄业考试合格者，和其他学校的学生一样都可参加贡举。

设置崇文馆于太子东宫，是仿弘文馆而置，也是贞观时期才有的机构。最初称崇贤馆，高宗时避太子李贤讳，才改名崇文馆。崇文馆在贞观时就设置学士、直学士，掌校理经籍图书，教授学生。[①]崇文馆的学生主要是东宫系统职官的子弟。

弘文、崇文两馆不是完全意义的教育机关，所收的学生人数有限，

---

① 《通典》卷三〇《职官典十二》，第828页。又据《唐会要》卷六四《崇文馆》（第1320页）载，显庆元年（656）始置学士及生徒。两书记载颇不相同。

算是发展教育的一个补充措施。

（二）国子监及其诸学

贞观元年，改国子学为国子监①，作为全国的最高学府。国子学原隶属于太常寺，太宗将其析出，并改名为监，使其成为独立的教育机构，标志着国子监地位的提高，也是太宗重视发展教育的表现。

国子监长官称国子祭酒，副职称国子司业，均以造诣深厚的饱学之士充任。国子监下辖六学，即国子学、太学、四门馆、律学、书学、算学，皆置有博士、助教等学官。

国子学招收三品以上官员子弟入学，学生名额300员；太学招收五品以上官员子弟，学生500员；四门馆招收一般官员子弟以及有才能的平民子弟，名额500员。学生主要研读儒家经典。"凡教授之经，以《周易》、《尚书》、《周礼》、《仪礼》、《礼记》、《毛诗》、《春秋左氏传》、《公羊传》、《穀梁传》各为一经，《孝经》、《论语》兼习之。"②

律、书、算三学是培养专门人才的学校，招收一般官员子弟及庶民子弟入学，学生名额分别为50、30、30员。律学培养司法人才，以律令为专业，兼习格式、法例。书学培养书法人才，主修《说文》《字林》，兼习其他字书。算学培养数学人才，以《九章》《海岛》《孙子》《五曹》《张丘建》《夏侯阳》《周髀》《五经算》《缀术》《辑古》为专业，兼习其他算书。以上各学学生每年有学成者，由国子祭酒与司业亲自考试，合格者送尚书省参加贡举考试。

太宗非常重视教育，多次驾临国子监视察，还专门拨款新建诸学学舍1200间，扩大办学规模，使国子监所辖各类学校学生人数达到3260员。太宗还亲自参加国子监的"释奠"仪式，即于每年仲春和仲秋举行的祭祀孔子等先圣的典礼，仪式极为隆重。

---

① 《旧唐书》卷四二《职官志一》，第1785页。又据《唐六典》卷二一《国子监》载：隋炀帝大业三年改国子学为国子监，唐朝沿袭不变。第557页。《通典》所载亦同。
② 《旧唐书》卷四四《职官志三》，第1891页。

　　除了以上各类学校外，唐代中央各机构中还办有一些专门学校。如太常寺下辖的太医署，招有学生40员，分为针、医2个专业，置有医博士、针博士及助教等学官。唐朝规定医学生要研读《本草》《甲乙脉经》等书，分为5个专业，即体疗、疮肿、少小（儿科）、耳目口齿、角法。同时还有学制的规定，体疗（内科）专业7年，其他专业2年。针学生要研习《素问》《黄帝针经》《明堂脉诀》等书，兼习其他医典和脉图。太医署还置有按摩博士1人，以教授按摩生，名额为15员。

　　太卜署置有卜博士2人，助教2人，以教授卜筮生，名额为45员，学习占卜、筮卦之事。太史局置有历博士1人，以教授历生，名额为36员，学习历法知识。置天文博士2人，以教授天文生，名额60员，学习天文知识。

（三）州县官学

　　唐代在京都、都督府、州、县皆置有官学，主要是州学与县学，学生也有定员，大都有数十名之多，主要来自士庶地主与平民子弟。州、县学也都置有博士、助教等学官，教授的内容仍为儒家经典。学生学成后，经过考试，合格者送到京师参加常举考试，称之为"乡贡"。考试合格后就可获做官的候补资格。太宗于贞观三年下令，各州增置医学，置医学博士，职责是治疗百姓疾病，教授医学生。医学生名额比州县学要少一些，多者20员，少者几员，这是由于医学是特殊专业，关系到人的身体健康与否，所以名额不能太多，以保证质量。

　　需要说明的是，由于唐初社会破败，经济萧条，并不是所有的州县都同时创办了官学，有些人口稀少、经济落后的地区，尚无力办学。随着社会生产的迅速恢复、发展，到贞观后期州县创办的学校越来越多，为各地的教育事业发展发挥了积极的促进作用。

　　太宗在发展教育方面做了大量有益的工作。他针对儒家经典师出多门、章句错讹等问题，命人重新审定五经文字，颁行了《五经定本》，使学生学习有了统一的教科书。他又命人编撰了《五经正义》，统一了对经书的诠释、阐说，使学生学有依据，不至于因文义解释的差异而无所适从，便于学生学习理解和参加统一考试。

太宗还努力扩大教育规模，使更多的人有受教育的机会。在贞观六年，太宗下诏全国各地都要"行乡饮酒"，①为本地应举之士饯行，目的在于劝学。在太宗的鼓励下，不仅州县办有官学，一些有条件的地方私学也逐渐兴办起来。太宗甚至在担任宿卫任务的禁军中也设置学官，如屯营、飞骑中就置有博士，以教授经业。②如学业突出，能精通经书者，"听之贡举"。③在军队中开办教育是一个创举。

太宗在贞观时期将内附的大批各少数民族首领迁到长安，随着大唐声威的远播，边远地区的民族如高昌、吐蕃首领也派子弟到长安来学习。此外，新罗、百济等国也派人到中国留学。太宗遂把他们都安排到国子监所属各学中去学习，"于是国学之内，八千余人，国学之盛，近古未有"。④长安成为各族各国文化交流的中心。贞观时期学校兴盛的状况，得到后人的好评与赞扬，也为唐朝的继续发展培养了大批人才。

（四）进士科的兴盛与扩大

科举制度创行于隋朝，较之魏晋南北朝的凭门第做官的制度自然有所进步，但由于这个制度刚刚创立，还未来得及充分地发展，隋朝就很快垮台了。唐朝在高祖统治的武德时期，为了扩大选才范围，于武德四年恢复了科举取士制度，由本县考试、本州复试，合格者"每年十月随物入贡"。⑤次年十月，诸州共贡明经143人、秀才6人、俊士39人、进士30人。秀才科人数最少，地位居于诸科之上。考试的结果是秀才录取1

---

① 《新唐书》卷二《太宗纪》，第33页。

② 《唐会要》卷三五《学校》，第739页。

③ 《旧唐书》卷一八九上《儒学传序》，第4941页。

④ 《唐会要》卷三五《学校》，第739页。

⑤ 〔五代〕王定保撰，黄寿成点校：《唐摭言》卷一，西安：三秦出版社，2011年，第1页。

人、俊士14人、进士4人。可见进士科的地位不但不能与秀才科相比，也落后于俊士科。武德七年，高祖令诸州各置大中正1人，负责当地人才的选拔与推荐。然而以往那种有真才实学的寒士因无人举荐而老死不达的弊病，仍不能得到彻底改变。

太宗即位后，开始对科举制度进行改革。贞观时期开设的有秀才、进士、明经、明法、明书、明算等科，此外还有其他一些科目。由于秀才科"有举而不第者，坐其州长"的规定，致使地方官怕因此而坐罪，遂不敢轻易举人，加之秀才科录取太难，士人们也不再注重该科，"由是废绝"。而明法、明书、明算诸科，取士有限，且不利于仕途的升迁，"自是士族所趣向，唯明经、进士二科而已"①。秀才科独尊的地位遂为进士、明经二科取代。贞观八年诏，"进士试读一部经史"。②进士加试经史的规定表明该科又在明经科之上。正因为如此，于是才有这样的记载："进士科始于隋大业中，盛于贞观、永徽之际。"③唐朝的科举考试，规定当年冬十月赴长安报到，次年三月结束。

唐初一切应用文字，上起诏敕下至判词书牍，无不用四六文。这是南朝遗留下来的靡丽文风对北方士人影响的结果。这种文章辞藻华美纤丽，但内容空洞，虚词颇多，讲究对偶、平仄，叙事多用典故、古语，使人不能自由发挥见解，严重约束了思想感情的表达。隋文帝深恶此类文章空洞浮华，下令要求天下"公私文翰，并宜实录"。④但由于南朝文风影响甚大，士大夫无不仰慕备至，加之隋炀帝的提倡，隋文帝的这点呼声也就湮没无闻了。唐太宗即位以来，虽然他自己也写四六文，但他并不是不知道这种文体的弊端，因此在科举考试中他开始尝试改变这种状况。

贞观二十二年，考功员外郎王师旦主持当年科举考试。当时张昌龄、王公治皆有才华，在京师一带名气很大，他们也都参加了这次考试。结果两人双双落榜，举朝上下都不知是出于什么原因，连太宗也感

---

① 《通典》卷一五《选举典三》，第354页。
② 《唐会要》卷七六《贡举中》，第1633页。
③ 《唐摭言》卷一，第6页。
④ 《隋书》卷六六《李谔传》，第1545页。

到意外。于是，就召见王师旦，询问二人落选的理由，王师旦回答说："此辈诚有词华，然其体轻薄，文章浮艳，必不成令器。臣若擢之，恐后生相仿效，有变陛下风雅。"王师旦所指出的问题，正是四六文的通病，他怕录取二人后致使后来之人争相仿效，以为晋身之用，所以不予录取。从这里可以清楚地了解王师旦的意图，就是想通过科举的导向，来改变当时这种浮靡文风。太宗十分赞赏王师旦的观点，"帝以为名言"[①]。可见太宗也是支持利用科举来改变文风这种做法的，可惜的是这时他已快走到生命的尽头，否则将会有更大的作为。唐朝反对四六文，提倡古文，最早的是陈子昂，但是从王师旦以上作为看，他反对四六文应在陈子昂之先，只是王师旦不是文学名家，其作品也无多少流传下来，不为人所重视罢了。对于太宗趋于务实、反对浮虚的改革趋向，后人也有注意到的，如沈既济就指出："是以文皇帝病其失而将革焉。"[②]

　　进士科的录取率在唐代还是比较低的，考试也比较严格，"其进士，大抵千人得第者百一二；明经倍之，得第者十一二"[③]。但是由于进士仕途优于明经，且为时望所重，故使士人们心向往之。有一种说法流传甚广，即"缙绅虽位极人臣，而不由进士者，终不为美"[④]。可见人们对进士科的重视。太宗有一次私幸端门，看见榜下进士鱼贯而过，高兴地对侍臣说："天下英雄入吾彀中矣！"[⑤]据说太宗还亲笔在进士榜头上题写了"礼部贡院"4个大字。这些都说明太宗对进士科是非常重视的。由于考进士比较难，考明经相对容易一些，以至有从青年考到白头仍未及第者，故谚语说："三十老明经，五十少进士。"[⑥]意思是30岁考中明经就算年龄偏大了，50岁如考中进士的还算比较年轻，可见中进士之

① 《通典》卷一七《选举典五》，第402页。
② 《通典》卷一八《选举典六》，第443页。
③ 《通典》卷一五《选举典三》，第357页。
④ 《文献通考》卷二九《选举考二》，第840页。
⑤ 《唐摭言》卷一，第4页。
⑥ 《文献通考》卷二九《选举考二》，第840页。

难。唐人有诗云："太宗皇帝真长策，赚得英雄尽白头。"[1]说的也是进士及第非常不容易，同时也形象地反映了当时士人热衷于进士科的情况。

进士及第后只是取得做官的资格，如要获得实际任官的资格，还要经过吏部的考试。考试的方式是身、言、书、判4种形式。所谓"身"，指"体貌丰伟"；所谓"言"，指"言辞辩正"；所谓"书"，指"楷法遒美"；所谓"判"，指"文理优长"。[2]这4个方面统称为"四才"，其中最主要的是书与判。只有经过吏部考试后，才可获得官职。

太宗扩大进士科，提高其地位，对人才的选拔与使用制度是一种积极的改革，为具有真才实学之士进入统治阶层开辟了途径，扩大了选才的范围，有利于统治阶层的新陈代谢。同时也使大批出身于庶族家庭的人有机会登上政治舞台，从某种意义上说，对士族地主的政治特权有一定的限制作用。自从太宗扩大进士科以后，唐代官员的构成发生了很大变化，尽管门荫入仕、军功升迁、官员推荐仍不失为一种入仕的途径，但已逐渐不占主导地位，更多的人还是通过科举考试才走上仕途的。这种情况在太宗时期尚不十分明显，到高宗以后慢慢发展为主流，并影响中国社会达1000多年之久。

二、统一经学的盛举

（一）尊孔子与崇儒学

自汉武帝以来，儒家学说就被历代统治阶级作为正统思想，用来治理国家、统一思想，唐朝的统治阶级自然也不例外。唐高祖刚攻下长安不久，就下令恢复国子学、太学、四门馆的教学，并令各郡县官学设置学官，恢复招生。武德元年，下诏令皇族子孙及功臣子弟一律到秘书外省举办的小学就读。同年，在国子学建立了周公庙、孔子庙各一所，四

---

[1]《唐摭言》卷一，第6页。
[2]《新唐书》卷四五《选举志下》，第1171页。

时祭祀。武德七年，以周公为先圣，孔子配享。

太宗即位后，认为国家统一，四夷自安，应该偃武修文，遂尊崇孔子，推广儒教。太宗君臣认为商鞅、韩非那一套法家学说只可作为权宜之计行于一时，不是长久致化之道，要使天下长治久安，必须尊奉儒术，行礼义教化之道。所谓儒学家者流，"可以正君臣，明贵贱，美教化，移风俗，莫若于此焉"①。由于认识到儒学有助于统治的长治久安，所以唐太宗特别强调："朕所好者，唯尧、舜、周、孔之道，以为如鸟有翼，如鱼有水，失之则死，不可暂无耳。"②

为了尊崇儒学，贞观二年（628），下诏停周公为先圣，以孔子为先圣，颜回为先师，并按照旧典，在孔庙中孔子与颜回像两边陈放"俎豆干戚"之物，以便四时祭祀。贞观二十一年，下诏将对儒学有贡献的21人配享于孔子庙堂，这些人是左丘明、卜子夏、公羊高、谷梁赤、伏胜、高堂生、戴圣、毛苌、孔安国、刘向、郑众、杜子春、马融、卢植、郑玄、服虔、何休、王肃、王弼、杜预、范宁。诏书说："并用其书，垂于国胄。既行其道，理合褒崇，自今有事于太学，可并配享尼父庙堂。"③这些人都是历代研究经学有贡献的人物，均是著名的经学大师。但是，其中不少人的经学派别不同，在历史上一度斗争得十分激烈，存在着严重的门户之别，有所谓今文学家与古文学家，郑学与王学之别。太宗将他们统统配享于孔庙，表明他没有门户之见，同样予以尊崇，这是太宗主张经学统一的具体表现。

为了把尊崇儒学之风吹遍全国，贞观四年，太宗下诏命各州各县都要修建孔子庙，四时祭祀。贞观十一年，又下诏尊孔子为宣父，在孔子的家乡曲阜特建庙殿，并专门拨20户人家负责洒扫供养。学校的大量兴办，科举的盛行，都为儒家学说的推广与普及创造了有利的条件。当时太宗还规定学生要是"通一大经已上"，"咸得署吏"。④就是说可以得

① 《旧唐书》卷一八九上《儒学传序》，第4939页。
② 《资治通鉴》卷一九二，唐太宗贞观二年六月，第6054页。
③ 《贞观政要集校》卷七《崇儒学》，第379页。
④ 《旧唐书》卷一八九上《儒学传序》，第4941页。

到官职。所谓大经指《礼记》《左传》等。这些措施都起到了鼓励士人埋头儒家经典、苦心钻研仁德礼义之说的作用。

（二）颜师古考定《五经》

太宗要振兴儒学，必然首先要做好经籍图书的收集与整理，这是儒学振兴与统一所必需的条件。隋末动乱，历代旧章，诸圣遗训、经籍均散失严重。隋文帝在开皇年间曾派人到各地搜访图籍，每得一卷，赏绢一匹，因此获得了大量图书，整理后共得了万余卷。隋炀帝统治时期，又广泛地搜求书籍，使政府藏书迅速增加。唐高祖武德五年，下令将东都所藏图籍运往长安，船行到黄河三门峡时触石沉没，所载图籍8000余卷全部漂没，"尽亡其书"[1]。加上毁于战火和各地散失的图书，到唐朝建立之后，检视所藏隋代图籍十不一二。[2]武德时期，唐高祖命令狐德棻负责搜集图书，"重加钱帛，增置楷书，令缮写。数年间，群书略备"。[3]太宗即位时，弘文殿所藏四部书即达20万卷。贞观三年，魏徵又向太宗建议搜集天下遗书，并令书手缮写，藏于馆阁，数年之间，秘府图籍，"粲然毕备"。[4]

在国家经籍图书逐渐完备的情况下，太宗"以经籍去圣久远，文字讹谬"，[5]遂命中书侍郎颜师古考定《五经》。所谓"去圣久远"，是说经籍经过长期的流传，文字上产生了许多错讹。我国在雕版印刷术发明之前，经书均以口传手抄的形式传播，同一种书因不同的师承关系往往文字不同，有的甚至连篇目也存在差异，加上传抄过程中产生的讹误，长期因袭旧说，以讹传讹，于是就形成了各有所本、各有所师的错综复杂的情况。唐太宗要发展儒学，对这种情况当然不能熟视无睹。同时版

① 《新唐书》卷五七《艺文志一》，第1422页。
② 《隋书》卷三二《经籍志一》，第908页。
③ 《旧唐书》卷七三《令狐德棻传》，第2597页。
④ 《旧唐书》卷七一《魏徵传》，第2548页。
⑤ 《旧唐书》卷七三《颜师古传》，第2594页。

本各异、文字错讹也使各类学校的经学教授受到影响，学生往往无所适从。统一《五经》版本势在必行。

所谓《五经》，是对《周易》《尚书》《毛诗》《礼记》《左传》等书的统称。太宗选定考定《五经》的颜师古，是大儒颜之推的孙子，从小就博览群书，尤精训诂之学，"古篇奇字世所惑者，讨析申孰，必畅本源"。[①]太宗命他考定《五经》时，颜师古正好因事闲居，可以投入全部精力完成此事。颜师古利用秘书省所藏图书，用晋、宋古本进行校勘，一字一句皆有依据，校正了大量的错讹文字。书成以后，太宗召集当时的儒学名家共同审定，于是诸儒各执所学，"共非诘师古"，师古对答详明，"人人叹服"。[②]太宗遂于贞观七年下诏颁行定本，令学者肄习。自《五经定本》颁行后，诸经文字完全统一，从此不再有因文字不同而解释各异的弊病。

（三）孔颖达与《五经正义》

《五经》的版本与文字统一以后，下一步就是要统一《五经》义疏了。自两汉以来，由于对儒家经籍的解释与阐发不同，便形成了不同的经学学派。自汉武帝以来，经学极盛，有的经书义疏（即解释阐发）即达百万字，远远超过了原书的篇幅，有的经学大师解释经书中几个字往往用10余万字，如西汉的秦延君，以研究《尚书》而著名，他曾经用10多万字解释《尧典》中的2个字，又用3万多字解释"曰若稽古"4个字。按照这种办法，一个士人要学通一经，往往要花费数十年的时间。正因为如此，所以官学中学派林立，争论不休。如汉武帝时，《周易》就有四家博士，《尚书》有三家，《诗经》三家，《仪礼》两家，《春秋公羊传》又分为两家，总称为五经十四博士。到西汉末年，王莽又把古文经学派的四家博士列入官学，即《春秋左氏传》《毛诗》《周礼》《古

---

① 《新唐书》卷一九八《颜师古传》，第5642页。

② 《新唐书》卷一九八《颜师古传》，第5641—5642页。

文尚书》四家。以上仅是官学中的情况，其实当时私学中还有不少著名的经学大师，成就远远超过官学。魏晋以后，地分南北，政治上的分裂又造成了南北经学思想与理论上的歧义，长期的积累使经书的解释与阐发五花八门，即所谓"师说多门"。这样一种现状，显然不能适应唐代政治统一的需要，统一经学成为太宗推行文德治国路线的当务之急。

唐代把儒家经书分为三等，《礼记》《春秋左氏传》为大经；《诗经》《仪礼》《周礼》为中经；《周易》《尚书》《公羊传》《穀梁传》为小经。太宗命孔颖达负责撰定五经义疏。孔颖达早在隋代就以深通五经而名扬海内。他早年曾去拜访名重一时的大儒刘焯，开始刘焯看不起这个年轻人，经过辩难经义后，"遂大畏服"①。隋炀帝大业初年，孔颖达明经及第，被任为郡博士。炀帝曾广召天下儒官于东都，辩论儒家经义，孔颖达力挫群儒，居于魁首，而年纪又最轻，许多老儒名师耻居其下，派遣刺客暗杀孔颖达，迫使他躲藏于杨玄感家才幸免一死。太宗平定王世充后，他投奔唐朝，任秦王府文学馆学士，迁国子学博士。太宗即位后，历任给事中、国子监司业、太子右庶子、散骑常侍等官。

由于五经义疏的修撰不同于定本，不仅工作量很大，而且难度极高，实际上是由孔颖达领衔，与颜师古、司马才章、王恭、王琰等名儒共同协作完成的。全书共185卷，最初名为《五经义赞》，太宗下诏改为《五经正义》，并命交付国子监，作为学生试用教材。凡士人参加科举考试，诵习经书，义理必须依据《五经正义》所说，否则就是异端邪说，就有落选的可能。

由于《五经正义》出于众家之手，其中不可能没有谬失之处，当时的国子监博士马嘉运就出面"驳正其失，至相讥诋"②。太宗又下诏重新审定，但由于孔颖达已年老退休，故在贞观时期没有最终完成此项工作。尽管如此，太宗仍对孔颖达的学识极为赞赏，他的画像也被收入凌烟阁，死后陪葬昭陵。永徽二年（651），高宗下诏令中书门下与国子三

---

① 《新唐书》卷一九八《孔颖达传》，第5643页。

② 《新唐书》卷一九八《孔颖达传》，第5644页。

馆博士、弘文馆学士继续撰修审定，于志宁、张行成、高季辅等具体负责此事，至四年三月，终于修成。仍署孔颖达之名，正式颁行天下，作为官方确定的全国性的通用教本。

孔颖达撰定的《五经正义》是在《周易》王弼注，《尚书》孔安国传（传是注的一种形式），《诗经》毛传、郑笺（笺是对传、注的注释），《礼记》郑玄注，《春秋左氏传》杜预注之后，对《五经》以上诸家的注作了疏（疏者，通也，对古人的传、注再加注释，谓之疏）。他所作的疏也是皆有所本，并不添加自己的新说。如《春秋左氏传正义》本于刘炫之说，《尚书正义》《毛诗正义》本于刘焯之说，《礼记正义》本于皇侃之说。《周易正义》没有说明根据何家之说，可能是孔颖达采录江南诸家旧说而成。南朝诸儒阐释《周易》，辞尚虚玄，义多浮诞，故《五经正义》中以《周易正义》最为空疏。孔颖达作疏时不仅自己不加发挥，也反对别人发表新说，如他所撰的《礼记正义》虽本于梁朝皇侃之说，但当他发现皇侃的疏有不合郑玄注时，便大加斥责，坚持"疏不破注"的原则。也就是说一切解释都以注为准，如果注错了，或者有比注更精彩的说法，仍要加以排斥，不得越雷池一步。孔颖达的这种治学方法实在太僵死了，这样就使他负责的《五经正义》虽有统一旧说之功，但缺乏新意。

（四）统一经学的意义

《五经定本》和《五经正义》的颁行，是唐代政治上大一统在经学上的反映，因为天下已经统一，要以文德治国，奖励后学，尊儒重道，形成读经的风气，就必须要改变经书文字讹谬、经学上派别相争的情况，因此统一经学是历史发展到这一阶段的必然举措。

太宗统一颁行《五经定本》和《五经正义》，是中国经学史上的一件大事，它们的颁行标志着两汉魏晋南北朝历代相沿的经学至此结束，这是适应政治上大一统的巨大功业，有助于统治阶级思想的统一。由于

《五经正义》是官方颁布的标准教科书，其义疏是钦定的，这样就使经学统于一尊，所有的自东汉以来的诸儒异说，全都作废，各个学派之间的激烈争斗自然销声匿迹。在佛、道、儒三家的斗争中，儒学始终处于绝对有利的地位，佛、道二教只能去适应或吸收儒学的某些学说，却不敢非议和攻击儒经。因为自从经学统一后，经书从文字到解释都得到官方的确认，他人自然不敢去攻击和非议。《五经定本》的颁行，使诸经的文字完全统一，从而避免了因文字不同而解释各异的弊病。《五经正义》颁行后，科举考试中对经义的阐发一切都以《五经正义》说法为准，不仅便于学生学习研读，而且使录取有统一的标准，有利于公平选拔人才。

自《五经正义》颁行以来，历代学者对它褒贬不一，尤其是清代经学家批评最为激烈，然而他们没有看到有了《五经正义》以后，东汉以来纷纭矛盾的各种师说被一扫而空，经学内部的宗派之争从此失势。客观地讲，唐太宗统一经学的意义甚至比汉武帝罢黜百家、独尊儒术有过之而无不及，因为汉武帝独尊儒术，却未统一诸经文字，并允许五经博士各自授徒，导致官学中派别林立，争论不休。唐太宗这次统一经学并没有限制或排斥某一派别的学说，而是采取了对以往诸经义疏兼收并蓄的态度，可以使学经者比较广泛地了解各种义疏，以广见闻，使唐初的经学推广达到前所未有的盛况。

《五经正义》的颁行，同时也带来了一些副作用。由于孔颖达撰《五经正义》时，所作义疏严格墨守汉儒注文，说经者也必须遵照义疏不得逾越一步，否则就是离经叛道，这样就束缚了经学的进一步发展，不利于学者的自由发挥、自由讨论。《五经正义》虽维护的仍是严格的汉学传统，但缺乏汉儒自由发挥、互相辩难的风气。这种缺乏创新的一统局面的副作用，是唐太宗也始料不及的。于是，后来一些唐代儒者一反《五经正义》的墨守成说，不拘训诂旧说，提倡自由说经，如啖助及其弟子赵匡、陆质等，都是开创新学风的一代名儒。宋儒继承这种学风并加以发展，融佛老思想入经学，从而形成一种新经学系统，即宋学。从汉学到宋学，是经学史上一个重大的转变。这种新学风出现在中唐以后，是在官学之外发展起来的，影响所及连皇帝也读其书。唐后期有些学者已跻身于官学之中，说明《五经正义》一统官学的局面已经开始改变。尽管这样，《五经定本》和《五经正义》曾产生过的历史作用并不因此而有所降低，其颁行的积极意义还是要给予充分的肯定。①

三、官修史书的成就

（一）贞观六史

我国古代史书最主要的是所谓纪传体正史，在二十四史中，有八部修成于唐代，其中有六部就成书于贞观时期，成就可谓大焉。这六部史书最早开始撰于唐高祖武德五年十一月，当时高祖命萧瑀、陈叔达、令狐德棻、庾俭、颜师古、崔善为、孔绍安、萧德言、裴矩、祖孝孙、魏徵、姚思廉、欧阳询等共同修撰，经过数年时间，竟不能成就而罢。

贞观三年，太宗再次命大臣撰写梁、陈、齐、周、隋五代史，分工是令狐德棻、岑文本撰《周书》，李百药撰《北齐书》，姚思廉撰《梁书》《陈书》，魏徵撰《隋书》。这次修史在安排上做了通盘考虑。其一，有总监修者，就是房玄龄与魏徵，他们要负总责。贞观二十年，太宗又下诏修《晋书》。其二，命令狐德棻协调诸史的内容与体例。其三，发挥李百药、姚思廉这两位具有家学传统的史学家的作用，让他们在其先辈原有的工作基础上继续进行有关史书的撰述。太宗的这种安排在很大程度上保证了修史工作的迅速进行。贞观十年，梁、陈、齐、周、隋五史顺利修成。《晋书》的修撰者共18人，发挥主要作用的是令狐德棻，该书的撰修体制与类例都是由他制定的，敬播在这方面也发挥了重要的作用。太宗本人也参加了《晋书》的撰述工作，《宣帝纪》《武帝纪》《陆机传》《王羲之传》的传论都出自太宗之手，因而该书

---

① 关于近年来《五经正义》研究情况的综述，参见王贞：《孔颖达与〈五经正义〉研究述略》，《中国史研究动态》2012年第1期，第31—38页。

·413·

竟署唐太宗御撰。这一切都可反映出太宗对修史工作的重视。

《晋书》共130卷，计纪10、志20、列传70、载记30。我国纪传体史书的这种体例，始创自司马迁所撰《史记》，因此《晋书》在大的体例方面并无新的突破，但也不是绝无创新，如载记这一体例，就比较独特。因为晋代历史比较复杂，它并不是一个一直统一的时代，在西晋灭亡前后，在北方先后出现了前后赵、前后南北燕、前后西秦、前后南北西凉、成汉、夏等割据政权，它们与晋朝并无统属关系，而是独立的政权。如何在同一部史书中体现这种政治状况，是一个比较棘手的问题。《晋书》采用载记这种体例来记载各国的历史，就等于说既承认晋的正统地位，又承认各国的独立地位，以有别于当时的藩属诸国，用历史的眼光来看是比较妥当的。除张轨的前凉、李暠的西凉作为列传，不列入载记外，共14国列入载记。《晋书》用载记记载独立的割据政权历史，要比后世一些正史采用列传（有的甚至加上"僭伪"二字）来处理同类问题客观得多，也显得更加高明。

在内容上，《晋书》有食货志，这是在《魏书》以外整个魏晋南北朝正史中所仅有的。它除了记载晋代的重要经济情况外，由于《后汉书》和《三国志》均无食货志，所以它往往上溯东汉、三国时期的经济情况以资补充。这样就为后世研究东汉、三国、晋代的社会经济提供了宝贵的资料。从这一点上看，《晋书》的修撰者的确功不可没。

在采用的资料上，《晋书》好采小说资料，这一点受到唐代著名史评家刘知几的批评。其实刘氏的批评并不完全贴切，因为史料的真实与否与来自正史还是小说并无必然关系。晋人习尚清谈，行为放荡不羁，社会习俗喜记诙谐与神怪故事，这种社会风貌在《晋书》中有所反映，不能不说是《晋书》的一个特点。而且《晋书》在使用这些史料时，也做过一番选择，如《世说新语》中的资料就被采用不少，但对一些不可靠的史料却不加采录。说明修撰者的态度还是很严肃的。

《梁书》56卷，其中本纪6卷，列传50卷。这部书是姚思廉在其父姚察修撰梁史的基础上，参考当时社会上流传的诸种旧梁史，历时九载，方才完成的。这部书有不少失实之处，为当时及后世的学者所讥讽。当然也有不少可取之处，如保存了不少梁朝的奏疏和诏书原文，为了解这一时期的历史提供了第一手的史料；记载了不少农民起义的情况，为研究当时的社会矛盾和阶级关系提供了史料；对南北对峙的历史也做了真实的反映。这些史实都是很有价值的。

《陈书》36卷，也是姚思廉撰修的一部正史，本纪6卷，列传30卷。通常认为《陈书》是姚思廉在其父姚察的旧稿基础上补充而成的，其实姚察在陈史上的撰述极少，大部分还是姚思廉新撰的。《陈书》的缺点与《梁书》相同，也存在因避讳而失实的问题，记事简略甚至失载的问题也时有发生。《陈书》的长处是如实地记载了梁、陈之际南朝土豪众多，横暴乡里，不遵国法的情况；对南朝世兵制与募兵制并行的社会情况也有不少记载。这些都是当时社会现状的真实反映。

《北齐书》50卷，其中本纪8卷，列传42卷，由李百药奉敕修撰而成。李百药也是继承父业，在其父李德林修撰齐史数十篇的基础上，杂采他书，最后完成。这部书的特点是记事详尽，不避讳，如书中对统治阶级的各种残暴腐朽行为记载较多，对社会上层内部的各种复杂而尖锐的矛盾和斗争都做了详尽的记述。这样就对雄居经济发达的关东广大地区的北齐，反而被地处西北较为贫困地区的北周，在短期内所灭亡的历史原因有了概括的反映。现存《北齐书》残缺比较严重，在二十四史中，以它亡佚最甚，经后人补缀才勉强成书。

《周书》50卷，其中本纪8卷，列传42卷，由令狐德棻等奉敕修撰。《周书》主要依据隋代牛弘撰写的《周纪》18篇，重加润色而成。刘知几的《史通》对牛书指责颇多，而令狐德棻撰修《周书》时，没有广泛地采录其他存世的史籍，遂使《周书》"文而不实，雅而不检"，"多非实录"。[1]《周书》也有明显的优点，首先是叙事繁简得宜，文笔简劲。其次是记事范围较广泛，不仅记北周一代史事，而且兼及东魏、

---

① 〔清〕永瑢等：《四库全书总目》卷四五《史部·正史类一》，北京：中华书局，1965年，第408页。

北齐、梁、陈，有些重大史事其他诸史不载，而《周书》却详加记述。此外，《周书》的纪、传中记有不少府兵制以及乡兵的史料，在一些列传中还有我国史书上最早的庄田记载，有关当时奴婢、部曲和杂户的社会地位情况也有不少记载。总的来看，《周书》在历代正史中算是较好的一部。

《隋书》85卷，本纪5卷，列传50卷，志30卷。该书由魏徵负总责，颜师古、孔颖达、许敬宗等人参撰，史论皆出自魏徵一人之手。《隋书》的10志，又称《五代史志》，贞观十五年，由于志宁、李淳风、韦安仁、李延寿等人奉敕修撰，显庆元年（656）完成。隋史对唐人来说是近代史，资料较为丰富；加之太宗、魏徵对《隋书》的修撰又比较重视，故成书较快。唐人对《隋书》并不满意，认为遗漏史事颇多，收采的有些隋代文献又没有必要，如九锡文、禅位诏等都是赘累无用之文。尽管如此，因唐人为补《隋书》缺漏而编撰的其他有关隋朝的史书皆已亡佚，故魏徵等人所撰的这部《隋书》便成为研究隋史的主要资料来源。《隋书》也有一些明显特点，某些史料比较丰富，可供研究之用，如隋文帝优待臣僚，赏赐土地，却不愿减功臣之田以给百姓；隋炀帝时力役、兵役频繁，赋税苛重，刑法严酷，农民起义不断爆发等，这是唐初以隋亡为殷鉴的思想在修撰《隋书》中的反映。

《隋书》的10志是非常重要的历史资料。由于《梁书》《陈书》《北齐书》《周书》和《隋书》修成后没有志，所以太宗下诏为其补撰史志，从而使它实际上成了上述5个王朝的典章制度总汇，故也称《五代史志》。从内容上看，《地理志》《食货志》《刑法志》以隋代史事最详，其他诸朝略有提及，其他各志记梁、陈、齐、周之事较多，但仍以隋代为详。所以《隋书》10志不仅是研究隋史的重要史料，也是研究南北朝制度的必备资料。其中有些志在学术史上占有重要地位，如《经籍志》确立了我国古代图书经、史、子、集的四部分类法，至今仍有很大的影响，在古代目录学史上具有不可替代的重要地位。《音乐志》中介绍了郑译从龟兹人苏祇婆那里所得七调，成为唐代燕乐调的本源；对隋代所定的九部乐的源流、歌曲、乐器等的介绍，是反映中外文化交流的重要音乐资料。

自从太宗时期修成五代史及《晋书》以后，历代正史皆由官府修撰，这成为一种惯例，影响后世十分深远。[①]

贞观时期除了以上前代史书的修撰外，还修撰了《高祖实录》20卷、《太宗实录》20卷，于贞观十七年七月奏上。当时太宗命赐皇太子及诸王各一部，京官三品以上允许自愿抄录。这次所修的《太宗实录》记事止于贞观十四年，从十五年至二十三年的部分继续由史官撰修，最后于高宗永徽元年闰五月完成，由长孙无忌领衔奏上。[②]

（二）史馆制度

设史馆和宰相监修史书制度，是唐代统治集团重视史学的具体表现，也是我国古代修史制度的一个重大进步。宰相监修史书制度自唐代确立以后，为以后各代所沿袭，一直延续到清代，对后世史学的发展产生了极为深刻的影响。

在唐代以前，历代正史多为私撰，如《史记》《汉书》《三国志》《后汉书》等，无一不是私家修撰。从东汉的《东观汉记》以来，奉敕修撰史书也有一些，如王沈的《魏书》、魏收的《魏书》、沈约的《宋书》等，但是当时既未开史馆，又无大臣监修之实，名为官修，实同私撰。设馆修史应始于隋代，但是由于隋祚短暂，这一制度没有得到巩固，史馆与宰相监修制度的正式确立应在唐代。

武德初年，因袭隋制，史馆隶属于秘书省著作局。贞观三年，太宗始移史馆于门下省北，并命宰相监修史书。这说明史馆的地位有所提高，并脱离了著作局，此后著作局也就不再有修史的职能了。等到大明宫初步建成时，又移史馆于门下省之南。说明史馆的位置越来越靠近统

---

① 杨朝民：《唐修〈晋书〉的政治因素》，《史学史研究》1989年第4期，第27—33页。
② 《唐会要》卷六三《修国史》，第1289页。

治中心，这样既方便记录以皇帝为中心的政治活动，又便于皇帝就近控制史馆。旧史所说的"太宗别置史馆，在于禁中，所以重其职而秘其事也"①也是这样的意思。唐初，宰相的议事机构政事堂就设在门下省，史馆设在门下省附近，也便于宰相就近以尽监修之责。

唐代还建立了宰相兼领史馆的制度。重要史书的修撰都由宰相监修，前述的六部正史就由房玄龄、魏徵监修，《高祖实录》《太宗实录》也由房玄龄等监修，并领衔奏上，高宗永徽元年完成的续修《太宗实录》，由长孙无忌领衔奏上。这些都是这一制度的具体体现。撰修梁、陈、齐、周、隋等五代史书时，太宗命魏徵对所修诸史"总加撰定，多所损益，务存简正"，②说明宰相监修史书不仅仅是挂名而已，而是要具体参与修撰并在最后把关定稿，这也是保证史书修撰质量的一项措施。从此以后，纪传体正史的编撰权便始终控制在国家手中。宰相监修国史即本朝史及前代史书的制度，自唐初确立后，也成为历代修史的定制。

唐初确立的史馆与宰相监修制度，从一开始就充分显示了优势，取得了令人瞩目的成就，为我国古代史学的发展做出了重要贡献。如果没有这些制度，唐初绝不可能取得如此大的修史成就。

宰相监修史书制度在后来也逐渐露出了一些流弊，以至于引起了后人的非议。其实官修史书的优势还是非常明显的，仍以唐太宗时期的情况为例。首先，便于调动各种人才，贞观所修六史的主撰者都是当时史学名家，史馆中还设有修撰、司直等史官，可供调遣使用。宋代著名学者郑樵说："观《隋志》所以该五代南、北两朝，纷然淆乱，岂易贯穿？而读其书，则了然如在目。良由当时区处各当其才。颜（师古）、孔（颖达）通古今而不明天文地理之序，故只令修纪传；而以十志付之（于）志宁、（李）淳风辈，所以粲然具举。"③郑樵在这里不仅高度评价了唐初的修史成就，也充分肯定了唐太宗务使史官"各当其才"的正

① 《旧唐书》卷九八《李元纮传》，第3074—3075页。

② 《旧唐书》卷七一《魏徵传》，第2550页。

③ 《文献通考》卷一九二《经籍考十九》，第5582页。

确分工。郑樵所讲的这些恰恰是官修史书的一个长处，为私家修史所远远不能及。试想私家修史必定人力有限，个人才能再高也不可能百科皆精，这样就不可避免地影响全书的整体质量。其次，史馆修史，宰相监修，可以保证物力、财力所需。此外，搜集参考文献也较为便利，容易利用国家收藏的图籍和典章制度资料，甚至可以以政府的名义向各地征集图书典籍，并按所修史书应有的各种体例保存大量史料，能够保证撰修任务顺利地完成。这些也恰恰是私家无论如何都无法做到的。至于通常所说的史馆修史人浮于事，恩幸贵臣，凡劣庸才充斥其间的弊病，这些都不是史馆制度固有的弊端，而是人为因素造成的，也不是不能克服的痼疾。唐太宗时期史馆修史的突出成就就已充分地证明这一点。

（三）贞观史识

唐初不仅修史成就突出，对史学也有不少新认识，一些见解至今看来仍然光彩夺目，发人深省。

其一，对史学社会作用的认识。唐高祖在武德五年下达的《命萧瑀等修六代史诏》中说："史官纪事，考论得失，究尽变通，所以裁成义类，惩恶劝善，多识前古，贻鉴将来。"[①]这种对史学的鉴戒与教育作用的认识，出自帝王诏书的确不多见，这透露出唐高祖对撰修史书的重视及发展史学的宏大气魄。唐太宗继续发挥这种认识，他认为史书具有"彰善瘅恶，激一代之清芬；褒吉惩凶，备百王之令典"的积极作用，进而提出了"大矣哉，盖史籍之为用也"[②]的论断，对史学的社会作用及影响给予了高度的评价。正因为太宗对史学有这样的正确认识，所以他对撰修史书要求颇严，坚决反对曲笔隐讳，要求史官修史必须"改削浮词，直书其事"。因为史书的社会作用就是"惩恶劝善"，如"书不以实"，就达不到这个目的，后世也就无法了解历史真相。[③]这些见解虽非

---

① 《唐大诏令集》卷八一《命萧瑀等修六代史诏》，第466页。

② 《唐大诏令集》卷八一《修晋书诏》，第467页。

③ 《贞观政要集校》卷七《论文史》，第391—392页。

首创，但出自一位皇帝之口，却是以往从未见到过的宏论。

其二，对少数族政权的历史认识。中国旧史家除少数人外，大多对少数族采取歧视态度，唐初史学家在修撰诸史时，对少数族政权采取了与以往迥然不同的态度。如《晋书》在纪、传之外，另创载记，分记诸国之事。值得注意的是，30载记，只说僭伪，而不强调华夷之别。这与南北朝时期史书北以南为岛夷，南以北为索虏的对立态度不同，反映了唐统一后天下一家的思想。该书一方面记载了少数族的残暴行为，其中不免有许多贬斥之词；另一方面又对一些少数族首领的才干、气质、智谋、功绩大加赞赏，给予了较高的评价，这在以往的正史中尚不多见。

其三，对南北关系的认识。从东晋、十六国以来，南北分裂，政治上的对峙反映在当时的史学著作中，就是往往不能如实地记载另一方的历史，失实之处颇多。这种状况的出现不仅仅是资料条件限制的原因，很大程度上也有思想认识的主观因素。随着唐代大一统局面的实现，唐初史学家在修史时，便不再抱有这些成见，把南朝史与北朝史置于同等地位看待。这表明唐初史学家、政治家重新认识了南北历史，具有倾向统一的历史观，无疑是一种进步的观点。

其四，对历史经验的认识。唐初的史学家和政治家对历史经验的认识比前人深化了一步，不仅唐太宗本人在这方面具有独到的见解，许多贞观史臣也都是如此。这些观点突出地反映在《贞观政要》与魏徵所撰的《隋书》史论中。太宗君臣围绕着隋朝迅速灭亡的历史现实，展开了一系列的讨论，从正反两方面总结了隋朝的历史经验与教训，以史为镜，在历史的比较中判断是非，决定取舍，使史学能更好地为当时的政治服务。太宗君臣善于总结历史经验，重视史学社会作用的做法，对现实生活中的人们也有深刻的启迪。①

---

① 以上参见瞿林东：《唐代史学论稿》，北京：北京师范大学出版社，1989年，第10—12页。

四、礼乐制度的健全

（一）燕乐与雅乐

唐代音乐有燕乐与雅乐之分。雅乐是祭祀天地、宗庙与朝会时所奏的音乐；燕乐是在宴会和其他娱乐场所表演的乐舞。

唐朝初建时，因忙于国内统一战争，无暇改定乐制，每次举办宴会都沿用隋朝九部乐。隋朝九部乐是隋炀帝时确定的，它是在隋文帝七部乐的基础上发展而来的。所谓七部乐，即清商伎、国伎、高丽伎、天竺伎、安国伎、龟兹伎、文康伎。可见它是由前代之乐与中外音乐共同构成的。炀帝时的九部乐指清商乐、西凉乐、高丽乐、天竺乐、龟兹乐、疏勒乐、康国乐、安国乐、礼毕乐。贞观十四年，太宗平定高昌，获得一批乐工，交给太常寺。经过一番考定，于贞观十六年正式确定了十部乐，即龟兹乐、疏勒乐、安国乐、康国乐、高丽乐、西凉乐、高昌乐、燕乐、清商乐、天竺乐。贞观十部乐与隋炀帝九部乐相比，增加了高昌乐、燕乐，撤去了礼毕乐。这里所说的燕乐指十部乐中的一部乐，与前面所提到的广义的燕乐不同。从贞观十部乐来看，大体可分五部分，其一，清商乐"并汉氏以来旧曲"[①]，即历代之乐。其二，西域音乐，即龟兹、疏勒、高昌、安国、康国等。其三，外国音乐，即天竺、高丽。其四，为胡乐，即西凉乐，又称胡音乐。其五，燕乐，即唐自编之乐。

贞观时期还有宫调四曲，在宫廷内宴时演奏，即《倾杯曲》，长孙无忌所作；《乐社乐曲》，魏徵所作；《英雄乐曲》，虞世南所作；《黄骢叠曲》，乐工所作。据载，《黄骢叠曲》是为纪念太宗一匹心爱的战马而作，这匹黄骢马是太宗破窦建德时骑过的，后来征高丽时死于途中，太宗非常哀惜，遂命乐工创作此曲以纪念之。

---

① 《通典》卷一四六《乐典六》，第3716页。

唐代燕乐实际上都是乐舞,演奏时有舞者二至数人居中表演舞蹈。如清商乐,有歌者2人,舞者4人,表演巴渝舞;天竺乐,有舞者2人,"皂丝布头巾,白练襦,紫绫袴,绯帔";高昌乐,舞者2人,"白袄锦袖,赤皮靴,赤皮带,红抹额。"①许多乐器如羯鼓、答腊鼓、腰鼓、琵琶、筚篥、五弦等,多来自少数族或外国,经过唐代艺人的再创造,在制作和演奏上都融入了新的特色。

著名的《秦王破阵乐》《功成庆善乐》为大型乐舞,是声乐、器乐、舞蹈的综合,是唐朝新创作的,也属燕乐的范畴。

隋代的雅乐最初沿用的是北朝音乐,即所谓"周、齐皆胡虏之音"②。开皇二年(582),颜之推上奏说,今太常雅乐,"并用胡声",请求采用梁朝之乐,以推求真正的华夏古典音乐。隋文帝不从,认为梁朝之音是亡国之音,不便采用。等到隋朝灭亡陈朝,统一全国之后,隋文帝的态度就发生了根本的改变,当时隋朝缴获了大批南朝的乐工和乐器,隋文帝却说这是华夏正声,因为永嘉之乱才流入江南,"我受天明命,今复会同",③并为此在太常寺特置清商乐署。这就说明音乐也要适应政治统治的需要。统一后的隋朝雅乐实际上是胡乐与汉乐的融合产物。

唐朝是继隋之后的又一统一王朝,在高祖、太宗时期基本沿袭隋朝雅乐,稍加改定而已。唐代雅乐主要是靠协律郎张文收与太常寺少卿祖孝孙二人修订完成的。武德九年,"以梁、陈之音多吴、楚,周、齐之音多胡、夷",唐高祖遂命祖孝孙等重新修订雅乐。祖孝孙与张文收"于是斟酌南北,考以古声,作《唐雅乐》"。④历时两年多,于贞观二年六月完成奏上。《大唐雅乐》共八十四调、十二和,"以法天之成数",⑤即取一年十二个月之数。祖孝孙死后,张文收认为十二和之制未备,"乃诏有

---

① 《旧唐书》卷二九《音乐志二》,第1070页。
② 《通典》卷一四二《乐典二》,第3621页。
③ 《隋书》卷一五《音乐志下》,第378页。
④ 《资治通鉴》卷一九二,唐太宗贞观二年四月,第6051页。
⑤ 《新唐书》卷二一《礼乐志十一》,第464页。

司厘定，而文收考正律吕，起居郎吕才叶其声音，乐曲遂备"。[①]

十二和之和，即乐曲，分别用于不同的场合。一为《豫和》，用于祀圜丘，享明堂，封太（泰）山。二为《顺和》，用于夏祭方丘，冬祭地祇，巡狩告社。三为《永和》，用于告祭宗庙。四为《肃和》，用祀先农，国子监释奠。五为《雍和》，用于祭祀时入献俎豆。六为《寿和》，用于祭祀时酌献、饮福。七为《太和》，用于祭祀时皇帝入门而即位。上朝时皇帝自内而出时也要演奏。八为《舒和》，用于皇太子、王公、妃嫔、国老等出入门时演奏。九为《昭和》，用于皇帝、皇太子举酒时。十为《休和》，用于皇帝、皇太子以饭肃拜三老时。十一为《正和》，用于皇后受册封时。十二为《承和》，用于皇太子在东宫举行典礼时。如果皇太子外出，则奏《太和》。[②]

雅乐所用乐器多为钟、鼓等打击器，所用歌词多仿古代诗句。雅乐是等级森严的复古之乐，脱离现实，脱离生活，其生命力远不如燕乐。

（二）文、武舞与七德、九功舞

隋代有文舞、武舞，贞观二年祖孝孙在修订雅乐的同时，也对文、武舞进行了修订。他改文舞为《治康》，改武舞为《凯安》，舞者各64人。文舞，"皆委貌冠，黑素，绛领，广袖，白绔，革带，乌皮履"。武舞，"左干右戚，执旌居前者二人，执鼗执铎皆二人，金镯二，舆者四人，奏者二人，执铙二人，执相在左，执雅在右，皆二人夹导，服平冕"。[③]举办大朝会或郊庙祭祀时，武舞者则要顶盔披甲，全副武装地表演。唐初规定：郊庙祭祀时初献用文舞，亚献、终献用武舞。太庙降神用文舞，诸室酌献各用其庙之舞。

古代王朝的太庙是其祖先及其后各代皇帝之庙的总称，祭祀时各庙（室）均有不同的乐舞。太宗曾命颜师古等人制定各庙乐曲舞名，其后变

① 《新唐书》卷二一《礼乐志十一》，第464页。
② 《新唐书》卷二一《礼乐志十一》，第464—466页。
③ 《新唐书》卷二一《礼乐志十一》，第466页。

更不一，现能知道的是：献祖为《光大之舞》，懿祖为《长发之舞》，太祖为《大政之舞》，世祖为《大成之舞》，高祖为《大明之舞》。

以上这些乐舞均为朝会、祭祀时所用，表演僵化、呆板，缺乏生命力，但是从古代王朝的角度看，却是所谓礼乐制度的主体，非常重要，不可缺少。如从艺术、娱乐的角度看，它们则没有多大的意义。

唐朝新创制的乐舞，主要是《七德舞》《九功舞》与《上元舞》，前两种均创制于太宗时期。

《七德舞》原名《秦王破阵乐》。太宗为秦王时，击破刘武周，军中创制了《秦王破阵乐》曲，相互传奏，以歌颂秦王赫赫的武功。太宗当了皇帝以后，每举办宴会必奏此乐。太宗后来为之绘成一幅舞图，命吕才选乐工128人，穿铠甲，持长戟，按照舞图训练。队形是左圆右方，先偏后伍，交错屈伸，首尾呼应。《七德舞》共有3次变化，多次变化有4个不同队形。舞者做出击刺往来的姿态，歌者根据队形的变化唱《秦王破阵乐》。贞观七年，改名为《七德舞》，是根据《左传》"武有七德"一句而改，意在发扬武功盛德，并命魏徵、褚亮、虞世南、李百药等重新改写歌词。每当此舞表演结束后，观者激奋扼腕踊跃，众将称贺，群臣皆呼万岁。

据载，萧瑀曾认为《秦王破阵乐》还不完善，遂向太宗建议把刘武周、薛举、窦建德、王世充等人也编入舞，以表现战胜攻取之情景。太宗认为乐舞只表现战斗之梗概，如果详尽表演，以上诸人之状容易辨识。当今朝廷中的将相不少人都曾是他们的部下，若重见当年其故主被擒获之状，心中必然不忍，所以不能这样做。太宗这种想法主要是出于避免引起君臣"不和"，影响君臣共治天下的原则的实施。从这点看太宗的确比萧瑀高明得多。

《秦王破阵乐》影响很大，其声名已经远播于印度。玄奘西去印度时，戒日王曾问玄奘："师从支那来，弟子闻彼国有《秦王破阵乐》歌舞之曲，未知秦王是何人？复有何功德，致此颂扬？"[1]可见其影响之大。

---

① 《大慈恩寺三藏法师传》卷五，第106页。

《九功舞》又名《功成庆善乐》。太宗生于武功（今陕西武功西北）李渊旧宅，即位后将此宅改名为庆善宫。贞观六年，太宗率众臣驾临武功，仿汉高祖荣归故里之事，赏赐闾里之人，并在庆善宫大宴群臣。太宗十分高兴，即席赋诗，起居郎吕才为其诗谱曲，称之为《功成庆善乐》。又命童子64人，戴进德冠，穿紫袴褶，长袖、漆髻，徐徐起舞，号《九功舞》，以表现弘扬文德。以后凡宴享及国有大庆，皆表演之。①

《七德舞》与《九功舞》象征着唐太宗文治武功的赫赫功绩。高宗时，每当表演以上两种乐舞时，皇帝与群臣一度都要站立着观看，不许坐下。可见太宗子孙对他的敬仰之情。麟德二年（665）下诏文舞"用《功成庆善乐》"，"武舞用《神功破阵乐》"。②《神功破阵乐》即《七德舞》的改名。武则天执政时，毁唐朝太庙，这两种乐舞遂亡佚，"惟其名存"，"自后复用隋文舞、武舞而已"。③即祖孝孙修订后的文舞与武舞。

（三）《贞观礼》的制定

礼仪制度是维护统治秩序所必需的，高祖时期，因为天下尚未统一，无暇制定礼仪制度，所以沿用隋朝旧制。太宗即位后，推行文德治国之策，制定新的礼仪制度便成为当务之急。贞观二年，太宗命房玄龄召集礼官修订旧礼，不久魏徵也奉诏参加此项工作。贞观七年，新礼修订完成。由于是初次修订，加之礼仪之事比较复杂，从来都是仁者见仁，智者见智，因此群臣围绕着新礼展开了激烈的争论。于是太宗遂命房玄龄、魏徵、王珪等大臣重新主持修订，为了使这次修订更加顺利，太宗还命当时的著名学者孔颖达、颜师古、李百药、令狐德棻等参与修订。贞观十一年，《贞观礼》修成，计《吉礼》六十一篇、《宾礼》四篇、《军礼》二十篇、《嘉礼》四十二篇、《凶礼》十一篇，共计

① 《新唐书》卷二一《礼乐志十一》，第468页。
② 《新唐书》卷二一《礼乐志十一》，第468页。
③ 《新唐书》卷二一《礼乐志十一》，第469页。

一百三十八篇。①这次重新修订由于有上次的基础，加之有不少著名的学者的参与，如孔颖达在修订中"所有疑滞，咸谘决之"②，发挥了重要的作用，故这次修订的《贞观礼》比较完备。

高宗统治时，曾修订并颁行了《显庆礼》，由于其中夹杂不少令、式，故群臣议论纷纷，皆以为修订不当，高宗只好下诏重用《贞观礼》。《贞观礼》一直沿用到玄宗时期，在《大唐开元礼》颁行后，才不再行用。但是《大唐开元礼》也是参照《贞观礼》与《显庆礼》而修成的，从这一点看，《贞观礼》的内容仍在行用，可见其影响之大。

《贞观礼》的颁行，使太宗一反常态，非常得意，他认为周公辅佐成王，制定礼乐，很久才完成，"逮朕即位，数年之间，成此二乐五礼，又复刊定，未知堪为后代法否？"所说二乐即《秦王破阵乐》和《功成庆善乐》，五礼即《贞观礼》。魏徵也附和说：这二乐五礼，当为"万代取法，岂止子孙而已"。③本欲传之万代，岂知数十年之后二乐就不复存在了，如果太宗君臣地下有知，不知作何感慨！尽管这样，太宗在贞观时期修订的这套礼乐，毕竟奠定了唐朝礼乐制度的基础，开创了大唐以文德治天下的新局面。

（四）礼仪之制重在实施

太宗重视礼仪制度的修订，目的就是要用于规范各种社会关系，制约人们的行为，维护君臣、父子、上下、尊卑的等级关系，发挥礼对人们的思想和道德的规范与教育作用。为了达到这个目的，太宗处处以礼规范自己和皇族的行为，并注重礼制实施的社会效果。

太宗曾对侍臣说："按照《礼》，人的名字生前是不避讳的，只有死后下一辈的人才避讳。上古帝王，在生前都不讳其名，周文王姓姬名

---

① 《新唐书》卷一一《礼乐志一》，第308页。

② 《旧唐书》卷七三《孔颖达传》，第2602页。

③ 《魏郑公谏录》卷四《对庆善乐为文舞》，见文渊阁《四库全书》，第446册，第194页。

昌，《周诗》有'克昌厥后'之句，也没有避讳。春秋时鲁庄公名同，《春秋》庄公十六年：'齐侯、宋公同盟于幽'。只有近代诸帝，妄加节制，特令生前避其名讳，于礼不通，应当改变。"于是下诏："今宜依据礼典，务从简约，仰效先哲，垂法将来。其官号人名，及公私文籍，有'世'及'民'两字不连续，并不须避。"①

贞观十七年十二月癸丑，太宗对侍臣说："今天是朕的生日，民间以生日为喜庆之日，在朕看来，大为不当。"他列举了孔子的弟子子路的故事，说子路对父母非常孝顺，自己吃粗糙的饭食，亲自背米以侍养父母。后来，他父母去世，子路南游楚国，从车百乘，积粟万钟，生活非常富足，子路却说再不能够背米侍养双亲了。"况《诗经》云：'哀哀父母，生我劬劳。'为何要在父母劳苦之时，大搞宴乐之事？甚是不合礼法。"②太宗这种观点与传统习俗甚是不合，正确与否，姑且不谈，然而太宗提倡子女孝顺、赡养父母，尤其在生日之时更要体会和感念父母的辛劳养育之恩，确实有一定的现实意义。另外，太宗反对在生日大搞宴乐之事，对于帝王来说，可以节约不少的费用；对于民间而言，也算是移风易俗，起到教化的作用。

太宗不仅对自己严格要求，对于子女也处处以礼法约束。贞观二年，中书舍人高季辅上奏，反映太宗的弟弟密王李元晓等人在诸皇子拜见时，也回礼答拜。他认为两者虽都是王爵，地位相等，但从家族内部来看，应当长幼有别，岂容颠倒。太宗认为高季辅说得很对，下诏规定密王李元晓等在吴王李恪、魏王李泰等兄弟拜见时不得答拜，使叔侄之间长幼有序。太宗还规定以后公主出嫁，要对公婆执盥馈之礼，以尽为人子妇之道。

贞观十三年，礼部尚书王珪上奏："按照《令》的规定，朝官三品以上，在路上遇到亲王，不应下马，而今皆违法申敬，路遇皇子下马，有违于典制，请予以纠正。"太宗却认为这是朝臣欲抬高自己的地位，故意压制皇子的行为，不愿接受这个意见。魏徵据理力争，说："自

---

① 《贞观政要集校》卷七《论礼乐》，第393页。

② 《贞观政要集校》卷七《论礼乐》，第416页。

汉、魏以来，亲王的班位皆在三公之下。而今宰相与六尚书九卿，见亲王下马，这种做法为历代典章所无，何况又不合《令》的规定，于理不通。"太宗说："国家设立太子，就是准备将来继承帝位，如果太子不在，当由其同母弟继任，从这个道理看，如何能轻视我的儿子？"魏徵批驳说："殷商时期有兄终弟继的习惯，自西周以来，帝位的继承是父死子继，立嫡以长，目的是杜绝其他庶子觊觎帝位，以塞祸乱之源，为帝者尤应对此警惕。"魏徵的话使太宗很难答复，尤其是关于皇帝之位继承问题的警告，使太宗感到不寒而栗，他认识到纵容皇子不仅仅是对大臣不尊重的问题，还可能导致诸子骄纵，野心膨胀，争夺帝位，再现兄弟相残的局面。于是，他决定接受王珪的意见，命三品以上大臣见皇子不再下马，从而维护了大臣的尊严。

太宗对臣下以礼相待，时时不忘，甚至连生活琐事都能从礼的角度予以考虑。贞观十二年，太宗看到诸州朝集使到京城，没有专门的接待机构，致使他们都赁房居住，甚至与商人杂居，住处狭小仅能容身。他对侍臣说："古代诸侯入朝，皆有朝宿之处，并给刍禾百车，以供军马之用，待之以客礼。君主白天坐正殿，夜晚则点燃大烛，随时召见，问其劳苦，汉代也在京城为诸郡建有邸舍，以备随时来京居住。现今这种状况不是以礼相待，容易使人产生怨愤情绪，如何肯竭力治理好地方！"于是，下令在京城内为诸州朝集使营造宅第。建成后，太宗还亲自前往视察。

对于民间一些不合礼法的陋习，太宗一旦发觉，就立即予以纠正。比如贞观四年，京城里不少士庶百姓居父母丧期间，相信巫书之言，忌日不哭，并以此为理由拒绝吊问。太宗认为这是"败俗伤风，极乖人理"，遂下令要求州县官员加以教导，"齐之以礼典"。[1]贞观五年，太宗对僧尼、道士妄自尊大，不但不拜父母，反倒"坐受父母之拜"的行为非常气愤。他认为"佛道设教，本行善事"，教徒如此作为岂能容忍，这是"损害风俗，悖乱礼经，宜即禁断"[2]，遂下诏令僧尼、道士要

---

① 《贞观政要集校》卷七《论礼乐》，第395页。
② 《贞观政要集校》卷七《论礼乐》，第395页。

叩拜父母。也就是说，太宗认为宗教也要受朝廷制定的礼法约束，也要适合中国的传统文化。太宗大兴儒学，儒学有一个要点，就是特别强调忠孝，佛道教徒不拜父母，自然是不孝行为，理所当然地要遭到太宗的批判。后来佛、道二教都提倡孝道，尤其是佛教徒还创造出不少讲孝的佛经，除了为适应中国的国情外，皇帝利用行政命令恐怕也是佛教徒不得不有所改变的一个原因。

强调礼乐的社会作用，是我国古代文化的一个突出特点，礼与乐二者密不可分。唐太宗对乐的社会作用有他自己独特的见解。在祖孝孙完成雅乐的修订后，太宗君臣曾就这一话题展开过一场讨论。太宗说："圣人之作礼乐，是为了对人的行为有所节制，政事的善恶，难道与礼乐有关系吗？"御史大夫杜淹肯定地说："前代兴亡，实由于乐。"并列举了一些事例，说陈朝将亡，出现了《玉树后庭花》，齐朝将灭，遂出现了《伴侣曲》，路人闻听，莫不悲泣，后人将它们视作亡国之音。进而下结论说："以是观之，实由于乐。"太宗不同意这种看法，说："不然，音声岂能感人？人欢娱时听到音乐就感到愉快，哀痛时听到音乐就觉悲伤，可见悲与悦完全是受人的情绪支配，并非由音乐决定的。国家将亡之时，其人心情悲苦，故闻之则觉得悲哀，哀怨的乐声难道能使心情愉快的人悲哀吗？而今《玉树后庭花》和《伴侣曲》尚还存在，我让人为你演奏，你一定不会感到悲哀的。"魏徵支持太宗的看法，说："乐在人和，不由音调。"[1]太宗表示赞同。

古今中外，有曲调悲哀的音乐，也有欢乐愉悦的音乐，不同的音乐作品对人的情绪有不同的影响，完全否认音乐作品对人的影响是不恰当的。但是，说国家的兴亡，政治的盛衰，完全取决于音乐，过分夸大音乐的社会作用也是错误的。在这一点上，太宗的观点无疑是正确的。就以《玉树后庭花》《伴侣曲》而言，都是当时的皇帝与妃嫔宴乐时所演唱的乐曲，其曲调一定不是悲哀的，撇开政治背景不谈，仅就此乐曲而言肯定不会使听者哀痛。故太宗才敢于断言杜淹听到这两首乐曲绝对不

---

① 《贞观政要集校》卷七《论礼乐》，第417页。

会产生悲伤情绪。从这个角度看，太宗与魏徵强调"乐在人和"，体现了人与社会对音乐的主导作用的思想，在人与音乐的关系上，人是占主导地位的，首先是人在影响音乐，然后才是音乐对人的反作用。太宗不止一次地表达过这种思想。有一次，协律郎张文收建议修订"太乐"，太宗不同意，认为隋炀帝时，社会动荡，即使改正音律，终不和谐。如果使天下太平，百姓安乐，"音律自然调和，不藉更改"，[①]仍然肯定人和是乐和的前提。这种卓越的见解至今仍闪烁着睿智的思想光芒。

对于唐太宗上述思想，宋代史学家司马光大不以为然。他认为礼乐有本有文，教化是本，形式是文，"乐非声音之谓也，然无声音则乐不可得而见矣"。就是说"声音"（音调）是音乐的表现形式，无音调也就无所谓音乐。他以山做比喻，"取其一土一石而谓之山则不可，然土石皆去，山于何在哉！故曰：'无本不立，无文不行。'奈何以齐、陈之音不验于今世而谓乐无益于治乱，何异睹拳石而轻泰山乎！必若所言，则是五帝、三王之作乐皆妄也。"[②]批评太宗不懂这个道理，感到非常惋惜。司马光指责太宗轻视音乐的教化作用，是有一定道理的，但是他过分强调礼乐对社会治乱的作用，则是本末倒置。中国自古以来就有"衣食足然后知礼乐"的说法，讲的就是物质与精神的关系，强调物质是第一性的。太宗主张"乐在人和"，说的也是这个道理。司马光缺乏太宗这样的政治家的睿智眼光，抱着僵死的教条不放，自然不能理解太宗的思想。就此而言，唐太宗不愧是一位具有远见卓识的政治家，非一般腐儒可比。

五、崇道抑佛的渐变

（一）尊崇道教

太宗和他父亲唐高祖一样都对道教采取尊崇态度，尊老子为李氏远

① 《旧唐书》卷八五《张文瓘传附文收传》，第2817页。
② 《资治通鉴》卷一九二，唐太宗贞观二年六月臣光曰，第6053页。

祖。贞观十一年正月,太宗下诏,规定"道士、女冠宜在僧尼之前",^①用行政命令强行抬高道教,压抑佛教。这年七月,"修老君庙于亳州"^②,给民户20户负责洒扫、祭享之事。相传老子出生于亳州真源县(今河南鹿邑),故于此地设庙祭祀。为了尊崇祖先,抬高道教地位,太宗对道教教义大加吹捧,赞扬其教义是:"老君垂范,义在清虚。"可以"迈两仪而运行,包万物而亭育,故能兴邦致泰,反朴还淳"。也就是说其教义是超越天地运行,促使万物生长的一种精神力量,因此能够安邦治国,使风俗淳朴。太宗还对老子的学说大加赞扬,说什么"天下大定,亦赖无为之功"。"无为"是老子的一种重要思想。太宗把天下太平、社会安定局面的实现,视为贯彻"无为而治"的结果,当然是对老子学说的赞美。实际上唐初并没有像汉初那样贯彻黄老之道,太宗在诏书中这样强调完全出于尊崇祖先(老子),抬高道教地位的需要,并且公开宣布要"宜有改张,阐兹玄化",^③即要弘扬道教教义。太宗尊崇道教完全是出于"尊祖"的需要,认老子李耳为远祖,以抬高其家族的门第。也不知是真的相信道教的神力,还是做做样子,贞观五年,太子李承乾生病,太宗竟允许道士秦英为他祈祷。李承乾病痊愈后,太宗为此在长安建造了一座西华观。^④

其实太宗尊崇道教主要是出于政治需要,从他的思想深处来看,真正要弘扬的还是儒学,对于宗教只要不过分膨胀,对国计民生无甚影响,太宗都能允许它们存在。因此当道教徒人数过多影响政府收入时,太宗对他们与佛教徒一样也进行限制,不许私自度人入教,这些在唐律中都有反映。长孙皇后曾说:"道、释异端之教,蠹国病民,皆上素所不为。"^⑤这才是太宗真实思想的反映。

① 《唐会要》卷四九《僧道立位》,第1005页。
② 《旧唐书》卷三《太宗纪下》,第48页。
③ 《唐大诏令集》卷一一三《道士女冠在僧尼之上诏》,第586—587页。
④ 《唐会要》卷五〇《观》,第1018页。
⑤ 《资治通鉴》卷一九四,唐太宗贞观十年六月,第6120页。

（二）压抑佛教

太宗对佛教采取既利用又限制的政策，他一方面利用佛教影响大、信徒多的特点，从事一些设斋行香、译经度僧、造寺慰灵等活动。如在贞观二年颁敕："章敬寺是先朝创造，从今已后，每至先朝忌日，常令设斋行香，仍永为恒式。"①用以笼络隋朝旧臣人心。次年，又开馆译经，并度僧3000人。同年，太宗又在太原起兵以来的作战之处，"为义士凶徒殒身戎阵者，立寺刹焉"，②用以维系人心，以彰君恩。早在武德四年，他率军平定王世充时，曾得到过少林寺僧兵的帮助。王世充废去少林寺，寺田被没收，唐政府答应发还以前的100顷田地，但直到武德八年，只交还了40顷土地、水碾硙一具。少林寺僧人上表申诉，认为少林寺功勋"与武牢不殊"，请求补足百顷之数。太宗遂于贞观六年下敕赐给少林寺土地60顷，以满百顷之数。太宗还一度允许武德末年被沙汰还俗的僧尼，只要品行端正，便可重新皈依佛门。另一方面太宗又对佛教采取一些限制措施，不使其过度膨胀，以免佛教势力过大。如他曾多次下诏检括僧尼，对干坏事的僧尼予以沙汰，命地方官员对僧尼功课严加检查。对僧尼中"或假托神通，妄传妖怪；或谬称医筮，左道求财；或造诣官曹，嘱致赃贿；或钻肤焚指，骇俗惊愚"③者，严加打击，予以整顿。对于私度僧尼者，杖100，知情者与本寺主持同罪。总之，太宗对佛教既利用又限制，始终把对宗教的控制权牢牢地掌握在政府手中，这样就可使宗教为政治服务，既满足人们信教的需求，又不致过分泛滥，危害社会，影响国家对户籍的控制和财政收入。太宗的这种宗教政策是比较适宜的，比历史上那些一味佞佛或严厉打击佛教的皇帝都要高明一些。

贞观十一年以前，因太宗对佛、道二教实际采取的是平衡政策，故佛教徒们与朝廷尚无什么冲突。这一年太宗下诏规定道教在佛教之上，激起了佛教徒的强烈不满，纷纷表示反对。当时到宫殿前上表的僧人很

---

① 《唐会要》卷四九《杂录》，第1007页。

② 《唐大诏令集》卷一一三《为殒身戎阵者立寺刹诏》，第586页。

③ 《全唐文》卷五唐太宗《度僧于天下诏》，第67页。

多，太宗采取强硬态度，宣示说有不服法令者当受杖责，大部分僧徒怕吃苦头，纷纷退避。有一个壮年僧徒声称不服，结果挨了一顿重杖，回去后就死了。傅奕在高祖武德时期就上表反对佛教，引起佛教徒的极大愤怒，僧人法琳说傅奕把佛称胡鬼，称僧徒为秃丁，是可忍孰不可忍！他骂傅奕是"邪见竖子""无角畜生""阐提逆种"，即愚蠢的逆种。他还撰写了《破邪论》《辩正论》批驳傅奕，为佛教辩护。贞观十三年，道士秦英指出法琳的《辩正论》攻击老子，诽谤皇祖。太宗下诏谴责法琳："诽毁我祖祢，谤讟我先人，如此要君，罪在不恕。"[1]将法琳抓起来，法琳不服，太宗没有硬行压服，而是采取以毒攻毒的办法，使其无话可说。太宗说："所著《辩正论·信毁交报篇》曰：'有念观音者，临刃不伤。'且赦七日，令尔自念，试及刑决，能无伤不？"[2]这一下可难倒了法琳，他在狱中苦苦思索救命之计，忽然想到一个办法。7日期满，当敕使问他念观音是否灵验？法琳回答说："我只念陛下，不念观音。"太宗派人问他："诏书命你念观音，为何不念，却念陛下？"法琳说："陛下功勋甚大，照佛经上说，陛下就是观音，所以我只念陛下。"法琳就是靠这种阿谀奉迎的话，乞求活命。太宗遂将他流放川蜀，后病死于途中。

　　佛教徒为扩大影响，往往用大话邪术骗人，这种做法与太宗对待宗教的政策相抵触，是当时法令所要打击的对象。这种把戏一旦被揭穿，也在一定程度上促使太宗对佛教徒更加不满。据载："贞观中，西域献胡僧，咒术能生死人。"傅奕认为这是邪术，自告奋勇，愿意以身相试。太宗遂召胡僧咒傅奕，结果是傅奕安然无恙，"胡僧忽然自倒，若为物所击者，更不复苏"。[3]另据记载：贞观时期有一个婆罗僧，到长安来，声称自己获得了佛牙，击物皆碎，"于是士马奔凑其处如市"。当时傅奕正卧病在床，听到此事，便对他的儿子说，这肯定不是佛牙，我

---

① 《全唐文》卷六唐太宗《诘沙门法琳诏》，第77页。
② 〔唐〕道宣：《续高僧传》卷二五《唐终南山龙田寺释法琳传》，北京：中华书局，2014年，第957页。
③ 《唐语林校证》卷三《方正》，第218页。

听说金刚石最为坚硬，"物不能敌，惟羚羊角破之，汝可往试之焉"。开始胡僧不肯拿出佛牙试，再三要求，才勉强拿出来，"出角叩之，应手而碎"[①]。围观的人这才散去。羚羊角是否能击碎金刚石，姑且不论。然而佛牙也是普通人的牙齿，如何能够击碎其他坚硬的物品呢？佛教徒善于故弄玄虚，欺骗良人，于此可见一斑。由于傅奕反佛最坚决，僧人道宣所著的《广弘明集》一书造谣说，傅奕早年贫困，当过道士，向僧借贷，僧人不肯借予，于是对佛教心怀愤怒，当官后坚决反佛。这件事应当不可靠，从傅奕给高祖的上书看，他反佛主要是站在儒学的立场，认为僧尼所作所为多不合儒家学说，且虚费金帛，影占人口，败坏风俗，祸乱政治，对国家危害很大。旧史说他的上书"词甚切直"[②]，完全是忧国忧民的正人君子，如何会为早年的一点小事而如此大动干戈呢？傅奕临死时，还叮嘱他的儿子努力学习老、庄学说与周、孔之道，千万不要误信佛教邪说。可见他反佛也是因为信仰不同。《广弘明集》还说，傅奕在唐初来到长安，投靠道士王岊。王岊怜其饥寒，留居私宅，待以宾礼，傅奕竟与王岊妻私通，王岊忍气退归道观。这又是毁谤之辞。据《旧唐书·傅奕传》载，傅奕在隋朝时就在汉王杨谅手下做官，杨谅举兵失败，傅奕受牵连免官，流落扶风，当时唐高祖李渊任扶风太守，对傅奕"深礼之"。"及践祚，召拜太史丞"，说明唐朝刚一建立，傅奕因为过去与高祖的关系，就被任以官职。怎么可能穷困到投靠道士的地步呢？所以投靠王岊，私通其妻的说法便不攻自破。僧人用这种手法诽谤他人，的确有些卑鄙。

太宗亲眼看到佛教徒不光彩的表演，使他对佛教产生了厌恶心理，在他晚年多次对迷信佛教的大臣进行训斥与嘲弄。贞观二十年九月，在一次朝会上，太宗对张亮说："卿既事佛，何不出家？"张亮当然舍不得高官厚禄，因此很是狼狈。萧瑀见此情形，大概想替佛教信徒挽回一点儿颜面，同时他可能以为自己是朝廷重臣，太宗决不会放他离朝，因

---

① 《隋唐嘉话》卷中，第21页。
② 《旧唐书》卷七九《傅奕传》，第2716页。

此出面请求让他出家。出其意料，太宗竟非常爽快地同意了他的请求，说："亦知公雅好桑门，今不违公意。"萧瑀本意并不愿出家，不料弄巧成拙，走出宫外想了一会儿，也没有想出好办法，只好硬着头皮又返回宫里，对太宗说他不愿出家。太宗见他如此反复，心里很不高兴。萧瑀当众出丑，大丢面子，遂闹情绪称有足疾不朝，有时到了朝堂也不进去见太宗。太宗知萧瑀心中对他不满，遂于当年十月下手诏谴责萧瑀，明确表示"朕于佛教，非意所遵"。列举梁武帝、简文帝迷信佛教，倾国库资财修造佛塔、寺院，供给僧尼之辈，结果都身死国灭。证明佛教宣扬的"报施之徵，何其谬也！"斥责萧瑀是"弃公就私，未明隐显之际；身俗口道，莫辨邪正之心"。"上以违忤君主，下则扇习浮华。自请出家，寻复违异。一回一惑，在乎瞬息之间；自可自否，变于惟宸之所。"[1]太宗之言，可谓慷慨激昂，义正辞词。最后将萧瑀贬为商州（今陕西商洛市商州区）刺史，剥夺了他的封爵。自从太宗贬逐萧瑀之后，朝臣中再也无人敢于公开表示尊崇佛教了。

六、文学艺术的发展

（一）唐初文学

在太宗的治理下，贞观时期的唐朝社会经济迅速恢复并有一定程度的发展，天下太平，人民安居乐业。在文化、教育方面采取积极措施，在学术上、宗教上推行兼收并蓄的政策。太宗重视文学，爱好诗歌，广泛延揽人才，在社会上形成了重文重诗的风气。太宗思想开明，文禁松弛，鼓励批评，使文学创作得以自由发挥。所有这一切都为文学艺术的发展创造了必要的物质基础、思想基础和适宜的社会条件，尽管唐初的文学艺术成就尚不算繁荣，却为盛唐文化艺术的繁荣打下了基础，开拓了道路。

贞观时期的文坛，基本上仍沿袭六朝的华艳风习，这是因为此种风

---

[1]《资治通鉴》卷一九八，唐太宗贞观二十年十月，第6240—6241页。

习相沿已久，积习甚深，大多数的文人一时还不能摆脱它的影响，因而他们的作品常常带有浓重的华艳色彩。但是其中一些人的作品中已经表现出了较为清新开阔的意境，一批新生的文艺力量正在成长，并冲击着颓靡绮丽的风习。

这一时期的诗坛上，有名的诗人有虞世南、李百药、杨师道、长孙无忌、李义府、上官仪、王绩等人。其中，最有名的是上官仪，他长期在宫廷生活，替太宗起草文书、诏敕，因此他的诗多是"应制""奉和"之类，辞藻典丽，内容空虚，但是对仗工整，形式优美，人们纷纷仿效，称之为"上官体"。上官仪对诗歌发展的最大贡献，就是他的作品对唐代律诗的形成起到了推进的作用。

贞观时期一些政治家的诗作却极少有六朝宫体诗的习气，如魏徵的一些作品就是如此。他的《述怀》诗气概豪健，一扫梁陈颓靡的滥调，"纵横计不就，慷慨志犹存"；"人生感意气，功名谁复论"。[1]《唐诗别裁集》把这首诗列入五言古诗第一首，并给予高度评价说："盛唐风格，发源于此。"[2]这是很有见地的评语。魏徵不以诗闻名于世，但是这首《述怀》确为开一代诗风的好作品。[3]

王绩是贞观时期自拔于绮丽风气的一位诗人。他是太原祁县（今山西祁县）人，自号东皋子，出身于贵族家庭。隋末动乱中，他的生活受到较大影响，被迫离家外出漂泊，《赠薛收》诗说："豺狼塞衢路，桑梓成丘墟。"[4]指的就是当时的情况。《野望》诗是王绩的传世佳作，其中"树树皆秋色，山山唯落晖""牧人驱犊返，猎马带禽归""相顾无相识，长歌怀采薇"[5]都是气息清新，格律严谨的佳句。这首诗从内容上

---

① 《全唐诗》卷三一《述怀》，第441页。

② 〔清〕沈德潜选注：《唐诗别裁集》卷一，上海：上海世纪出版股份有限公司、上海古籍出版社，2013年，第1页。

③ 关于魏徵的文学思想及成就，参见魏晓虹、何锐钰：《试论魏徵的文学思想》，《山西大学学报》（哲学社会科学版）1998年第2期，第59—62页。

④ 〔唐〕王绩著，夏连保校注：《王绩文集》卷二《薛记室收过庄见寻率题古意以赠》，太原：三晋出版社，2016年，第80页。

⑤ 《王绩文集》卷二《野望》，第109—110页。

超出了当时一般五律，从风格上脱尽六朝气习，完全是一种新诗风。其他较重要的作品，如《古意六首》《在京思故园见乡人问》等，都是颇具新意、感情真挚的佳作。

贞观时期诗人颇多，作品不少，虽然六朝风气尚未脱尽，但一些重要诗人的作品已有改变和创新，尤其是格律方面的成就，为唐诗的繁荣奠定了基础。

这一时期的文章基本上仍沿袭南朝骈体形式，没有大的成就，但是在传奇小说的创作上已经有了一些进步。这一时期重要的传奇小说有《古镜记》《补江总白猿传》《游仙窟》等。这些作品虽仍受六朝志怪小说的影响，但已呈现出新的创作倾向，无论情节、语言都有了长足的进步。六朝志怪小说情节比较简单，只能简述故事梗概，且少曲折变化；而以上这些唐初小说，情节都较为连贯、曲折，讲究结构布局，描写比较生动，尤其是《游仙窟》虽未脱去志怪小说的怪诞色彩，然采用了许多民间谚语，显得语言丰富。这都为提高我国古典小说的创作艺术做出了一定的贡献。总之，唐初传奇小说处于我国古典小说由志怪发展为传奇，由粗简走向精美的过渡性阶段，为唐朝中后期传奇小说的创作繁荣进行了某些艺术上的探索。

（二）音乐、舞蹈

唐初有所谓俗乐，"出于一时之作"，名目繁多，有前代流传下来的乐曲，也有当时人所作之曲。如《三洲》，商人歌也；《白雪》，楚曲；《乌夜啼》，王义庆所作；《泛龙舟》，隋炀帝所作；还有《吴声四时歌》《玉树后庭花》《雅歌》《上林》《伴侣曲》《凤雏》《平折》《命啸》等曲。这些乐曲在宫廷与民间都有演奏，但由于不被重视，故佚失较为严重。此外，唐初还有曲子广泛流传，它在民歌的基础上进行了选择加工，其艺术性有所增强，在社会上广为传唱。曲子的题材多样，涉及社会生活的各个方面，形式也比较多，可以独唱，也可以用于说唱和歌舞之中。曲子可以由乐定词，也可以依词配乐。在敦煌莫高窟的藏经洞中，就发现了不少曲子词，其中也有唐初的作品。

古代曲和舞不分，所谓乐多包含有舞。唐代许多著名的舞蹈，唐初就已有之，如《胡旋舞》，"舞者立毯上，旋转如风"[1]。《五方狮子舞》，有狮子5头，高丈余，按方饰以不同颜色，狮子头用木刻成，以丝为尾，金睛银齿，十分威武。每头狮子有12人，身着画衣，手执红拂，头戴红抹额，逗弄狮子进行表演，称之为狮子郎。这种舞在宫廷中属《龟兹乐》部。

《兰陵王》的主人公为北齐兰陵王高长恭，其勇武异常，却长得十分俊美，自觉不能威吓敌人，上阵时多戴面目狰狞的面具。后世以他的事迹编成乐舞，表演者佩戴面具，演习战斗场面，名曰《兰陵王》。此外，太宗所定的十部乐之一的《西凉乐》，演奏时表演《方舞》《白舞》，前者为4人舞蹈，后者为独舞。

总之，唐代乐舞多而普遍，无论宫廷、民间喜庆节日都进行表演，连酒肆、旅舍也常有艺人出没，表演歌舞。关于唐初乐舞的形象资料，敦煌莫高窟壁画中有具体的描绘，如题记为贞观十六年（642）的初唐220窟北壁《东方药师经变图》，中间有左右两对横列一排的4个舞女，左边一对戴宝冠，右边一对长发披肩，两对均各自挥动红巾，振臂回旋，相背而舞。这4个舞女各自站在一块小圆毯上，表现的正是姿态奔放、情绪欢快的胡旋舞。舞女两侧，有28人的大乐队在演奏。这幅壁画表现的正是现实生活的乐舞场面。

唐初政府的音乐机构有太乐署和教坊，前者主要负责雅乐、十部乐的演奏和音乐人才的培养，后者负责其他乐舞及百戏的教习和排练、演出。太乐署置有令、丞、乐正、博士等乐官，《旧唐书·职官志三》载："凡习乐，立师以教。每岁考其师之课业，为上中下三等，申礼部。"太乐署又是国家音乐行政管理机构，负责考核监管乐人及音声人的番上。

---

[1] 《新唐书》卷二一《礼乐志十一》，第470页。按上文"毯"字，疑为"毯"字之误。从敦煌壁画看，表演胡旋舞皆立在毯上，并非毯上。又唐人诗歌描写该舞时，也未见提到在毯上表演。

《新唐书·礼乐志十二》载："唐之盛时，凡乐人、音声人、太常杂户子弟隶太常及鼓吹署，皆番上，总号音声人，至数万人。"所谓"番上"，就是一年中轮番到京师及宫廷服务。这是盛唐时的情况，初唐人数肯定没有这么多。番上制度早已建立。教坊早在唐高祖武德初年就已在禁中设置，番上的音声人中不少就在教坊服务，官员因犯罪其子女也有不少被送入教坊，沦为乐工。据载："五弦，如琵琶而小，北国所出，旧以木拨弹，乐工裴神符初以手弹，太宗悦甚，后人习为搊琵琶。"①裴神符是隶属于教坊的乐工，他改革五弦琵琶的弹奏法，得到太宗的欣赏与鼓励，遂使此法广泛地传播开来，取代了传统以木拨弹的演奏方式。

宫廷中有许多宫女颇精于乐舞，并有专人教授技能。据载："有罗黑黑善弹琵琶，太宗阉为给使，使教宫人。"②"给使"就是宦官。《朝野佥载》记载了一则故事，说西域向唐朝进贡了一位擅弹琵琶的乐人，"作一曲，琵琶弦拨倍粗"。太宗不想让胡人超过中国，命罗黑黑隔着帷帐偷听，"一遍而得"。然后太宗对胡人说，此曲我的宫人也会演奏。遂命罗黑黑隔帷弹奏，"不遗一字"，胡人以为是宫人演奏，"惊叹辞去"。③此事虽说的是罗黑黑技艺精湛，但也反映了唐代宫女中颇有精于乐舞者的事实，这种情况已为外人所熟知，故太宗才敢说此曲宫人也能演奏。

（三）书法、绘画

唐高祖李渊与太宗李世民都是非常喜好书画艺术的皇帝。高祖在建立唐王朝过程中，陆续把隋代东西两都的书画藏品以及平定天下群雄时所获的作品，一律收入御府，奠定了唐王朝皇家收藏的基础。以后又陆续增入了一些私家藏品，有的来自查获，有的得于进献。如萧瑀进献了13卷，许善心进献了3卷，高平县书佐张某进献了10卷，褚安福进呈了

---

① 《新唐书》卷二一《礼乐志十一》，第471页。
② 《资治通鉴》卷二〇三，则天后垂拱二年四月，第6441页。
③ 《朝野佥载》卷五，第113页。

4卷，还获得杨素藏品20卷。太宗统治时期继续扩大皇家收藏，据贞观十三年朱景玄的统计，当时御府、佛寺、私家所藏书画，计298卷，其中绝大部分为皇家藏品。

如此丰富的书画收藏，为书画艺术的发展提供了充实的资料，促进了书画艺术的迅速发展。如唐太宗获得王羲之书法的真迹之后，将它复制出来供更多的人学习、鉴赏。他在获得《兰亭序》后，曾命供奉拓书人赵模、韩道政、冯承素、诸葛贞等人各响拓数本，分赐太子、诸王、近臣。拓书人汤普彻奉命响拓《兰亭序》，以赐给房玄龄等人，他利用工作之便把自己多余的复制品偷传出来，这样就使更多的书法爱好者看到了王羲之的真迹复制品，对提高书法艺术的水平有一定的积极意义。太宗本人也颇擅书法，在一定程度上也对书画艺术的发展起到了鼓励和促进作用。

唐初私家收藏书画作品也比较兴盛。在皇家、私家争相收藏之风影响下，书画也在市场上流通起来，并逐渐形成一种行业。杜甫诗云："忆昔咸阳都市合，山水之图张卖时。"[1]诗中所说的"咸阳"，即指长安。开元时，有人指出："今赵模等所拓，在者，一本尚直钱数万也。"[2]说明太宗命人响拓的《兰亭序》已经广泛流传，这不能不说是太宗对发展书法艺术的一项贡献。随着书画藏品的日益丰富，有关书画的著述也逐渐增多，最著名的有裴孝源的《贞观公私画录》一书，他曾充任过中书舍人、吏部员外郎等职，得到太宗之弟李元昌的赏识，有幸看到皇家秘藏，又注意了解私人收藏和寺观壁画，遂于贞观十三年写成了这一著述。该书记录了魏晋以来名画293卷、壁画47处，并记载了作品的作者、画名、本别（即真本、摹本）、件数、题识、印记、来源等，所录壁画则注明画名、作者、所在寺观及地址。这部书被看作书画著录之祖。此外，还有褚遂良的《右军书目》，佚名的《右军书记》等，都属书法著录一类的书籍。

---

① 〔唐〕杜甫著，〔清〕仇兆鳌注：《杜诗详注》卷一五《夔州歌十绝句》，北京：中华书局，1979年，第1306页。

② 《法书要录》卷三《唐何延之兰亭序》，第130页。

　　唐初的书法大都取法于王羲之，其中楷书与草书受其影响最大，但已出现突破的迹象，其中以楷书最为明显，实质上已超出了王氏藩篱，自成新风。唐初楷书大多结字略长，笔法遒劲，已无王派书法的恬淡萧散，在精于法度中显现出劲健之风。贞观时期著名的书法家虞世南、欧阳询、褚遂良、薛稷等人都代表了这一时尚。此外，太宗、钟绍京等人亦是一时之名家。这一时期的行书、草书尚恪守王氏之法，新意不多。

　　欧阳询擅长楷书、行书，也能隶书，其中以楷书最为突出。他的楷书在王派书法中融入了魏碑的峭拔，字形瘦长，结体于严谨平实中求奇险，于险绝中求平正。著名作品有《化度寺邕禅师舍利塔铭》《九成宫醴泉铭》《皇甫诞碑》等。

　　虞世南擅长楷书、行书二体，他亲承王羲之七世孙智永衣钵，楷书体方笔圆，外柔内刚，笔力圆融遒丽；行书遒媚不凡，筋力稍宽。唐人评论他与欧阳询的不同风格说："虞则内含刚柔，欧则外露筋骨。"[1]他的楷书代表作为《孔子庙堂碑》，行草书墨迹为《汝南公主墓志铭》。

　　褚遂良擅长楷书，学王羲之、虞世南、欧阳询，能登堂入室，别开生面。在虞世南死后，他曾任唐太宗侍书，颇受器重。他的书法融欧、虞为一体，方圆兼备，波势自然，书体舒展，用笔讲究虚实变化，节奏感较强。唐人对他的书法评价很高。作品有《伊阙佛龛碑》《孟法师碑》《房玄龄碑》《雁塔圣教序》等，传世墨迹有《枯树赋》《倪宽赞》《大小字阴符经》等。

　　唐初画家颇多，著名画家有阎立德、阎立本兄弟，以及殷闻礼、张孝师、曹元廓等，都是一时之名家。皇室中高祖、太宗，皆有画名，其他如汉王李元昌、韩王李元嘉、滕王李元婴等，也都有能画之名。当时寺观画壁之风颇为兴盛，也有不少佳作出现。

　　唐以前的画坛，专重人物画，唐朝初年虽已有变化，但画坛上占主流的仍是释道人物画，阎氏兄弟都以擅长人物画而著称于世。然而其

---

① 〔唐〕张怀瓘：《书断》卷中，见文渊阁《四库全书》，北京：商务印书馆，1983年，第812册，第65页。

他种类画也开始兴盛，如太宗曾与侍臣泛舟于春苑池，见异鸟追逐戏水于波上，风光绮丽，心情愉快，命群臣赋诗，召阎立本画其状及苑园风光。阎立本感到羞耻，认为自己虽列名朝官，却与画工相当。阎立本后告诫其子认真读书，不要学画。关于阎立本这种思想且不论对错，仅就此事来看，说明山水画也开始受到重视。阎立本的代表作颇多，如《校书图》《渭桥图》《二十八宿真形图》《十八学士图》《萧翼赚兰亭图》《步辇图》《历代帝王图》《职贡图》等，大多佚失，流传下来的只有《萧翼赚兰亭图》等数种。阎立德的作品有《文成公主降番图》《王华宫图》《斗鸡图》等，大都佚失。

在画马兽方面，有汉王李元昌、江都王李绪等人，唐人评论说："汉王元昌善画马，笔踪妙绝。"[1]杜甫的《观曹将军画马图》诗云："国初以来画鞍马，神妙独数江都王。"[2]可见李绪画马也很著名，其作品有《拳毛骦图》《人马图》《呈马图》等。

在花鸟画方面，滕王李元婴擅画蜂蝉、燕雀。"能巧之外，曲尽情理。"[3]张孝师擅画鬼神地狱，唐人将他的画定为妙品。相传吴道子以他的《地狱图》为蓝本，画成著名的《地狱变相图》。檀智敏擅画山水，曾就师于隋朝的董伯仁，画有《游春戏艺图》，"出一代之制"。他的弟子郑俦，擅画屋木、楼台，"可居妙品"。[4]王定擅画菩萨、士女，贞观时曾奉命画《本草训诫图》，又擅长壁画创作。

总之，唐初的画风虽仍受前代影响，但亦有所创新，盛唐以来的各种画风、画派都能在唐初找到源头，可以这样说，唐初的绘画艺术为之后的大发展开创了道路，奠定了基础。

---

① 《唐朝名画录》，第1页。

② 《全唐诗》卷二二〇《韦讽录事宅观曹将军画马图》，第2321页。

③ 《唐朝名画录》，第1页。

④ 《唐朝名画录》，第27页。

参考文献

[1] 司马迁.史记［M］.北京：中华书局，1959.

[2] 班固.汉书［M］.北京：中华书局，1962.

[3] 魏徵，令狐德棻.隋书［M］.北京：中华书局，1973.

[4] 温大雅.大唐创业起居注［M］.李季平，李锡厚，点校.上海：上海古籍出版社，1983.

[5] 王绩.王绩文集［M］.夏连保，校注.太原：三晋出版社，2016.

[6] 长孙无忌.唐律疏议［M］.北京：中华书局，1983.

[7] 吴兢.贞观政要集校［M］.谢保成，集校.北京：中华书局，2009.

[8] 徐坚，等.初学记［M］.北京：中华书局，2004.

[9] 慧立，彦悰.大慈恩寺三藏法师传［M］.北京：中华书局，2000.

[10] 释道世.法苑珠林校注［M］.周叔迦，苏晋仁，校注.北京：中华书局，2003.

[11] 卢照邻.卢照邻集校注［M］.李云逸，校注.北京：中华书局，1998.

[12] 刘悚.隋唐嘉话［M］.程毅中，点校.北京：中华书局，1979.

[13] 张鷟.朝野佥载［M］.赵守俨，点校.北京：中华书局，1979.

[14] 刘肃.大唐新语［M］.许德楠，李鼎霞，点校.北京：中华书局，1984.

[15] 杜甫.杜诗详注［M］.仇兆鳌，注.北京：中华书局，1979.

[16] 李林甫，等.唐六典［M］.陈仲夫，点校.北京：中华书局，1992.

[17] 段成式.酉阳杂俎校笺［M］.许逸民，校笺.北京：中华书局，2015.

[18] 杜佑.通典［M］.北京：中华书局，1988.

[19] 义净.大唐西域求法高僧传校注［M］.王邦维，校注.北京：中华书局，1988.

[20] 李吉甫.元和郡县图志［M］.贺次君，点校.北京：中华书局，1983.

[21] 陆贽.陆贽集［M］.北京：中华书局，2006.

[22] 道宣.续高僧传［M］.郭绍林，点校.北京：中华书局，2014.

[23] 元稹.元稹集［M］.冀勤，点校.北京：中华书局，2010.

[24] 张彦远.法书要录［M］.北京：人民美术出版社，2016.

[25] 朱景玄.唐朝名画录［M］.成都:四川美术出版社，1985.

[26] 郭湜.高力士外传［M］//王仁裕.开元天宝遗事十种.上海：上海古籍出版社，1985.

[27] 李绰.尚书故实［M］//上海古籍出版社.唐五代笔记小说大观.上海:上海古籍出版社，2000.

[28] 刘昫，等.旧唐书［M］.北京：中华书局，1975.

[29] 王定保.唐摭言［M］.西安：三秦出版社，2011.

[30] 王溥.唐会要［M］.上海：上海古籍出版社，2006.

[31] 王钦若，等.册府元龟［M］.南京：凤凰出版社，2006.

[32] 宋敏求.唐大诏令集［M］.北京：中华书局，2008.

[33] 欧阳修，宋祁.新唐书［M］.北京：中华书局，1975.

[34] 司马光.资治通鉴［M］.北京：中华书局，1956.

[35] 范祖禹.唐鉴［M］.北京：商务印书馆，1958.

[36] 王谠.唐语林校证［M］.周勋初，校证.北京：中华书局，2008.

[37] 佚名.宣和书谱［M］.杭州：浙江人民美术出版社，2019.

[38] 程大昌.续考古编［M］.刘尚荣，校证.北京：中华书局，2008.

[39] 赵彦卫.云麓漫钞［M］.傅根清，点校.北京：中华书局，1996.

[40] 黎靖德，等.朱子语类［M］//文渊阁四库全书.台北：台湾商务印书馆，1983.

[41] 张怀瓘.书断［M］//文渊阁四库全书.台北：台湾商务印书馆，1983.

[42] 唐太宗.帝范［M］//文渊阁四库全书.台北：台湾商务印书馆，1983.

[43] 王方庆.魏郑公谏录［M］//文渊阁四库全书.台北：台湾商务印书馆，1983.

[44] 夏文彦.图绘宝鉴［M］//文渊阁四库全书.台北：商务印书馆，1983.

[45] 王应麟.困学纪闻注［M］.翁元圻，辑注.北京：中华书局，2016.

[46] 马端临.文献通考［M］.北京：中华书局，2011.

[47] 骆天骧.类编长安志［M］.黄永年，点校.北京：中华书局，1990.

[48] 辛文房.唐才子传校笺［M］.北京：中华书局，1995.

[49] 徐渭.徐渭集［M］.北京：中华书局，1983.

[50] 周圣楷.楚宝［M］.长沙：岳麓书社，2016.

[51] 王夫之.读通鉴论［M］.舒士彦，点校.北京：中华书局，1975.

[52] 永瑢.四库全书总目［M］.北京：中华书局，1965.

[53] 董诰，等.全唐文［M］.北京：中华书局，1983.

[54] 彭定求，等.全唐诗［M］.北京:中华书局，1960.

[55] 赵翼.廿二史札记校证［M］.王树民，校证.北京：中华书局，2013.

[56] 赵翼.檐曝杂记［M］.李解民，点校.北京：中华书局，1982.

[57] 沈德潜.唐诗别裁集［M］.上海：上海古籍出版社，2013.

[58] 王昶.金石萃编［M］.北京：中国书店，1985.

[59] 何文焕.历代诗话［M］.北京：中华书局，2004.

[60] 李昉，等.太平广记［M］.北京：中华书局，1961.

[61] 陈鸿墀.全唐文纪事［M］.上海：上海古籍出版社，1987.

[62] 黑板胜美.日本书纪［M］.东京：吉川弘文馆，1971.

[63] 吴云，冀宇.唐太宗全集校注［M］.天津：天津古籍出版社，2004.

[64] 中国科学院历史研究所资料室.敦煌资料：第一辑［M］.北京：中华书局，1961.

[65] 韩琦，吴旻.熙朝崇正集［M］.北京：中华书局，2006.

[66] 李时人.全唐五代小说［M］.北京：中华书局，2014.

[67] R. C. 马宗达.印度人民的文化和历史：古典时代［M］.孟买出版，1954.

[68] 向达.唐代长安与西域文明［M］.北京：生活·读书·新知三联书店，1957.

[69] 苏联科学院.世界通史：第3卷 ［M］.北京：生活·读书·新知三联书店，1961.

[70] 范文澜.中国通史简编：第3册［M］.北京：人民出版社，1965.

[71] 石母田正.日本的古代国家［M］.东京：岩波书店，1971.

[72] 陈寅恪.金明馆丛稿二编［M］.上海：上海古籍出版社，1980.

[73] 陈寅恪.唐代政治史述论稿［M］.上海：上海古籍出版社，1982.

[74] 胡如雷.李世民传［M］.北京：中华书局，1984.

[75] 人文杂志丛刊编委会.唐太宗与昭陵［M］.西安：陕西省社科院出版发行室，1985.

[76] 瞿林东.唐代史学论稿［M］.北京:北京师范大学出版社，1989.

[77] 张邦炜.婚姻与社会：宋代［M］.成都：四川人民出版社，1989.

[78] 周伟洲.西北民族史研究［M］.郑州：中州古籍出版社，1994.

[79] 谢弗.唐代的外来文明［M］.吴玉贵，译.北京：中国社会科学出版社，1995.

[80] 刘俊文.唐律疏议笺解［M］.北京：中华书局，1996.

[81] 牛致功.唐高祖传［M］.北京：人民出版社，1998.

[82] 刘统.唐代羁縻府州研究［M］.西安：西北大学出版社，1998.

[83] 卢华语.魏徵传［M］.重庆：重庆出版社，1999.

[84] 陈寅恪.寒柳堂集［M］.北京：生活·读书·新知三联书店，2001.

[85] 钱穆.中国历代政治得失［M］.北京：生活·读书·新知三联书店，2001.

[86] 胡戟，张弓，李斌城，等.二十世纪唐研究［M］.北京：中国社会科学出版社，2002.

[87] 周伟洲.吐谷浑史［M］.桂林：广西师范大学出版社，2006.

[88] 曹印双.唐代政治人物新论［M］.西安：陕西人民出版社，2008.

[89] 胡元超.昭陵墓志通释［M］.西安：三秦出版社，2010.

[90] 石见清裕.唐代北方问题与国际秩序［M］.胡鸿，译.上海：复旦大学出

版社，2019.

[91] 王荣全.有关唐高祖称臣于突厥的几个问题［C］//唐史论丛：第7辑，西安：陕西师范大学出版社，1998.

[92] 杜文玉.从唐初官制看李世民夺位的基本条件［C］//唐史论丛：第7辑，西安：陕西师范大学出版社，1998.

[93] 刘盼遂.李唐为蕃姓考［J］.女师大学术季刊，1930，1（4）.

[94] 刘盼遂.李唐为蕃姓考（续）［J］.女师大学术季刊，1931，2（1）.

[95] 刘盼遂.李唐为蕃姓三考［J］.燕京学报，1934（15）.

[96] 王桐龄.杨隋李唐先世系统考［J］.女师大学术季刊，1931，2（2）.

[97] 李树桐.唐高祖称臣于突厥考辨［J］.大陆杂志，1963，26（1、2）.

[98] 李树桐.再辨唐高祖称臣于突厥事［J］.大陆杂志，1968，37（8）.

[99] 李树桐.三辨唐高祖称臣于突厥［J］.大陆杂志，1980，61（4）.

[100] 任崇岳，罗贤佑.试论唐代的和亲政策［J］.中央民族学院学报，1981（1）.

[101] 王尧.文成公主死于痘症［J］.历史研究，1982（4）.

[102] 胡如雷.唐太宗民族政策的局限性［J］.历史研究，1982（6）.

[103] 赵克尧.《氏族志》与唐太宗的关陇门阀观［J］.复旦学报（社会科学版），1984（2）.

[104] 孙迟.昭陵十四国君长石像考［J］.文博，1984（2）.

[105] 魏国忠.试论唐太宗的民族政策［J］.黑龙江民族丛刊，1986（1）.

[106] 邓文宽.敦煌文书位字七十九号《唐贞观八年五月十日高士廉等条举氏族奏抄》辨证［J］.中国史研究，1986（1）.

[107] 庄俊华.略论"贞观之治"的消极面［J］.大理师专学报（哲学社会科学版），1988（2）.

[108] 杨朝民.唐修《晋书》的政治因素［J］.史学史研究，1989（4）.

[109] 莫任南.王玄策第二次奉使印度考辨［J］.南亚研究，1991（3）.

[110] 任士英.说李渊称臣突厥事：兼述刘文静被杀原因［J］.烟台师范学院学报（哲学社会科学版），1991（4）.

[111] 张金龙.李唐出于赵郡李氏说 [J].历史研究,1993(5).

[112] 魏晓虹,何锐钰.试论魏徵的文学思想 [J].山西大学学报(哲学社会科学版),1998(2).

[113] 刘蓬春.唐高祖李渊私许易储辨 [J].四川师范学院学报(哲学社会科学版),1998(2).

[114] 卢华语.魏徵籍贯辨 [J].文献,1998(3).

[115] 刘蓬春.也说"玄武门之变"真相 [J].文史杂志,1998(4).

[116] 杨希义,刘向阳.从《李虎墓志》看李唐皇室对其氏族与先世事迹的杜撰 [J].乾陵文化研究,2005.

[117] 曹印双."玄武门之变"史事新解 [J].历史教学,2005(6).

[118] 程义.刘文静之死与初唐党争之关系 [J].史学月刊,2006(4).

[119] 曹印双.唐高祖时期唐突关系史事新解 [J].黑龙江民族丛刊,2007(5).

[120] 孙文泱.贞观之治的泡沫 [J].学习月刊,2009(9).

[121] 王海虎.浅析唐太宗修撰《氏族志》的原因及其启示 [J].邢台学院学报,2011,26(2).

[122] 王贞.孔颖达与《五经正义》研究述略 [J].中国史研究动态,2012(1).

[123] 田夫.唐太宗贞观之治系造假?[J].文史博览,2015(11).

[124] 张耕华.陈寅恪、吕思勉治史风格的异同:以唐高祖称臣突厥之考辨为例 [J].学术月刊,2013(2).

[125] 戚文闯."贞观之治"所谓"治世"质疑 [J].广东技术师范学院学报,2016(1).

[126] 吴羽.李唐皇室尊老子为始祖探源 [J].敦煌学辑刊,2019(1).

后　记

本书初稿完成于1998年3月，1999年2月由陕西人民出版社正式出版，至今已经过去了20多年。

这一时期我国历史学科得到了突飞猛进的发展，与海外学术界的交流日益频繁，大量新的研究成果不断涌现，其中也包括与唐高祖、唐太宗有关的研究成果。所有这一切都为本书的重新修订提供了丰富的资料，使其得以顺利进行。此外，我对于历史问题的认知也不断深化，有的是因为新史料的发现，有的则是指导思想与理论方面的缘故，所以需要不断地修正自己的研究结论，使其更加接近历史真相，更符合历史科学发展的规律。正好陕西师范大学出版总社有意再版我的这部著作，于是就给我提供了修订本书的机会和条件，这是非常难得的。此次再版，我除了重新审订全部文字外，也增补了部分史料，参考了学界的一些研究成果，改正了原来存在的一些错讹，使本书的质量有了较大程度的提高，并将书名改为《大唐开国录——唐高祖与唐太宗》。有一点需要说明，本书虽然是一部学术著作，为了增强可读性，我把一些历史人物的对话改写成简洁易懂的语体文字，但重要的史料仍然引用原文，不加改动。这样做既有利于普通读者阅读，又不失其学术性，同时也使本书具有一些新的特色。这一做法在旧版中就是如此，此次修订仍然予以保留。还有就是对一些专门词汇进行了注释，这些词汇对专业人士而言，不算疑难问题，但是对普通读者而言，进行注释就具有较积极的意义，也是出于推动学术著作普及化的一种尝试。

本书原有若干幅地图，是由陕西师范大学唐史研究所张西平老师清绘的，此次再版又请人重新予以清绘，其他方面均保持了原貌。在本书的编校过程中，陕西师范大学出版总社的编辑王森同志出力甚大，出版社领导刘东风先生也给予了大力支持，终使本书顺利出版，在此一并致以诚挚的谢意。

杜文玉

2023 年 6 月 30 日于西安